世界の言語シリーズ 9

タイ語

宮本マラシー・村上忠良

大阪大学出版会

はじめに

タイ語の紹介

　この教科書で学習するタイ語は、東南アジアの国の一つ、タイ王国の標準語である。タイ王国は約6700万人の人口を有し、国内にはタイ語の方言やタイ語以外の言語を母語とする人もいるが、学校教育の普及やマスメディアの浸透などにより、国民のほとんどの人が標準タイ語を使うことができる。またタイ語の「キョウダイ言語」を母語とする人々には、タイ王国の隣国のラオスのラオ人、ミャンマー北部シャン州・カチン州のシャン人、中国西南部雲南省のタイ族、さらにはインド北東部アッサム州のアーホム人などがいて、これらの人々の言語を総称して「タイ諸語」と呼ぶ。タイ語はこのようなタイ系言語の一つであり、タイ系言語の世界は、近代国家の国境をこえて、東南アジア大陸部、西南中国、インド亜大陸北東部に広がっている。

　日本語と比較すると、タイ語の特徴は１．単音節の単語が多いこと、２．声調を持つこと、３．母音・子音の数が多いこと、４．インド系の文字を使用することがあげられる。日本語との相違点が多いので、「タイ語は難しい」という人もいるが、しっかりと基礎から学習すれば、基本的な運用能力を修得することはそれほど難しくはない。

本書の特徴

・**日常会話を学びながら、タイ語の仕組みの基礎を理解する**

　　この教科書は、タイ語の初学者（初めてタイ語を学習する人）を対象としており、日常会話でよく使う表現やフレーズを学びながら、それに関連する文法や表現方法を学習することができる。

・**発音記号とタイ文字の両方でタイ語を学習**

　　タイ語にはそれを書き記すタイ文字があるが、その学習には少し時間がか

かる。そのため、「タイ文字の勉強はちょっと、でもタイ語は勉強したい」という人でも簡単に学習できるよう、この教科書のタイ語部分は全て発音記号とタイ文字を並記している。

・発音は音声教材で

　この教科書には音声教材（本書xiv頁参照）がついており、タイ語の単語や文章の音声が入っている。発音の確認には音声教材を確認すること。

・「会話表現・文法篇」と「文字篇」の２部構成

　本書は「会話表現・文法篇」と「文字篇」の２部構成になっており、学習者の必要に応じてタイ語を学ぶことができる。

学習の方法

・すべての学習者に共通する点

　すべての学習者は「発音・声調」を必ず学習すること。ここでは、発音の基礎、声調の基礎を発音記号を使って学ぶ。この教科書全体を通して使う発音記号を学習するという意味もある。

・会話や文法を主として学習したい人

　「会話表現・文法篇」のみで学習ができる。「会話表現・文法篇」の各課は、「会話」、「表現・文法の解説」、「練習問題」、「基礎語彙」で構成されている。日常生活で良く使われる「会話」（ダイアローグ）の例文をまず読んでその内容を確認し、各課の「会話」で使われている表現や文法についての「解説」で用法を学ぶ。最後に学習内容を確認するために「練習問題」をすること。また各課の内容に関連した「基礎語彙」がついている。「会話」（ダイアローグ）日本語訳と練習問題解答例は別冊としてまとめている。

・会話や文法とともに文字も学習したい人

　「会話表現・文法篇」を学習することは同じである。さらに「会話表現・文法篇」と並行して、「文字篇」も学習する必要がある。文字の学習には時間がかかるので、最初は「会話表現・文法篇」も発音記号を使って学習することになるが、少しずつ文字の読み方・書き方を理解していくにつれてタイ文字表記を読んでいくようにすること。

目　次

はじめに ………………………………………………………… i

0課　発音・声調 ―――――――――――――――――――― 1

1.　発音　1

1.1　母音　1

1.2　子音　3

2.　声調　7

会話表現・文法篇

1課　こんにちは　สวัสดี sawàtdii ――――――――――――― 14

1.1　文末の丁寧語

ครับ khráp　ค่ะ khâ　คะ khá　ขา khǎa　15

1.2　AはBである　Aเป็น pen B　15

1.3　～ですね？、～でしょう？　～ใช่ไหม châi mái　16

練習問題　18

基礎語彙　数字1～10　19

2課　お名前は何ですか？　คุณชื่ออะไร khun chʉ̂ʉ ʔarai ―――― 20

2.1　AはBという名前だ　Aชื่อ chʉ̂ʉ B　21

2.2　否定表現　～ない　ไม่ mâi ～　22

2.3　文末の質問詞　ไหม mái　23

2.4　では～（の場合）はどうですか？

แล้ว lɛ́ɛo ～ ล่ะ lâ　24

練習問題　26

基礎語彙　数字11～100　27

3課　あなたは大学生ですか？
　　　คุณเป็นนักศึกษาหรือ khun pen nák-sùksǎa rǔu —————— 28
　　　3.1　AはBである（職業）　Aเป็นB　A pen B　29
　　　3.2　文末の質問詞　หรือ rǔu　30
　　　3.3　行為・動作の継続　〜している　〜อยู่ yùu　31
　　　3.4　完了表現　もう〜しました　〜แล้ว lɛ́ɛo　32
　　　3.5　〜するつもりだ　จะ ca 〜　33
　　　3.6　まだ〜していない　ยังไม่ yaŋ mâi 〜　33
　　　練習問題　35
　　　基礎語彙　数字の101〜1,000,000（百万）　36

4課　お仕事は何ですか？
　　　คุณทำงานอะไร khun tham-ŋaan ʔarai —————— 38
　　　4.1　お仕事はなんですか
　　　　　　ทำงานอะไร tham-ŋaan ʔarai　39
　　　4.2　これまで〜してきた　〜มา maa　40
　　　4.3　とても〜、非常に〜　〜มาก mâak　42
　　　練習問題　43
　　　基礎語彙　職業　44

5課　タイ語がとても上手ですね
　　　คุณพูดภาษาไทยเก่งจัง khun phûut phaasǎa thai kèŋ caŋ —————— 46
　　　5.1　語順：副詞の位置　47
　　　5.2　すごく、とても〜　〜จัง caŋ（เลย ləəi）　48
　　　5.3　〜することができる（可能）　〜してもよい（許可）
　　　　　　〜ได้ dâi(dâai)　49
　　　5.4　〜ではないですよ、〜しないですよ
　　　　　　ไม่ mâi〜หรอก rɔ̀ɔk　50
　　　練習問題　51
　　　基礎語彙　親族名称　52

6課　これは何ですか？　นี่อะไร nîi ʔarai ——— 54

6.1　指示代名詞
　　　นี่ nîi これ、นั่น nân それ、โน่น nôon あれ　55
6.2　あまり〜ない　ไม่ค่อย mâi khɔ̂i 〜　56
6.3　〜してみる　ลอง lɔɔŋ 〜 ดู duu　57
6.4　〜しなさいよ　〜สิ sîʔ　57
練習問題　59
基礎語彙　味覚表現　60

7課　どのように行けばいいですか？
ไปยังไงดี pai yaŋŋai dii ——— 62

7.1　行く、来る　ไป pai 〜、มา maa 〜　63
7.2　〜したい、〜になりたい　อยาก yàak 〜　64
7.3　〜すればいいですか　〜ดี dii　65
7.4　〜で（に乗って）行く／来る
　　　ขึ้น khɯ̂n〜ไป pai／มา maa　66
7.5　〜してもいい／〜でもいい　〜ก็ได้ kɔ̂(kɔ̂ɔ) dâi　68
練習問題　70
基礎語彙　交通手段　71

8課　この電車はチャトゥチャックに行きますか？
รถไฟฟ้าขบวนนี้ไปจตุจักรไหม
rót-faifáa khabuan níi pai Catucàk mái ——— 72

8.1　指示詞：この／その／あの／どの〜
　　　〜นี้ níi／〜นั้น nán／〜โน้น nóon／〜ไหน nǎi　73
8.2　〜しなければならない　ต้อง tɔ̂ŋ 〜　75
8.3　〜して行く　〜ไป pai　76
8.4　条件を表す　〜แล้ว lɛ́ɛo ....　77
練習問題　78
基礎語彙　時刻　79

v

9課　どこにいます（あります）か？
　　　อยู่ที่ไหน　yùu thîi nǎi ———————————————— 82

　9.1　場所を指示する表現：ここ、そこ、あそこ、どこ
　　　（ที่ thîi）นี่ nîi／（ที่ thîi）นั่น nân／
　　　（ที่ thîi）โน่น nôon／（ที่ thîi）ไหน nǎi　83
　9.2　〜して、それから…　〜แล้ว lɛ́ɛo…．　85
　9.3　さらに、もっと　〜อีก ʔìik　85
　　　練習問題　87
　　　基礎語彙　方向、方角　88

10課　どこに行って来ましたか？　ไปไหนมา　pai nǎi maa ——— 90
　10.1　〜に行って来た　ไป pai〜มา maa　91
　10.2　〜しに行って来た　ไป pai〜มา maa　92
　10.3　〜（名詞）ですか？　〜หรือ rǔɯ　93
　10.4　（Aは〜）Bもまた〜　（A〜）B ก็ kɔ̂(kɔ̂ɔ)〜　94
　　　練習問題　95
　　　基礎語彙　月の名前　96

11課　どのように売りますか？　ขายยังไง khǎai yaŋŋai ——— 98
　11.1　（一つの）〜につき…　〜ละ lá…　99
　11.2　〜すぎる　〜ไป pai　100
　11.3　〜でいいですか？　〜ได้ไหม dâi(dâai) mái　101
　11.4　一つだけの〜　〜เดียว diao　102
　　　練習問題　104
　　　基礎語彙　野菜と果物　105

12課　何時ですか？　กี่โมงแล้ว kìi mooŋ lɛ́ɛo ——————— 106
　12.1　กี่ kìi＋名詞／類別詞　何〜（時、人、個）　107
　12.2　いくら？　動詞／形容詞／名詞＋เท่าไร thâorài　109
　12.3　たぶん、おそらく〜だろう
　　　　คง khoŋ＋動詞／形容詞　110

vi

12.4 ～かもしれない　อาจจะ ʔàat ca～　111
12.5 AはBより～　A～กว่า kwàa B　111
練習問題　113
基礎語彙　調味料　114

13課　何曜日に生まれましたか？
คุณเกิดวันอะไร　khun kə̀ət wan ʔarai ———— 116

13.1 ～のみ、～しか～ない　～แต่ tɛ̀ɛ ～　117
13.2 AはBと同じである、Bと同一のA
　　　Aเดียวกับ B　A diao kàp B　118
13.3 Aは（Xが）Bと同じ、AはBと同じようにX
　　　A（X）เหมือน mǔan（กับ kàp）B　119
13.4 ～（複数の単位）につき…（単数の単位）　120
練習問題　121
基礎語彙　曜日　122

14課　どうしましたか　เป็นอะไรหรือคะ　pen ʔarai rɯ̌ɯ khá ———— 124

14.1 思ったほど～ない、それほど～ない
　　　ไม่ค่อย mâi khɔ̂i ～เท่าไร thâorai　125
14.2 疑問文を和らげる　หรือ rɯ̌ɯ　126
14.3 AをしたりBをしたりする　AもあればBもある
　　　Aบ้าง bâaŋ Bบ้าง bâaŋ　127
14.4 時々（たまには）～していますか
　　　～บ้างหรือเปล่า bâaŋ rɯ̌ɯ plàao　128
14.5 （引用する内容）～と…　…ว่า wâa～　129
練習問題　130
基礎語彙　病気の症状　131

15課　あなたは痩せました　คุณผอมลง　khun phɔ̌ɔm loŋ ———— 132

15.1 状態の変化を表す　～ขึ้น khɯ̂n　～ลง loŋ　133
15.2 不定代名詞（誰か、何か、どこか）＋～หรือเปล่า rɯ̌ɯ
　　　plàao　134

15.3　〜ではない、〜していない
　　　　ไม่ได้ mâi dâi (dâai) 〜　　136
15.4　〜しかない　たった・ほんの〜だけ
　　　　แค่ 〜เท่านั้น khɛ̂ɛ 〜 thâo-nán　　136
15.5　〜も　ตั้ง tâŋ 〜　　137
練習問題　139
基礎語彙　身体部位　　140

16課　ちょっとその鞄を見せて下さい
ขอดูกระเป๋าใบนั้นหน่อย　khɔ̌ɔ duu krapǎo bai nán nɔ̀ɔi ─── 142

16.1　ちょっと〜させて下さい
　　　　ขอ 〜หน่อย khɔ̌ɔ〜nɔ̀ɔi　　143
16.2　他の〜　〜อื่น ʔɯ̀ɯn　　144
16.3　AとBは〜が同じ、同じように〜
　　　　Aกับ B〜เหมือนกัน A kàp B〜mɯ̌an kan　　145
16.4　AとBはどちらの方が〜か？　　147
　　　　Aกับ B + 類別詞 + ไหน + 〜（形容詞、副詞）+ กว่ากัน
　　　　A kàp B + 類別詞 + nǎi + 〜（形容詞、副詞）+ kwàa kan
練習問題　150
基礎語彙　季節や気候　　151

17課　サイズはちょうどいいです
ขนาดพอดี　khanàat phɔɔdii ─────────── 152

17.1　ちょうど〜　....พอดี phɔɔdii　　153
17.2　AとBは（数量が）〜が同じだ
　　　　Aกับ kàp B〜เท่ากัน thâo kan　　155
17.3　Aで（して）、そのうえBである（する）
　　　　A (และ lɛ́ʔ) B ด้วย dûai　　156
17.4　〜で十分だ、〜すれば十分だ
　　　　〜พอ phɔɔ (แล้ว lɛ́ɛo)　　157
練習問題　159
基礎語彙　衣服・装飾　　160

18課　タナカさんはいますか？
　　　คุณทานากะอยู่ไหม　khun Tanaka yùu mái ────── 162

　18.1　動詞＋不定代名詞＋ไหม mái　　163
　18.2　〜して下さい
　　　　ช่วย chûai〜ด้วย dûai／หน่อย nɔ̀ɔi　　165
　18.3　また〜する、〜し直す　動詞（句）＋ใหม่ mài　166
　練習問題　167
　基礎語彙　通信関係　168

19課　後で折り返し電話をします
　　　เดี๋ยวโทรกลับ　dǐao thoo klàp ────── 170

　19.1　〜している　กำลัง kamlaŋ〜（อยู่ yùu）　171
　19.2　後で〜／すぐ〜　เดี๋ยว dǐao〜　172
　19.3　〜一緒にしませんか？　〜กันไหม 〜kan mái　173
　19.4　ずっと前から〜したかった
　　　　อยาก yàak〜มานานแล้ว maa naan lɛ́ɛo　174
　練習問題　175
　基礎語彙　重要な場所や行動　176

20課　ムエタイを見たことがありますか？
　　　คุณเคยดูมวยไทยไหม　khun khəəi duu muai thai mái ────── 178

　20.1　〜したことがある　เคย khəəi〜　179
　20.2　〜（提案）、どうですか？
　　　　〜เอาไหม ?ao mái　180
　20.3　たまたま〜する、ちょうど〜する
　　　　พอดี phɔɔdii〜　181
　20.4　〜のときにする　ไว้ wái〜　182
　練習問題　183
　基礎語彙　病状と治療　184

21課　タバコを吸わないで　อย่าสูบบุหรี่　yàa sùup burìi ——— 186

21.1　～していますか　～หรือเปล่า　rǔu plàao　187
21.2　～しないで、～するな　อย่า yàa ～　188
21.3　BになるようにAをする　Aให้ hâi B　189
練習問題　191
基礎語彙　薬と服用　192

22課　作るのは難しいですか？
ทำยากไหม　tham yâak mái ——— 194

22.1　～するのは難しい、～しにくい　～ยาก yâak　195
22.2　どんな～　อะไรบ้าง ʔarai bâaŋ　197
22.3　BごとAをする　BしたままAをする
　　　A ทั้ง tháŋ B　198
22.4　AをしたのでやっとB、AをしたらそれでやっとB
　　　Aถึง(จะ) thǔŋ (ca) B　199
練習問題　201
基礎語彙　調理法　202

23課　遅くなってごめんなさい
ขอโทษที่มาช้า　khɔ̌ɔ-thôot thîi maa cháa ——— 204

23.1　～してごめんなさい
　　　ขอโทษที่ khɔ̌ɔ-thôot thîi ～　205
23.2　ほとんどの～　เกือบ kùap ～　206
23.3　ずっと～する　～の間ずっと
　　　～ตลอด talɔ̀ɔt　ตลอด talɔ̀ɔt～　207
23.4　～から　ตั้งแต่ tâŋtɛ̀ɛ ～　จาก càak ～　208
23.5　～じゃないかしら　สงสัย(จะ) sǒŋsǎi (ca)～　209
練習問題　211
基礎語彙　乗り物のトラブル　212

24課　名字が同じです
นามสกุลเดียวกัน　naam-sakun diao kan ────── 214

- 24.1　AはBである　Aคือ khɯɯ B　215
- 24.2　関係詞のที่ thîi　216
- 24.3　AはBとどんな関係か？
  　　　A เป็นอะไรกับ pen ʔarai kàp B　217
- 24.4　同一の〜　〜เดียวกัน diao kan　218
- 練習問題　220
- 基礎語彙　นัก nák- で始まる職業　221

25課　たまに作っています
ทำบ้างเหมือนกัน　tham bâaŋ mǔan kan ────── 222

- 25.1　Bするように（となるように）Aする
  　　　A ให้ hâi B　223
- 25.2　〜を知っている　รู้จัก rúucàk 〜　224
- 25.3　〜したりしますか　〜บ้างไหม bâaŋ mái　225
- 25.4　若干、たまに、少し〜
  　　　〜บ้างเหมือนกัน bâaŋ mǔan kan　226
- 25.5　AのでB　A เลย ləəi B　227
- 練習問題　228
- 基礎語彙　感情表現　229

26課　おめでとう
ดีใจด้วยนะ　dii-cai dûai ná ────── 230

- 26.1　〜という噂を聞きました、〜だそうだ
  　　　ได้ข่าวว่า dâi khàao wâa 〜　231
- 26.2　（たとえ）Aでも、Bする　AなのにBする
  　　　(ถึง thʉ̌ŋ) A ก็ kɔ̂(kɔ̂ɔ) B　232
- 26.3　AにBをしてもらう　AにBをさせる
  　　　ให้ hâi 〜　233
- 練習問題　234
- 基礎語彙　家事　235

27課　誰かいますか
　　　มีใครอยู่หรือเปล่า mii khrai yùu rǔɯ plàao ——————— 236
　　27.1　จ๊ะ câ จ๊ะ cá จ๋า cǎa という文末詞　　237
　　27.2　存在を表す　ある、いる　มี mii　　237
　　27.3　他ではなく〜だ　〜เอง ʔeeŋ　238
　　27.4　〜かと思っていた　นึกว่า nɯ́k wâa〜　239
　　27.5　とりあえず〜したらどうですか
　　　　　〜ก่อนซี kɔ̀ɔn sii　240
　　練習問題　241
　　基礎語彙　訪問の際の挨拶　242

28課　まだ寒いです　ยังหนาวอยู่ yaŋ nǎao yùu ——————— 244
　　28.1　〜する機会を得る、〜することとなっている
　　　　　ได้ dâi (dâai)〜　245
　　28.2　〜するつもりだ　〜するつもりだったが
　　　　　ว่าจะ wâa ca〜　246
　　28.3　まだ〜している、まだ〜である
　　　　　ยัง yaŋ〜 อยู่ yùu　247
　　28.4　AはBほどXではない
　　　　　A ไม่ mâi　X เท่า thâo B　248
　　28.5　一番〜　〜ที่สุด thîisùt　249
　　練習問題　251
　　基礎語彙　年代と世代　252

29課　僕は警察に捕まりました
　　　ผมโดนตำรวจจับ phǒm doon tamrùat càp ——————— 254
　　29.1　〜を知っている　〜ということを知っている
　　　　　รู้ rúu〜　รู้ว่า rúu wâa〜　255
　　29.2　受け身表現　〜をされる　โดน, ถูก 〜　257
　　29.3　Xに〜を置き忘れる　ลืม lɯɯm〜ไว้ wái X　258
　　29.4　〜しなければよかった　ไม่น่า mâi nâa 〜　259
　　練習問題　261
　　基礎語彙　交通ルール　262

30課　お元気で　ขอให้โชคดี khɔ̌ɔ hâi chôok-dii —— 264

30.1　～したばかり　เพิ่ง phə̂ŋ ～　265
30.2　もうすぐ～　กำลังจะ kamlaŋ ca ～　266
30.3　～ても…　อย่าง yàaŋ ～（ก็ kɔ̂）…　266
30.4　もう～しましたか？
～แล้วหรือยัง lɛ́ɛo rʉ̌ʉ yaŋ　267
30.5　～しますように、～でありますように
ขอให้ khɔ̌ɔ hâi ～　268
練習問題　270
基礎語彙　別れの挨拶　271

文　字　篇

はじめに：タイ文字について —— 274
1課　子音字 —— 274
2課　母音符号 —— 279
3課　声調を決定する要素 —— 284
4課　声調規則1：中級子音字＋開韻＋声調記号 —— 287
5課　声調規則2：高級子音字＋開韻＋声調記号 —— 290
6課　声調規則3：低級子音字＋開韻＋声調記号 —— 293
7課　声調規則4：高級子音字化・中級子音字化する低級子音字 —— 296
8課　声調規則5：中級子音字＋閉韻＋声調記号 —— 298
9課　声調規則6：高級子音字＋閉韻 —— 300
10課　声調規則7：低級子音字＋閉韻＋声調記号 —— 302
11課　二重頭子音 —— 305
12課　単独で母音 a をつけて読む子音字 —— 307
13課　黙音字 —— 309

14課	特別な読み方 1	311
15課	特別な読み方 2	313
16課	一字再読	315
17課	その他の記号	318
18課	文字練習	320

付録 1. 語彙集 ——————————————— 329

付録 2. 文法と表現の索引 ————————————— 351

〈コラム〉

1	挨拶	37	11	服装	161
2	タイの地理	45	12	買い物	169
3	気候と季節	53	13	礼儀・作法	177
4	タイの民族	61	14	学生と就職	185
5	国王、国家、宗教	81	15	呼称詞と親族名称	193
6	女性、男性、同性愛者	89	16	交通と渋滞	203
7	信仰、宗教	97	17	曜日	213
8	タイ人の人生観	115	18	色	243
9	名前	123	19	動物	253
10	タイ人の食事と嗜好	141	20	スポーツ	263

🔊 の付いた箇所は音声を聞くことができます。

① **ウェブブラウザ上で聞く**

② **ダウンロードして聞く**

　　　ウェブブラウザ上以外で音声ファイルを再生したい場合は、
　　　下記の QR コードから音声ファイルをダウンロードしてください。

世界の言語シリーズ　9

タイ語

0課　発音・声調

この課ではタイ語の母音と子音の発音と声調について説明する。発音記号を使いタイ語の発音の仕組みを学習する。

1. 発音

1.1　母音

タイ語の母音は日本語の母音よりも複雑で数が多い。なお、同音であっても、音の長さで「短母音」と「長母音」を区別する。短母音は「アッ」「イッ」「ウッ」といった具合に、できるだけ短くピタッと止まるように発音する。このように音を止める際に声門を閉じることを「声門閉鎖」と呼び、"ʔ" の記号で表す。一方、長母音は「アー」「イー」「ウー」といった具合に、十分長めに発音して、ゆっくり止める。長母音の終わりには声門閉鎖を伴わない。

タイ語では母音から始まる音の場合にも声門閉鎖の状態から始める。そのため、この課の発音記号は、本来であれば ʔaʔ、ʔaa と表記すべきであるが、声門閉鎖の記号は付していない。

以下、母音の構成に従って、「単母音」「複合母音」の順に見ていく。「複合母音」は複数の母音が組み合わさったものである。

A. 単母音

「単母音」とは一つの音からなる母音で９種の音があり、それぞれ音の長・短があるので単母音は計18種類となる。本書の発音記号では、短母音の場合には母音を一つ、長母音の場合には母音を二つ重ねて表記する。

1

【短】	【長】	
a	aa	日本語の「ア」と同じ。
i	ii	日本語の「イ」と同じ。
ʉ	ʉʉ	口を横に開いた「ウ」。「イ」のように口を横に開いて「ウ」と発音する。
u	uu	日本語の「ウ」とほぼ同じ。日本語の「ウ」よりも唇を細くすぼめた感じ。
e	ee	日本語の「エ」と同じ。
ɛ	ɛɛ	口を大きく開いた「エ」。「エ」と「ア」の中間。
o	oo	日本語の「オ」とほぼ同じ。日本語の「オ」よりも唇を細くすぼめた感じ。
ɔ	ɔɔ	口を大きく開いた「オ」。「オ」と「ア」の中間。
ə	əə	「エ」と「オ」の中間音。「エ」の口の形から、舌を少し口の奥の方に引いて「オ」と発音する。

B. 複合母音

複合母音とは、複数の種類の母音が組み合わさったものである(二重母音、三重母音)。先の母音をしっかりと発音し、後ろの母音は軽く添える感じで発音する。複合母音は基本的に長母音として扱われる。ただし、iaʔ、ʉaʔ、uaʔ の３つは、末尾に声門閉鎖を伴って短く発音するので、短母音として扱われる。

2 二重母音

iaʔ	ia	ʉaʔ	ʉa	uaʔ	ua
ai	aai	iu	ui	ɔi	ɔɔi
ooi	əəi	ao	aao	eo	eeo
ɛo	ɛɛo				

三重母音

iao　ʉai　uai

1.2 子音

タイ語の特徴として、単音節語が多いことがあげられる。音節とは言葉を発音する際に一つのまとまりと意識される最小の単位（音のかたまり）のことで、通常は子音＋母音、あるいは子音＋母音＋子音で一音節となる。日本語の音節は、カ（ka）、キ（ki）、ク（ku）、ケ（ke）、コ（ko）のように、ほぼカナ一文字（つまり子音＋母音）に相当し、日本語の語彙の多くは多音節である。一方、タイ語の基本的な語彙には単音節からなっているものが多い。

	【日本語】	【タイ語】
来る	ku-ru	maa
食べる	ta-be-ru	kin
車	ku-ru-ma	rót

本書では、タイ語の音節の最初に来る子音を頭子音と呼び、音節の最後に来る子音を末尾子音と呼ぶ。上記のタイ語の例では、maa の語頭の m 音、kin の k 音、rót の r 音が頭子音に当たる。また末尾子音は、kin の語末の n 音やrót のt 音に当たる。maa は母音で終わっているため末尾子音はない。

A. 頭子音

タイ語には、一つの子音からなる「単頭子音」が21、二つの子音からなる「二重頭子音」が12、全部で33の頭子音がある。英語の "screw" "spring" のような三重頭子音はない。また、英語や日本語にはない「有気音」・「無気音」の区別があるので、注意が必要である。

有気音と無気音

タイ語の k、c、t、p の子音には、有気音と無気音の区別がある（「帯気音」・「不帯気音」とも呼ぶ）。本書の発音記号では有気音の方にhをつけて、kh、ch、th、ph と表記する。有気音の kh、ch、th、ph は「いき」を吐き出す音を伴う子音で、ここでの「いき」の音とは、冬の寒い時に手を暖めるために、息を「ハーッ」と吹きかける時のような喉の奥から出る音である。反対に、無気音の場合には、なるべくこの「いき」の音を出さないように発音する。タイ語の慣例では、子音を発音する時には母音ɔを後ろにつけて発音する。なお、以下では頭子音をタイ文字の順に準じて配置している。

単頭子音

3

【頭子音】	【説明】	【発音例】
k-	「いき」を出さない日本語のカ行の音	kɔʔ　kɔɔ
kh-	「いき」を出す日本語のカ行の音	khɔʔ　khɔɔ
ŋ-	鼻濁音のンの音。ガ行の音の前に軽く「ン」をつけて、「ンガ」のように、鼻から息を抜いて発音する。	ŋɔʔ　ŋɔɔ
c-	「いき」を出さない日本語のチャ行の音	cɔʔ　cɔɔ
ch-	「いき」を出す日本語のチャ行の音	chɔʔ　chɔɔ
d-	日本語のダ行の音と同じ。	dɔʔ　dɔɔ
t-	「いき」を出さない日本語のタ行の音	tɔʔ　tɔɔ
th-	「いき」を出す日本語のタ行の音	thɔʔ　thɔɔ
n-	日本語のナ行の音と同じ。	nɔʔ　nɔɔ
b-	日本語のバ行の音と同じ。	bɔʔ　bɔɔ
p-	「いき」を出さない日本語のパ行の音	pɔʔ　pɔɔ
ph-	「いき」を出す日本語のパ行の音	phɔʔ　phɔɔ
f-	英語の f の音と同じ（上の前歯を下唇に軽く当てる）。	fɔʔ　fɔɔ
m-	日本語のマ行の音と同じ。	mɔʔ　mɔɔ
y-	日本語のヤ行の音とほぼ同じ。ただし、後続の母音が、i や e など口の開きの狭い母音が後続する場合は、y よりも音が濁り、j の音に近くなる。	yɔʔ　yɔɔ

r-	英語の r の音（「巻舌」のラ行の音）	rɔʔ	rɔɔ
l-	英語の l の音（「巻舌」にならないラ行の音）	lɔʔ	lɔɔ
w-	英語の w の音	wɔʔ	wɔɔ
s-	日本語のサ行の音。ただし、si は「スィ」となる。	sɔʔ	sɔɔ
h-	日本語のハ行の音	hɔʔ	hɔɔ
ʔ-	声門閉鎖。母音を発音する前に、息をつめて発音することを表す。	ʔɔʔ	ʔɔɔ

二重頭子音

二重頭子音は、最初の子音の後に母音を入れずに続けて後ろの子音を軽く発音する。現代のタイ語では、二つ目の子音の r、l の音は実際の会話の中では欠落することも多い。ただし、正しいタイ語の発音を習得するためには、二重頭子音の発音はしっかりと学習しておく必要がある。

4

【頭子音】	【発音例】	
kr-	kraʔ	kraa
kl-	klaʔ	klaa
kw-	kwaʔ	kwaa
khr-	khraʔ	khraa
khl-	khlaʔ	khlaa
tr-	traʔ	traa
pr-	praʔ	praa
pl-	plaʔ	plaa
phr-	phraʔ	phraa
phl-	phlaʔ	phlaa

B. 末尾子音

タイ語の末尾子音は７つあり、「開音」と「閉音」の２種類に分けられる。開音の末尾子音は -ŋ、-n、-m の３つ、閉音の末尾子音は -k、-t、-p、-ʔ である。

開音の末尾子音

この３つの末尾子音は、日本語では全て「ん」となるが、それぞれ違う音である。

5 -ŋ：英語の sing（歌う）や long（長い）の -ng と同じ。「なんかい」（南海 naŋkai）や「ばんごう」（番号 baŋŋo）の「ん」の音（下線部）。

【発音例】 yuŋ cɔɔŋ kruŋ

-n：英語の sun（太陽）や win（勝つ）の -n と同じ。「はんだい」（阪大 handai）や「きんてつ」（近鉄 kintetsu）の「ん」の音（下線部）。

【発音例】 kan khɯɯn phraan

-m：英語の come（来る）や gum（ガム）の -m と同じ。「さんま」（秋刀魚 samma）や「なんば」（難波 namba）の「ん」の音（下線部）。

【発音例】 tham ruam khwaam

閉音の末尾子音

タイ語の閉音の末尾子音は、日本語の「つまる音」（小さい「っ」＝促音）と同じである。違いは日本語の「っ」が、「がっかり」（gakkari）、「なっとく」（nattoku）、「もっぱら」（moppara）のように語中に出てくるのに対して、タイ語の場合には語末の子音としても出てくる点である。閉音の末尾子音は破裂して音を出すのではなく、その直前で止める。

6

-k：「がっこう」（gakkou）と発音するときのつまる音「っ」の k 音で、その後に続く「こう」を発音せずに止めた音。舌の付け根を軟口蓋（上顎の奥の柔らかい部分）にくっつけて音を止める。

（以下の発音例には声調符号がついているが、声調については次節で学習するので、ここでは声調を気にする必要はない。）

【発音例】　nók　rîak　trɔ̀ɔk

-t：「ちょっと」（chotto）と発音するときのつまる音「っ」の t 音で、その後に続く「と」を発音する直前で止めた音。舌の先端を上歯茎の裏側にくっつけて音を止める。

【発音例】　phàt　fàat　trùat

-p：「らっぱ」（rappa）と発音するときのつまる音「っ」の p 音で、その後に続く「ぱ」を発音する直前で止めた音。両唇を閉じて音を止める。

【発音例】　càp　chɔ̂ɔp　krɔ̀ɔp

-ʔ：声門閉鎖の音で、実際にはほとんど聞こえない音である。驚いた時に出す、日本語の「あっ」、「わっ」のように喉の奥で息を止めることを表している。単母音で終わる語や音節の最後に付くことが多い。

【発音例】　sàʔ　yɛ́ʔ　phrɔ́ʔ

2. 声調

タイ語と日本語の大きな違いの一つは声調の有無である。声調とは一つの音節の中における音の高低の変化や違いである。子音と母音の発音が同じでも、声調が異なると別の語になる場合もある。タイ語には標準形として５つの声調があり、各声調を正しく発音する必要がある。基本的にタイ語の語はこの５つの声調のどれかで発音されることになる。

本書の発音記号では、母音の上に（二重母音や複合母音の場合には、最初の

母音の上）に声調を表す記号をつける。

第一声調（中平調）

自然に出せる高さで、声を上下させずに、平らに発音する。

7 声調記号は何もつけない。

【発音例】　maa　thaa　laa

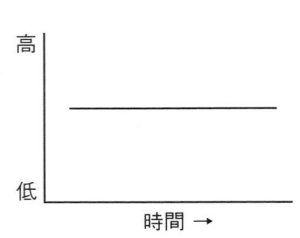

第二声調（低平調）

第一声調よりも低い声で、低いまま平らに発音する。

8 声調記号は母音の上に右下がりの線をつける。

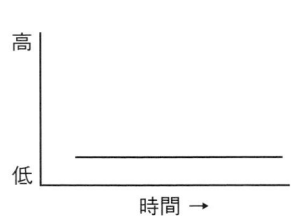

【発音例】　dàa　kɔ̀ɔ　yùu

第三声調（下降調）

高いところから発音しはじめ、語尾を下げて発音する。

9 声調記号は、母音の上に山折り型の線をつける。

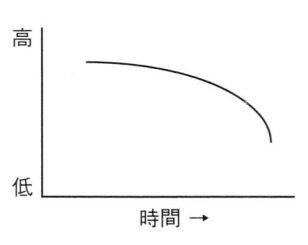

【発音例】　phɔ̂ɔ　mɛ̂ɛ　khâa

第四声調（高平調）

10 高い声で発音しはじめ、さらに軽く語尾をあげる。

声調記号は、母音の上に右上がりの線をつける。

【発音例】　máa　cháa　sɯ́ɯ

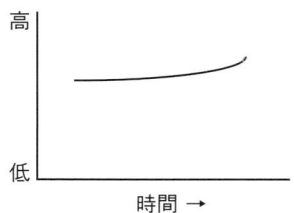

第五声調（上昇調） 11

低いところから発音しはじめ、音をあげながら発音する。

声調記号は、母音の上にV字型の線をつける。

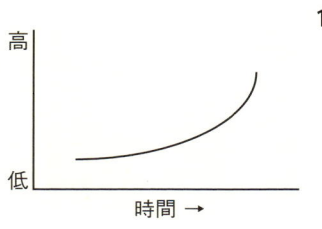

【発音例】 mǎa rʉ̌ʉ hɔ̌ɔ

発音練習 12

tham dii dâi dii
する 良い 得る 良い （善業善果）

mɛɛo lák plaa yâaŋ
ネコ 盗む 魚 焼く （ネコが焼き魚を盗む）

kruŋ-thêep mahǎa-nakhɔɔn
バンコク 大 都 （大バンコク都）

khrai khǎai khài kài
誰が 売る 卵 鶏 （誰が鶏卵を売っているのか）

tòp mʉʉ khâaŋ diao
叩く 手 側 一つの （片手で拍手する＝不可能なことの喩え）

sùk-sǎn wan kə̀ət
幸福平安 日 生まれる （お誕生日おめでとう）

pìt thɔɔŋ lǎŋ phráʔ
貼る 金 背中 仏像 （仏像の背中に金箔を貼る＝陰徳を積む）

prʉ̀k-sǎa hǎa-rʉʉ
相談する 相談する （相談する、検討審議する）

bɛ̀ɛp　phim　bai-samàk

見本　印刷　申込用紙　　（申込用紙の記入見本）

dɔ̀ɔk-mái　thûup　thian

花　　　線香　ロウソク　　（お寺参りの三点セット）

pɔ̀ɔk　klûai　khâo　pàak

剥く　バナナ　入れる　口　　（バナナを剥いて口に入れる＝いとも簡単な様）

dɨ̀ɨm　náam　càak　kɛ̂ɛo

飲む　　水　〜から　コップ　　（コップから水を飲む）

trùat　duaŋ　cha-taa

調べる　星　　運勢　　（運勢を調べる）

bâan　yài　kwâaŋ-khwǎaŋ

家　大きい　　広い　　（広大な家）

phûut　dooi　thûa-pai

話す　〜的に　一般　（一般的にいって）

khâao　yâak　màak　phɛɛŋ

米　　難しい　ビンロウ　高価　　（飢饉）

ʔɔ̂ɔi　khâo　pàak　cháaŋ

砂糖黍　入る　口　　象　　（砂糖黍が象の口に入る＝覆水盆にかえらず）

mâi　rúu　nɨ̌a　tâi

〜ない　知る　北　南　　（北南も知らない＝西も東も分からぬ）

rák　thəə　khon　diao

愛する　あなた　人　　一つ　　（あなただけを愛する）

mái　mài　mâi　măi

木　新しい　燃える　～か？　　（新しい木は燃えますか？）

mót　dɛɛŋ　kàt　cèp

蟻　　赤　　噛む　痛い　　（赤蟻は噛んだら痛い＝山椒は小粒でぴりりとからい）

náam-man　chʉ́a-phləəŋ

油　　　燃料　　（燃料油）

fǒn　tòk　câk　câk

雨　落ちる　　ざーざー　　（雨がざーざー降る）

kháo　pen　sʉ̌a　ŋîap

彼　～である　虎　静かな　　（彼は沈黙する虎だ＝能ある鷹は爪をかくす）

thɔ̌ɔi　lǎŋ　khâo　khlɔɔŋ

退く　後ろ　入る　　運河　　（後退し過ぎて運河に落ちる＝過ぎたるは及ばざるが如し）

会話表現・文法篇

1 こんにちは

สวัสดี

sawàtdii

13

ฮานาโกะ – สวัสดีค่ะ

ชัย – สวัสดีครับ

ฮานาโกะ – คุณเป็นคนไทยใช่ไหมคะ

ชัย – ใช่ครับ คุณเป็นคนเกาหลีใช่ไหมครับ

ฮานาโกะ – ไม่ใช่ค่ะ ฉันเป็นคนญี่ปุ่นค่ะ

Hanako – sawàtdii khâ.

Chai – sawàtdii khráp.

Hanako – khun pen khon thai châi mái khá.

Chai – châi khráp. khun pen khon kaolǐi châi mái khráp.

Hanako – mâi châi khâ. chán pen khon yîipùn khâ.

語句

14

สวัสดี	sawàtdii	おはよう、こんにちは、さようならなど、場面や時間に関係なく使える挨拶表現
คุณ	khun	あなた（二人称の代名詞）；～さん（人の名前の前につける敬称）
ผม	phǒm	僕、私（男性の一人称の代名詞）
(ดิ)ฉัน	(di)chán	私（女性の一人称の代名詞）
เขา	kháo	彼、彼女、彼ら、彼女たち（第三人称の代名詞）
เป็น	pen	～である
คน	khon	人
ไทย	thai	タイ
เกาหลี	kaolǐi	韓国
ญี่ปุ่น	yîipùn	日本

1.1 文末の丁寧語

ครับ khráp　ค่ะ khâ　คะ khá　ขา khǎa

タイ語では、文末詞 ครับ khráp、ค่ะ khâ、คะ khá、ขา khǎa を用いて丁寧さを表す。男性の場合は ครับ khráp を用いる。一方、女性の場合、平叙文の時は ค่ะ khâ を付けて、疑問文の時は คะ khá を付ける。また、呼び掛けやその応答には ขา khǎa を用いる。たとえば、「คุณแม่ขา khun mɛ̂ɛ khǎa お母さん！」、「ขา khǎa はい」。

1.2 「AはBである」「A เป็น pen B」

BにはAの状態、性質、立場、職業、役割などを表す名詞が入る。この場合、AはBの一部に含まれるという意味で、BはAとは限らない。したがって、「彼が私の父です」のように、AとBが一致していて、その存在を特定している場合には เป็น pen ではなく、คือ khʉʉ を用いる。

→24課を参照。

1. ผมเป็นคนไทย　　　　phǒm pen khon thai.　　　　僕はタイ人です。
2. ฉันเป็นคนญี่ปุ่น　　　chán pen khon yîipùn.　　　私は日本人です。
3. เขาเป็นคนเกาหลี　　　kháo pen khon kaolǐi.　　　彼は韓国人です。
4. ชัยเป็นคนไทย　　　　Chai pen khon thai.　　　　チャイはタイ人です。
5. ฮานาโกะเป็นคนญี่ปุ่น　Hanako pen khon yîipùn.　　ハナコは日本人です。

1.3 「～ですね?、～でしょう?」「～ ใช่ไหม châi mái」

あることがらを相手に確認する時や肯定の返事を期待している時に使う疑問詞であり、文末に付ける。返事は「ใช่ châi (そうです)」か「ไม่ใช่ mâi châi (違います)」で答える。

1. เขาเป็นคนไทยใช่ไหมครับ － ใช่ค่ะ เขาเป็นคนไทยค่ะ
   kháo pen khon thai châi mái khráp. － châi khâ. kháo pen khon thai khâ.
   彼はタイ人ですよね? － そうです。彼はタイ人です。

2. คุณเป็นคนญี่ปุ่นใช่ไหม － ไม่ใช่ครับ ผมเป็นคนจีน
   khun pen khon yîipùn châi mái. － mâi châi khráp. phǒm pen khon ciin.
   あなたは日本人でしょう? － いいえ。僕は中国人です。

3. ชัยเป็นคนญี่ปุ่นใช่ไหม － ไม่ใช่ค่ะ เขาเป็นคนไทย
   Chai pen khon yîipùn châi mái. － mâi châi khâ. kháo pen khon thai.
   チャイは日本人でしょう? － いいえ。彼はタイ人です。

4. คุณเป็นคนโอซากาใช่ไหมคะ － ใช่ค่ะ ฉันเป็นคนโอซากาค่ะ
   khun pen khon Osaka châi mái khá. － châi khâ. chán pen khon Osaka khâ.
   あなたは大阪の人ですよね? － はい。私は大阪の人です。

5. คุณฮิโรชิเป็นคนโตเกียว<u>ใช่ไหม</u>ครับ – <u>ใช่</u>ครับ เขาเป็นคนโตเกียวครับ

khun Hiroshi pen khon Tokyo <u>châi mái</u> khráp.

– <u>châi</u> khráp. khǎo pen khon Tokyo khráp.

ヒロシさんは東京の人ですよね？ – そうです。彼は東京の人です。

6. คุณโยโกะเป็นคนเกียวโต<u>ใช่ไหม</u>คะ – <u>ไม่ใช่</u>ค่ะ เขาเป็นคนโอซาก้าค่ะ

khun Yoko pen khon Kyoto <u>châi mái</u> khá.

– <u>mâi châi</u> khâ. khǎo pen khon Osaka khâ.

ヨウコさんは京都の人でしょう？ – いいえ。彼女は大阪の人です。

....

ไม่ mâi ～ではない（否定）／ โตเกียว Tokyo 東京／ โอซาก้า Osaka 大阪／ เกียวโต Kyoto 京都

練　習　問　題

1．和訳をしなさい。

(1) เขาเป็นคนญี่ปุ่น　khǎo pen khon yîipùn.

(2) ผมเป็นคนไทย　phǒm pen khon thai.

(3) ฉันเป็นคนจีน (จีน ciin 中国)　chǎn pen khon ciin.

(4) คุณเป็นคนไทยใช่ไหม – ใช่ค่ะ　khun pen khon thai châi mái - châi khâ.

(5) เขาเป็นคนเกาหลีใช่ไหม – ไม่ใช่ครับ เขาเป็นคนจีนครับ

khǎo pen khon kaolǐi châi mái. - mâi châi khráp. khǎo pen khon ciin khráp.

(6) ชัยเป็นคนไทยใช่ไหม – ใช่ค่ะ เขาเป็นคนไทยค่ะ

Chai pen khon thai châi mái. - châi khâ. khǎo pen khon thai khâ.

2．タイ語に訳しなさい。

(1) 僕は韓国人です。

(2) 彼女たちはイギリス人です。(イギリス อังกฤษ ?aŋkrìt)

(3) ケイコは大阪の人です。(大阪 โอซากา Osaka)

(4) ヒロシは東京の人です。(東京 โตเกียว Tokyo)

(5) タクヤは京都の人ですよね？ – そうです。彼は京都の人です。

(6) ヨウコさんは東京の人でしょう？ – いいえ。彼女は大阪の人です。

(7) ナーナーさん、あなたはタイ人ですよね？ – いいえ。私はインド人です。

(インド อินเดีย ?india)

基礎語彙　数字１～10

ここでは最も基本的な１から10までの数字を学ぶ。

๑ (หนึ่ง)	nʉ̀ŋ	1
๒ (สอง)	sɔ̌ɔŋ	2
๓ (สาม)	sǎam	3
๔ (สี่)	sìi	4
๕ (ห้า)	hâa	5
๖ (หก)	hòk	6
๗ (เจ็ด)	cèt	7
๘ (แปด)	pɛ̀ɛt	8
๙ (เก้า)	kâo（kâao）	9
๑๐ (สิบ)	sìp	10

2 お名前は何ですか？

คุณชื่ออะไร

khun chʉ̂ʉ ʔarai

15

ฮานาโกะ – คุณชื่ออะไรคะ

ชัย – ผมชื่อชัยครับ แล้วคุณล่ะครับ

ฮานาโกะ – ฉันชื่อฮานาโกะค่ะ

ชัย – ชื่อเล่นชื่ออะไรครับ

ฮานาโกะ – ฉันไม่มีชื่อเล่นค่ะ แล้วคุณล่ะคะ มีชื่อเล่นไหมคะ

ชัย – ชัยเป็นชื่อเล่นของผมครับ

ฮานาโกะ – ชื่อจริง คุณชื่ออะไรคะ

ชัย – ชื่อ "วันชัย" ครับ

Hanako – khun chʉ̂ʉ ʔarai khá.

Chai – phǒm chʉ̂ʉ Chai khráp. lɛ́ɛo khun lâ khráp.

Hanako – chán chʉ̂ʉ Hanako khâ.

Chai – chʉ̂ʉ-lên chʉ̂ʉ ʔarai khráp.

Hanako – chán mâi mii chʉ̂ʉ-lên khâ. lɛ́ɛo khun lâ khá,
mii chʉ̂ʉ-lên mái khá.

Chai – Chai pen chʉ̂ʉ-lên khɔ̌ɔŋ phǒm khráp.

Hanako – chʉ̂ʉ-ciŋ khun chʉ̂ʉ ʔarai khá.

Chai – chʉ̂ʉ "Wanchai" khráp.

16

語句

ชื่อ	chʉ̂ʉ	名前、～という名前である
อะไร	?arai	何
ชื่อเล่น	chʉ̂ʉ-lên	あだ名、ニックネーム
มี	mii	ある、持っている
ไม่	mâi	～ない（否定）
ของ	khɔ̌ɔŋ	～の～
ชื่อจริง	chʉ̂ʉ-ciŋ	本名

2.1 「AはBという名前だ」「A ชื่อ chʉ̂ʉ B」

タイ語では品詞が明確に決まっていない語が多くあり、ชื่อ chʉ̂ʉ もその中の一つである。「～という名前である」と動詞的に捉えてもよいし、「名前」という名詞として捉えてもよい。名詞として捉えた場合、คุณชื่ออะไร khun chʉ̂ʉ ?arai を文字通り訳すと「あなたは名前は何ですか？」となる。これは日本語で「象は鼻が長い」というような「話題＋主語＋述語」の形である。タイ語でもこのような「話題＋主語＋述語」の形がよく使われる。

1. เขาชื่ออะไร　　khǎo chʉ̂ʉ ?arai.
   彼（彼女）の名前は何ですか？

2. คุณชื่ออะไร　　khun chʉ̂ʉ ?arai.
   あなたの名前は何ですか？

3. คุณชื่อคุณฮานาโกะใช่ไหม　　khun chʉ̂ʉ khun Hanako châi mái.
   あなた（の名前）はハナコさんでしょう？

4. เขาชื่อเล่นชื่ออะไร　　khǎo chʉ̂ʉ-lên chʉ̂ʉ ?arai.
   彼のあだ名は何ですか？

5. คุณโยโกะ คุณชื่อเล่นชื่ออะไร　　khun Yoko, khun chʉ̂ʉ-lên chʉ̂ʉ ʔarai.
ヨウコさん、あだ名は何といいますか？

6. ฉันชื่อเอมิค่ะ　　chán chʉ̂ʉ Emi khâ.
私はエミと申します。

2.2 否定表現「〜ない」「ไม่ mâi 〜」

ไม่ mâi は「〜ない」という否定詞で、否定したい語（動詞、形容詞、副詞）の前に付ける。

1. ฉันไม่มีชื่อเล่นค่ะ　　chán mâi mii chʉ̂ʉ-lên khâ.
私はあだ名はありません。

2. ผมไม่ไปครับ　　phǒm mâi pai khráp.
僕は行きません。

3. เขาไม่ทานค่ะ　　kháo mâi thaan khâ.
彼女は食べません。

4. คุณชัยพูดไม่เร็วครับ　　khun Chai phûut mâi reo khráp.
チャイさんは早口ではありません（話すのが早くありません）。

5. เมืองไทยไม่ร้อน　　mʉaŋ thai mâi rɔ́ɔn.
タイは暑くない。

6. ภาษาไทยไม่ยาก　　phaasǎa thai mâi yâak.
タイ語は難しくない。

…………………………………………

ไป pai 行く ／ ทาน thaan 食べる、飲む ／ พูด phûut 話す ／ เร็ว reo 速い ／ ร้อน rɔ́ɔn 暑い、熱い ／ ยาก yâak 難しい ／ เมือง mʉaŋ 国 ／ ภาษา phaasǎa 言葉、言語

2.3 文末の質問詞「ไหม mái」

ไหม mái は文末に付ける質問詞で、「～ますか、～ませんか」、「～ですか、～ではありませんか」という情報を求める疑問文を作る。ただし、述語が省略される文や否定疑問文では使えない（そういう場合は หรือ rʉ̌ʉ を用いる）（３課を参照）。返事は疑問文で使われる述語をそのまま使って、肯定なら「述語＋ ครับ khráp ／ ค่ะ khâ」、否定なら「ไม่ mâi ＋述語＋ ครับ khráp ／ ค่ะ khâ」となる。

1. คุณมีชื่อเล่นไหม – มีค่ะ ชื่อน้อยค่ะ
   khun mii chʉ̂ʉ-lên mái. – mii khâ , chʉ̂ʉ Nɔ́ɔi khâ.
   あなたはあだ名がありますか？ – あります。ノーイです。

2. เมืองไทยหนาวไหม – ไม่หนาวครับ ร้อนครับ
   mʉaŋ thai nǎao mái. – mâi nǎao khráp. rɔ́ɔn khráp.
   タイは寒いですか？ – 寒くないです。暑いです。

3. ภาษาไทยยากไหม – ไม่ยากค่ะ ง่ายค่ะ
   phaasǎa thai yâak mái. – mâi yâak khâ. ŋâai khâ.
   タイ語は難しいですか？ – 難しくないです。簡単です。

4. คุณชัยพูดเร็วไหม – ไม่เร็วค่ะ ช้าค่ะ
   khun Chai phûut reo mái. – mâi reo khâ. cháa khâ.
   チャイさんは早口ですか？ – 早くないです。ゆっくりです。

5. คุณฮิโรชิทานเหล้าไหม – ทานครับ
   khun Hiroshi thaan lâo mái. – thaan khráp.
   ヒロシさんはお酒を飲みますか？ – 飲みます。

หนาว nǎao 寒い ／ ง่าย ŋâai 易しい ／ ช้า cháa 遅い ／ เหล้า lâo 酒

2.4 「では～（の場合）はどうですか？」
「แล้ว lέεo ～ ล่ะlâ」

「แล้ว ～ ล่ะ lέεo ～ lâ」は、お互いが会話の内容を理解している場合に相手に対して問い返す簡潔な質問表現である。日常会話の中でよく使われる。

1. ผมไม่มีชื่อเล่น แล้วคุณล่ะครับ – มีค่ะ ชื่อน้อยค่ะ
phǒm mâi mii chʉ̂ʉ-lên , lέεo khun lâ khráp. – mii khâ. chʉ̂ʉ Nɔ́ɔi khâ.
私はあだ名がありません。あなたは(ありますか)？ – あります。ノーイです。

2. เมืองไทยไม่หนาว แล้วญี่ปุ่นล่ะคะ – ญี่ปุ่นก็ไม่หนาวค่ะ
mʉaŋ thai mâi nǎao , lέεo yîipùn lâ khá. – yîipùn kɔ̂ mâi nǎao khâ.
タイは寒くありません。日本はどうですか？ – 日本も寒くないです。

3. ภาษาไทยง่าย แล้วภาษาญี่ปุ่นล่ะครับ – ภาษาญี่ปุ่นยากค่ะ
phaasǎa thai ŋâai , lέεo phaasǎa yîipùn lâ khráp. - phaasǎa yîipùn yâak khâ.
タイ語は簡単です。日本語はどうですか？ – 日本語は難しいです。

4. คุณน้อยพูดช้า แล้วคุณช้างล่ะครับ – คุณช้างพูดเร็วครับ
khun Nɔ́ɔi phûut cháa , lέεo khun Cháaŋ lâ khráp. - khun Cháaŋ phûut reo khráp.
ノーイさんはゆっくり話しますが、チャーンさんは？ – チャーンさんは早口です。

5. คุณฮิโรชิทานเหล้า แล้วคุณโยโกะล่ะคะ – ฉันไม่ทานค่ะ
khun Hiroshi thaan lâo, lέεo khun Yoko lâ khá. - chán mâi thaan khâ.
ヒロシさんはお酒を飲みますが、ヨウコさんは？ – 私は飲みません。

6. คุณฮานาโกะเรียนภาษาไทย <u>แล้วคุณฮิโรชิล่ะครับ</u> – ผมก็เรียนภาษาไทยครับ
   khun Hanako rian phaasǎa thai , <u>lɛ́ɛo khun Hiroshi lâ</u> khráp.
   – phǒm kɔ̂ɔ rian phaasǎa thai khráp.
   ハナコさんはタイ語を勉強していますが、ヒロシさんは？
   – 僕もタイ語を勉強しています。

....
เรียน rian 勉強する ／ ก็ kɔ̂ (kɔ̂ɔ) ～も

練　習　問　題

1．和訳をしなさい。

(1) เขาชื่อสมชาย　　khǎo chûu Sǒmchaai.

（สมชาย Sǒmchaai ソムチャイ　男性の名）

(2) เขาไม่ไปเมืองไทย　　kháo mâi pai mɯaŋ thai.

(3) อาหารญี่ปุ่นเผ็ดไหม – ไม่เผ็ด　　ʔaahǎan yîipùn phèt mái. - mâi phèt.

（เผ็ด phèt 辛い ／ อาหาร ʔaahǎan 食事・料理）

(4) เขามีรถไหม – ไม่มี　　kháo mii rót mái ,- mâi mii.（รถ rót 車）

(5) เขาเรียนภาษาอังกฤษ แล้วคุณล่ะ – ฉันก็เรียน

kháo rian phaasǎa ʔaŋkrìt, lέεo khun lâʔ - chán kɔ̂ɔ rian.

(6) คุณฮิโรชิเดินเร็ว แล้วคุณน้อยล่ะ – คุณน้อยก็เดินเร็ว

khun Hiroshi dəən reo, lέεo khun Nɔ́ɔi lâ. - khun Nɔ́ɔi kɔ̂ɔ dəən reo.

（เดิน dəən 歩く／ เร็ว reo　速い）

2．タイ語に訳しなさい。

(1) 彼の名前はチャーン（ช้าง Cháaŋ）でしょう？ －　そうです。

(2) 彼女のあだ名は何ですか？ －　ノーイ（น้อย Nɔ́ɔi）です。

(3) 私は中国語を話しません。（中国 จีน ciin）

(4) 僕は暑い国が好きではありません。（好き・好む ชอบ chɔ̂ɔp）

(5) 私はたくさん食べません。（たくさん มาก mâak）

(6) あなたはタイ料理が好きですか？ －　好きです。（料理 อาหาร ʔaahǎan）

(7) タイ語は難しいですか？ －　難しくありません。簡単です。

(8) チャーンは日本語が上手ですか（上手に話しますか）？ －　上手です。

（上手 เก่ง kèŋ）

(9) 日本語は難しいです。タイ語は？ －　簡単です。

(10) ハナコさんはタイ料理が好きですが、あなたは？ －　好きではありません。

基礎語彙　数字 11 ～ 100

タイ語の数字の表現は、日本語と同じように基本的に十進法に則って表現される。ただし、以下の２点に注意が必要である。

・20 は「สองสิบ　sɔ̌ɔŋ sìp」にはならず、「ยี่สิบ　yîi sìp」となる。

・二桁以上の数字の一の位の「１」は หนึ่ง nɯ̀ŋ ではなく、เอ็ด ʔèt となる。
つまり 11 は「สิบ sìp 」+「เอ็ด ʔèt 」=「สิบเอ็ด sìp ʔèt 」、
31 は「สามสิบ sǎam sìp」+「เอ็ด ʔèt 」=「สามสิบเอ็ด sǎam sìp ʔèt」、
41 は「สี่สิบ sìi sìp 」+「เอ็ด ʔèt 」で「สี่สิบเอ็ด sìi sìpʔèt」となる。

๑๑ (สิบเอ็ด)	sìp ʔèt	11
๑๒ (สิบสอง)	sìp sɔ̌ɔŋ	12
๑๓ (สิบสาม)	sìp sǎam	13
๒๐ (ยี่สิบ)	yîi sìp	20
๒๑ (ยี่สิบเอ็ด)	yîi sìp ʔèt	21
๒๒ (ยี่สิบสอง)	yîi sìp sɔ̌ɔŋ	22
๒๓ (ยี่สิบสาม)	yîi sìp sǎam	23
๓๐ (สามสิบ)	sǎam sìp	30
๔๐ (สี่สิบ)	sìi sìp	40
๕๐ (ห้าสิบ)	hâa sìp	50
๖๐ (หกสิบ)	hòk sìp	60
๗๐ (เจ็ดสิบ)	cèt sìp	70
๘๐ (แปดสิบ)	pɛ̀ɛt sìp	80
๙๐ (เก้าสิบ)	kâao sìp	90
๑๐๐ (ร้อย)	(nɯ̀ŋ) rɔ́ɔi	100

3 あなたは大学生ですか？

คุณเป็นนักศึกษาหรือ

khun pen nák-sʉ̀ksǎa rʉ̌ʉ

17

ฮานาโกะ – คุณชัยเป็นนักศึกษาหรือคะ
ชัย – ครับ
ฮานาโกะ – คุณเรียนอยู่มหาวิทยาลัยอะไรคะ
ชัย – ผมเรียนอยู่มหาวิทยาลัยจามจุรีครับ
ฮานาโกะ – คุณเรียนอะไรคะ
ชัย – ผมเรียนกฎหมายครับ
ฮานาโกะ – คุณอยู่ปีอะไรคะ
ชัย – ปีสี่แล้วครับ
ฮานาโกะ – จบแล้ว คุณจะทำงานอะไรคะ
ชัย – ยังไม่ทราบเลยครับ

Hanako – khun Chai pen nák-sʉ̀ksǎa rʉ̌ʉ khá.
Chai – khráp.
Hanako – khun rian yùu mahǎawítthayaalai ʔarai khá.
Chai – phǒm rian yùu mahǎawítthayaalai Caamcurii khráp.
Hanako – khun rian ʔarai khá.
Chai – phǒm rian kòtmǎai khráp.
Hanako – khun yùu pii ʔarai khá.
Chai – pii sìi lɛ́ɛo khráp.
Hanako – còp lɛ́ɛo, khun ca tham-ŋaan ʔarai khá.
Chai – yaŋ mâi sâap ləəi khráp.

18

語句

นักศึกษา	nák-sɯ̀ksǎa	大学生
อยู่	yùu	いる、ある；～している
มหาวิทยาลัย	mahǎawítthayaalai	大学
กฎหมาย	kòtmǎai	法律
ปี	pii	年
สี่	sìi	4
แล้ว	lɛ́ɛo	もう～した、すでに～した（完了）
(เรียน) จบ	(rian) còp	卒業する
จะ	ca	～するつもり（意志）
ทำงาน	tham-ŋaan	仕事をする、働く
ทราบ	sâap	知る、知っている（丁寧表現）
ยังไม่～เลย	yaŋ mâi～ləəi	まだ全く～ない

3.1 「AはBである」(職業)「A เป็น B　A pen B」

1課で学習した「A เป็น B　A pen B」「AはBである」の用法であるが、この課ではBの位置に職業を表す語が入った表現を学習する。

1. คุณชัยเป็นนักศึกษา　khun Chai pen nák-sɯ̀ksǎa.
   チャイさんは大学生です。

2. คุณทาโรเป็นนักธุรกิจ　khun Taro pen nák-thúrákìt.
   タロウさんはビジネスマンです。

3. คุณโยโกะเป็นครู　khun Yoko pen khruu.
   ヨウコさんは教師です。

4. เขาเป็นหมอ　kháo pen mɔ̌ɔ.
   彼女は医者です。

5. คุณนาโอโกะเป็นแม่บ้าน　　khun Naoko pen mɛ̂ɛ-bâan.
ナオコさんは主婦です。

นักธุรกิจ nák-thúrákìt ビジネスマン／ ครู khruu 教師 ／ หมอ mɔ̌ɔ 医者 ／ แม่บ้าน mɛ̂ɛ-bâan 主婦

3.2 文末の質問詞 หรือ rʉ̌ʉ

หรือ rʉ̌ʉ は文末につけて「はい」または「いいえ」という返事を求める疑問文を作る。この疑問文には驚きや意外な気持ちの表明、相手への確認などの意味合いが含まれる。「名詞＋หรือ rʉ̌ʉ」といった型式で用いられることもあるし、「ไม่～หรือ mâi～rʉ̌ʉ」のような否定疑問文を作ることもできる。2課で学習したไหม mái との違いに注意してもらいたい。

返事の仕方は、肯定なら「ครับ khráp ／ค่ะ khâ」、否定なら「ไม่ครับ／ค่ะ mâi khráp／khâ」あるいは「เปล่าครับ／ค่ะ plàao khráp／khâ」で答える。

1. เขาเป็นคนญี่ปุ่นหรือคะ – ค่ะ เขาเป็นคนญี่ปุ่นค่ะ
khǎo pen khon yîipùn rʉ̌ʉ khá. – khâ. khǎo pen khon yîipùn khâ.
彼は日本人ですか？ – はい、彼は日本人です。

2. คุณเคโกะเป็นนักศึกษาหรือครับ – เปล่าค่ะ เขาเป็นครูค่ะ
khun Keiko pen nák-sʉ̀ksǎa rʉ̌ʉ khráp. – plàao khâ. khǎo pen khruu khâ.
ケイコさんは大学生ですか？ – いいえ、彼女は先生です。

3. คุณเรียนภาษาจีนหรือคะ – เปล่าครับ ผมเรียนภาษาเกาหลีครับ
khun rian phaasǎa ciin rʉ̌ʉ khá. – plàao khráp. phǒm rian phaasǎa kaolǐi khráp.
あなたは中国語を勉強しているのですか？ – いいえ、僕は韓国語を勉強しています。

4. เมืองไทยร้อนหรือคะ – ค่ะ เมืองไทยร้อน
mʉaŋ thai rɔ́ɔn rʉ̌ʉ khá. – khâ. mʉaŋ thai rɔ́ɔn.
タイは暑いのですか？ – はい、タイは暑いです。

5. ภาษาไทยไม่ยากหรือครับ – ครับ ภาษาไทยไม่ยากครับ
phaasǎa thai mâi yâak rʉ̌ʉ khráp. – khráp. phaasǎa thai mâi yâak khráp.
タイ語は難しくないのですか？ – はい、タイ語は難しくありません。

6. คุณชัยพูดไม่เร็วหรือครับ – ครับ เขาพูดช้าครับ
khun Chai phûut mâi reo rʉ̌ʉ khráp. – khráp. kháo phûut cháa khráp.
チャイさんは早口ではありませんか？ – はい、彼はゆっくり話します。

ร้อน rɔ́ɔn 暑い ／ ยาก yâak 難しい ／ เร็ว reo 速い ／ ช้า cháa おそい

3.3 行為・動作の継続「〜している」「〜อยู่ yùu」

อยู่ yùu は「いる、存在する」という意味の一般動詞であるが、「動詞（述語）＋อยู่ yùu」という形で動詞（句）の後ろに付くと、行為・動作の継続状態を表す。

1. ฮานาโกะทานข้าวอยู่ Hanako thaan khâao yùu.
ハナコはごはんを食べています。

2. ชัยดูทีวีอยู่ Chai duu thiiwii yùu.
チャイはテレビを見ています。

3. เขาอ่านหนังสืออยู่ kháo ʔàan náŋsʉ̌ʉ yùu.
彼（彼女）は本を読んでいます。

4. ฮิโรชิอาบน้ำอยู่ Hiroshi ʔàap-náam yùu.
ヒロシは水浴びをしています（お風呂に入っています）。

ข้าว khâao 米、ご飯 ／ ดู duu 見る ／ ทีวี thiiwii テレビ ／ อ่าน ʔàan 読む ／ หนังสือ náŋsɯ̌ɯ 本 ／ อาบน้ำ ʔàap-náam 水浴びする

3.4 完了表現「もう〜しました」「〜แล้ว lɛ́ɛo」

「動詞（句）／形容詞＋แล้ว lɛ́ɛo」で「もう〜しました（している）」、「すでに〜しました」となる。

แล้ว lɛ́ɛo は動詞（句）の後ろに付いて、ある動作や状態が予定、予測、期待の通りに完了した（している）ことを表す。完了と過去は意味が異なるので注意してほしい。

1. ฮานาโกะทานข้าวแล้ว　Hanako thaan khâao lɛ́ɛo.
   ハナコはもうご飯を食べました。

2. ฮิโรชิอาบน้ำแล้ว　Hiroshi ʔàap-náam lɛ́ɛo.
   ヒロシはもう水浴びしました（お風呂に入りました）。

3. น้อยเรียนจบแล้ว　Nɔ́ɔi rian còp lɛ́ɛo.
   ノーイはもう卒業しています。

4. เขามาแล้ว　kháo maa lɛ́ɛo.
   彼（彼女）が来ました。

5. สวยแล้ว　sǔai lɛ́ɛo.
   もうきれいです。

6. ดีแล้ว　dii lɛ́ɛo.
   もういいです。（もう十分よい状態です。）

มา maa 来る／ sǔai สวย きれい、美しい

3.5 「〜するつもりだ」「จะ ca 〜」

จะ ca は動詞の前に置いて、動作主の意志や予定、予測、習慣、傾向を表す。必ずしも未来の行動や状態を表すとは限らない。

単独の語としての発音としては càʔ であるが、文中に出てくる場合には ca となる。

1. น้อยจะอาบน้ำ　　Nɔ́ɔi ca ʔàap-náam.
   ノーイは水浴びをします。

2. ชัยจะทานข้าว　　Chai ca thaan khâao.
   チャイはご飯を食べます。

3. ฝนจะตก　　fǒn ca tòk.
   雨が降るでしょう。

4. เขาจะไปโตเกียว　　kháo ca pai Tokyo.
   彼（彼女）は東京に行きます。

5. ปีใหม่ ร้านจะปิด　　pii-mài, ráan ca pìt.
   お正月、（普通は）お店は休みです。

ฝน fǒn 雨／ตก tòk 降る、落ちる／ปีใหม่ pii-mài 正月、新年／ร้าน ráan 店／ปิด pìt 休む、閉める

3.6 「まだ〜していない」「ยังไม่ yaŋ mâi 〜」

完了表現「〜แล้ว lɛ́ɛo」の反対の意味を表す。予定、予測、期待したことがまだ実現していないことを表す。

เลย ləəi は否定を強調する語で、「ไม่ 〜เลย mâi〜ləəi」の形で「全く〜ない、全然〜ない」という意味を表す。

1. ฝนยังไม่ตก　　fǒn yaŋ mâi tòk.
   雨はまだ降っていません。

2. เขายังไม่มาเลย　　kháo yaŋ mâi maa ləəi.
   彼（彼女）はまだ来ていません。

3. นกยังเรียนไม่จบเลย　　Nók yaŋ rian mâi còp ləəi.
   ノックはまだ卒業していません。

4. ฮานาโกะยังไม่กลับเลย　　Hanako yaŋ mâi klàp ləəi.
   ハナコはまだ帰っていません。

5. แผลยังไม่หายเลย　　phlɛ̌ɛ yaŋ mâi hǎai ləəi.
   傷はまだ治っていません。

....
กลับ klàp　帰る　／　แผล phlɛ̌ɛ　傷　／　หาย hǎai　なくなる、（病気や傷が）治る

練 習 問 題

1．和訳をしなさい。

(1) คุณตะวันเป็นตำรวจใช่ไหม – ใช่ค่ะ

khun Tawan pen tamrùat châi mái. – châi khâ.（ตำรวจ tamrùat 警察）

(2) เขาไม่ชอบอาหารเผ็ดหรือคะ – ครับ

kháo mâi chɔ̂ɔp ʔaahǎan phèt rʉ̌ʉ khá. – khráp.（เผ็ด phèt 辛い）

(3) แม่ทำกับข้าวอยู่ mɛ̂ɛ tham kàp-khâao yùu.

（แม่ mɛ̂ɛ 母／กับข้าว kàp-khâao おかず／ทำกับข้าว tham kàp-khâao 料理を作る）

(4) คุณอิชิโรแต่งงานแล้วหรือคะ - ครับ

khun Ichiro tɛ̀ɛŋ-ŋaan lɛ́ɛo rʉ̌ʉ khá. - khráp.（แต่งงาน tɛ̀ɛŋ-ŋaan 結婚する）

(5) รถไฟมาแล้ว rót-fai maa lɛ́ɛo.（รถไฟ rót-fai 電車）

(6) ฉันจะซื้อรถ chán ca sʉ́ʉ rót.（ซื้อ sʉ́ʉ 買う／รถ rót 車）

(7) วันเสาร์คนจะมาก wan-sǎo khon ca mâak.

（วันเสาร์ wan-sǎo 土曜日／มาก mâak 多い）

(8) อาจารย์ยังไม่มา ʔaacaan yaŋ mâi maa.（อาจารย์ ʔaacaan 先生／มา maa 来る）

2．タイ語に訳しなさい。

(1) あなたはビジネスマンでしょう？ – 違います。弁護士です。

（弁護士 ทนายความ thanaai-khwaam）

(2) 彼女は医者ですか？ – いいえ、彼女は作家です。（作家 นักเขียน nák-khǐan）

(3) 韓国料理は辛くないのですか？ – いいえ、辛いです。（辛い เผ็ด phèt）

(4) ノーイは電話をしています。（電話をする โทรศัพท์ thoorasàp）

(5) 料理がもう出来上がりました。（料理 อาหาร ʔaahǎan／出来上がる เสร็จ sèt）

(6) 彼はもう起きています。（起きる ตื่น tʉ̀ʉn）

(7) お正月は（普通）休みます。（お正月 ปีใหม่ pii-mài／休む หยุด yùt）

(8) 風邪は治ったの？ – いいえ、まだ治っていない。

（風邪 หวัด wàt／治る หาย hǎai）

基礎語彙　数字の101～1,000,000（百万）

百より上の位には、千（พัน phan）、万（หมื่น mɯ̀ɯn）、十万（แสน sɛ̌ɛn）、百万（ล้าน láan）がある。

๑๐๑ (ร้อยเอ็ด)	rɔ́ɔi ʔèt	101
๑๒๐ (ร้อยยี่สิบ)	rɔ́ɔi yîi sìp	120
๒๐๐ (สองร้อย)	sɔ̌ɔŋ rɔ́ɔi	200
๑๐๐๐ (พัน)	phan	1,000
๕๐๐๐ (ห้าพัน)	hâa phan	5,000
๑๐๐๐๐ (หมื่น)	mɯ̀ɯn	10,000
๑๐๐๐๐๐ (แสน)	sɛ̌ɛn	100,000
๑๐๐๐๐๐๐ (ล้าน)	láan	1,000,000

コラム 1

挨　拶

タイ語の定型の挨拶表現は日本語ほど多くはない。その中で最もよく使われるのが、「สวัสดี　sawàtdii（繁栄、幸福でありますように）」という表現である。「สวัสดี　sawàtdii」は、1930年代初頭に作られた挨拶表現である。初めは、อรุณสวัสดิ์ ʔarun sawàt（good morning）と ราตรีสวัสดิ์ raatrii sawàt（good night）も用いられたが、現在は สวัสดี　sawàtdii しか用いられていない。時間に関係なく、出会いや別れの場面において、おはよう、こんにちは、こんばんは、はじめまして、さようなら、として使うことができるが、普段よく顔を合わせる人に対してはあまり使わない。

また、正式な挨拶をする場合には、ไหว้ wâi と呼ばれる合掌をしながら言う。頭を少し下げながら、合わせた手を鼻の辺りに持ってくる。手の上げる高さが高いほど、相手に対する尊敬の度合いが高くなる。普通は目下の者が先に合掌し、目上の者がそれを受けて胸の辺りで軽く合掌する。敬愛する親や国王のような深く尊敬する人に対しては、手に頭を添え、相手の足元に跪くようにすることもある。

途中で出会った人に対しては、「สวัสดี　sawàtdii」よりも、「จะไปไหน　ca pai nǎi　どこへ行きますか」、「ไปไหนมา　pai nǎi maa　どこに行ってきましたか」といった言い回しの方がよく用いられる。昼ご飯や晩ご飯の時間帯に会えば、「ทานข้าวแล้วหรือยัง　thaan khâao lɛ́ɛo rʉ̌ʉ yaŋ　ご飯は食べましたか」、「ทานข้าวกับอะไร　thaan khâao kàp ʔarai　おかずは何ですか」となる。久し振りに会った場合、「อ้วนขึ้นนะ　ʔûan khʉ̂n ná　太りましたね」や「ผอมลงนะ　phɔ̌ɔm loŋ ná　痩せましたね」などと挨拶することもある。太ることを気にする最近の若者は別として、「อ้วนขึ้นนะ　ʔûan khʉ̂n ná　太りましたね」は「幸せそうに見える」という意味を含んでおり、「ผอมลงนะ　phɔ̌ɔm loŋ ná　痩せましたね」（＝「やつれましたね」という意味を含む）よりも喜ばれる表現である。

4 お仕事は何ですか？

คุณทำงานอะไร

khun tham-ŋaan ʔarai

19

ชัย	–	คุณทำงานอะไรครับ
ฮานาโกะ	–	ฉันทำงานบริษัทค่ะ
ชัย	–	บริษัทอะไรครับ
ฮานาโกะ	–	บริษัทซันด้าค่ะ
ชัย	–	คุณทำมานานแล้วหรือครับ
ฮานาโกะ	–	ฉันทำมาสามปีแล้วค่ะ
ชัย	–	งานสนุกไหมครับ
ฮานาโกะ	–	สนุกมากค่ะ

Chai	–	khun tham-ŋaan ʔarai khráp.
Hanako	–	chán tham-ŋaan bɔɔrisàt khâ.
Chai	–	bɔɔrisàt ʔarai khráp.
Hanako	–	bɔɔrisàt Sandâa khâ.
Chai	–	khun tham maa naan lɛ́ɛo rʉ̌ʉ khráp.
Hanako	–	chán tham maa sǎam pii lɛ́ɛo khâ.
Chai	–	ŋaan sanùk mái khráp.
Hanako	–	sanùk mâak khâ.

語句

บริษัท	bɔɔrisàt	会社
ทำ	tham	する、行う、作る
งาน	ŋaan	仕事、業務
นาน	naan	（時間が）長い
สนุก	sanùk	楽しい
มาก	mâak	多い、とても

4.1 「お仕事はなんですか」
「ทำงานอะไร tham-ŋaan ʔarai 」

日本語の「お仕事はなんですか」という表現は、タイ語では「何の仕事をしますか」となり、職業を尋ねるときに使う最も一般的な表現である。返事は、３課で学習した「เป็น pen＋ 職業名」という表現か、または「ทำงานบริษัท tham-ŋaan bɔɔrisàt 会社員です」、あるいは「รับราชการ ráp-râatchakaan 公務員です」のように表現するのが一般的である。

1. คุณทำงานอะไรคะ – ผมเป็นนักธุรกิจครับ
   khun tham-ŋaan ʔarai khá. – phǒm pen nák-thúrákìt khráp.
   お仕事は何ですか？ – ビジネスマンです。

2. คุณนาโอโกะทำงานอะไร – เขาเป็นแม่บ้าน
   khun Naoko tham-ŋaan ʔarai. – kháo pen mɛ̂ɛ-bâan.
   ナオコさんの仕事は何ですか？ – 彼女は主婦です。

3. คุณจิโรทำงานอะไร – เขาเป็นหมอ
   khun Jiro tham-ŋaan ʔarai. – kháo pen mɔ̌ɔ.
   ジロウさんの仕事は何ですか？ – 彼は医者です。

4. คุณเคโกะทำงานอะไร - เขาเป็นครู
   khun Keiko tham-ŋaan ʔarai. - kháo pen khruu.
   ケイコさんの仕事は何ですか？ - 彼女は学校の先生です。

5. คุณฮิโรชิทำงานอะไร - เขาทำงานบริษัท
   khun Hiroshi tham-ŋaan ʔarai. - kháo tham-ŋaan bɔɔrisàt.
   ヒロシさんの仕事は何ですか？ - 彼は会社員です。

6. คุณช้างทำงานอะไรคะ - ผมรับราชการครับ
   khun Cháaŋ tham-ŋaan ʔarai khá. - phǒm ráp-râatchakaan khráp.
   チャーンさんのお仕事は何ですか？ - 僕は公務員です。

7. คุณศักดิ์ทำงานอะไรครับ - ผมทำธุรกิจส่วนตัวครับ
   khun Sàk tham-ŋaan ʔarai khráp. - phǒm tham thúrákìt sùan-tua khráp.
   サックさんのお仕事は何ですか？ - 自営業です。

....

ทำงานบริษัท tham-ŋaan bɔɔrisàt 会社で働く（会社員である）／ รับราชการ ráp-râatchakaan 公務員である（になる）／ ธุรกิจ thúrákìt ビジネス／ ส่วนตัว sùan-tua 個人的な／ ทำธุรกิจส่วนตัว tham thúrákìt sùan-tua 自営業を営む／ mɛ̂ɛ-bâan 主婦

4.2　「これまで〜してきた」「〜มา maa」

　「มา maa 来る」を動詞（句）の後ろに付けて、「動詞＋มา maa」という形で、「これまで〜してきた」という過去（または過去の時点）から現在までのある動作や状態の継続を表す。

　継続した時間の長さを表現する場合には、「動詞（句）＋มา maa＋時間を表す語句＋แล้ว lɛ́ɛo」で「これまで…の期間〜してきた」という意味になる。

　動作や状態の開始時点を表現する場合は、時間の起点を表す前置詞 ตั้งแต่ tâŋtɛ̀ɛ「〜から」を使い、「動詞（句）＋มา maa＋ตั้งแต่ tâŋtɛ̀ɛ＋時点を表す語句」で、「…の時から（…以来ずっと）〜している」という意味になる。

1. ฉันเรียนภาษาไทยมาสองเดือนแล้ว
chán rian phaasǎa thai maa sɔ̌ɔŋ dʉan lɛ́ɛo.
私は２ヶ月タイ語を習っている。

2. ผมแต่งงานมาสามปีแล้ว
phǒm tɛ̀ɛŋ-ŋaan maa sǎam pii lɛ́ɛo.
僕は結婚して３年になります。

3. ช้างรับราชการมาห้าปีแล้ว
Cháaŋ ráp-râatchakaan maa hâa pii lɛ́ɛo.
チャーンは公務員になって５年になります。

4. ศักดิ์ทำธุรกิจส่วนตัวมาหกปีแล้ว
Sàk tham thúrákìt sùan-tua maa hòk pii lɛ́ɛo.
サックは自営業を６年間しています。

5. เคโกะเป็นครูมาตั้งแต่ปี 1980
Keiko pen khruu maa tâŋtɛ̀ɛ pii nʉ̀ŋ phan kâo rɔ́ɔi pɛ̀ɛt sìp.
ケイコは1980年から先生をしています。

6. นาโอโกะดูทีวีมาตั้งแต่เช้า
Naoko duu thiiwii maa tâŋtɛ̀ɛ cháao.
ナオコは朝からテレビを見ています。

7. จิโรเป็นหมอมานานแล้ว
Jiro pen mɔ̌ɔ maa naan lɛ́ɛo.
ジロウはもう長く医者をしている（医者になって長い時間が経っている）。

สอง sɔ̌ɔŋ 2 ／ สาม sǎam 3 ／ ห้า hâa 5 ／ หก hòk 6 ／ เดือน dʉan 月 ／ แต่งงาน tɛ̀ɛŋ-ŋaan 結婚する ／ ตั้งแต่ tâŋtɛ̀ɛ 〜から、〜以来 ／ เช้า cháao 朝、朝早く

4.3 「とても〜、非常に〜」「〜 มาก mâak」

มาก mâak は動詞（句）や副詞の後ろについて、「とても〜、非常に〜」という強調の意味を表す。基本的に名詞を修飾することはない。

1. ภาษาไทยสนุกมาก　　phaasǎa thai sanùk mâak.
   タイ語はとても楽しい。

2. ญี่ปุ่นร้อนมาก　　yîipùn rɔ́ɔn mâak.
   日本はとても暑い。

3. ฮิโรชิทานเหล้ามาก　　Hiroshi thaan lâo mâak.
   ヒロシはお酒をたくさん飲む。

4. ซากุระเดินเร็วมาก　　Sakura dəən reo mâak.
   サクラはとても速く歩く。

5. ช้างชอบคนญี่ปุ่นมาก　　Cháaŋ chɔ̂ɔp khon yîipùn mâak.
   チャーンは日本人が大好きだ。

....
เดิน dəən 歩く ／ ชอบ chɔ̂ɔp 好む

練　習　問　題

1．和訳しなさい。

(1) เขาทำงานอะไร – เขาเป็นหมอ　khǎo tham-ŋaan ʔarai. – khǎo pen mɔ̌ɔ.

(2) คุณทำงานอะไร – ผมเป็นนักศึกษาครับ

khun tham-ŋaan ʔarai. – phǒm pen nák-sʉ̀ksǎa khráp.

(3) เขาเรียนภาษาจีนมาสามปีแล้ว　khǎo rian phaasǎa ciin maa sǎam pii lɛ́ɛo.

(4) ฉันรอเขามายี่สิบนาทีแล้ว

chán rɔɔ khǎo maa yîi sìp naathii lɛ́ɛo.（ รอ rɔɔ 待つ ／ นาที naathii 分 ）

(5) ดอกซากุระสวยมาก（ ดอก dɔ̀ɔk 花 ）　dɔ̀ɔk saakuráʔ sǔai mâak.

(6) คนญี่ปุ่นทานเร็วมาก　khon yîipùn thaan reo mâak.

2．タイ語に訳しなさい。

(1) タクヤさんのお仕事は何ですか？ – 彼は歌手です。（歌手 นักร้อง nák-rɔ́ɔŋ ）

(2) ニットさんの仕事は何ですか？ – 彼女は教師です。（ニット นิด Nít ）

(3) ハナコは朝から本を読んでいる。（読む อ่าน ʔàan ）

(4) 彼は結婚して21年になります。

(5) ヒロシは2000年から野球をしている。（野球をする เล่นเบสบอล lên béetbɔɔn ）

(6) マリは緑茶が大好きです。（マリ มะลิ Máʔlíʔ／緑茶 ชาเขียว chaa khǐao ）

(7) 彼女はとてもゆっくり歩きます。（ゆっくり ช้า cháa／歩く เดิน dəən ）

基礎語彙　職業

ครู	khruu	先生、教師
อาจารย์	ʔaacaan	先生、教師（大学の教員）
หมอ	mɔ̌ɔ	医者
ทนายความ	thanaai-khwaam	弁護士
บุรุษไปรษณีย์	burùt-praisanii	郵便配達人
พนักงานบริษัท	phanákŋaan bɔɔrisàt	会社員
ข้าราชการ	khâa-râatchakaan	公務員 （ราชการ râatchakaan 公務）
ทหาร	thahǎan	軍人、兵士
ตำรวจ	tamrùat	警察、警察官
พ่อค้า	phɔ̂ɔ kháa	商人（男性）
แม่ค้า	mɛ̂ɛ kháa	商人（女性）
ชาวนา	chaao naa	農民（ชาว chaao 人／นา naa 水田）
ชาวสวน	chaao sǔan	農民（สวน sǔan 果樹園）
ทำธุรกิจส่วนตัว	tham thúrákìt sùan-tua	自営業を営む （ธุรกิจ thúrákìt ビジネス／ ส่วนตัว sùan-tua 個人）

コラム2

タイの地理

タイはインドシナ半島の中央部に位置し、西部はミャンマー、東北・北部はラオス、東部はカンボジア、南部はマレーシアに隣接している。面積は約51万平方キロ、日本の約1.4倍の広さ。山林が多い日本と違い、平野が多い。北部、東北部、南部、そして中部の四つの地域に分けられる。北部は山岳地帯が多い。東北部はタイでは、最も広い地域であり農業地帯であるが、洪水や干ばつがくりかえし起こるため、豊作の年はあまりなく、しばしば凶作に見舞われる地域である。南部は、アンダマン海とタイ湾に挟まれた半島部であり、昔から錫やゴムの産地として有名である。一年中よく雨が降る。2004年のスマトラ島沖地震で、津波の大きな被害もあった。中部の平野はチャオ・プラヤー川を中心に田園地帯が拡がり、農作業に適した土地に恵まれている。タイでは「水（川）には魚があり、田圃には米がある」という言い伝えがある。中部はこの言葉の表すとおり、自然がとても豊かな地域である。タイの主要な輸出品目である米も中部でその多くが生産されている。

タイにはチャオ・プラヤー川以外にもたくさんの川があり、雨期の時期には、河川が氾濫し、洪水になることもよくあった。タイの伝統的な家が湿気や洪水から守るための高床式であるのはそのためであり、昔から、川岸の杭上家屋で生活する人も多くいる。日常生活で川の水を使っているので、川の女神に対しては常に感謝の気持ちを持つなど、タイ人は水に特別な思いを持っている。これらの気持ちはタイの様々な行事にも見られる。たとえば、旧暦の12月の満月の日に行う「ローイグラトン（灯籠流し）」は主に川の女神に対して、川を汚したことへのお詫びと収穫への感謝を表すために行う行事である。そして、最も暑い時期である４月に行われる「ソングラーン」と呼ばれる、旧正月の祭りには、仏像に水をかけて清めたり、親や年長者、そして尊敬する人の手に水をかけて敬意を表したりする。現在では、誰彼無しに水を掛け合って祝うようになってきた。

5 タイ語がとても上手ですね

คุณพูดภาษาไทยเก่งจัง

khun phûut phaasǎa thai kèŋ caŋ

21

ชัย – คุณพูดภาษาไทยเก่งจัง

ฮานาโกะ – ขอบคุณค่ะ

ชัย – คุณเรียนภาษาไทยที่ไหนครับ

ฮานาโกะ – ฉันเรียนที่ "โรงเรียนสวัสดี" ค่ะ

ชัย – คุณเรียนนานไหมครับ

ฮานาโกะ – หนึ่งปีค่ะ

ชัย – คุณอ่านภาษาไทยได้ไหมครับ

ฮานาโกะ – อ่านไม่ได้หรอกค่ะ

Chai – khun phûut phaasǎa thai kèŋ caŋ.

Hanako – khɔ̀ɔp-khun khâ.

Chai – khun rian phaasǎa thai thîi-nǎi khráp.

Hanako – chán rian thîi "rooŋrian Sawàtdii" khâ.

Chai – khun rian naan mái khráp.

Hanako – nʉ̀ŋ pii khâ.

Chai – khun ʔàan phaasǎa thai dâi mái khráp.

Hanako – ʔàan mâi dâi rɔ̀ɔk khâ.

語句

เก่ง	kèŋ	上手な
จัง	caŋ	とても
ขอบคุณ	khɔ̀ɔp-khun	ありがとう、感謝する
เรียน	rian	勉強する、習う、学ぶ
โรงเรียน	rooŋrian	学校
สวัสดี	sawàtdii	こんにちは（挨拶語）。ここでは学校名として使われている
ที่ไหน	thîi-nǎi	どこ
ที่	thîi	に、で
นาน	naan	（時間が）長い
อ่าน	ʔàan	読む
ได้	dâi	得る、～できる
ไม่ได้	mâi dâi	～できない

5.1 語順「副詞の位置」

タイ語の基本的な語順は「主語＋動詞＋目的語」である。副詞の位置は、目的語がある場合はその後ろ、ない場合は動詞のすぐ後ろに置く。

1. ฮิโรชิทานเร็ว　　　　　Hiroshi thaan reo.　　　　　ヒロシは早く食べる。
   ฮิโรชิทานข้าวเร็ว　　　Hiroshi thaan khâao reo.　ヒロシはご飯を早く食べる。

2. แม่ทำอร่อย　　　　　mɛ̂ɛ tham ʔarɔ̀i.　　　　　母はおいしく作る。
   แม่ทำกับข้าวอร่อย　　mɛ̂ɛ tham kàp-khâao ʔarɔ̀i.
   　　　　　　　　　　　　　　　　　　　　　　　母はご飯をおいしく作る。

3. พี่ล้างสะอาด　　　　　phîi láaŋ saʔàat.　　　　　兄（姉）はきれいに洗う。
   พี่ล้างชามสะอาด　　　phîi láaŋ chaam saʔàat.　　兄（姉）はお皿をきれいに洗う。

4. ฮานาโกะพูดเพราะ　Hanako phûut phrɔ́ʔ.　ハナコはきれいに話す。
ฮานาโกะพูดภาษาไทยเพราะ　Hanako phûut phaasǎa thai phrɔ́ʔ.
ハナコはタイ語をきれいに話す。

....

แม่ mɛ̂ɛ 母／ทำ tham 作る／อร่อย ʔarɔ̀i おいしい／กับข้าว kàp-khâao おかず／พี่ phîi 兄、姉（年上のキョウダイ）／ล้าง láaŋ 洗う／สะอาด saʔàat 清潔な／ชาม chaam 碗、皿／เพราะ phrɔ́ʔ（言葉や音楽が）きれい、美しい

5.2 「すごく、とても〜」「〜จัง caŋ（เลย ləəi）」

จัง caŋ は動詞（句）の後に付いて、「すごく、とても」という話者の感情を強調する。4課で学んだ มาก mâak よりも口語的で、感情がこもっている。強調詞のเลย ləəi を付けて「〜จังเลย caŋ ləəi」の形をとることが多い。「〜จังเลย caŋ ləəi」は関西弁の「めっちゃ〜」というところだろう。

1. คุณเอมิเขียนภาษาไทยสวยจัง(เลย)
khun Emi khǐan phaasǎa thai sǔai caŋ (ləəi).
エミさんはタイ語をとてもきれいに書く。

2. คุณฮิโรชิใจดีจัง(เลย)
khun Hiroshi cai-dii caŋ (ləəi).
ヒロシさんはとても優しい。

3. อาจารย์ทานากะดุจัง(เลย)
ʔaacaan Tanaka dùʔ caŋ (ləəi).
タナカ先生はとても恐い。

4. ภาษาเกียวโตเพราะจัง(เลย)
phaasǎa Kyoto phrɔ́ʔ caŋ (ləəi).
京都弁はとてもきれい。

....

เขียน khǐan 書く／สวย sǔai 色や形がきれい、美しい／ใจดี cai-dii 優しい、親切な／อาจารย์ ʔaacaan 先生（大学）／ดุ dùʔ 叱る、気性が激しい

5.3 「〜することができる（可能）」「〜してもよい（許可）」 「〜ได้ dâi(dâai)」

ได้ dâi(dâai) は「得る、手に入れる」という意味の動詞であるが、動詞（句）の後ろに置いて、「動詞（句）＋ได้ dâi(dâai)」という形で、「〜することができる」（可能）と「〜してもよい」（許可）の意味を表す。否定形は「動詞（句）＋ไม่ได้ mâi dâi(dâai)」となる。副詞を置く場合はได้ dâi(dâai) の後ろに置く。

疑問文は「動詞（句）＋ได้ไหม dâi(dâai) mái」の形となる。この疑問文に対しては、「はい」の場合は ได้ dâi(dâai)、「いいえ」の場合は ไม่ได้ mâi dâi(dâai) で答える。

疑問文の場合、主語が話し手であれば、「（私は）〜してもよいですか」という意味の相手に許可を求める疑問文になる。主語が聞き手であれば、「〜することができますか」という意味の可能／不可能を尋ねる疑問文になる。主語が第三者であれば、許可と可能のどちらの意味にもなり得るので、状況から判断する必要がある。

1. คุณพูดภาษาญี่ปุ่นได้ไหม － ได้ครับ
   khun phûut phaasǎa yîipùn dâi mái. － dâi khráp.
   あなたは日本語を話せますか。 － 話せます。

2. คุณทำอาหารไทยได้ไหมคะ － ไม่ได้ค่ะ
   khun tham ʔaahǎan thai dâi mái khá. － mâi dâi khâ.
   あなたはタイ料理を作れますか。 － 作れません。

3. พรุ่งนี้ผมขับรถไปได้ไหมครับ － ได้ค่ะ
   phrûŋníi phǒm khàp rót pai dâi mái khráp. － dâi khâ.
   明日、私は車で行って（車を運転して行って）もいいですか。 － いいです。

4. วันเสาร์ฉันหยุดได้ไหมคะ － ไม่ได้ครับ
   wan-sǎo chán yùt dâi mái khá. － mâi dâi khráp.
   土曜日、休んでもいいですか。 － だめです。

อาหาร ʔaahǎan 料理 ／ พรุ่งนี้ phrûŋníi 明日 ／ ขับ khàp 運転する ／ รถ rót 車 ／ วันเสาร์ wan-sǎo 土曜日 ／ หยุด yùt 休む、止める

5.4 「～ではないですよ、～しないですよ」
「ไม่ mâi～หรอก rɔ̀ɔk」

「ไม่～หรอก mâi～rɔ̀ɔk」は否定の強調表現で、相手の意見、考えや予想などに対して拒否、反発する場合に用いる。

1. อาจารย์คุณดุนะคะ － ไม่ดุหรอกค่ะ
   ʔaacaan khun dùʔ ná khá. － mâi dùʔ rɔ̀ɔk khâ.
   あなたの先生は恐いですね。 － 恐くないですよ。

2. ตอนนี้เมืองไทยร้อนไหม － ไม่ร้อนหรอก
   tɔɔn-níi mɯaŋ thai rɔ́ɔn mái. － mâi rɔ́ɔn rɔ̀ɔk.
   今、タイは暑いですか？ － 暑くないですよ。

3. ภาษาไทยยากใช่ไหมครับ － ไม่ยากหรอกค่ะ
   phaasǎa thai yâak châi mái khráp. － mâi yâak rɔ̀ɔk khâ.
   タイ語は難しいでしょう？ － 難しくありませんよ。

4. วันเสาร์หอสมุดปิดหรือคะ － ไม่ปิดหรอกครับ
   wan-sǎo hɔ̌ɔ-samùt pìt rɯ̌ɯ khá. － mâi pìt rɔ̀ɔk khráp.
   土曜日、図書館はお休みですか？ － 休みではありません。

5. เขาพูดภาษาจีนได้หรือ － พูดไม่ได้หรอกครับ
   kháo phûut phaasǎa ciin dâi rɯ̌ɯ. － phûut mâi dâi rɔ̀ɔk khráp.
   彼は中国語を話せるんすか？ － 話せないんですよ。

ตอนนี้ tɔɔn-níi 今 ／ หอสมุด hɔ̌ɔ-samùt 図書館 ／ ปิด pìt 休み、閉まる

練　習　問　題

1．和訳をしなさい。

(1) พ่อทานมาก ／ พ่อทานเหล้ามาก

phɔ̂ɔ thaan mâak ／ phɔ̂ɔ thaan lâo mâak.（พ่อ phɔ̂ɔ 父／เหล้า lâo 酒）

(2) ลูกสาวคุณน่ารักจังเลย

lûuk-sǎao khun nâa-rák caŋ ləəi.（ลูกสาว lûuk-sǎao 娘／น่ารัก nâa-rák 可愛い）

(3) ฉันใส่กางเกงไปได้ไหม － ได้

chán sài kaaŋkeeŋ pai dâi mái. dâi.（ใส่ sài 履く／กางเกง kaaŋkeeŋ ズボン）

(4) คุณพูดภาษาเกาหลีได้ไหม － ไม่ได้

khun phûut phaasǎa kaolǐi dâi mái. － mâi dâi.

(5) ชาเขียวขมใช่ไหม - ไม่ขมหรอก

chaa-khǐao khǒm châi mái. - mâi khǒm rɔ̀ɔk.（ชาเขียว chaa-khǐao 緑茶／ขม khǒm 苦い）

2．タイ語に訳しなさい。

(1) ノーイはきれいに書く。／ノーイは漢字をきれいに書く。

（色や形がきれい・美しい สวย sǔai ／ 漢字 ตัวหนังสือจีน tua-náŋsʉ̌ʉ ciin）

(2) チャイはとてもスピードを出して（とても速く）車を運転する。

（運転する ขับ khàp）

(3) あなたは辛い料理を食べることができますか？ － できます。

(4) 煙草を吸ってもいいですか？ － だめです。（吸う สูบ sùup ／ 煙草 บุหรี่ burìi）

(5) 彼は頭がいいですね。 － 良くないですよ。（頭がいい หัวดี hǔa dii）

(6) 今、大阪は寒いでしょう？ － 寒くないですよ。

（今 ตอนนี้ tɔɔn-níi ／大阪 โอซากา Osaka ／ 寒い หนาว nǎao）

基礎語彙　親族名称

พ่อ	phɔ̂ɔ	父
แม่	mɛ̂ɛ	母
ลูก	lûuk	子
ลูกชาย	lûuk-chaai	息子
ลูกสาว	lûuk-sǎao	娘
พี่	phîi	年上のキョウダイ
พี่ชาย	phîi-chaai	兄
พี่สาว	phîi-sǎao	姉
น้อง	nɔ́ɔŋ	年下のキョウダイ
น้องชาย	nɔ́ɔŋ-chaai	弟
น้องสาว	nɔ́ɔŋ-sǎao	妹
ปู่	pùu	父方の祖父
ย่า	yâa	父方の祖母
ตา	taa	母方の祖父
ยาย	yaai	母方の祖母
หลาน	lǎan	孫、甥、姪
ลุง	luŋ	伯父（父母の兄）
ป้า	pâa	伯母（父母の姉）
อา	ʔaa	叔父、叔母（父の弟、妹）
น้า	náa	叔父、叔母（母の弟、妹）
สามี	sǎamii	夫（丁寧表現）
ภรรยา	phanrayaa	妻（丁寧表現）
ผัว	phǔa	夫
เมีย	mia	妻

コラム 3

気候と季節

北緯13度辺りに位置するタイは熱帯の国である。一般的に気候は一年中暑く、中部の平均気温は28℃であるが、地域によって差がある。季節は基本的に３つある。夏（３～６月）、雨期（７～10月）、そして冬（11～２月）である。４月は年間で最も暑い時期であり、平均気温は30度であるが、40度を超える猛暑の日もある。雨期には、夕方になるとスコールのあることが多いが、日本のように、雨が一日中降り続けることはない。毎日、傘を用意すればいいかどうかを判断するために、出かける前に天気予報を気にする日本人と違い、タイ人は、雨期でも天気予報にあまり関心を持たない。雨が降ると、傘をさしても濡れるので、傘を持たずに、１時間ぐらいどこかで雨宿りをする。雨が降った後は涼しくなるので過ごしやすい。冬は、他の季節より過ごしやすい季節である。中部の平均気温は25度ぐらいで空気は乾燥する。日本でいえば、秋口と言ったところか。北部と東北部では、かなり冷え込み、最低気温は10度ぐらいになり、昼と夜の寒暖の差が大きい。過去には０℃になった日もあった。この季節にそれらの地域へ行くなら、セーターなどの防寒着が必要である。温暖化の例に漏れず、現在では、寒く感じる日が少なくなって来ている。特に中部タイでは、真冬でも、昼は暑い日も多くある。中部のタイ人の間では「最近のタイの季節は、夏、雨期、冬ではなく、暑い季節、とても暑い季節、そしてめちゃくちゃ暑い季節だ」とよく冗談を言う。因みに、タイ人にとって「良い天気」とは「晴れ」のことではなく、風が軽く吹いて涼しいことである。

季節の移り変わりがそれほど感じられないので、タイ人は、日本人のように季節によって食べ物や服装などを変えるような季節感はもっていない。室内や車内では冷房を25℃以下でつけているところが多いため、真夏でも室内ではカーディガンを着る人もいる。年中日差しが強いため、日光浴は好きではない。最近では、白い肌が美人の条件となっているので、肌を白くする化粧品などを使っている若者もいるが、一般的には、日本人のように紫外線から肌を守る対策を取ったりしない。

6 これは何ですか？

นี่อะไร

nîi ʔarai

23

ฮานาโกะ – นี่อะไรคะ

ชัย – ผัดไทยครับ

ฮานาโกะ – เผ็ดไหมคะ

ชัย – ไม่ค่อยเผ็ดครับ

ฮานาโกะ – จริงหรือคะ

ชัย – จริงครับ ลองทานดูสิครับ

Hanako – nîi ʔarai khá.

Chai – phàt-thai khráp.

Hanako – phèt mái khá.

Chai – mâi khɔ̂i phèt khráp.

Hanako – ciŋ rʉ̌ʉ khá.

Chai – ciŋ khráp. lɔɔŋ thaan duu sìʔ khráp.

語句

นี่	nîi	これ
ผัดไทย	phàt-thai	パッタイ（タイ風焼きそば）
เผ็ด	phèt	辛い
จริง	ciŋ	本当の
ลอง .....ดู	lɔɔŋ .....duu	～してみる
สิ	sìʔ	～よ（勧めるまたは催促を表す時用いられる文末詞）

6.1 指示代名詞

「นี่ nîi これ」、「นั่น nân それ」、「โน่น nôon あれ」

「นี่ nîi これ」、「นั่น nân それ」、「โน่น nôon あれ」という指示代名詞で「これが～です」という文を作る場合、「นี่ nîi（นั่น nân、โน่น nôon）＋คือ khɯɯ ＋ 名詞」が普通であるが、「นี่ nîi（นั่น nân、โน่น nôon） ＋ 名詞」となるように、คือ khɯɯ が省略されることも多くある。

（「คือ khɯɯ ～である」については24課参照。）

1. นี่หนังสือคุณใช่ไหม – ไม่ใช่ หนังสือคุณศักดิ์ครับ
   nîi náŋsɯ̌ɯ khun châi mái. – mâi châi. náŋsɯ̌ɯ khun Sàk khráp.
   これはあなたの本でしょう？ – 違います。サックさんの本です。

2. นั่นบ้านใครคะ – บ้านคุณสมชายค่ะ
   nân bâan khrai khá. – bâan khun Sŏmchaai khâ.
   それは誰の家ですか？ – ソムチャイさんの家です。

3. ดูโน่น!
   duu nôon！
   あれ見て！

4. นี่เผ็ด แต่นั่นไม่เผ็ด

nîi phèt, tɛ̀ɛ nân mâi phèt.

これは辛いけれど、それは辛くない。

บ้าน bâan 家 ／ ใคร khrai 誰 ／ แต่ tɛ̀ɛ しかし

6.2 「あまり～ない」「ไม่ค่อย mâi khɔ̂i ～」

「ไม่ค่อย ～ mâi khɔ̂i ～」は「あまり～ない」という軽い否定の意味になる。～の位置には動詞、形容詞、副詞が入る。

1. วันนี้ไม่ค่อยร้อน

wan-níi mâi khɔ̂i rɔ́ɔn.

今日はあまり暑くない。

2. ภาษาไทยไม่ค่อยยากใช่ไหม

phaasǎa thai mâi khɔ̂i yâak châi mái.

タイ語はあまり難しくないでしょう。

3. โยโกะไม่ค่อยเรียนหนังสือ

Yoko mâi khɔ̂i rian náŋsʉ̌ʉ.

ヨウコはあまり勉強しない。

4. นี่ไม่ค่อยอร่อย

nîi mâi khɔ̂i ʔarɔ̀i.

これはあまりおいしくない。

วันนี้ wan-níi 今日 ／ เรียนหนังสือ rian náŋsʉ̌ʉ 勉強する ／ อร่อย ʔarɔ̀i おいしい

6.3 「～してみる」「ลอง lɔɔŋ~ ดู duu」

「ลอง lɔɔŋ」は「試す、試みる」、「ดู duu 」は「見る」という動詞である。この二つの動詞を他の動詞と組み合わせて、「ลอง ~ ดู lɔɔŋ ～duu」とすると、「（試しに）～してみる」という表現となる。～の部分には動詞（句）が入る。ลอง lɔɔŋ か ดู duu のどちらかが省略される場合もある。

6

1. ฮิโรชิลองทานเบียร์ไทยดู
   Hiroshi lɔɔŋ thaan bia thai duu.
   ヒロシはタイのビールを飲んでみる。

2. คุณไม่ลองใส่ดูหรือคะ
   khun mâi lɔɔŋ sài duu rʉ̌ʉ khá.
   あなたは着てみないのですか？

3. ผมลองพูดภาษาไทยดู แต่เขาไม่เข้าใจ
   phǒm lɔɔŋ phûut phaasǎa thai duu , tɛ̀ɛ kháo mâi khâo-cai.
   僕はタイ語を話してみたけれど、彼（彼女）は理解できなかった。

4. ฮานาโกะลองทำผัดไทยดู
   Hanako lɔɔŋ tham phàt-thai duu.
   ハナコはパッタイを作ってみた。

……………………………………

เบียร์ bia ビール ／ ใส่ sài 着る、履く ／ เข้าใจ khâo-cai 理解する（เข้า khâo 入る、ใจ cai 心）／ ผัดไทย phàt-thai パッタイ（米麺のやきそば）

6.4 「～しなさいよ」「～สิ sìʔ」

สิ sìʔ は文末に付けて、相手に何か勧めるときに使う。主語は省略されることが多い。

1. ลองใส่ดูสิคะ　　lɔɔŋ sài duu sì? khá.　　着てごらん。

2. ทานสิครับ　　thaan sì? khráp.　　食べてごらん。

3. ดูนั่นสิ　　duu nân sì?.　　それを見なさいよ。

4. ถอดรองเท้าสิ　　thɔ̀ɔt rɔɔŋ-tháao sì?.　　靴を脱ぎなさいよ。

……………………………………………

ถอด thɔ̀ɔt 脱ぐ ／ รองเท้า rɔɔŋ-tháo　靴

練　習　問　題

1．和訳をしなさい。

(1) นั่นคืออะไรคะ　–　นั่นคือ"ยำวุ้นเส้น" ครับ

nân khɯɯ ʔarai khá.- nân khɯɯ yam-wún-sên khráp.

（ยำวุ้นเส้น yam-wún-sên 春雨サラダ）

(2) นี่กระเป๋าคุณใช่ไหม　–　ไม่ใช่ กระเป๋าคุณฮานาโกะ

nîi krapǎo khun châi mái. - mâi châi, krapǎo khun Hanako.

（กระเป๋า krapǎo カバン）

(3) คุณโยโกะไม่ค่อยชอบอาหารเผ็ด　　khun Yoko mâi khɔ̂i chɔ̂ɔp ʔaahǎan phèt.

(4) มะลิเดินไม่ค่อยเร็ว　　Máʔlíʔ dəən mâi khɔ̂i reo.

(5) ลองทานปลาดิบดูไหมคะ　　lɔɔŋ thaan plaa-dìp duu mái khá.

（ปลา plaa 魚 ／ ดิบ dìp 生の ／ ปลาดิบ plaa-dìp 刺身）

(6) ชัยลองขับรถจิโรดู　　Chai lɔɔŋ khàp rót Jiro duu.

(7) ไม่เผ็ดหรอก ลองทานดูสิ　　mâi phèt rɔ̀ɔk. lɔɔŋ thaan duu sìʔ

(8) ไม่เห็นหรือ ใส่แว่นตาสิ　　mâi hěn rɯ̌ɯ. sài wɛ̂ɛn-taa sìʔ

（เห็น hěn 見える／ใส่ sài （眼鏡を）かける、着る、履く／แว่นตา wɛ̂ɛn-taa 眼鏡）

2．タイ語に訳しなさい。

(1) こちらはマリさんです。

(2) それは誰のペンですか？　–　チャイさんのペンです。（ペン ปากกา pàak-kaa）

(3) これはあまり酸っぱくない。（酸っぱい เปรี้ยว prîao）

(4) 私はタイ語をあまり上手に話せません。

(5) 僕は日本語を勉強してみる。

(6) ジロウはトムヤムクンを作ってみた。（トムヤムクン ต้มยำกุ้ง tôm-yam-kûŋ）

(7) 大阪弁を話しなさいよ。

(8) タイのビールを飲んでみなさいよ。（ビール เบียร์ bia）

基礎語彙　味覚表現

รส	rót	味
หวาน	wǎan	甘い
มัน	man	クリーミー、油っこい
เปรี้ยว	prîao	酸っぱい
เค็ม	khem	塩辛い
เผ็ด	phèt	辛い
ขม	khǒm	苦い
ฝาด	fàat	渋い
จืด	cɯ̀ɯt	薄い、無味
อร่อย	ʔarɔ̀i	おいしい
ไม่อร่อย	mâi ʔarɔ̀i	おいしくない

コラム4 タイの民族

　タイには、タイ系民族以外にも、言語的・文化的系統の異なる少数民族がいる。その中で最も多いのは、タイ社会への融合・同化を進め、政治的・経済的にも重要な地位を占めてきている中国系の人である。次に多いのは、マレーシアとの国境に近いタイ南部に住んでいるマレー系イスラム教徒である。北部の国境辺りには、山岳民族や、ミャンマーからの移民、東北の国境にはカンボジアの移民もいる。首都バンコクでは、さらに、商人として成功しているインド系の人たちがいる。布や衣服の店を営んだり、高利貸しや賃貸マンションなどの不動産業を営んだりしている。最近、お手伝いさんやレストラン、工場で働いたりしている、ミャンマーからの移民が増えてきている。

　このように様々な民族が一緒に生活しているので、互いに差別しあったりする人もいるが、中国のお正月を祝うタイ人もいれば、仏教の僧侶の托鉢にお布施をする中国系の人もいるように、互いの文化や生活様式に影響を与えあうことも多く見られる。また、様々な民族間の婚姻によって、「父は中国系ですが、母はタイ人」または、「父はタイ人ですが、母はカレン族」などのように、違う民族の両親を持つ人は、タイの社会では珍しいことではない。他民族が共存しているタイの社会では、ほぼ単一民族の日本人と違い、人々の肌の色、目鼻立ちのような外形は様々である。

7 どのように行けばいいですか？

ไปยังไงดี

pai yaŋŋai dii

25

ฮานาโกะ	–	ฉันอยากไปตลาดนัดจตุจักร ไปยังไงดีคะ
ชัย	–	นั่งรถไฟฟ้าไปก็ได้ นั่งรถไฟใต้ดินไปก็ได้ครับ
ฮานาโกะ	–	รถไฟฟ้าสายอะไรคะ
ชัย	–	สายสุขุมวิทครับ
ฮานาโกะ	–	ลงสถานีอะไรคะ
ชัย	–	สถานีหมอชิตครับ
ฮานาโกะ	–	ขอบคุณค่ะ
ชัย	–	ไม่เป็นไรครับ

Hanako	–	chán yàak pai talàat-nát Catucàk. pai yaŋŋai dii khá.
Chai	–	nâŋ rót-faifáa pai kɔ̂ dâi, nâŋ rót-fai-tâi-din pai kɔ̂ dâi khráp.
Hanako	–	rót-faifáa, sǎai ʔarai khá.
Chai	–	sǎai Sùkhǔmwít khráp.
Hanako	–	loŋ sathǎanii ʔarai khá.
Chai	–	sathǎanii Mɔ̌ɔchít khráp.
Hanako	–	khɔ̀ɔp-khun khâ.
Chai	–	mâi-pen-rai khráp.

語句

26

อยาก	yàak	～したい
ตลาดนัด	talàat-nát	定期市、ウィークエンドマーケット (ตลาด talàat 市場、นัด nát 約束する)
ยังไง	yaŋŋai	どのように
ดี	dii	いい
นั่ง	nâŋ	座る、(乗り物に) 乗る
รถไฟฟ้า	rót-faifáa	電車 (BTS)
รถไฟใต้ดิน	rót-fai-tâi-din	地下鉄
～ก็ได้	kɔ̂ dâi	～でもいい
สาย	sǎai	線
ลง	loŋ	降りる
สถานี	sathǎanii	駅
ไม่เป็นไร	mâi-pen-rai	どういたしまして

7

7.1 行く、来る 「ไป pai ～」、「มา maa ～」

「ไป pai」は「行く」、「มา maa」は「来る」という動詞で、使い方は基本的に日本語と同じように話者中心に考えればよい。話者のいない場所に離れて行く場合は ไป pai 、話者のいる場所に近付いて来るのであれば มา maa を使う。ただし、手紙や電話などでは相手中心に表現した方が丁寧になる。

「～(場所) に行く／来る」と表現する時は、ไป pai ／มา maa の後ろに場所の名前を持ってくればよい。「～しに行く／来る」というように目的を表す場合は「ไป pai ／มา maa＋動詞」の形にする。

1. ปิดเทอมหน้าร้อน ผมจะไปเมืองไทย

   pìt-thəəm nâa-rɔ́ɔn phǒm ca pai mʉaŋ thai.

   夏休みに僕はタイに行きます。

2. ปู่ฉันอยู่เกียวโต พรุ่งนี้ฉันจะไปหาปู่

pùu chán yùu Kyoto, phrûŋníi chán ca pai hǎa pùu.

私の祖父は京都に住んでいて、明日、祖父に会いに行きます。

3. พรุ่งนี้ คุณจะมาโอซากาไหมคะ

phrûŋníi khun ca maa Osaka mái khá.

明日、あなたは大阪に来ますか？

4. เพื่อนฉันอยู่ฮอกไกโด เมื่อวานนี้เขามาหาฉัน

phʉ̂an chán yùu Hokkaido, mʉ̂awaanníi kháo maa hǎa chán.

私の友だちは北海道に住んでいます。昨日、彼（彼女）が私に会いに来ました。

ปิดเทอม pìt-thəəm 学期間の休み （ปิด pìt 閉まる、閉じる，เทอม thəəm 学期）／ หน้าร้อน nâa-rɔ́ɔn 夏 ／ ปู่ pùu 父方の祖父 ／ หา hǎa 探す、訪ねる ／เพื่อน phʉ̂an 友だち ／ ฮอกไกโด Hokkaido 北海道 ／ เมื่อวานนี้ mʉ̂awaanníi 昨日

7.2 「〜したい、〜になりたい」「อยาก yàak 〜」

「〜したい」、「〜になりたい」という願望を表す表現である。動詞の場合は意志を表すจะ ca をつけて「อยากจะ yàak ca ＋動詞」の形をとることもある。否定形は「ไม่อยาก mâi yàak 〜（動詞、形容詞）」である。

1. ฉันอยากไปเที่ยวทะเล

chán yàak pai thîao thalee.

私は海に遊びに行きたい。

2. เสาร์-อาทิตย์เราอยากหยุด ไม่อยากไปทำงาน

sǎo-ʔaathít rao yàak yùt, mâi yàak pai tham-ŋaan.

私たちは週末は休みたい。仕事に行きたくない。

3. เขาอยากสวย

khǎo yàak sǔai.

彼女（彼）はきれいになりたい。

4. พ่ออยากรวย

phɔ̂ɔ yàak ruai.

父は金持ちになりたい。

ไปเที่ยว pai thîao 遊びに行く ／ ทะเล thalee 海 ／ เสาร์–อาทิตย์ sǎo-ʔaathít 土日、週末 ／ เรา rao 私たち ／ รวย ruai 金持ちの、裕福な

7.3 「～すればいいですか」「～ดี dii 」

「動詞（句）＋疑問詞＋ดี dii 」という文型は、「～すればいいか」という意味で用いられる表現である。

「ยังไงดี yaŋŋai dii」は、「ยังไง yaŋŋai どのように」という疑問詞の後ろに「ดี dii 良い」がついた表現である。動詞の後ろについて「動詞（句）＋ยังไงดี yaŋŋai dii」とすると、「～するにはどうすればいいか」「～をするには何をすればいいか」という意味になり、相手に尋ねて意見や説明を求めたり、独り言で自分自身に問いかけたりする場合に用いる。それ以外の疑問詞は次のとおりである。

「誰 ใคร khrai 」：「動詞（句）＋ใคร khrai ＋ดี dii 」「誰と・誰に～すればいいか」

「いつ เมื่อไร mʉ̂arài 」：「動詞（句）＋เมื่อไร mʉ̂arài ＋ดี dii 」「いつ～すればいいか」

「どこ (ที่)ไหน (thîi) nǎi 」：「動詞（句）＋(ที่)ไหน (thîi) nǎi ＋ดี dii 」「どこへ・どこで～すればいいか」

「なに อะไร ʔarai 」：「動詞（句）＋อะไร ʔarai ＋ดี dii 」「なにを～すればいいか」

1. คำว่า "โยโรชิคุ" ภาษาไทย พูดยังไงดีคะ

kham wâa "yoroshiku" phaasǎa thai phûut yaŋŋai dii khá.

「よろしく」という言葉はタイ語でどのように言えばいいのですか？

2. ผมไม่ทราบจะพูดกับใครดี

phǒm mâi sâap ca phûut kàp khrai dii.

僕は誰と話せばいいかわかりません。

3. เราจะไปดูหนังเมื่อไรดี

rao ca pai duu nǎŋ mʉ̂arài dii.

私たちはいつ映画を見に行けばいいかな？

4. ปิดเทอมนี้ไปเที่ยวไหนดี

pìt-thəəm níi pai thîao nǎi dii.

この休みはどこに遊びに行ったらいいだろう？

5. วันนี้จะทานอะไรดีนะ

wanníi ca thaan ʔarai dii ná.

今日は何を食べたらいいかな？

....

คำว่า kham wâa ～という言葉 ／ ไม่ทราบ mâi sâap 知らない、分からない ／ กับ kàp ～と ／ หนัง nǎŋ 映画 ／ ปิดเทอม pìt-thəəm 学期間の長期休業

7.4 「～で（に乗って）行く／来る」「ขึ้น khʉ̂n～ไป pai ／มา maa 」

「ขับ khàp／ขี่ khìi ＋乗り物＋ไป pai ／มา maa 」「～で（を運転して）行く／来る」

乗り物でどこかに行く（来る）という場合の表現である。自分で運転せずに何かに乗って行く場合は「ขึ้น khʉ̂n 上がる」あるいは「นั่ง nâŋ 座る」を用い

る。自分で運転して行く（来る）場合、二輪車であれば「ขี่ khìi　跨がる」、それ以外の車両であれば「ขับ khàp 運転する」を用いる。

1. ผมนั่งรถไฟไปทำงาน
   phǒm nâŋ rót-fai pai tham-ŋaan.
   僕は電車で（電車に乗って）仕事に行く。

2. ฉันขับรถไปซื้อของ
   chán khàp rót pai sʉ́ʉ khɔ̌ɔŋ.
   私は車で（車を運転して）買い物に行く。

3. นักศึกษานั่งรถเมล์มามหาวิทยาลัย
   nák-sʉ̀ksǎa nâŋ rót-mee maa mahǎawítthayaalai.
   学生はバスで（バスに乗って）大学に来ます。

4. เขาขี่มอเตอร์ไซค์ไปเกียวโต
   kháo khìi mɔɔtəəsai pai Kyoto.
   彼はバイクで（バイクに乗って）京都に行く。

5. น้องขี่จักรยานไปโรงเรียน
   nɔ́ɔŋ khìi càkkrayaan pai rooŋrian.
   弟（妹）は自転車で（自転車に乗って）学校に行く。

6. พ่อขึ้นแท็กซี่กลับบ้าน
   phɔ̂ɔ khʉ̂n thɛ́ksîi klàp bâan.
   父はタクシーで（タクシーに乗って）帰宅する。

7. โยโกะนั่งเครื่องบินมาโอซากา
   Yoko nâŋ khrʉ̂aŋ-bin maa Osaka.

ヨウコは飛行機で（飛行機に乗って）大阪に来る。

8. อาจารย์ทานากะเดินมามหาวิทยาลัยทุกวัน
ʔaacaan Tanaka dəən maa mahǎawítthayaalai thúk wan.
タナカ先生は毎日歩いて大学に来る。

9. มะลิจะนั่งเรือกลับเมืองไทย
Máʔlíʔ ca nâŋ rʉa klàp mʉaŋ thai.
マリは船で（船に乗って）タイに帰る。

....
รถไฟ rót-fai 汽車、電車 ／ ขับ khàp 運転する ／ รถ rót 車 ／ ซื้อ sʉ́ʉ 買う ／ ของ khɔ̌ɔŋ 物／ รถเมล์ rót-mee バス ／ มอเตอร์ไซค์ mɔɔtəəsai バイク ／ จักรยาน càkkrayaan 自転車 ／ แท็กซี่ thɛ́ksîi タクシー ／ กลับ klàp 帰る／ เครื่องบิน khrʉ̂aŋ-bin 飛行機 ／ เดิน dəən 歩く ／ เรือ rʉa 船

7.5 「～してもいい／～でもいい」「～ก็ได้ kɔ̂(kɔ̂ɔ) dâi 」

「～ก็ได้ kɔ̂(kɔ̂ɔ) dâi 」という表現は、～の部分に動詞が入れば「～してもいい」、名詞が入れば「～でもいい」という意味になる。

1. คุณจะขี่จักรยานมาก็ได้
khun ca khìi càkkrayaan maa kɔ̂ dâi.
あなたは自転車で来てもいい。

2. ภาษาอังกฤษก็ได้ครับ
phaasǎa ʔaŋkrìt kɔ̂ dâi khráp.
英語でもいいです。

3. คนไทยก็ได้ คนญี่ปุ่นก็ได้
khon thai kɔ̂ dâi, khon yîipùn kɔ̂ dâi.
タイ人でもいいし、日本人でもいい。

4. วันเสาร์เราจะไปทำงานก็ได้ จะหยุดก็ได้
   wan-sǎo rao ca pai tham-ŋaan kɔ̂ dâi, ca yùt kɔ̂ dâi.
   私たちは土曜日は仕事に行ってもいいし、休んでもいい。

5. พรุ่งนี้คุณจะมาก็ได้ ไม่มาก็ได้
   phrûŋníi khun ca maa kɔ̂ dâi, mâi maa kɔ̂ dâi.
   明日、あなたは来てもいいし、来なくてもいい。

....

วันเสาร์ wan-sǎo 土曜日 ／ พรุ่งนี้ phrûŋníi 明日

練 習 問 題

1．和訳をしなさい。

(1) พรุ่งนี้เพื่อนผมจะมาโอซากา　　phrûŋníi phɯ̂an phǒm ca maa Osaka.

(2) คุณไม่อยากทานอาหารไทยหรือ － อยากค่ะ อยากทานส้มตำ

　　khun mâi yàak thaan ʔaahǎan thai rɯ̌ɯ. －　yàak khâ. yàak thaan sôm-tam.

　　(ส้มตำ sôm-tam 生パパイヤのサラダ)

(3) แลกเงินที่ไหนดีคะ　　　lɛ̂ɛk ŋən thîi-nǎi dii khá.

　　(แลกเงิน lɛ̂ɛk ŋən 両替する)

(4) คุณจะนั่งเรือไปกิวชิวหรือ － เปล่าครับ นั่งเครื่องบินไปครับ

　　khun ca nâŋ rɯa pai Kyushu rɯ̌ɯ. －　plàao khráp. nâŋ khrɯ̂aŋ-bin pai khráp.

　　(กิวชิว Kyushu 九州)

(5) ฉันเดินไปมหาวิทยาลัยทุกวัน　　chán dəən pai mahǎawítthayaalai thúk wan.

　　(ทุกวัน thúk wan 毎日)

(6) วาซาบิ จะใส่ก็ได้ ไม่ใส่ก็ได้　　waasaabíʔ, ca sài kɔ̂ dâi, mâi sài kɔ̂ dâi.

　　(วาซาบิ waasaabíʔ わさび／ใส่ sài 入れる)

2．タイ語に訳しなさい。

(1) 買い物に行くのでしょう？ － 違います。映画を見に行きます。

　　(映画 หนัง nǎŋ)

(2) ハナコさんはタイの映画を見に行きたい。

(3) あなたは先生になりたいのですか。 － いいえ、医者になりたいです。

(4) 何を注文すればいいかな？ (注文する สั่ง sàŋ)

(5) 晩ご飯は何を作ればいいですか。

　　(晩ご飯 อาหารเย็น, ข้าวเย็น ʔaahǎan-yen, khâao-yen ／作る ทำ tham)

(6) 父はあまり車で会社へ行かない。 (会社へ行く ไปทำงาน pai tham-ŋaan)

(7) お箸がないですか。フォークでもいいです。

　　(箸 ตะเกียบ takìap／フォーク ส้อม sɔ̂m)

基礎語彙　交通手段

เดินไป(มา)	dəən pai（maa）	歩いて行く（来る）
ซ้อนท้ายจักรยาน	sɔ́ɔn tháai càkkrayaan	自転車の後ろに乗る
ซ้อนท้ายมอเตอร์ไซค์	sɔ́ɔn tháai mɔɔtəəsai	バイクの後ろに乗る
นั่ง(ขึ้น)รถเมล์	nâŋ（khʉ̂n） rót-mee	バスに乗る
นั่ง(ขึ้น)รถไฟ	nâŋ（khʉ̂n） rót-fai	汽車に乗る
นั่ง(ขึ้น)รถไฟฟ้า	nâŋ（khʉ̂n） rót-faifáa	電車（BTS）に乗る
นั่ง(ขึ้น)รถไฟใต้ดิน	nâŋ（khʉ̂n） rót-fai-tâi-din	地下鉄に乗る
นั่ง(ขึ้น)แท็กซี่	nâŋ（khʉ̂n） thɛ́ksîi	タクシーに乗る
นั่ง(ขึ้น)ตุ๊ก ๆ	nâŋ（khʉ̂n） túk-túk	トゥクトゥク（三輪自動車）に乗る
นั่ง(ขึ้น)สองแถว	nâŋ（khʉ̂n） sɔ̌ɔŋ-thɛ̌o	ソーンテウ（乗り合いバス）に乗る
นั่ง(ขึ้น)รถตู้	nâŋ（khʉ̂n） rót-tûu	乗り合いワゴン車に乗る
ลง(นั่ง)เรือ	loŋ（nâŋ） rʉa	船に乗る
ขึ้นเรือ	khʉ̂n rʉa	下船する（船から上がる）
ลงรถ	loŋ rót	車を降りる

8 この電車はチャトゥチャックに行きますか？

รถไฟฟ้าขบวนนี้ไปจตุจักรไหม

rót-faifáa khabuan níi pai Catucàk mái

27

ฮานาโกะ – รถไฟฟ้าขบวนนี้ไปจตุจักรไหมคะ
เจ้าหน้าที่ – ไม่ไปครับ คุณต้องไปเปลี่ยนรถที่สยาม
ฮานาโกะ – เปลี่ยนไปนั่งสายอะไรคะ
เจ้าหน้าที่ – สายสุขุมวิทครับ
ฮานาโกะ – ลงสถานีอะไรคะ
เจ้าหน้าที่ – ลงสถานีหมอชิตครับ จากสยามนั่งไป ๗ สถานี
ฮานาโกะ – ถึงสถานีหมอชิตแล้ว ไปจตุจักรยังไงคะ
เจ้าหน้าที่ – เดินไปได้ครับ ประมาณ ๕ นาที

Hanako – rót-faifáa khabuan níi pai Catucàk mái khá.
câo-nâathîi – mâi pai khráp. khun tɔ̂ŋ pai plìan rót thîi Sayǎam.
Hanako – plìan pai nâŋ sǎai ʔarai khá.
câo-nâathîi – sǎai Sùkhǔmwít khráp.
Hanako – loŋ sathǎanii ʔarai khá.
câo-nâathîi – loŋ sathǎanii Mɔ̌ɔchít khráp. càak Sayǎam nâŋ pai cèt sathǎanii.
Hanako – thɨ̌ŋ sathǎanii Mɔ̌ɔchít lɛ́ɛo, pai Catucàk yaŋŋai khá.
câo-nâathîi – dəən pai dâi khráp. pramaan hâa naathii.

語句

รถไฟฟ้า	rót-faifáa	電車
ขบวน	khabuan	～台、～本（電車を数える類別詞）
นี้	níi	この
ต้อง	tɔ̂ŋ	～しなければならない
เปลี่ยน	plìan	変える
สาย	sǎai	線
สถานี	sathǎanii	駅
ประมาณ	pramaan	約、～ぐらい
นาที	naathii	分

8.1　指示詞「この／その／あの／どの～」「～นี้ níi／～นั้น nán／～โน้น nóon／～ไหน nǎi」

日本語の「この（その、あの、どの）＋名詞」という表現は、タイ語では、「名詞＋指示形容詞（นี้ níi ／นั้น nán ／โน้น nóon ／ไหน nǎi）」の形をとる場合もあるし、「名詞＋類別詞＋指示形容詞（นี้ níi ／นั้น nán ／โน้น nóon ／ไหน nǎi）」の形をとる場合もある。「名詞＋指示形容詞」はその名詞全般を指示し、「名詞＋類別詞＋指示形容詞」はその指示されたものだけを限定する意味がある。

ここでの類別詞とは、ものの単位や形態を表す言葉である。日本語でものの数を数える時に使う助数詞、たとえば「～本」（細長いもの）、「～台」（機械や車）、「～冊」（書物や冊子）、「～箱」などのも、類別詞であると考えられる。

タイ語でものを数える際にも、類別詞を使う。その際には「もの＋数詞＋類別詞」となる。

1. เด็กคนนี้ชื่ออะไร　–　เด็กคนนี้ชื่อโยโกะ

   dèk khon níi chʉ̂ʉ ʔarai.　–　dèk khon níi chʉ̂ʉ Yoko.

   この子の名前は何ですか？　–　ヨウコです。

2. คนญี่ปุ่นคนนั้นใจดี
   khon yîipùn khon nán cai-dii.
   その日本人は親切だ。

3. บ้านหลังโน้นเป็นของคุณยามาดะ
   bâan lǎŋ nóon pen khɔ̌ɔŋ khun Yamada.
   あの家はヤマダさんのです。

4. เบียร์สองขวดนี้เย็น
   bia sɔ̌ɔŋ khùat níi yen.
   この２本のビールは冷えている。

5. ข้าวจานนี้ร้อน
   khâao caan níi rɔ́ɔn.
   この（皿の）ご飯は熱い。

6. ส้มสองลูกนั้นเน่า
   sôm sɔ̌ɔŋ lûuk nán nâo.
   その２個のミカンは腐っている。

7. มะม่วงนี้หวานไหม
   mamûaŋ níi wǎan mái.
   このマンゴは甘いですか？

8. ปลาตัวนี้ใหญ่
   plaa tua níi yài.
   この魚は大きい。

9. ปลานี้ทานยังไง

plaa <u>níi</u> thaan yaŋŋai.

この魚はどのように食べますか？

....

เด็ก dèk（大人に対する）子ども ／ คน khon 人 ／ ใจดี cai-dii 優しい、親切な ／ หลัง lǎŋ ～軒（家屋の類別詞）／ ขวด khùat 瓶、～本（瓶状のものの類別詞）／ เย็น yen 冷たい、涼しい ／ ข้าว khâao 米、ご飯 ／ จาน caan 皿 ／ ร้อน rɔ́ɔn 熱い、暑い ／ ส้ม sôm ミカン ／ ลูก lûuk ～個（丸いものの類別詞）／ เน่า nâo 腐っている ／ ปลา plaa 魚／ ตัว tua ～匹、頭、枚（動物や服の類別詞）／ ใหญ่ yài 大きい

8

8.2 「～しなければならない」「ต้อง tɔ̂ŋ ～」

「ต้อง tɔ̂ŋ」は動詞の前に付いて、必要、義務を表す。否定形の「ไม่ต้อง mâi tɔ̂ŋ ～」は「～しなくてよい」という不必要の意味と、「～してはいけない」という禁止の意味の二つがある。前者の場合「ไม่ต้อง ～ก็ได้ mâi tɔ̂ŋ ～kɔ̂ dâi 」の形をとることも多い。

1. โยโกะ<u>ต้อง</u>เดินไปโรงเรียน

   Yoko <u>tɔ̂ŋ</u> dəən pai rooŋrian.

   ヨウコは歩いて学校に行かなくてはなりません。

2. เรา<u>ต้อง</u>ทำงานทุกวัน

   rao <u>tɔ̂ŋ</u> tham-ŋaan thúk wan.

   私たちは毎日働かなくてはなりません。

3. ผม<u>ต้อง</u>กลับบ้านก่อน 6 โมงเย็น

   phǒm <u>tɔ̂ŋ</u> klàp bâan kɔ̀ɔn hòk mooŋ yen.

   僕は午後6時前に帰宅しなければなりません。

4. ฉัน<u>ต้อง</u>ทานยาหลังอาหาร

   chán <u>tɔ̂ŋ</u> thaan yaa lǎŋ ʔaahǎan.

   私は食後のお薬を飲まないといけません。

………………………………………
โรงเรียน rooŋrian 学校 ／ ทุกวัน thúk wan 毎日 ／ ก่อน kɔ̀ɔn ～の前に（時間） ／ 6 โมงเย็น hòk mooŋ yen 午後６時 ／ ยา yaa 薬 ／ หลัง lǎŋ ～の後に（時間）

8.3 「～して行く」「～ไป pai 」

「ไป pai 行く」は動詞（句）の後ろに付いた場合、動詞が表す動作や状態が話者のいる地点から空間的に離れて行くことを示す。また、時間的に離れて行く場合にも用いられ、話者のいる時点から未来の方向に向かって動作や状態が続くことを示す。その反対は、４課（4.2）で学習した「動詞（句）＋มา maa」「～して来た（～してきている）」である。

1. ผมจะทำงานบริษัทนี้ไปจนถึงปี 2020
   phǒm ca tham-ŋaan bɔɔrisàt níi pai con thʉ̌ŋ pii sɔ̌ɔŋ phan yîi sìp.
   僕は2020年までこの会社で働きます。

2. เราต้องเรียนไปอีก 4 ปี
   rao tɔ̂ŋ rian pai ʔìik sìi pii.
   私たちは後４年勉強しなければならない。

3. คุณต้องขับรถไปอีก 5 กิโลเมตร
   khun tɔ̂ŋ khàp rót pai ʔìik hâa kiloométet.
   あなたは後５キロ運転しなければならない。

4. เขาเดินไปสถานีทุกวัน
   kháo dəən pai sathǎanii thúk wan
   彼（彼女）は毎日駅まで歩いて行きます。

………………………………………
ปี 2020 pii sɔ̌ɔŋ phan yîi sìp 2020年 ／ จนถึง con thʉ̌ŋ ～まで ／ อีก ʔìik さらに ／ กิโลเมตร kiloométet キロメートル ／ ทุกวัน thúk wan 毎日

8.4 条件を表す「～แล้ว lɛ́ɛo ....」

「～แล้ว lɛ́ɛo 」は「すでに～した」という完了表現だが、後ろに文が続くと「～したら」という条件を表す表現になる場合がある。「～แล้ว＋（主語）＋จะ …～lɛ́ɛo＋（主語）＋ca …」は「～したら…する」という条件を表す文である。

8

1. ถึงสนามบินแล้วฉันจะโทรถึงคุณ
   thʉ̌ŋ sanǎam-bin lɛ́ɛo chán ca thoo thʉ̌ŋ khun.
   空港に着いたら、あなたに電話します。

2. อิ่มแล้วจะง่วง
   ʔìm lɛ́ɛo ca ŋûaŋ.
   お腹がいっぱいになると眠くなります。

3. พูดภาษาไทยบ่อย ๆ แล้วจะพูดเก่ง
   phûut phaasǎa thai bɔ̀i bɔ̀ɔi lɛ́ɛo ca phûut kèŋ.
   しょっちゅうタイ語を話していると上手になります。

4. ปิดไฟแล้วจะเห็นชัด
   pìt fai lɛ́ɛo ca hěn chát.
   電気を消したらはっきり見えます。

....

ถึง thʉ̌ŋ 着く ／ สนามบิน sanǎam-bin 空港 ／ โทรถึง thoo thʉ̌ŋ... ～に電話する ／ อิ่ม ʔìm 満腹の ／ ง่วง ŋûaŋ 眠たい ／ บ่อย ๆ bɔ̂i bɔ̀ɔi しょっちゅう、頻繁に／ ปิด pìt 閉める、消す／ ไฟ fai 火、電気 ／ เห็น hěn 見る、見える ／ ชัด chát はっきり

練　習　問　題

1．和訳をしなさい。

(1) ข้าวผัดร้านนี้อร่อยมาก

khâao-phàt ráan níi ʔarɔ̀i mâak.（ข้าวผัด khâao-phàt 炒飯／ร้าน ráan 店）

(2) รถ 4 คันนี้เป็นของนักการเมืองคนนั้น

rót sìi khan níi pen khɔ̌ɔŋ nák-kaan-mʉaŋ khon nán.

（คัน khan　車の類別詞／นักการเมือง nák-kaan-mʉaŋ　政治家）

(3) เวลาคนญี่ปุ่นไปเที่ยวเมืองไทย ไม่ต้องมีวีซ่าก็ได้

weelaa khon yîipùn pai thîao mʉaŋ thai, mâi tɔ̂ŋ mii wiisâa kɔ̂ dâi.

（เวลา weelaa　～をするとき、วีซ่า wiisâa　ビザ）

(4) เราต้องเรียนภาษาไทยไปอีก 3 ปี

rao tɔ̂ŋ rian phaasǎa thai pai ʔìik sǎam pii.（อีก…ปี ʔìik....pii あと～年）

(5) บ้านผมไกลจากสถานีมาก แต่ผมเดินไปทุกวัน

bâan phǒm klai càak sathǎanii mâak, tɛ̀ɛ phǒm dəən pai thúk wan.

（ไกล klai 遠い／จาก càak　から／สถานี sathǎanii 駅）

(6) ทายาแล้ว จะหายคัน　　thaa yaa lɛ́ɛo, ca hǎai khan.

（ทา thaa 塗る／ยา yaa　薬／หาย hǎai　治る／คัน khan　痒い）

2．タイ語に訳しなさい。

(1) その学生はこの大学の学生です。

(2) 外国人は消費税は払わなくてもいいですか。－　いいえ、払わないといけないです。

（外国人 ชาวต่างชาติ chaao-tàaŋ-châat ／消費税 ภาษีบริโภค phaasǐi-bɔɔriphôok ／払う จ่าย càai）

(3) お薬を飲まなくてもいいです。

(4) ソムチャーイさんはあと３年この会社で働くつもりです。

（あと～年　อีก...ปี ʔìik....pii）

(5) あと10キロ歩いて行かなくてはなりません。

(6) お腹がすくとたくさん食べる。（お腹がすく หิว hǐu）

> **基礎語彙**　　時刻

タイ語の時刻の表現はかなり複雑であるが、要点は4つにまとめられる。

1. 午前1時から5時までは、「ตี　tii～」となり、～には数字が入る（以下、同じ）。
2. 午前6時から午後6時までは「～โมง mooŋ」となる。さらに時間帯によって区別される。

   午前中の時刻には後ろに「เช้า cháao 朝」をつけ、「～โมงเช้า ～mooŋ cháao」。

   午後1時から3時までは前に「บ่าย bàai 昼過ぎ」をつけ、「บ่าย～โมง bàai ～mooŋ」。

   午後4時から6時までは後ろに「เย็น yen 夕方」をつけ、「～โมงเย็น ～mooŋ yen」。
3. 午後7時から11時までは、「～ทุ่ม thûm」となる。
4. 正午は「เที่ยง thîaŋ」、夜中の12時は「เที่ยงคืน thîaŋ khɯɯn」という。

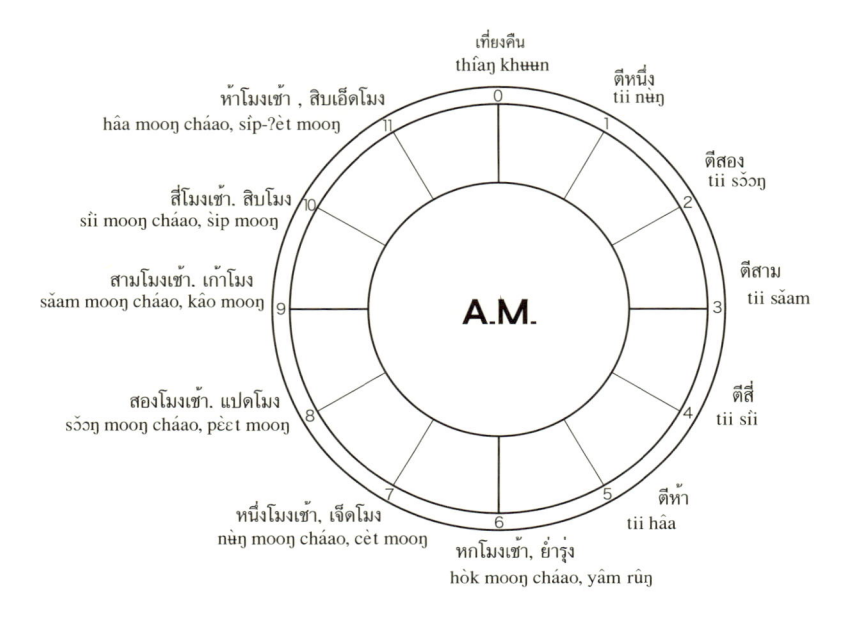

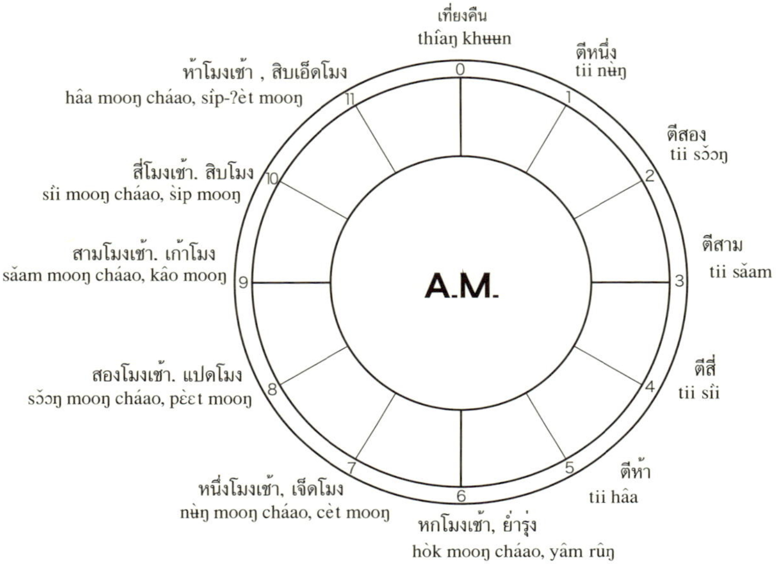
เที่ยงคืน
thîaŋ khʉʉn
ตีหนึ่ง
tii nʉ̀ŋ
ตีสอง
tii sɔ̌ɔŋ
ตีสาม
tii săam
ตีสี่
tii sìi
ตีห้า
tii hâa
หกโมงเช้า, ย่ำรุ่ง
hòk mooŋ cháao, yâm rûŋ
หนึ่งโมงเช้า, เจ็ดโมง
nʉ̀ŋ mooŋ cháao, cèt mooŋ
สองโมงเช้า. แปดโมง
sɔ̌ɔŋ mooŋ cháao, pɛ̀ɛt mooŋ
สามโมงเช้า. เก้าโมง
săam mooŋ cháao, kâo mooŋ
สี่โมงเช้า. สิบโมง
sìi mooŋ cháao, sìp mooŋ
ห้าโมงเช้า , สิบเอ็ดโมง
hâa mooŋ cháao, sìp-?èt mooŋ
0
1
2
3
4
5
6
7
8
9
10
11
A.M.

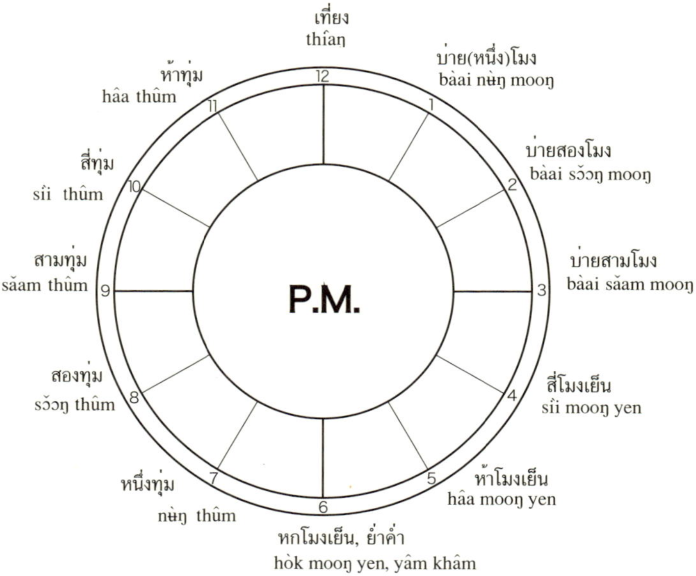
เที่ยง
thîaŋ
บ่าย(หนึ่ง)โมง
bàai nʉ̀ŋ mooŋ
บ่ายสองโมง
bàai sɔ̌ɔŋ mooŋ
บ่ายสามโมง
bàai săam mooŋ
สี่โมงเย็น
sìi mooŋ yen
ห้าโมงเย็น
hâa mooŋ yen
หกโมงเย็น, ย่ำค่ำ
hòk mooŋ yen, yâm khâm
หนึ่งทุ่ม
nʉ̀ŋ thûm
สองทุ่ม
sɔ̌ɔŋ thûm
สามทุ่ม
săam thûm
สี่ทุ่ม
sìi thûm
ห้าทุ่ม
hâa thûm
12
1
2
3
4
5
6
7
8
9
10
11
P.M.

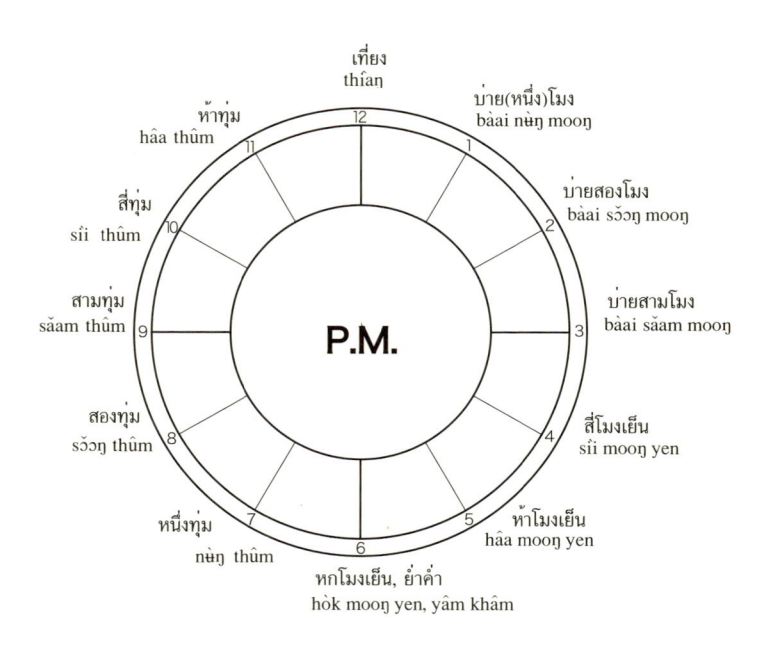

コラム 5

国王、国家、宗教

「พระมหากษัตริย์ phrá?-mahǎakasàt 国王」、「ชาติ châat 国家」、そして「ศาสนา sàatsanǎa 宗教」は、タイの国民に、愛国心を持たせるスローガンのような言葉である。王室、国家、そして宗教（仏教）を保護し、大事にするということは、タイ人にとっては、国が存在するうえで最も重要な要素であり、この 3 つの要素が揃わないと、タイという国は存続することができないと考えられている。これらの要素はタイの国旗に表されている。現在のタイの国旗は「ธงไตรรงค์ thoŋ trai-roŋ 三色旗」と呼ばれ、赤、白、紺、白、赤の 5 本の横帯で示される。中央の紺の帯の幅は他の帯の二倍で国王を表している。赤は国家、白は宗教（仏教）をそれぞれ表している。以前は公共の場以外にも、祝日になると一般の家でも掲揚されていたが、現在ではあまり見られなくなった。

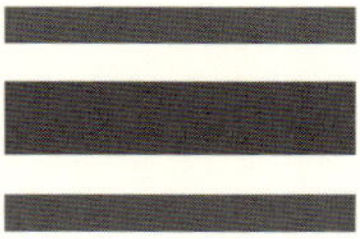

国への思いは国歌に表されている。タイの国歌は「เพลงชาติไทย phleeŋ châat thai タイ国歌」と呼ばれ、1939年に制定された。歌詞の主な内容は「様々なタイ系民族が融合しているタイは、国民の共存共栄を大切にする。平和を愛しているが、国を守るためには個人の命を犠牲にしても最後まで戦う」である。毎日、朝 8 時と夕方 6 時に、テレビやラジオ、公共施設、公園、広場などで流される。官庁の施設では、朝の国歌斉唱の際に国旗が掲揚され、夕方の斉唱時に降ろされる。学校では、朝礼の際に、国旗を掲揚し生徒全員で歌う。タイ人は、公共の場では、医療現場や走行中の車などの一部を除いて、国歌が流れている間、直立不動の姿勢をとるのが普通である。

宗教とは、仏教のことである。日常生活の様々な場面に仏教の教えや行事が見られる。学校においても、朝礼の際に、学生全員が簡単なお経を唱えたり、週に一度、仏教の教えを語る集会があるところが多い。

国王に対する思いは、「เพลงสรรเสริญพระบารมี phleeŋ sǎnsǝ̌ǝn phrá? baaramii 国王を賛美する歌」にも表されている。歌詞には、国王の長命を祈り、国王への敬意と感謝が示されている。お出ましになる様々な場所で、国王をお迎えするときに流される。映画館では、映画の上映に先立ち、国王の映像とともに、国王を賛美する歌が流されるので、その間、観客は全員起立をし敬意を表す。また、テレビやラジオでは、その日の最後の番組の終了時にも流される。

9 どこにいます（あります）か？

อยู่ที่ไหน

yùu thîi nǎi

29

ฮานาโกะ – ขอโทษนะคะ ตลาดจตุจักรอยู่ที่ไหนคะ
นายสถานี – อยู่นั่นครับ
ฮานาโกะ – เดินไปยังไงดีคะ
นายสถานี – จากที่นี่ เดินตรงไป....
ฮานาโกะ – ค่ะ เดินตรงไป...
นายสถานี – แล้วเลี้ยวซ้าย
ฮานาโกะ – ค่ะ เลี้ยวซ้าย
นายสถานี – แล้วเดินตรงไปอีกสองสามนาทีครับ
ฮานาโกะ – ขอบคุณมากค่ะ
นายสถานี – ไม่เป็นไรครับ

Hanako – khɔ̌ɔ-thôot ná khá. talàat Catucàk yùu thîi-nǎi khá.
naai sathǎanii – yùu nân khráp.
Hanako – dəən pai yaŋŋai dii khá.
naai sathǎanii – càak thîi-nîi dəən troŋ pai.....
Hanako – khâ, dəən troŋ pai....
naai sathǎanii – lɛ́ɛo líao sáai.
Hanako – khâ , líao sáai.
naai sathǎanii – lɛ́ɛo dəən troŋ pai ʔìik sɔ̌ɔŋ sǎam naathii khráp.
Hanako – khɔ̀ɔp-khun mâak khâ.
naai sathǎanii – mâi-pen-rai khráp.

語句

นายสถานี	naai-sathăanii	駅長
ขอโทษ	khɔ̌ɔ-thôot	すみません、ごめんなさい、失礼します
ตลาด	talàat	市場
ที่	thîi	～で
(ที่)ไหน	thîi nǎi	～どこ
จาก	càak	～から
(ที่)นี่	thîi nîi	ここ
ตรง	troŋ	まっすぐ、～のところで
เลี้ยว	líao	曲がる
ซ้าย	sáai	左
ขวา	khwǎa	右
นาที	naathii	分
อีก	ʔìik	さらに、もっと

9.1　場所を指示する表現：「ここ、そこ、あそこ、どこ」
「(ที่ thîi) นี่ nîi」／「(ที่ thîi) นั่น nân」／「(ที่ thîi) โน่น nôon」／「(ที่ thîi)ไหน nǎi」

　「～で、～に、～において」というように場所を指示する場合には、前置詞の ที่ thîi を場所を表す語句、指示代名詞、疑問詞のไหน nǎi の前に付ける。但し、前置詞の ที่ thîi はしばしば省略される。特に、「ไป pai 行く」、「มา maa 来る」、「อยู่ yùu いる、ある」という動詞に続く場合は省略されることが多い。

1. บ้านคุณอยู่ไหนคะ　–　บ้านผมอยู่นาราครับ
   bâan khun yùu nǎi khá. – bâan phǒm yùu Nara khráp.
   あなたの家はどこにありますか？　–　僕の家は奈良にあります。

2. บริษัทคุณอยู่ที่ไหนครับ - บริษัทผมอยู่ที่โยโกฮามาครับ
   bɔɔrisàt khun yùu thîi-nǎi khráp. - bɔɔrisàt phǒm yùu thîi Yokohama khráp.
   あなたの会社はどこにありますか？ － 僕の会社は横浜にあります。

3. มานี่หน่อย
   maa nîi nɔ̀ɔi.
   ちょっとこっちに来て。

4. ที่โน่นคุณทำอะไรครับ
   thîi-nôon khun tham ʔarai khráp.
   そこであなたは何をしていますか？

5. ที่นั่นสวยไหม
   thîi-nân sǔai mái.
   そこはきれいですか？

6. ไปไหนมา
   pai nǎi maa.
   どこに行って来たの？

7. จะไปไหน
   ca pai nǎi.
   どこに行くの？

....
บ้าน bâan 家 ／ หน่อย nɔ̀ɔi ちょっと

9.2 「～して、それから…」「～แล้ว lέɛo....」

完了を表す語「แล้ว lέɛo」は、「～＋แล้ว lέɛo ＋…」という形で、動詞（句）・文と動詞（句）・文をつなぐ接続詞として使われると、「～して、それから…」という意味になり、行動における順序を表す。

1. ขับตรงไปแล้วเลี้ยวขวา
   khàp troŋ pai lέɛo líao khwǎa.
   まっすぐ運転して行ってから右に曲がる。

2. เราแต่งงานแล้วย้ายมาอยู่ที่นี่
   rao tὲɛŋ-ŋaan lέɛo yáai maa yùu thîi-nîi.
   私たちは結婚してからここに引っ越して来た。

3. เรียนจบแล้วผมจะไปทำงานที่นั่นครับ
   rian còp lέɛo phǒm ca pai tham-ŋaan thîi-nân khráp.
   卒業してから、僕はそこに働きに行きます。

4. ลงรถเมล์แล้วต่อรถไฟ
   loŋ rót-mee lέɛo tɔ̀ɔ rót-fai.
   バスを降りてから電車に乗り換える。

……………………………………

ขวา khwǎa 右 ／ ย้าย yáai 移る、移動する ／ ลง loŋ 降りる ／ รถเมล์ rót-mee バス／ ต่อ tɔ̀ɔ 乗り換える ／ รถไฟ rót-fai 汽車、電車

9.3 「さらに、もっと」「～อีก ʔìik」

อีก ʔìik は「さらに、もっと」という意味の語で、動詞（句）の後ろに置く。その程度を表す場合には、数量や程度を表す語句をつける。

1. ทานอีกหน่อยสิคะ

thaan ʔìik nɔ̀ɔi sìʔ khá.

もう少し食べなさいね。

2. ผมจะอยู่เมืองไทยอีกสองปีครับ

phǒm ca yùu mʉaŋ thai ʔìik sɔ̌ɔŋ pii khráp.

僕はあと２年タイにいます。

3. พูดอีกทีได้ไหมครับ

phûut ʔìik thii dâi mái khráp.

もう一度言ってくれませんか。

4. มีเวลาอีกสามสิบนาที

mii weelaa ʔìik sǎam sìp naathii.

あと30分、時間があります。

....

ที thii 回、度 ／ นาที naathii 分 ／ เวลา weelaa 時間

練 習 問 題

1．和訳をしなさい。

(1) ไปรษณีย์อยู่ที่ไหนคะ praisanii yùu thîi-nǎi khá.（ไปรษณีย์ praisanii 郵便局）

(2) ที่นี่คือโรงพยาบาลใช่ไหมครับ - ไม่ใช่ค่ะ โรงพยาบาลอยู่นั่นค่ะ

thîi-nîi khʉʉ rooŋ-phayaabaan châi mái khráp. - mâi châi khâ. rooŋ-phayaabaan yùu nân khâ.（โรงพยาบาล rooŋ-phayaabaan 病院）

(3) เลิกเรียนแล้ว ฉันจะไปทำงานพิเศษ lə̂ək rian lέεo, chán ca pai tham ŋaan-phísèet.

（เลิกเรียน lə̂ək rian 授業が終わる ／ งานพิเศษ ŋaan-phísèet アルバイト）

(4) พ่อเกษียณแล้วย้ายมาอยู่ที่นี่

phɔ̂ɔ kasǐan lέεo yáai maa yùu thîi-nîi.（เกษียณ kasǐan 定年になる）

(5) [値段の交渉] ลดอีกหน่อยสิคะ lót ʔìik nɔ̀ɔi sìʔ khá.（ลด lót 下げる）

(6) อีกสองอาทิตย์จะปิดเทอมหน้าร้อนแล้ว

ʔìik sɔ̌ɔŋ ʔaathít ca pìt-thəəm nâa-rɔ́ɔn lέεo.（อาทิตย์ ʔaathít 週、週間）

2．タイ語に訳しなさい。

(1) 警察署はどこですか。 － 警察署はあそこにあります。

（警察署 สถานีตำรวจ sathǎanii-tamrùat）

(2) ここはタイ料理の店ですか。 － 違います。タイ料理の店はそこにあります。

(3) タイの学生は卒業してから就職活動をする。（就職活動をする หางาน hǎa ŋaan）

(4) 昨日私は晩ご飯を食べてからお風呂に入った。

（晩ご飯 ข้าวเย็น khâao-yen／お風呂に入る อาบน้ำ ʔàap náam）

(5) もう少しゆっくり話してくれませんか？（ゆっくり ช้า ๆ cháa cháa）

(6) マリ先生はあと４年この大学で教える。（教える สอน sɔ̌ɔn）

基礎語彙　方向、方角

ทิศ	thít	方角
ทิศเหนือ	thít nʉ̌a	北
ทิศใต้	thít tâai	南
ทิศตะวันออก	thít tawan ʔɔ̀ɔk	東
ทิศตะวันตก	thít tawan tòk	西
ทิศตะวันออกเฉียงใต้	thít tawan ʔɔ̀ɔk chǐaŋ tâai	南東
ทิศตะวันออกเฉียงเหนือ	thít tawan ʔɔ̀ɔk chǐaŋ nʉ̌a	北東
ทิศตะวันตกเฉียงใต้	thít tawan tòk chǐaŋ tâai	南西
ทิศตะวันตกเฉียงเหนือ	thít tawan tòk chǐaŋ nʉ̌a	北西
เหนือ	nʉ̌a	上の、～の上（over）
ใต้	tâi, tâai	～の下（under）
บน	bon	上方の、～の上（on）
ล่าง	lâaŋ	下方の（beneath / under）
ใน	nai	内の、中の、～の内、中
นอก	nɔ̂ɔk	外の、～の外
กลาง	klaaŋ	真ん中、中間

コラム6 女性、男性、同性愛者

　「女は水牛、男は人間」と法律に記されていた100年ほど前とは違い、現在では、憲法にも男女平等であると明記されているように、女性は男性同様に、自分の生き方を自由に決めることができ、社会での活躍の機会も得ることが出きるようになっている。実際、女性が、社会における様々な分野のトップの位置にいることは珍しいことではなくなった。一方、タイの社会で期待される仏教の継承者としては、一般的にまだ男性に限られている。タイ国内では、一般的に、女性はまだ出家することが認められていない。女性は、剃髪し、白衣を纏い、修行に専念する「メー・チー（แม่ชี　mɛ̂ɛ chii　尼さん）」にはなれる。一般に、歳をとった女性が、仏教の勉学や修行のためにメー・チーとなる人もいるが、経済的な貧しさのため若い時からメー・チーになる場合と、精神的苦悩からの解放を求めてなる場合もあるので、社会的には、僧侶のように尊敬されることはない。また、タイ人の中には、女性のスカートを男性の服より低い位置に干さないといけないと考える家庭が未だにある。僧侶になることの出来る男性の服と卑しいと見られる女性のスカートとを同じ位置に干すと、不吉なことになると思われているからである。このように人々の女性に対する意識は法律や制度の通りに変化してきているということではない。

　一方、タイでは、様々な分野で活躍する、カミングアウトした同性愛者も多くいる。概して、タイの社会は同性愛者に対し寛大であると言える。しかしながら、法的、制度的には彼らはまだ認められていない部分が多くある。たとえば、卒業式に着用する制服の選択の自由、同性愛者同士の結婚、等。

10 どこに行って来ましたか？

ไปไหนมา

pai nǎi maa

31

ชัย	–	ไปไหนมาครับ
ฮานาโกะ	–	ไปจตุจักรมาค่ะ
ชัย	–	ตลาดนัดจตุจักรหรือครับ
ฮานาโกะ	–	ค่ะ
ชัย	–	เป็นยังไงครับ ซื้อของสนุกไหม
ฮานาโกะ	–	สนุกดีค่ะ ของเยอะ คนก็เยอะ
ชัย	–	เหรอครับ
ฮานาโกะ	–	ค่ะ แล้วคุณล่ะคะ จะไปไหน
ชัย	–	ผมจะไปหาเพื่อนครับ

Chai	–	pai nǎi maa khráp.
Hanako	–	pai Catucàk maa khâ.
Chai	–	talàat-nát Catucàk rʉ̌ʉ khráp.
Hanako	–	khâ.
Chai	–	pen ŋai khráp, sʉ́ʉ khɔ̌ɔŋ sanùk mái.
Hanako	–	sanùk dii khâ. khɔ̌ɔŋ yə́?, khon kɔ̂ yə́?
Chai	–	rɔ̌ə khráp.
Hanako	–	khâ, lɛ́ɛo khun lâ khá. ca pai nǎi.
Chai	–	phǒm ca pai hǎa phʉ̂an khráp.

語句

ซื้อของ	súu khɔ̌ɔŋ	買い物をする
สนุก	sanùk	楽しい、面白い
เยอะ	yə́?	多い、たくさん
เหรอครับ(คะ)	rə̌ə khráp (khá)	そうですか
ไปหา....	pai hǎa	～に会いに行く

10.1 「～に行って来た」「ไป pai～มา maa」

「行く」と「来る」を組み合わせて、「ไป～มา pai～maa」とすると、「～に行って来た」という表現になる。～の部分に目的の場所を表す名詞（句）を入れる。

1. เมื่อวานนี้ฉันไปฮอกไกโดมา
mûa-waan-níi chán pai Hokkaido maa.
昨日、私は北海道に行って来ました。

2. ไปมาแล้วหรือ โตเกียว
pai maa lɛ́ɛo rʉ̌ʉ Tokyo.
行って来たのですか、東京に。

3. เมื่อเช้านี้ผมไปสถานทูตญี่ปุ่นมา
mûa-cháao-níi phǒm pai sathǎan-thûut yîipùn maa.
今朝、僕は日本大使館に行って来ました。

4. คุณโกโบริไปเมืองไทยมา
khun Kobori pai mʉaŋ thai maa.
コボリさんはタイに行って来た。

เมื่อวานนี้ mûa-waan-níi 昨日 ／ เมื่อเช้านี้ mûa-cháao-níi 今朝 ／ สถานทูต sathǎan-thûut 大使館

10.2 「～しに行って来た」「ไป pai～มา maa 」

「ไป pai～มา maa 」の表現は～のところに動詞（句）を入れて、「ไป pai + 動詞（句）+ มา maa 」で、「～(ある目的の行動) をしに行って戻って来た」ことを表すこともできる。

1. ยูโกะไปว่ายน้ำมา
   Yuko pai wâai-náam maa.
   ユウコは泳ぎに行って来ました。

2. ฮิโรชิไปหาเพื่อนมา
   Hiroshi pai hǎa phʉ̂an maa.
   ヒロシは友達に会いに行ってきた。

3. ฮานาโกะไปดูหนังมา
   Hanako pai duu nǎŋ maa.
   ハナコは映画を見に行ってきた。

4. เคโกะไปทานข้าวมา
   Keiko pai thaan khâao maa.
   ケイコはご飯を食べに行ってきた。

5. มะลิไปซื้อหนังสือภาษาญี่ปุ่นมา
   Máʔlíʔ pai sʉ́ʉ náŋsʉ̌ʉ phaasǎa yîipùn maa.
   マリは日本語の本を買いに行って来ました。

ว่ายน้ำ wâai-náam 泳ぐ／เพื่อน phʉ̂an 友だち ／ดู duu 見る ／หนัง nǎŋ 映画

10.3 「〜（名詞）ですか？」「〜หรือ rǔu 」

疑問詞のหรือ rǔu は動詞が省略された疑問文として用いることができる。肯定の返事は「ครับ ／ค่ะ 」、否定の返事は「ไม่ใช่ mâi châi 」である。

1. นี่เงินเยนหรือคะ – ครับ นี่เงินเยนครับ
   nîi ŋən yeen rǔu khá. – khráp, nîi ŋən yeen khráp.
   これは日本のお金（円）ですか？ – そうです。これは日本のお金（円）です。

2. นั่นวัดไทยหรือ – ค่ะ นั่นวัดไทยค่ะ
   nân wát thai rǔu. – khâ, nân wát thai khâ.
   それはタイのお寺ですか？ – はい。それはタイのお寺です。

3. คนญี่ปุ่นหรือ – ไม่ใช่ค่ะ คนจีนค่ะ
   khon yîipùn rǔu. – mâi châi khâ. khon ciin khâ.
   日本人ですか？ – 違います。中国人です。

4. น้องสาวคุณหรือ – ไม่ใช่ครับ เพื่อนผมครับ
   nɔ́ɔŋ-sǎao khun rǔu. – mâi châi khráp. phûan phǒm khráp.
   あなたの妹さんですか？ – 違います。僕の友だちです。

5. ดินสอหรือ – ไม่ใช่ค่ะ ปากกา
   dinsɔ̌ɔ rǔu. – mâi châi khâ. pàak-kaa.
   鉛筆ですか？ – 違います。ペンです。

………………………………………

เงิน ŋən お金 ／ เยน yeen 円 ／ วัด wát 寺 ／ น้องสาว nɔ́ɔŋ-sǎao 妹 ／ ดินสอ dinsɔ̌ɔ 鉛筆 ／ ปากกา pàak-kaa ペン、万年筆

10.4 「(Aは～) Bもまた～」
「(A～) Bก็ kɔ̂(kɔ̂ɔ) ～」

前の表現を受けて、BがAと同様の行動をしたり、同様の状態であることを表す表現である。ก็ kɔ̂(kɔ̂ɔ) は、主語または主題の後ろに付ける。同じ動作主が複数の行動をしたり、同時に複数の状態にあることを表す場合はก็ kɔ̂(kɔ̂ɔ) ではなく、ด้วย dûai を使う。17課（17.3）を参照。

1. ฉันเกิดวันศุกร์ ลูกสาวฉันก็เกิดวันศุกร์
   chán kə̀ət wan-sùk. lûuk-sǎao chán kɔ̂ɔ kə̀ət wan-sùk.
   私は金曜日に生まれました。私の娘も金曜日に生まれました。

2. ฮิโรชิเรียนภาษาไทย ทาคุยาก็เรียนภาษาไทย
   Hiroshi rian phaasǎa thai. Takuya kɔ̂ɔ rian phaasǎa thai.
   ヒロシはタイ語を勉強しています。タクヤもタイ語を勉強しています。

3. พ่อผมเป็นหมอ ผมก็เป็นหมอ
   phɔ̂ɔ phǒm pen mɔ̌ɔ. phǒm kɔ̂ɔ pen mɔ̌ɔ.
   僕の父は医者です。僕も医者です。

4. พี่ชายฉันนั่งรถไฟไปมหาวิทยาลัย ฉันก็นั่งรถไฟไปมหาวิทยาลัย
   phîi-chaai chán nâŋ rót-fai pai mahǎawítthayaalai. chán kɔ̂ɔ nâŋ rót-fai pai mahǎawítthayaalai.
   私の兄は電車で大学に行きます。私も電車で大学に行きます。

เกิด kə̀ət 生まれる ／ วันศุกร์ wan-sùk 金曜日 ／ ลูกสาว lûuk-sǎao 娘

練習問題

1．和訳をしなさい。

(1) เดือนที่แล้วฉันไปเมืองไทยกับเพื่อนมา

dʉan-thîi-lɛ́ɛo chán pai mʉaŋ thai kàp phʉ̂an maa.

(เดือนที่แล้ว dʉan-thîi-lɛ́ɛo 先月 ／ กับ kàp ～ ～と一緒に)

(2) เมื่อวานนี้ฉันไปทำวีซ่ามา

mʉ̂a-waan-níi chán pai tham wiisâa maa.（ทำวีซ่า tham wiisâa ビザの申請をする）

(3) กระเป๋าคุณหรือคะ – ไม่ใช่ครับ กระเป๋าน้องผมครับ

krapǎo khun rʉ̌ʉ khá. – mâi châi khráp. krapǎo nɔ́ɔŋ phǒm khráp.

(กระเป๋า krapǎo かばん)

(4) คนไทยชอบละครเกาหลี ละครญี่ปุ่นก็ชอบ

khon thai chɔ̂ɔp lakhɔɔn kaolǐi. lakhɔɔn yîipùn kɔ̂ɔ chɔ̂ɔp.

(ละคร lakhɔɔn ドラマ、劇)

(5) วันจันทร์หยุด วันอังคารก็หยุด　wan-can yùt, wan-ʔaŋkhaan kɔ̂ɔ yùt.

(วันจันทร์ wan-can 月曜日／วันอังคาร wan-ʔaŋkhaan 火曜日／หยุด yùt 休む)

2．タイ語に訳しなさい。

(1) 銀行に行って来たのでしょう？ – いいえ、郵便局に行って来ました。

(銀行 ธนาคาร thanaakhaan)

(2) 土曜日、僕はボクシングを見に行って来ました。

(土曜日 วันเสาร์ wan-sǎo／ ボクシング มวย muai)

(3) 日本の歌ですか？ – いいえ、中国の歌です。(歌 เพลง phleeŋ)

(4) 昨年のお正月、僕はスキーに行った。今年のお正月もスキーに行く。

(昨年 ปีที่แล้ว pii -thîi-lɛ́ɛo ／ お正月 ปีใหม่ pii-mài ／スキーに行く ไปเล่นสกี pai lên sakii)

(5) 私は黄色が好きです。青色も好きです。

(黄色 สีเหลือง sǐi-lʉ̌aŋ ／青色 สีน้ำเงิน sǐi-nám-ŋən)

基礎語彙　月の名前

เดือน	dʉan	月
เดือนมกราคม	dʉan mákaraakhom	1月
เดือนกุมภาพันธ์	dʉan kumphaaphan	2月
เดือนมีนาคม	dʉan miinaakhom	3月
เดือนเมษายน	dʉan meesǎayon	4月
เดือนพฤษภาคม	dʉan phrʉ́tsaphaakhom	5月
เดือนมิถุนายน	dʉan míthùnaayon	6月
เดือนกรกฎาคม	dʉan kàrákàdaakhom	7月
เดือนสิงหาคม	dʉan sǐŋhǎakhom	8月
เดือนกันยายน	dʉan kanyaayon	9月
เดือนตุลาคม	dʉan tùlaakhom	10月
เดือนพฤศจิกายน	dʉan phrʉ́tsàcikaayon	11月
เดือนธันวาคม	dʉan thanwaakhom	12月

コラム 7

信仰、宗教

タイは仏教の国であると言われているが、仏教が国教であるとは定められていない。憲法上、信教の自由は保障されている。一方で、憲法には「タイの国王は仏教徒でなければならない」と謳われている。仏教以外にも、イスラム教やキリスト教もあるが、90%以上のタイ人は仏教徒であると言われている。日常生活において、仏教の経を読んだり、お寺にお参りをしたり、また、僧侶の托鉢に食べ物を差し上げて徳をつむ。そして、徳をつむ中で最も大きなことは、出家することである。伝統的に、男は満20歳になってから、一度でも仏門に入ることを親に期待される。一度も仏門に入ったことがない男は「未熟な人」だと言われ、一人前だとは認められない。男にとって仏門に入ることは、徳をつみ、一人前になる、最大の親孝行である。そのため、三ヶ月間、仏門に入ることが一般的に行われてきた。最近、忙しい都会では、一週間や三日間などの短期の出家もよく行われるようになってきた。

仏教徒は、「仏教」以外にも、「精霊」信仰や「バラモン教」の神も信じている。仏教を受け入れる前から、「ผี phǐi　精霊」を信仰していた。精霊には二種類あり、一つは、「森の神様」、「土地の神様」、など「神」として敬意を表すべき精霊である。人々は、これらの精霊に自分たちを守ってもらうために、祭る。一方、「出産時に亡くなった人の霊」、「交通事故で亡くなった人の霊」などは、人を騙したり、害を加えたりする、恐い精霊と思われている。これらの霊は、死後も魂はこの世を諦められないため、生まれ変わることが出来ないと思われている。タイ人は、これらの精霊の魂を落ち着かせて、生まれ変われるように徳を積むことも一般的に行う。

10

11 どのように売りますか？

ขายยังไง

khǎai yaŋŋai

33

น้อย	–	มังคุดนี้ขายยังไง
แม่ค้า	–	กิโลละ 50 บาท
น้อย	–	แพงไป ลดหน่อยสิ
แม่ค้า	–	48 บาท
น้อย	–	45 บาทได้ไหม
แม่ค้า	–	ไม่ได้ 2 กิโล 90 บาท
น้อย	–	เอากิโลเดียว
แม่ค้า	–	กิโลเดียว 48 บาท

Nɔ́ɔi	–	maŋkhút níi khǎai yaŋŋai.
mɛ̂ɛ-kháa	–	kiloo lá hâa sìp bàat.
Nɔ́ɔi	–	phɛɛŋ pai. lót nɔ̀ɔi sìʔ.
mɛ̂ɛ-kháa	–	sìi sìp pɛ̀ɛt bàat.
Nɔ́ɔi	–	sìi sìp hâa bàat dâi mái.
mɛ̂ɛ-kháa	–	mâi dâi. sɔ̌ɔŋ kiloo kâo sìp bàat.
Nɔ́ɔi	–	ʔao kiloo diao.
mɛ̂ɛ-kháa	–	kiloo diao sìi sìp pɛ̀ɛt bàat.

語句

แม่ค้า	mɛ̂ɛ-kháa	商人（女性）
ละ	lá 〜	〜（単位）あたり
บาท	bàat	バーツ
มังคุด	maŋkhút	マンゴスチン（果物の一種）
ขาย	khǎai	売る
กิโล	kiloo	キロ
แพง	phɛɛŋ	値段が高い
ลด	lót	下げる、下ろす、下がる
หน่อย	nɔ̀ɔi	ちょっと
〜เดียว	diao	一つだけの〜

11.1 「（一つの）〜につき…」「〜ละ lá …」

〜の部分には単位を表す名詞や類別詞が入り、その単位は1である。単位が2以上の場合はละ lá は用いず、「2 กิโล 90 บาท sɔ̌ɔŋ kiloo kâo sìp bàat 2キロ90バーツ」のように言う。

1. ปลานี้ขายยังไง － ตัวละ 20 บาท
   plaa níi khǎai yaŋŋai. － tua lá yîi sìp bàat.
   この魚はいくら？ － 1匹20バーツ。

2. มะนาวนี้ขายยังไง － ร้อยละ 80 บาท
   manaao níi khǎai yaŋŋai. － rɔ́ɔi lá pɛ̀ɛt sìp bàat.
   このライムはいくら？ － 100個で80バーツ。

3. แตงโมนี้ขายยังไง － ลูกละ 15 บาท
   tɛɛŋmoo níi khǎai yaŋŋai. － lûuk lá sìp hâa bàat.
   このスイカはいくら？ － 1個15バーツ。

4. ผ้านี้เมตรละเท่าไร - เมตรละ 100 บาท

phâa níi méet lá thâorài. - méet lá rɔ́ɔi bàat.

この布は１メートルいくら？ - １メートルにつき100バーツ。

5. กระเป๋านี้ใบละเท่าไร - ใบละ 300 บาท

krapǎo níi bai lá thâorài. - bai lá sǎam rɔ́ɔi bàat.

このカバンは一ついくら？ - 一つ300バーツ。

6. น้ำตาลนี้กิโลละเท่าไร - กิโลละ 120 บาท

námtaan níi kiloo lá thâorài. - kiloo lá rɔ́ɔi yîi sìp bàat.

この砂糖は１キロいくら？ - １キロにつき120 バーツ。

....

ตัว tua ～匹（魚の類別詞）／มะนาว manaao ライム、レモン ／ แตงโม tɛɛŋmoo スイカ ／ลูก lûuk 果物や丸い形状の物の類別詞 ／ ผ้า phâa 布 ／ เมตร méet メートル ／ กระเป๋า krapǎo カバン ／ น้ำตาล námtaan 砂糖 ／ เท่าไร thâorài いくら

11.2 「～すぎる」「～ไป pai 」

形容詞の後ろに「行く」という意味の動詞 ไป pai をつけて、その程度が甚だしいことを表す。「～เกินไป ～kəən pai」としても用いられる。末尾にหน่อย nɔ̀ɔi を付けると「少し～すぎる」となり語調が弱まる。

1. รถคันนี้เก่าไป

rót khan níi kào pai.

この車は古すぎる。

2. ต้มยำกุ้งเผ็ดไป ผมทานไม่ได้

tôm-yam-kûŋ phèt pai. phǒm thaan mâi dâi.

トムヤムクンは辛すぎて、僕は食べられません。

3. อาหารญี่ปุ่นที่เมืองไทยแพงไป ฉันไม่อยากทาน

ʔaahǎan yîipùn thîi mʉaŋ thai phɛɛŋ pai. chán mâi yàak thaan.

タイの日本料理は高すぎて、私は食べたくないです。

4. ร้านนี้สกปรกไปหน่อย

ráan níi sòkkapròk pai nɔ̀ɔi.

この店はちょっと汚すぎる。

5. คุณยูโกะขับรถเร็วไป

khun Yuko khàp rót reo pai.

ユウコさんは車を飛ばしすぎる。

6. เขาพูดช้าไปหน่อย

kháo phûut cháa pai nɔ̀ɔi.

彼（彼女）はしゃべるのが遅すぎる。

เก่า kào 古い ／ ต้มยำกุ้ง tôm-yam-kûŋ トムヤムクン ／ ร้าน ráan 店 ／ สกปรก sòkkapròk 汚い、不潔な ／ เร็ว reo 速い ／ ช้า cháa 遅い

11.3 「～でいいですか？」「～ได้ไหม dâi(dâai) mái」

「名詞＋ได้ไหม dâi(dâai) mái」は「～でいいですか」という意味があり、相手の許可や同意を求める表現で、交渉する時に用いる。返事は肯定なら「ได้ dâi(dâai)」、否定なら「ไม่ได้ mâi dâi(dâai)」である。

1. ไม่มีปากกา ดินสอได้ไหม

mâi mii pàak-kaa. dinsɔ̌ɔ dâi mái.

ペンはありません。鉛筆でいいですか？

2. มอเตอร์ไซค์เสีย <u>จักรยานได้ไหม</u>

mɔɔtəəsai sǐa. <u>càkkrayaan dâi mái.</u>

バイクは故障している。自転車でいいですか？

3. 50 บาทแพงไป <u>30 บาทได้ไหม</u>

hâa sìp bàat phɛɛŋ pai. <u>sǎam sìp bàat dâi mái.</u>

50バーツは高すぎます。30バーツでいいですか？

4. 5 วันช้าไป <u>3 วันได้ไหม</u>

hâa wan cháa pai. <u>sǎam wan dâi mái.</u>

５日間では遅すぎます。３日間でいいですか？

....

เสีย sǐa　故障する ／ ช้า cháa　遅い

11.4 「一つだけの～」「～เดียว diao」

「名詞/類別詞＋เดียว diao」は修飾する名詞の後ろにつけて、その数量が一つだけであることを強調する場合に用いる。

1. คนเรียนภาษาไทยมี<u>คนเดียว</u>

khon rian phaasǎa thai mii <u>khon diao.</u>

タイ語を勉強する人は１人だけです。

2. ผมซื้อหนังสือมา<u>เล่มเดียว</u>

phǒm sɯ́ɯ náŋsɯ̌ɯ maa <u>lêm diao.</u>

僕は本を１冊だけ買って来ました。

3. คุณจะไปเมืองไทยกับใคร – ผมจะไปคนเดียว

khun ca pai mɯaŋ thai kàp khrai. – phǒm ca pai khon diao.

あなたは誰とタイに行きますか？ – 僕は１人で行きます。

4. คุณทานากะมีลูกคนเดียว

khun Tanaka mii lûuk khon diao.

タナカさんは子どもが１人だけいます。

5. คุณยามาดะมาโอซากาอาทิตย์เดียว

khun Yamada maa Osaka ʔaathít diao.

ヤマダさんは大阪に１週間だけ来ました。

6. ผมทานเบียร์ขวดเดียว ไม่เมาหรอก

phǒm thaan bia khùat diao, mâi mao rɔ̀ɔk.

僕はビールを１本しか飲んでません。酔ってなんかいませんよ。

……………………………………………

ลูก lûuk（親に対する）子ども ／ อาทิตย์ ʔaathít 週 ／ ขวด khùat 瓶、～本 ／ เมา mao 酔う

練　習　問　題

1．和訳をしなさい。

(1) เนื้อหมูกิโลละเท่าไร　–　กิโลละ 300 บาท

nʉ́a-mǔu kiloo lá thâorài. - kiloo lá sǎam rɔ́ɔi bàat.（เนื้อหมู nʉ́a-mǔu　豚肉）

(2) สับปะรดนี้ลูกละ30 บาท

sàpparót níi lûuk lá? sǎam sìp bàat.（สับปะรด sàpparót パイナップル）

(3) ผมออกจากบ้านช้าไป ไม่ทันรถไฟ

phǒm ?ɔ̀ɔk càak bâan cháa pai. mâi than rót-fai.

（ออก ?ɔ̀ɔk 出る／ทัน than 間に合う）

(4) เมื่อเช้านี้ทานข้าวมากไปหน่อย

mʉ̂a-cháao-níi thaan khâao mâak pai nɔ̀ɔi.（เมื่อเช้านี้ mʉ̂a-cháao-níi 今朝）

(5) ไม่มีเงินบาท เงินเยนได้ไหม

mâi mii ŋən bàat. ŋən yeen dâi mái.

（เงินบาท ŋən bàat バーツ／เงินเยน ŋən yeen 日本円）

(6) ทาโรทานเบียร์5ขวด แต่ผมทานขวดเดียว

Taro thaan bia hâa khùat, tɛ̀ɛ phǒm thaan khùat diao.（เบียร์ bia ビール）

2．タイ語に訳しなさい。

(1) ヒロシは１日に２食ご飯を食べる。。（～食 ～มื้อ mʉ́ʉ）

(2) 昨日、僕はタバコをたくさん吸いすぎた。今日はずっと咳をしている。

（ずっと ตลอด talɔ̀ɔt／咳をするไอ ?ai）

(3) タイの首都の名前は長すぎるので、僕は覚えられない。

（首都 เมืองหลวง mʉaŋ-lǔaŋ／長い ยาว yaao／覚える จำ cam）

(4) 醤油はありません。お塩でもいいですか？（醤油 ซีอิ๊ว sii?íu／塩 เกลือ klʉa）

(5) 現金がないです。クレジットカードでもいいですか。

（現金 เงินสด ŋən-sòt／クレジットカード บัตรเครดิต bàt-khreedìt）

(6) 昨年の夏休み、私は一人でタイへ遊びに行きました。（昨年 ปีที่แล้ว pii-thîi-lɛ́ɛo）

基礎語彙　野菜と果物

ผัก	phàk	野菜
ผลไม้	phǒnlamáai	果物
ผักกาดขาว	phàk kàat khǎao	白菜
แคร็อท	khɛɛrɔ̀t	人参
หัวหอม	hǔa hɔ̌ɔm	玉ねぎ
กระเทียม	krathiam	ニンニク
ต้นหอม	tôn hɔ̌ɔm	ネギ
เห็ด	hèt	キノコ
หัวไชเท้า	hǔa chai tháo	大根
พริก	phrík	唐辛子
พริกขี้หนู	phrík khîi nǔu	プリックキーヌー（唐辛子の一種）
พริกไทย	phrík thai	胡椒
กระหล่ำปลี	kralàmplii	キャベツ
มะเขือเทศ	makhʉ̌a-thêet	トマト
แตงโม	tɛɛŋmoo	スイカ
ส้ม	sôm	ミカン
มะม่วง	mamûaŋ	マンゴ
สับปะรด	sàpparót	パイナップル
องุ่น	ʔaŋùn	ブドウ
แอปเปิ้ล	ʔɛ́ppɘ̂n	リンゴ
ทุเรียน	thúrian	ドリアン
มังคุด	maŋkhút	マンゴスチン
มะละกอ	malakɔɔ	パパイヤ

12 何時ですか？

กี่โมงแล้ว

kìi mooŋ lɛ́ɛo

35

ฮานาโกะ	–	ฉันนัดเพื่อนที่สยาม 2 โมงครึ่ง กี่โมงแล้วคะ
ชัย	–	บ่าย 2 โมง 20 นาทีแล้วครับ
ฮานาโกะ	–	จากที่นี่เดินไปสถานีรถไฟใต้ดิน ใช้เวลาเท่าไรคะ
ชัย	–	15 นาทีครับ เดินไปคงไม่ทันครับ
ฮานาโกะ	–	ขึ้นแท็กซี่ไปได้ไหมคะ
ชัย	–	ได้ครับ แต่รถอาจจะติดนะครับ นั่งมอเตอร์ไซค์ไปก็ได้นะครับ อาจจะเร็วกว่าแท็กซี่

Hanako	–	chán nát phʉ̂an thîi Sayǎam sɔ̌ɔŋ mooŋ khrʉ̂ŋ. kìi mooŋ lɛ́ɛo khá.
Chai	–	bàai sɔ̌ɔŋ mooŋ yîi sìp naathii lɛ́ɛo khráp.
Hanako	–	càak thîi-nîi dəən pai sathǎanii rót-fai-tâi-din chái weelaa thâorài khá.
Chai	–	sìp hâa naathii khráp. dəən pai khoŋ mâi than khráp.
Hanako	–	khʉ̂n thɛ́ksîi pai dâi mái khá.
Chai	–	dâi khráp. tɛ̀ɛ rót ʔàat ca tìt ná khráp. nâŋ mɔɔtəəsai pai kɔ̂ dâi ná khráp. ʔàat ca reo kwàa thɛ́ksîi.

語句

นัด	nát	待ち合わせる、約束する
เพื่อน	phɯ̂an	友達
โมง	mooŋ	～時
ครึ่ง	khrɯ̂ŋ	半分
กี่	kìi	（名詞や類別詞の前に付けて）何、いくつ
บ่าย	bàai	午後
นาที	naathii	分
จาก	càak	～（場所）から
สถานี	sathǎanii	駅
ใช้	chái	使う
เวลา	weelaa	時間
เท่าไร	thâorài	いくら、いくつ
คง	khoŋ	～だろう（推量）
ทัน	than	間に合う
อาจจะ	ʔàat ca	～かもしれない
ติด	tìt	詰まる、くっつく、貼る
รถติด	rót tìt	渋滞する
กว่า	kwàa	～より（比較の前置詞）

12.1 「กี่ kìi＋名詞／類別詞　何～（時、人、個）」

「いくら」、「いくつ」という数量をたずねる疑問詞で、答えとなる数量がどの程度か見当がついている場合に使うことが多い。漠然と数量を尋ねる場合には เท่าไร thâorài を用いる（12. 2参照）。

1. วันนี้คุณตื่นกี่โมง – 7 โมงครึ่ง
wan-níi khun tɯ̀ɯn kìi mooŋ. – cèt mooŋ khrɯ̂ŋ.
今日、あなたは何時に起きましたか？ – 7時半です。

2. เมื่อคืนนี้คุณนอนกี่ทุ่ม – 5 ทุ่ม

mʉ̂a-khʉʉn-níi khun nɔɔn kìi thûm. – hâa thûm.

昨夜、あなたは何時に寝ましたか？ – 11 時です。

3. คุณจะไปเมืองไทยกี่วัน – 10 วัน

khun ca pai mʉaŋ thai kìi wan. – sìp wan.

あなたは何日間タイに行きますか？ – 10 日間です。

4. คุณเรียนภาษาไทยมากี่ปีแล้ว – 2 ปีแล้ว

khun rian phaasǎa thai maa kìi pii lɛ́ɛo. – sɔ̌ɔŋ pii lɛ́ɛo.

あなたは何年タイ語を習っていますか？ – ２年になります。

5. คนเรียนภาษาไทยมีกี่คน – 21 คน

khon rian phaasǎa thai mii kìi khon. – yîi sìp ʔèt khon.

タイ語を勉強している人は何人いますか？ – 21人です。

6. เขาซื้อหนังสือมากี่เล่ม – เล่มเดียว

kháo sʉ́ʉ náŋsʉ̌ʉ maa kìi lêm. – lêm diao.

彼（彼女）は本を何冊買って来ましたか？ – １冊だけです。

7. คุณฮิเดกิทานเบียร์กี่ขวด – 5 ขวด

khun Hideki thaan bia kìi khùat. – hâa khùat.

ヒデキさんは何本ビールを飲みましたか？ – ５本です。

8. บ้านหลังนี้ราคากี่ล้านบาท – 9 ล้านบาท

bâan lǎŋ níi raakhaa kìi láan bàat. – kâo láan bàat.

この家は何百万バーツですか？ – ９百万バーツです。

....

ตื่น tʉ̀ʉn 起きる ／ นอน nɔɔn 寝る ／ ทุ่ม thûm ～時（午後７時から午後11時まで）／ เมื่อคืนนี้ mʉ̂a-khʉʉn-níi 昨夜 ／ กี่วัน kìi wan 何日間 ／ กี่ปี kìi pii 何年間 ／ กี่คน kìi khon 何人 ／ กี่เล่ม kìi lêm 何冊 ／ กี่ขวด kìi khùat 何本（瓶）／ ราคา raakhaa 値段／ ล้าน láan 百万

12.2 「いくら?」

「動詞/形容詞/名詞+เท่าไร thâorài」

答えとなる数量がどの程度か見当がつくときに使う「กี่ kìi」と異なり、漠然と数量を尋ねる場合に用いられる。「เท่าไร thâorài いくらですか」のように、単独で用いられることもある。

1. รายได้ปีละเท่าไร – 5 ล้านเยน
raai-dâi pii lá thâorài. – hâa láan yeen.
収入は一年にいくらですか? – 5百万円です。

2. ประเทศไทยมีประชากรเท่าไร – 60 ล้านคน
prathêet thai mii prachaakɔɔn thâorài – hòk sìp láan khon.
タイの人口は何人ですか? – 6千万人です。

3. ต้องรอนานเท่าไร – 10 วัน
tɔ̂ŋ rɔɔ naan thâorài. – sìp wan.
どれぐらい待たないといけないんですか? – 10日間です。

4. ค่าไฟเดือนละเท่าไร – 5,000 เยน
khâa-fai dʉan lá thâorài. – hâa phan yeen.
電気代は月にいくらですか? – 5,000円です。

5. ลดราคาได้เท่าไร – 20 เปอร์เซ็นต์
lót raakhaa dâi thâorài. – yîi sìp pəəsen.
どれぐらい割引がありますか? – 20パーセントです。

รายได้ raai-dâi 収入 / ปี pii 年 / ประเทศ prathêet 国 / มี mii いる、ある / ประชากร prachaakɔɔn 人口 / รอ rɔɔ 待つ / นาน naan 長い(時間が) / ค่าไฟ khâa-fai 電気代 / เดือน dʉan 月 / ลดราคา lót raakhaa 値引きする、割引する / เปอร์เซ็นต์ pəəsen パーセント

12

12.3 「たぶん、おそらく～だろう」
「คง khoŋ ＋動詞／形容詞」

推量、推測を表す。「คง จะ khoŋ ca＋動詞（句）」の形を取ることもある。否定形は「คงไม่ khoŋ mâi ＋動詞／形容詞」である。

1. วันนี้ทาคุยาตื่นสาย เมื่อคืนคงนอนดึก
wan-níi Takuya tʉ̀ʉn sǎai. mʉ̂a-khʉʉn khoŋ nɔɔn dʉ̀k.
今日、タクヤは朝寝坊した。昨夜、夜更かししたのだろう。

2. วันนี้เขาไม่มาทำงาน คงไม่สบาย
wan-níi kháo mâi maa tham-ŋaan. khoŋ mâi sabaai.
今日、彼（彼女）は仕事に来ていない。恐らく調子が悪いのだろう。

3. บ้านหลังนี้ใหญ่ คงแพงมาก
bâan lǎŋ níi yài. khoŋ phɛɛŋ mâak.
この家は大きい。恐らく値段が高いだろう。

4. คุณโยโกะไม่ทาน คงไม่ชอบ
khun Yoko mâi thaan. khoŋ mâi chɔ̂ɔp.
ヨウコさんは食べていない。多分嫌いなのだろう。

5. วันนี้ผมจะนอนหัวค่ำ พรุ่งนี้คงตื่นเช้าได้
wan-níi phǒm ca nɔɔn hǔa-khâm. phrûŋníi khoŋ tʉ̀ʉn cháao dâi.
今日、僕は早寝をします。明日は多分早起きできるでしょう。

ตื่นสาย tʉ̀ʉn sǎai 朝寝坊する ／ นอนดึก nɔɔn dʉ̀k 夜遅くに寝る ／ ไม่สบาย mâi sabaai 調子が悪い、病気である ／ นอนหัวค่ำ nɔɔn hǔa-khâm 早寝する ／ ตื่นเช้า tʉ̀ʉn cháao 早起きする

12.4 「～かもしれない」「อาจจะ ʔàat ca～ 」

動詞の前に付いて可能性を表す。

1. ร้อนอบอ้าวอย่างนี้ ฝนอาจจะตก
rɔ́ɔn ʔòp-ʔâao yàaŋ níi, fǒn ʔàat ca tòk.
こんなに蒸し暑いと、雨が降るかもしれない。

2. ปีนี้ฮันชินอาจจะชนะเลิศ
pii níi Hanshin ʔàat ca chanáʔ-lɤ̂ət.
今年、阪神は優勝するかもしれない。

3. เผ็ดอย่างนี้ คนญี่ปุ่นอาจจะทานไม่ได้
phèt yàaŋ níi, khon yîipùn ʔàat ca thaan mâi dâi.
こんなに辛いと、日本人は食べられないかもしれない。

4. เขาไม่มาเรียนเลย ปีนี้อาจจะสอบตก
kháo mâi maa rian lɤɤi, pii níi ʔàat ca sɔ̀ɔp tòk.
彼は全然勉強に来ない。今年は試験に落ちるかもしれない。

ร้อนอบอ้าว rɔ́ɔn ʔòp-ʔâao 蒸し暑い ／ ฝน fǒn 雨 ／ ชนะเลิศ chanáʔ-lɤ̂ət 優勝する ／ สอบตก sɔ̀ɔp tòk 試験に落ちる

12.5 「AはBより～」「A～กว่า kwàa B」

比較表現の一つである。状態を表す語句が กว่า kwàaの前に入る。「食べる」、「歩く」のような動作を表す語に後続しない。たとえば、「เขากินกว่าฉัน khǎo kin kwàa chán 彼は私より食べた」は、タイ語として不自然である。違いの程度を表す語・語句をつける場合は、「กว่า kwàa B」の後ろに付ける。

1. ชินกันเซนช้ากว่าเครื่องบิน ๑ ชั่วโมง

chinkansen cháa kwàa khrʉ̂aŋ-bin nʉ̀ŋ chûa-mooŋ.

新幹線は飛行機より１時間遅い。

2. อาหารไทยเผ็ดกว่าอาหารญี่ปุ่น

ʔaahǎan thai phèt kwàa ʔaahǎan yîipùn.

タイ料理は日本料理より辛い。

3. บ้านผม ค่าไฟแพงกว่าค่าน้ำมาก

bâan phǒm khâa-fai phɛɛŋ kwàa khâa-náam mâak.

僕の家は水道代より電気代がとても高い。

4. บริษัทเขาอยู่ไกลกว่าบริษัทผม

bɔɔrisàt kháo yùu klai kwàa bɔɔrisàt phǒm.

彼（彼女）の会社は僕の会社より遠い。

5. แม่ตื่นเช้ากว่าพ่อ

mɛ̂ɛ tʉ̀ʉn cháao kwàa phɔ̂ɔ.

母は父より早起きだ。

6. เคนจิพูดภาษาอังกฤษเก่งกว่าฮิโรชิ

Kenji phûut phaasǎa ʔaŋkrìt kèŋ kwàa Hiroshi.

ケンジはヒロシより英語を上手に話す。

....

ชินกันเซน chinkansen 新幹線 ／ ชั่วโมง chûa-mooŋ 時間 ／ ค่า khâa ～ ～代、～料 ／ ค่าไฟ khâa-fai 電気代 ／ ค่าน้ำ khâa-náam 水道代

練 習 問 題

1．和訳をしなさい。

(1) บ้านนายกฯหลังใหม่ราคากี่ร้อยล้านบาท – ห้าร้อยล้านบาท

bâan naayók lǎŋ mài raakhaa kìi rɔ́ɔi láan bàat. – hâa rɔ́ɔi láan bàat.

（นายกฯ naayók 首相 ／ หลัง lǎŋ 軒(家の類別詞) ／ ใหม่ mài 新しい ／ ร้อยล้าน rɔ́ɔi láan 億）

(2) คุณมีพี่น้องกี่คน - 6 คน

khun mii phîi-nɔ́ɔŋ kìi khon. – hòk khon.（พี่น้อง phîi-nɔ́ɔŋ 兄弟）

(3) คุณต้องจ่ายภาษีปีละเท่าไร – ประมาณ 1 ล้านเยน

khun tɔ̂ŋ càai phaasǐi pii lá thâorài. – pramaan nɯ̀ŋ láan yeen.

（ภาษี phaasǐi 税、税金 ／ ประมาณ pramaan〜ぐらい）

(4) วันนี้วันเสาร์ รถคงไม่ติด

wan-níi wan-sǎo. rót khoŋ mâi tìt.

（วันเสาร์ wan-sǎo 土曜日 ／ รถติด rót tìt 渋滞する）

(5) หลังเกษียณแล้ว ผมอาจจะไปอยู่เมืองไทย

lǎŋ kasǐan lɛ́ɛo, phǒm ʔàat ca pai yùu mɯaŋ thai.

（หลัง.... lǎŋ..... 〜した後 ／ เกษียณ kasǐan 定年になる）

(6) บ้านหลังนี้เก่ากว่าบ้านหลังนั้น

bâan lǎŋ níi kào kwàa bâan lǎŋ nán.（เก่า kào 古い）

2．タイ語に訳しなさい。

(1) あなたは1日に何時間寝ますか？ – 8時間です。

(2) 家賃は月にいくらですか？ – 6万円です。（家賃 ค่าเช่าบ้าน khâa-châo bâan）

(3) 今年はあまり寒くない。大阪では、おそらく雪が降らないだろう。

（あまり〜ない ไม่ค่อย mâi khɔ̂i ／ 雪 หิมะ hìmáʔ）

(4) 後ろに座ったら、見えないかもしれない。

（後ろ ข้างหลัง khâaŋ-lǎŋ ／ 座る นั่ง nâŋ ／ 見える เห็น hěn）

(5) 血は水よりも濃い。（血 เลือด lɯ̂at ／濃い ข้น khôn）

(6) 息子はパンよりご飯の方が好きです。

（息子 ลูกชาย lûuk-chaai ／パン ขนมปัง khanǒm-paŋ ／ ご飯 ข้าว khâao）

基礎語彙　調味料

น้ำปลา	náam plaa	ナムプラー（魚醤）
มะนาว	manaao	ライム
เกลือ	klʉa	塩
น้ำส้มสายชู	náam sôm sǎai chuu	酢
น้ำตาล	náam taan	砂糖
พริก	phrík	プリック、唐辛子
พริกไทย	phrík thai	胡椒
น้ำมัน	náam man	油
ซีอิ๊ว	siiʔíu	醤油

コラム 8

タイ人の人生観

一般的に、タイ人は、人間は「身体」と「魂」の組み合わせであり、身体は死に絶えても、魂は生き続けて、また別の身体に宿り、生まれ変わると信じている。現世（ชาตินี้ châat níi）の様々な出会い、別れ、幸、不幸などは偶然に起こるのではなく、前世（ชาติก่อน châat kɔ̀ɔn）の行い（กรรม kam 業）によって決められ、また現世の行いが来世（ชาติหน้า châat nâa）の運命を決めると考える。現世で幸せな（มีบุญ mii bun）人間であれば、前世によい行いをした（ทำบุญ tham bun）ためであり、逆に不幸（มีกรรม mii kam）であれば、前世に悪い行いをした（ทำบาป tham bàap）結果であり、その結果を償うしかなく、来世に幸せになるために、現世では一所懸命徳を積まないといけない。恋愛関係においても、自分の運命の相手（เนื้อคู่ nɨ́a khûu）に会えて、恋愛が上手くいくカップルは、前世で一緒に徳を積んだ結果であり、恋愛が上手く行かないカップルは、前世で共に徳を積んでいなかったか、またはどちらかの積んだ徳が足りないためだと考える。来世にまた出会えるように現世では積極的に徳を積む。このような考えは1980年代当たりまでの恋の歌の歌詞に多く見られた。

日常生活において、仕事、恋愛など何か新しいことを行う際に、「ดวง duaŋ 運命」を気にして、占ってもらう人がいる。結果が望んでいるとおりになれば、たとえその結果が努力によって得られた場合にも「โชคดี chôok dii 運がよかった」と言い、その反対に、結果が上手くいかないと、十分努力しなかった場合にも、「โชคไม่ดี chôok mâi dii 運が悪かった」と、運命のせいにする。「よく頑張ったね」と結果の如何に関わらず、その過程においていかに努力したかを重視する日本人と違い、タイ人にとっては人間の努力より運命の方を重視する傾向があると言えるだろう。

13 何曜日に生まれましたか？

คุณเกิดวันอะไร

khun kə̀ət wan ʔarai

37

ชัย	–	คุณเกิดวันอะไรครับ
ฮานาโกะ	–	ไม่ทราบค่ะ
ชัย	–	ไม่ทราบ จริงหรือครับ
ฮานาโกะ	–	จริงค่ะ ทราบแต่วันที่ เดือน และ ปีค่ะ
ชัย	–	คุณเกิดวันที่เท่าไร เดือนอะไรครับ
ฮานาโกะ	–	วันที่ 29 กุมภาพันธ์ค่ะ
ชัย	–	คุณเกิดวันเดียวกับพี่สาวผม
ฮานาโกะ	–	จริงหรือคะ
ชัย	–	จริงครับ วันเกิดพี่สาวผม 4 ปีครั้ง
ฮานาโกะ	–	เหมือนกับฉัน ฉันก็ 4 ปีครั้ง

Chai	–	khun kə̀ət wan ʔarai khráp.
Hanako	–	mâi sâap khâ.
Chai	–	mâi sâap, ciŋ rʉ̌ʉ khráp.
Hanako	–	ciŋ khâ, sâap tὲε wanthîi, dʉan, lέʔ pii khâ.
Chai	–	khun kə̀ət wan-thîi thâorài, dʉan ʔarai khráp.
Hanako	–	wan-thîi yîi sìp kâo kumphaaphan khâ.
Chai	–	khun kə̀ət wan diao kàp phîi-sǎao phǒm.
Hanako	–	ciŋ rʉ̌ʉ khá.
Chai	–	ciŋ khráp. wan-kə̀ət phîi-sǎao phǒm sìi pii khráŋ.
Hanako	–	mʉ̌an kàp chán. chán kɔ̂ɔ sìi pii khráŋ.

語句

เกิด	kə̀ət	生まれる
แต่	tὲε	～だけ
วันที่	wan-thîi	～日
เดือน	dʉan	月
ปี	pii	年
กุมภาพันธ์	kumphaaphan	２月
เดียวกับ	diao kàp	～と同じ、同一の
พี่สาว	phîi-sǎao	姉
เหมือนกับ	mʉ̌an kàp	～と同じ
ก็	kɔ̂, kɔ̂ɔ	～も
ครั้ง	khráŋ	回、度

13.1 「～のみ、～しか～ない」「～แต่ tὲε ～」

「แต่ tὲε ＋名詞＝～だけ、～のみ、～しか～ない」

動詞（句）の後ろに付いて、その行為や状態が及ぶ範囲を限定する。

1. วันหยุด เขาดูแต่ทีวี
   wan-yùt kháo duu tὲε thiiwii.
   休日は彼（彼女）はテレビばかり見ている。

2. ฮิเดกิทานแต่เบียร์ ไม่ทานเหล้า
   Hideki thaan tὲε bia. mâi thaan lâo.
   ヒデキはビールだけ飲む。お酒は飲まない。

3. ผมมีแต่เงินเยน ไม่มีเงินบาท
   phǒm mii tὲε ŋən yeen. mâi mii ŋən bàat.
   僕は日本円しか持っていない。バーツは持っていない。

4. คอมพิวเตอร์เครื่องนี้ใช้ได้แต่ภาษาญี่ปุ่นกับภาษาอังกฤษ ภาษาไทยใช้ไม่ได้
khɔɔmphiutə̂ə khrɨ̂aŋ níi chái dâi tɛ̀ɛ phaasǎa yîipùn kàp phaasǎa ʔaŋkrìt, phaasǎa thai chái mâi dâi.
このコンピューターは日本語と英語しか使えない。タイ語は使えません。

วันหยุด wan-yùt 休日 ／ ทีวี thiiwii テレビ ／ เหล้า lâo 酒 ／ บาท bàat バーツ ／ คอมพิวเตอร์ khɔɔmphiutə̂ə コンピューター ／ เครื่อง khrɨ̂aŋ 機械の類別詞 ／ ใช้ chái 使う

13.2 「AはBと同じである、Bと同一のA」

「Aเดียวกับ B」 「Adiao kàp B」

AとBが全く同一の状態を表す場合に用いる。「A＋X（動詞）＋Y（名詞/類別詞）＋เดียวกับ diao kàp B」の形で、「AはBと同一のYを（に、で）Xする」という意味になり、Aの行動や状態の対象となる目的語がBのそれと全く同じであることを表す。

1. ฮิโรชิทำงานบริษัทเดียวกับทาคุยา
Hiroshi tham-ŋaan bɔɔrisàt diao kàp Takuya.
ヒロシはタクヤと同じ会社で働いている。

2. อาจารย์ยามาดะสอนมหาวิทยาลัยเดียวกับอาจารย์ทานากะ
ʔaacaan Yamada sɔ̌ɔn mahǎawítthayaalai diao kàp ʔaacaan Tanaka.
ヤマダ先生はタナカ先生と同じ大学で教えている。

3. ผมขึ้นรถเมล์คันเดียวกับเขา
phǒm khɨ̂n rót-mee khan diao kàp kháo.
僕は彼女と同じバスに乗った。

4. ฉันใช้คอมพิวเตอร์เครื่องเดียวกับน้องสาว

chán chái khɔɔmphiutə̂ə khrʉ̂aŋ diao kàp nɔ́ɔŋ-sǎao.

私は妹と同じ（１台の）コンピューターを使っている。

………………………………………

สอน sɔ̌ɔn 教える

13.3 「Aは（Xが）Bと同じ、AはBと同じようにX」

「A (X) เหมือน mʉ̌an (กับ kàp) B」

AとBの種類、性質、状況、外見などが同様（あるいはよく似ている）場合に用いる。กับ kàp は省略することが可能である。Aはある特定の物事を示す名詞またはある特定の行動や状態を表す文または動詞（句）であり、BはAの比較対象である。

13

1. กระเป๋าฮิโรชิสีเหมือนกับกระเป๋าทาคุยา

   krapǎo Hiroshi sǐi mʉ̌an kàp krapǎo Takuya.

   ヒロシのカバンは色がタクヤのカバンと同じだ。

2. เด็กคนนี้หน้าเหมือนแม่

   dèk khon níi nâa mʉ̌an mɛ̂ɛ.

   この子は顔がお母さんとそっくりだ。

3. เขานั่งรถไฟไปทำงานเหมือนกับฉัน

   kháo nâŋ rót-fai pai tham-ŋaan mʉ̌an kàp chán.

   彼は私と同じように汽車で通勤している。

4. บ้านหลังนี้เหมือนกับบ้านหลังนั้น

   bâan lǎŋ níi mʉ̌an kàp bâan lǎŋ nán.

   この家はあの家と同じだ。

………………………………………

กระเป๋า krapǎo カバン ／ สี sǐi 色 ／ หน้า nâa 顔

13.4 「〜（複数の単位）につき....(単数の単位）」

11課で学習した「〜ละ láʔ…」は「（一つの）〜につき…」という意味で、1単位あたりの数量を表現するが、いっぽう、「5人で2個（を食べる）、4年に1度（開催される）」のように、2以上の複数に対しての数量を表現する場合には「〜　…」として、ละ láʔ は用いない。また、…の部分の単位が1であれば「สี่ปีครั้ง sìi pii khráŋ 4年に一度」のようにหนึ่ง nɯ̀ŋ を省略する。

1. ผมไปเมืองไทย 2 ปีครั้ง
   phǒm pai mɯaŋ thai sɔ̌ɔŋ pii khráŋ.
   僕は2年に1度タイに行く。

2. รถเมล์นั่ง 50 คนคัน
   rót-mee nâŋ hâa sìp khon khan.
   バスは50人が1台に乗る。

3. ต้องทาน 3 คนลูก
   tɔ̂ŋ thaan sǎam khon lûuk.
   3人で1個食べなくてはいけない。

4. ฉันต้องไปหาหมอ 2 อาทิตย์ครั้ง
   chán tɔ̂ŋ pai hǎa mɔ̌ɔ sɔ̌ɔŋ ʔaathít khráŋ.
   私は2週間に1回医者に行かなくてはなりません。

ครั้ง khráŋ 回、度 ／ ลูก lûuk 果物や球状の物の類別詞 ／ คัน khan 車やバスの類別詞 ／ หมอ mɔ̌ɔ 医者 ／ ไปหาหมอ pai hǎa mɔ̌ɔ 医者に行く

練習問題

1．和訳をしなさい。

(1) เขาทานแต่เนื้อ ไม่ทานผักเลย

khǎo thaan tὲε nʉ́a. mâi thaan phàk lǝǝi.（เนื้อ nʉ́a 肉 ／ ผัก phàk 野菜）

(2) โยโกะทำงานพิเศษที่เดียวกับน้องสาวฉัน

Yoko tham ŋaan-phísèet thîi diao kàp nɔ́ɔŋ-sǎao chán.

（ที่ thîi ところ、場所 ／ น้องสาว nɔ́ɔŋ-sǎao 妹）

(3) ทาคุยาชอบสีขาวเหมือนฮิโรชิ

Takuya chɔ̂ɔp sǐi-khǎao mʉ̌an Hiroshi.（สีขาว sǐi khǎao 白色）

(4) โยโกะเป็นคนญี่ปุ่นแท้ ๆ แต่หน้าเหมือนฝรั่ง

Yoko pen khon yîipùn thɛ́ɛ-thɛ́ɛ. tὲε nâa mʉ̌an faràŋ.

（แท้ ๆ thɛ́ɛ-thɛ́ɛ 純粋の ／ ฝรั่ง faràŋ 西洋人、白人）

(5) โรงแรม ต้องพัก 3 คนห้อง

rooŋ-rεεm tɔ̂ŋ phák sǎam khon hɔ̂ŋ.（พัก phák 泊まる）

2．タイ語に訳しなさい。

(1) ヒロシはニュースの番組しか見ない。

（ニュース ข่าว khàao ／ 番組 รายการ raai-kaan）

(2) この本屋は日本語の本しか置いていない。

（本屋 ร้านหนังสือ ráan náŋsʉ̌ʉ ／ 置いている、ある มี mii ／ 売る ขาย khǎai ※มี mii と ขาย khǎai のどちらを使っても良い。）

(3) 私はチャイと同じアパートに住んでいます。

（アパート อพาร์ตเมนต์ ʔapháatmén ／ 住む อยู่ yùu）

(4) 弟は妹と同じように左利きです。

（弟 น้องชาย nɔ́ɔŋ-chaai ／ 左利き ถนัดซ้าย thanàt sáai）

(5) ビールは２人で１本飲まなければならない。

基礎語彙　曜日

อาทิตย์	ʔaathít	週
วัน	wan	日
วันจันทร์	wan-can	月曜日
วันอังคาร	wan-ʔaŋkhaan	火曜日
วันพุธ	wan-phút	水曜日
วันพฤหัส(บดี)	wan-pháʔrʉ́hàt（sabɔɔdii）	木曜日
วันศุกร์	wan-sùk	金曜日
วันเสาร์	wan-sǎo	土曜日
วันอาทิตย์	wan-ʔaathít	日曜日

コラム 9

名　前

タイ人は皆、「นามสกุล　naam-sakun（姓・名字／Family name）」、「ชื่อตัว chûu-tua（名／First name）」そして、「ชื่อเล่น chûu-lên（愛称）Nick name」を持っている。そして、タイでは名前は「名・姓」の順に書く。一般的には人を名で呼び、日本人のように、「นามสกุล naam-sakun（姓・名字／Family name）」で呼ぶ習慣はない。タイ人にとって姓の歴史は浅く、1913年７月１日から使われるようになった。タイ語の姓には、一家の大黒柱や両親の名前、職業、役職名、住んでいる地名などに由来するものもある。姓名が法律で制定された当時の国王、ラーマ６世から6,432にのぼる姓が下賜された。従来、結婚の際には、女性の姓を男性のそれに変えることとされていたが、2005年より元の姓を使うことも認められるようになった。姓の登録に関する法律には、すでに登録されているものと重複してはいけないという項目が含まれている。そのため、親族関係や婚姻関係にない者同士が同じ姓を持つことはない。

「ชื่อตัว　chûu-tua（名／First name）」の付け方は時代により趣向が変化するが、伝統的には、自然などを意味する言葉、そして、男は主に勝利、力、発展、女には美、花、を意味する言葉が用いられる傾向にある。また、サンスクリット語からの借用語が多い。改まった場面では名を呼び合うが、親しい間柄では「ชื่อเล่น chûu-lên（愛称）Nick name」で呼び合うのが一般的である。愛称は生まれてすぐに親に付けられ、動物、果物、植物、色の名前などがよく使われる。そして、少し大きくなってから、容姿・体型や性格などにちなんで友人や親しい人に付けてもらうこともある。たとえば、とても痩せていれば「ก้าง kâaŋ 魚の骨」で、眼鏡をかければ「แว่น wɛ̂ɛn 眼鏡」となる。子どもの時に親に付けられたあだ名をずっと使っていることも多く、今は痩せている人でも子どもの時に太っていたので「ป้อม pɔ̂m（丸々と太っている）」と呼ばれていたり、大の大人がいつまで経っても「อ้อน ʔɔ̂ɔn（泣き虫）」と呼ばれている場合もある。近年は欧米や日本の言葉を愛称にしている人も増えている。

13

14 どうしましたか
เป็นอะไรหรือคะ
pen ʔarai rʉ̌ʉ khá

39

ฮานาโกะ – สวัสดีค่ะ อาจารย์

มานะ – สวัสดีฮานาโกะ สบายดีหรือ

ฮานาโกะ – สบายดีค่ะ อาจารย์ล่ะคะ

มานะ – ผมไม่ค่อยสบายเท่าไร

ฮานาโกะ – เป็นอะไรหรือคะ

มานะ – ปวดหัวบ้าง ปวดหลังบ้างบ่อย ๆ

ฮานาโกะ – อาจารย์ไปหาหมอบ้างหรือเปล่าคะ

มานะ – ไป แต่หมอไม่รู้ว่าเป็นอะไร

Hanako – sawàtdii khâ, ʔaacaan.

Maanáʔ – sawàtdii Hanako, sabaai dii rʉ̌ʉ.

Hanako – sabaai dii khâ. ʔaacaan lâ khá.

Maanáʔ – phǒm mâi khɔ̂i sabaai thâorài.

Hanako – pen ʔarai rʉ̌ʉ khá.

Maanáʔ – pùat hǔa bâaŋ pùat lǎŋ bâaŋ bɔ̀ɔi bɔ̀ɔi.

Hanako – ʔaacaan pai hǎa mɔ̌ɔ bâaŋ rʉ̌ʉ plàao khá.

Maanáʔ – pai. tɛ̀ɛ mɔ̌ɔ mâi rúu wâa pen ʔarai.

語句

40

อาจารย์	ʔaacaan	先生（大学）
สบาย	sabaai	楽である、元気である、快適である
สบายดี	sabaai dii	元気である
ปวด	pùat	痛い
หัว	hǔa	頭
หลัง	lǎŋ	腰、背中
ไปหาหมอ	pai hǎa mɔ̌ɔ	病院へ行く、医者に診てもらう
รู้	rúu	知る、分かる
ว่า	wâa	～と

14.1 「思ったほど～ない、それほど～ない」 「ไม่ค่อย mâi khɔ̂i ～เท่าไร thâorài 」

「思ったほど～ではない」「それほど～ではない」というように、話者の期待や予想を下回る場合に用いる。6 課で学習した「あまり～ではない」(6.2) も参照。

1. วันนี้ไม่ค่อยร้อนเท่าไร
   wan-níi mâi khɔ̂i rɔ́ɔn thâorài.
   今日はそれほど暑くない。

2. ภาษาไทยไม่ค่อยยากเท่าไร
   phaasǎa thai mâi khɔ̂i yâak thâorài.
   タイ語はそんなに難しくない。

3. หนังเรื่องนี้ไม่ค่อยสนุกเท่าไร
   nǎŋ rʉ̂aŋ níi mâi khɔ̂i sanùk thâorài.
   この映画はそれほど面白くない。

4. เขาไม่ค่อยทานเท่าไร
khǎo mâi khɔ̂i thaan thâorài.
彼（彼女）はあまり食べない。

5. ผมไม่ค่อยชอบสีแดงเท่าไร
phǒm mâi khɔ̂i chɔ̂ɔp sǐi dɛɛŋ thâorài.
僕は赤色があまり好きではない。

....
ยาก yâak 難しい ／ เรื่อง rʉ̂aŋ 物語、小説、映画やドラマの類別詞 ／ สนุก sanùk 楽しい ／ สีแดง sǐi dɛɛŋ 赤色

14.2 疑問文を和らげる「หรือ rʉ̌u 」

「อะไร ʔarai 何」「ที่ไหน thîi-nǎi どこ」「ใคร khrai 誰」「เมื่อไร mʉ̂arài いつ」「ยังไง yaŋŋai どのように」などの疑問詞を用いた疑問文の最後に「หรือ rʉ̌u 」をつけると、問いつめるような感じを和らげる。主に口語で用いられる。

1. ใครมาหรือ
khrai maa rʉ̌u.
誰が来たの？

2. ปิดเทอมหน้าร้อนนี้คุณจะไปไหนหรือ
pìt-thəəm nâa-rɔ́ɔn níi khun ca pai nǎi rʉ̌u.
この夏休みはどこへ行くの？

3. ทำอะไรอยู่หรือ
tham ʔarai yùu rʉ̌u.
何をしているの？

4. เขาจะแต่งงานเมื่อไรหรือ

khǎo ca tὲεŋ-ŋaan mʉ̂arài rʉ̌ʉ.

彼はいつ結婚するのかな？

……………………………………………

ปิดเทอม pìt-thəəm 学期間の休暇 ／ หน้าร้อน nâa-rɔ́ɔn 夏

14.3 「AをしたりBをしたりする」「AもあればBもある」「Aบ้าง bâaŋ Bบ้าง bâaŋ」

AとBの部分には動詞（句）、名詞（句）、文が入り、動作や状態の繰り返しを表したり、人や物事の一部の状態を表したりする。

1. ฉันนั่งรถไฟบ้าง รถเมล์บ้าง

chán nâŋ rót-fai bâaŋ rót-mee bâaŋ.

私は電車に乗ったり、バスに乗ったりする。

2. ผมไปทานข้าวกับเพื่อนคนไทยบ้าง เพื่อนคนญี่ปุ่นบ้าง

phǒm pai thaan khâao kàp phʉ̂an khon thai bâaŋ phʉ̂an khon yîipùn bâaŋ.

僕はタイ人の友だちと食事に行ったり、日本人の友だちと行ったりする。

3. เวลาว่าง ผมอ่านหนังสือบ้าง ฟังเพลงบ้าง

weelaa wâaŋ phǒm ʔàan náŋsʉ̌ʉ bâaŋ faŋ phleeŋ bâaŋ.

暇な時、僕は本を読んだり、音楽を聞いたりする。

4. เขาเมล์มาบ้าง โทรศัพท์มาบ้าง

khǎo mee maa bâaŋ thoorasàp maa bâaŋ.

彼はメールをしてきたり、電話をして来たりする。

5. ยาหรือครับ ผมทานบ้างไม่ทานบ้าง

yaa rʉ̌u khráp, phǒm thaan bâaŋ mâi thaan bâaŋ.
薬ですか？飲んだり、飲まなかったりです。

6. หนังสือพิมพ์ ฉันอ่านบ้างไม่อ่านบ้าง
náŋsʉ̌u-phim chán ʔàan bâaŋ mâi ʔàan bâaŋ.
新聞は読んだり、読まなかったりです。

………………………………………
เวลา weelaa 時間 ／ เวลาว่าง weelaa wâaŋ 暇な時 ／ ฟัง faŋ 聞く ／ เพลง phleeŋ 歌 ／ เมล์ mee 電子メールを送る ／ โทรศัพท์ thoorasàp 電話をする ／ ยา yaa 薬 ／ หนังสือพิมพ์ náŋsʉ̌u-phim 新聞

14.4 「時々(たまには)～していますか」「～บ้างหรือเปล่า bâaŋ rʉ̌u plàao 」

相手や第三者の状態や様子などを尋ねる時に使う。一般的にされていることや、するのが当たり前のことをしているかどうかを尋ねる意味合いがある。บ้าง bâaŋを付けることで語調がやわらぐ。

1. คุณดูหนังสือบ้างหรือเปล่า
khun duu náŋsʉ̌u bâaŋ rʉ̌u plàao.
たまには勉強していますか？

2. เขาส่งจดหมายมาบ้างหรือเปล่า
kháo sòŋ còtmǎai maa bâaŋ rʉ̌u plàao.
彼はたまには手紙をよこしますか？

3. คุณออกกำลังกายบ้างหรือเปล่า
khun ʔɔ̀ɔk-kamlaŋ-kaai bâaŋ rʉ̌u plàao.
時々運動していますか？

4. คุณมีเวลาอ่านหนังสือพิมพ์บ้างหรือเปล่า
khun mii weelaa ʔàan náŋsʉ̌ʉ-phim bâaŋ rʉ̌ʉ plàao.
新聞を読んだりする時間はありますか？

ดูหนังสือ duu náŋsʉ̌ʉ 勉強する ／ จดหมาย còtmǎai 手紙 ／ ออกกำลังกาย ʔɔ̀ɔk-kamlaŋ-kaai 運動する

14.5 「(引用する内容) ~と....」「....ว่า wâa～」

「動詞（句）＋ว่า wâa ～」の形で、～の部分に引用する内容を入れる。

1. นี่ ภาษาไทยเรียกว่าอะไรคะ
nîi phaasǎa thai rîak wâa ʔarai khá.
これはタイ語で何と言いますか？

2. เขาบอกว่า พรุ่งนี้จะหยุดงานไปเที่ยว
kháo bɔ̀ɔk wâa phrûŋ-níi ca yùt ŋaan pai thîao.
彼（彼女）は明日仕事を休んで遊びに行くと言った。

3. ผมคิดว่าสีขาวสวยกว่าสีดำ
phǒm khít wâa sǐi-khǎao sǔai kwàa sǐi-dam.
僕は白は黒よりきれいだと思う。

4. ฉันรู้สึกว่าวันนี้หนาวกว่าเมื่อวานนี้
chán rúu-sʉ̀k wâa wan-níi nǎao kwàa mʉ̂a-waan-níi.
私は今日の方が昨日より寒いと感じる。

เรียก rîak 呼ぶ ／ บอก bɔ̀ɔk 言う、告げる ／ หยุด yùt 休む ／ ไปเที่ยว pai thîao 遊びに行く ／ สีขาว sǐi-khǎao 白色 ／ สวย sǔai きれい、美しい ／ สีดำ sǐi-dam 黒色 ／ คิด khít 考える、思う ／ รู้สึก rúu-sʉ̀k 感じる ／ หนาว nǎao 寒い

14

練　習　問　題

1．和訳をしなさい。

(1) วันเสาร์อาทิตย์ยุ่งมาก แต่วันธรรมดาไม่ค่อยยุ่งเท่าไร

wan-sǎo-ʔaathít yûŋ mâak, tɛ̀ɛ wan-thammadaa mâi khɔ̂i yûŋ thâorài.

（เสาร์อาทิตย์ sǎo-ʔaathít 土日 ／ ยุ่ง yûŋ 忙しい ／ วันธรรมดา wan-thammadaa 平日）

(2) จะออกเดินทางเมื่อไรหรือ

ca ʔɔ̀ɔk dəən thaaŋ mʉ̂arài rʉ̌ʉ.

（ออกเดินทาง ʔɔ̀ɔk dəən thaaŋ 出発する）

(3) คุณไปโรงเรียนยังไงหรือ – เดินไปบ้าง ขี่จักรยานไปบ้าง

khun pai rooŋrian yaŋŋai rʉ̌ʉ.- dəən pai bâaŋ, khìi càkkrayaan pai bâaŋ.

（ขี่ khìi 自転車や馬に乗る ／ จักรยาน càkkrayaan 自転車）

(4) ผู้หญิงใส่กางเกงยีนส์บ้าง ใส่กระโปรงบ้าง

phûu-yǐŋ sài kaaŋkeeŋ-yiin bâaŋ, sài kraprooŋ bâaŋ.（ผู้หญิง phûu-yǐŋ 女性／ กางเกงยีนส์ kaaŋkeeŋ-yiin ジーパン／กระโปรง kraprooŋ スカート）

(5) คุณทำอาหารบ้างหรือเปล่า

khun tham ʔaahǎan bâaŋ rʉ̌ʉ plàao.

(6) ดูเหมือนว่านักศึกษาไทย ต้องใส่เครื่องแบบ

duu mʉ̌an wâa nák-sʉ̀ksǎa thai tɔ̂ŋ sài khrʉ̂aŋ-bɛ̀ɛp.

（ดูเหมือนว่า duu mʉ̌an wâa ～のように見える、～らしい ／ ใส่ sài 着る／เครื่องแบบ khrʉ̂aŋ-bɛ̀ɛp 制服）

2．タイ語に訳しなさい。

(1) 今日は思ったほど渋滞ではなかった。

(2) 彼女の名字はどのように読むの？（名字 นามสกุล naam-sakun）

(3) 日曜日は買い物に行ったり、家でテレビを見たりする。

(4) そのテレビ番組は面白かったり、面白くなかったりする。

（番組 รายการ raai-kaan ／ 面白い สนุก sanùk）

(5) たまに外食でもしていますか？（外食する ทานข้าวนอกบ้าน thaan khâao nɔ̂ɔk bâan）

(6) これはどういう意味ですか？（意味する หมายความ mǎai-khwaam）

基礎語彙　病気の症状

ปวดหัว	pùat hǔa	頭が痛い
ปวดท้อง	pùat thɔ́ɔŋ	お腹が痛い
ปวดฟัน	pùat fan	歯が痛い（虫歯）
ท้องเสีย	thɔ́ɔŋ sǐa	お腹を壊す
ท้องเดิน	thɔ́ɔŋ dəən	下痢をする
อาหารเป็นพิษ	ʔaahǎan pen phít	食あたりする
อาเจียน	ʔaacian	嘔吐する
อ่อนเพลีย	ʔɔ̀ɔn phlia	だるい
หน้ามืด(ตาลาย)	nâa mʉ̂ʉt(taa laai)	目眩がする
เจ็บคอ	cèp khɔɔ	喉が痛い
ไอ	ʔai	咳が出る
จาม	caam	くしゃみをする
คัดจมูก	khát camùuk	鼻が詰まる
น้ำมูกไหล	náam-mûuk lǎi	鼻水が出る
หายใจไม่ออก	hǎai-cai mâi ʔɔ̀ɔk	息苦しい
คัน	khan	痒い
เป็นไข้	pen khâi	熱がある
เป็นหวัด	pen wàt	風邪をひく
เป็นผื่น	pen phʉ̀ʉn	湿疹が出る
แสบ	sɛ̀ɛp	しみる
เป็นแผล	pen phlɛ̌ɛ	傷になる
บาดเจ็บ	bàat cèp	怪我をする

15 あなたは痩せました

คุณผอมลง

khun phɔ̌ɔm loŋ

41

ชัย	–	คุณผอมลงหรือครับ
ฮานาโกะ	–	ค่ะ ผอมลง 5 กิโลค่ะ
ชัย	–	เป็นอะไรหรือเปล่าครับ
ฮานาโกะ	–	ไม่ได้เป็นอะไรหรอกค่ะ ฉันลดความอ้วน
ชัย	–	ทำไมต้องลดครับ
ฮานาโกะ	–	ฉันมาอยู่เมืองไทยแค่ 2 ปี แต่อ้วนขึ้นตั้ง 7 กิโลค่ะ

Chai	–	khun phɔ̌ɔm loŋ rʉ̌ʉ khráp.
Hanako	–	khâ, phɔ̌ɔm loŋ hâa kiloo khâ.
Chai	–	pen ʔarai rʉ̌ʉ plàao khráp.
Hanako	–	mâi dâi pen ʔarai rɔ̀ɔk khâ. chán lót khwaam-ʔûan.
Chai	–	thammai tɔ̂ŋ lót khráp.
Hanako	–	chán maa yùu mʉaŋ thai khɛ̂ɛ sɔ̌ɔŋ pii, tɛ̀ɛ ʔûan khʉ̂n tâŋ cèt kiloo khâ.

語句

42

ผอม	phɔ̌ɔm	痩せている
ลง	loŋ	下がる、減る
ขึ้น	khɨ̂n	上がる
ลด	lót	下げる、減らす
ลดความอ้วน	lót khwaam-ʔûan	減量する
แค่	khɛ̂ɛ	ほんの～だけ、しか～ない
แต่	tɛ̀ɛ	しかし
อ้วน	ʔûan	太る
ตั้ง	tâŋ	～も（多い、長いことを強調する）

15.1 状態の変化を表す「～ขึ้น khɨ̂n 」「～ลง loŋ 」

「～ขึ้น khɨ̂n 」「～ลง loŋ 」は状態を表す形容詞または副詞の後ろに付ける。質や量の変化を表す。具体的な変化を表す数量や数字は ขึ้น khɨ̂n あるいは ลง loŋ の後ろに付ける。

ขึ้น khɨ̂n は「太っている」など程度や数量が大きいことを表す語と共に用いられ、「太る」というような状態の変化を表す。逆に、ลง loŋ は「痩せている」など程度や数量が小さいことを表す語とともに用いられ、「痩せる」というような状態の変化を表す。

ただし、「เย็น yen 涼しい」と「หนาว nǎao 寒い」は、話し手が涼しくなることや寒くなることを肯定的に捉えたりする場合は「เย็นขึ้น yen khɨ̂n 」や「หนาวขึ้น nǎao khɨ̂n 」と言うこともある。

1. สองสามวันนี้อากาศเย็นลงนะ
   sɔ̌ɔŋ sǎam wan níi ʔaakàat yen loŋ ná.
   この２、３日で涼しくなりましたね。

2. เดี๋ยวนี้ค่าตั๋วเครื่องบินถูกลง
   dǐao-níi khâa tǔa khrɨ̂aŋ-bin thùuk loŋ.

15

今、航空券が安くなっている。

3. ฮานาโกะพูดภาษาไทยเก่งขึ้น

Hanako phûut phaasǎa thai kèŋ khʉ̂n.

ハナコはタイ語が上手になった。

4. โยโกะสวยขึ้น

Yoko sǔai khʉ̂n.

ヨウコはきれいになった。

....

สองสามวันนี้ sɔ̌ɔŋ sǎam wan níi この２、３日間 ／ อากาศ ʔaakàat 天気、気候 ／ เย็น yen 涼しい、冷たい ／ เดี๋ยวนี้ dǐao-níi 今、現在 ／ ค่า.... khâa.... ～代、～の料金 ／ ตั๋ว tǔa 券、切符 ／ ตั๋วเครื่องบิน tǔa khrʉ̂aŋ-bin 航空券

15.2 不定代名詞（誰か、何か、どこか）＋หรือเปล่า rʉ̌ʉ plàao

「ใคร khrai 誰」、「อะไร ʔarai 何」、「ที่ไหน thîinǎi どこ」などの疑問詞は不特定のものを表す不定代名詞の意味でも用いられる。不定代名詞は「動詞＋不定代名詞＋หรือเปล่า rʉ̌ʉ plàao 」の形では目的語の働きをするが、動詞が「มี mii いる、ある」であれば主語の働きをする。

疑問詞と不定代名詞では意味が異なるので注意してほしい。例えば、例文１は不定代名詞としての用法で、「行くか行かないのか」に質問の重点が置かれている。従って、返事は行くなら「ไป pai 」、行かないなら「ไม่ไป mâi pai 」と答えればよい。一方、「พรุ่งนี้คุณจะไปไหน phrûŋ-níi khun ca pai nǎi 」は疑問詞としての用法で、「明日、どこに行くのですか？」と「行き先はどこか」を尋ねる質問文である。

1. พรุ่งนี้คุณจะไปไหนหรือเปล่า – ไม่ไป ผมจะอยู่บ้าน

phrûŋ-níi khun ca pai nǎi rʉ̌ʉ plàao. – mâi pai, phǒm ca yùu bâan.

明日、あなたはどこか行きますか？ – 行きません。家にいます。

2. คุณทานอะไรมาหรือเปล่า – ทานค่ะ ฉันทานก๋วยเตี๋ยวมา

khun thaan ʔarai maa rʉ̌ʉ plàao. – thaan khâ. chán thaan kǔaitǐao maa.

あなたは何か食べて来ましたか？ – はい、クイティオを食べてきました。

3. คุณบอกใครหรือเปล่าว่าฉันจะแต่งงาน – เปล่าค่ะ

khun bɔ̀ɔk khrai rʉ̌ʉ plàao wâa chán ca tὲɛŋ-ŋaan. – plàao khâ.

私が結婚すると誰かに言いましたか？ – いいえ。

4. มีใครอยู่หรือเปล่า – ไม่มีใครอยู่ครับ

mii khrai yùu rʉ̌ʉ plàao. – mâi mii khrai yùu khráp.

誰かいますか？ – 誰もいません。

5. มีที่ไหนฉายหนังเรื่องนี้หรือเปล่า – ไม่มีครับ

mii thîi-nǎi chǎai nǎŋ rʉ̂aŋ níi rʉ̌ʉ plàao. – mâi mii khráp.

どこかこの映画を上映しているところはありますか？ – ありません。

6. ทานต้มยำกุ้งแล้ว มีใครปวดท้องหรือเปล่า – มีค่ะ คุณยามาดะปวดท้องค่ะ

thaan tôm-yam-kûŋ lɛ́ɛo, mii khrai pùat thɔ́ɔŋ rʉ̌ʉ plàao.

– mii khâ. khun Yamada pùat thɔ́ɔŋ khâ.

トムヤムクンを食べて、誰かお腹が痛くなった人はいますか？

– はい。山田さんがお腹が痛くなりました。

7. หิวจัง มีอะไรทานหรือเปล่า – มี มีขนมปัง จะทานไหม

hǐu caŋ, mii ʔarai thaan rʉ̌ʉ plàao. – mii, mii khanǒm-paŋ, ca thaan mái.

すっごくお腹すいた、何か食べものある？ – ある。パンがあるけど、食べる？

ฉาย chǎai 上映する ／ ปวดท้อง pùat thɔ́ɔŋ お腹が痛い ／ หิว hǐu お腹がすく ／ จัง caŋ とても

15.3 「〜ではない、〜していない」「ไม่ได้ mâi dâi(dâai) 〜」

「ไม่ได้ mâi dâi(dâai) 〜」を動詞（句）の前に置くと、過去から現在の間、あるいは過去または現在の状況、状態が「〜ではない（なかった）、〜しない（しなかった）、〜していない（していなかった）」という意味を表す否定文となる。

1. เขาไม่ได้เป็นนักเขียนหรอกค่ะ เขาเป็นอาจารย์มหาวิทยาลัย
   kháo mâi dâi pen nák-khǐan rɔ̀ɔk khâ. kháo pen ʔaacaan mahǎawítthayaalai.
   彼（彼女）は作家ではありません。大学の先生です。

2. ผมไม่ได้นั่งรถเมล์ไปทำงานหรอกครับ ผมนั่งรถไฟไป
   phǒm mâi dâi nâŋ rót-mee pai thamŋaan rɔ̀ɔk khráp. phǒm nâŋ rót-fai pai.
   僕はバスで通勤していません。電車に乗って行きます。

3. บริษัทผมไม่ได้หยุดวันเสาร์ หยุดแต่วันอาทิตย์
   bɔɔrisàt phǒm mâi dâi yùt wan-sǎo. yùt tɛ̀ɛ wan-ʔaathít.
   僕の会社は土曜日は休みではありません。日曜日だけ休みます。

4. คุณแม่ไม่ได้ทำกับข้าว คุณพ่อเป็นคนทำ
   khun mɛ̂ɛ mâi dâi tham kàp-khâao. khun phɔ̂ɔ pen khon tham.
   お母さんはご飯を作りません。お父さんが作ります。

นักเขียน nák-khǐan 作家 ／ อาจารย์มหาวิทยาลัย ʔaacaan mahǎawítthayaalai 大学の先生 ／ วันเสาร์ wan-sǎo 土曜日 ／ วันอาทิตย์ wan-ʔaathít 日曜日 ／ ทำ tham する、作る ／ กับข้าว kàp-khâao おかず ／ ทำกับข้าว tham kàp-khâao ご飯を作る

15.4 「〜しかない」「たった・ほんの〜だけ」
「แค่ 〜เท่านั้น khɛ̂ɛ 〜thâo-nán」

予想より数量や程度が少ないことを表す。「เท่านั้น thâo-nán」は省略することが出来る。

1. เงินในกระเป๋าสตางค์เหลือแค่ 21 เยนเท่านั้น

ŋən nai krapǎo-sataaŋ lʉ̌a khɛ̂ɛ yîi sìp ʔèt yeen thâo-nán.

財布のお金は21円しか残っていない。

2. มีเวลาอีกแค่ 10 นาทีเท่านั้น

mii weelaa ʔìik khɛ̂ɛ sìp naathii thâo-nán.

時間は後10分しかない。

3. เมื่อวานนี้ นักศึกษามาแค่ 2 คน

mʉ̂a-waan-níi nák-sʉ̀ksǎa maa khɛ̂ɛ sɔ̌ɔŋ khon.

昨日、学生は２人しか来なかった。

4. เขานอนวันละแค่ 3 ชั่วโมง

kháo nɔɔn wan láʔ khɛ̂ɛ sǎam chûamooŋ

彼女は一日に３時間しか寝ていません。

กระเป๋าสตางค์ krapǎo-sataaŋ 財布 ／ เหลือ lʉ̌a 残る ／ เวลา weelaa 時間 ／ นอน nɔɔn 寝る

15.5 「～も」「ตั้ง tâŋ ～」

予想より数量や程度が多いことを表す。数量や程度を表す言葉の前に付ける。「แค่ khɛ̂ɛ ～เท่านั้น thâo-nán」「～しかない」の反対の表現。

1. ปีใหม่ปีนี้ ผมได้หยุดตั้ง10 วัน

pii-mài pii níi phǒm dâi yùt tâŋ sìp wan.

今年のお正月、僕は休みを10日間ももらっています。

2. ค่าเข้า คนละตั้ง 5,000 เยน

khâa-khâo khon láʔ tâŋ hâa phan yeen.

入場料は一人に5,000円もする。

3. เขาพูดภาษาต่างประเทศได้<u>ตั้ง 10 ภาษา</u>
   kháo phûut phaasǎa tàaŋ-prathêet dâi <u>tâŋ sìp phaasǎa</u>.
   彼女は外国語を10カ国語も話せる。

4. อุบัติเหตุครั้งนั้น มีคนบาดเจ็บ<u>ตั้งหลายคน</u>
   ʔùbàtti-hèet khráŋ nán mii khon bàat-cèp <u>tâŋ lǎai khon</u>.
   あの時の事故は、怪我をする人は何人もいた。

....
ปีใหม่ pii-mài お正月 ／ ค่าเข้า khâa-khâo 入場料 ／ ภาษาต่างประเทศ phaasǎa tàaŋ-prathêet 外国語 ／ อุบัติเหตุ ʔùbàtti-hèet 事故 ／ ครั้งนั้น khráŋ nán あのとき ／ บาดเจ็บ bàat-cèp 怪我をする ／ หลาย lǎai 多い、いくつもの、数〜

練 習 問 題

1．和訳をしなさい。

(1) จำนวนเด็กลดลง แต่คนแก่เพิ่มขึ้น

camnuan dèk lót loŋ, tɛ̀ɛ khon-kɛ̀ɛ phə̂əm khɯ̂n.

（ จำนวน camnuan 数 ／ ลด lót 減る ／ คนแก่ khon-kɛ̀ɛ 老人、お年寄り ／ เพิ่ม phə̂əm 増える ）

(2) มีอะไรไม่เข้าใจหรือเปล่า　–　ไม่มี

mii ʔarai mâi khâo-cai rɯ̌ɯ plàao.　–　mâi mii.

(3) ฉันไม่ได้นอนตั้งแต่เมื่อวานนี้

chán mâi dâi nɔɔn tâŋtɛ̀ɛ mɯ̂a-waan-níi.

(4) เขาไม่ได้เป็นนางแบบ เขาเป็นนักเทนนิส

kháo mâi dâi pen naaŋ-bɛ̀ɛp. kháo pen nák-thenníit.

（ นักเทนนิส nák-thenníit　テニス選手 ）

(5) นั่งรถไฟไปแค่ 10 นาที

nâŋ rót-fai pai khɛ̂ɛ sìp naathii.（ นาที naathii 分 ）

(6) ฮิโรชิทำงานพิเศษวันละตั้ง 12 ชั่วโมง

Hiroshi tham ŋaan-phísèet wan lá tâŋ sìp-sɔ̌ɔŋ chûamooŋ.

（ งานพิเศษ ŋaan-phísèet アルバイト ／ ชั่วโมง chûamooŋ 時間 ）

2．タイ語に訳しなさい。

(1) 家はずいぶん古くなった。（古い เก่า kào ）

(2) 彼の容態はかなり良くなった。（容態 อาการ ʔaakaan ）

(3) どこか安い航空券を売っているところはありますか？

– 私は知りません。ヨウコさんに尋ねてみたらどうですか。（尋ねる ถาม thǎam ）

(4) 昨日、学校に来ていなかったでしょう？どこか遊びに行って来たの？

(5) 大学まで歩いて、５分しかかからない。（時間がかかる ใช้เวลา chái weelaa）

(6) 彼は１日にタバコを80本も吸っている。

（タバコを吸う สูบบุหรี่ sùup burìi ／ ～本 ...มวน ....muan ）

基礎語彙　身体部位

หน้า	nâa	顔
ผม	phǒm	髪
ปาก	pàak	口
คิ้ว	khíu	眉
หู	hǔu	耳
ตา	taa	目
จมูก	camùuk	鼻
คาง	khaaŋ	顎
มือ	mɯɯ	手
แขน	khɛ̌ɛn	腕
ขา	khǎa	脚
เท้า	tháao	足
นิ้ว	níu	指
เล็บ	lép	爪

コラム 10

タイ人の食事と嗜好

タイ人はパンや麺類も食べるが、北部と東北では餅米、その他の地域では、うるち米を主食として食べる。タイのうるち米はインディカ種で、日本のお米より細長くて粘り気がなく、炒めたり、汁物をかけて食べると美味しい。ご飯の上におかずをかけて、フォークとスプーンで食べる。ナイフを使う習慣はない。餅米は手で適当な大きさに丸めておかずと食べるのが伝統的な食べ方である。おかずは「แกง kɛɛŋ」と総称されるスープ類（カレーも含まれる）の他にも炒め物、揚げ物、蒸し物など種類が多い。クイティオ（米麺）やバミーなどの麺類は汁ありと汁なしの両方があり、自分の好みに合わせて味付けをして食べる。デザート類も豊富である。基本的には一日に３食であるが、それ以上食べる人も少なくない。どこに行っても屋台が見られ、売られている料理の種類も豊富で値段も安いため、家で料理を作らなくてもいろいろな種類のものを安く食べることができる。小学生は、お弁当を学校へ持っていくこともあるが、中学生以上や社会人は、日本人のようにお弁当を持参する習慣がない。朝、昼、晩と３食とも学食で取ったり、外食をする。また、仕事帰りに、出来上がった料理を買って帰る主婦も少なくない。因みに、そのような料理はビニール袋に入れて売られているので、その主婦達のことを「ビニール袋の主婦」とからかって呼んだりする。

タイ料理には「辛い！」という印象が強いが、辛さに加えて酸っぱさ、甘さなどの味がはっきりしているのが特徴で、様々な味が混合されているものが多くある。一般的に、あっさりして単純で薄い味よりも、濃くて刺激のある味が好まれている。レストランや屋台には、「調味料セット」が必ず置かれていて、そこには、魚醤、唐辛子、砂糖、酢、そして砕かれたピーナッツの５種の調味料が入っている。出来上がった料理に、個人の好みに合わせてそれらの調味料を加えて「マイ・テイスト」にする。このようなマイ・テイストへのこだわりは、料理を注文する際にも見られ、嫌いな具材を入れないように注文し、店側もそれに応じるのが普通である。

16 ちょっとその鞄を見せて下さい

ขอดูกระเป๋าใบนั้นหน่อย

khɔ̌ɔ duu krapǎo bai nán nɔ̀ɔi

43

ฮานาโกะ	–	ขอดูกระเป๋าใบนั้นหน่อย
พนักงานห้าง	–	นี่ค่ะ
ฮานาโกะ	–	มีสีอื่นไหม
พนักงานห้าง	–	มีสีดำ สีน้ำตาล และสีขาวค่ะ
ฮานาโกะ	–	ขอดูสีขาวหน่อย
พนักงานห้าง	–	นี่ค่ะ
ฮานาโกะ	–	สีขาวกับสีดำหนังไม่เหมือนกันนะ
พนักงานห้าง	–	ค่ะ สีขาวหนังงู แต่สีดำหนังวัวค่ะ
ฮานาโกะ	–	หนังอะไรดีกว่ากัน
พนักงานห้าง	–	หนังงูนิ่มกว่าและสวยกว่า แต่หนังวัวทนกว่าค่ะ

Hanako	–	khɔ̌ɔ duu krapǎo bai nán nɔ̀ɔi.
phanákŋaan hâaŋ	–	nîi khâ.
Hanako	–	mii sǐi ʔʉ̀ʉn mái.
phanákŋaan hâaŋ	–	mii sǐi dam , sǐi námtaan, lɛ́ʔ sǐi khǎao khâ.
Hanako	–	khɔ̌ɔ duu sǐi khǎao nɔ̀ɔi.
phanákŋaan hâaŋ	–	nîi khâ.
Hanako	–	sǐi khǎao kàp sǐi dam, nǎŋ mâi mʉ̌an kan ná.
phanákŋaan hâaŋ	–	khâ. sǐi khǎao nǎŋ ŋuu, tɛ̀ɛ sǐi dam nǎŋ wua khâ.
Hanako	–	nǎŋ ʔarai dii kwàa kan.
phanákŋaan hâaŋ	–	nǎŋ ŋuu nîm kwàa lɛ́ʔ sǔai kwàa, tɛ̀ɛ nǎŋ wua thon kwàa khâ.

語句

ขอ	khɔ̌ɔ	乞う、頼む
กระเป๋า	krapǎo	鞄、バッグ
ใบ	bai	～個（鞄の類別詞）
อื่น	ʔɯ̀ɯn	他の
สีดำ	sǐi dam	黒色
สีน้ำตาล	sǐi námtaan	茶色
สีขาว	sǐi khǎao	白色
หนัง	nǎŋ	革
งู	ŋuu	蛇
วัว	wua	牛
นิ่ม	nîm	柔らかい
ทน	thon	丈夫な

16.1 「ちょっと～させて下さい」
「ขอ ～หน่อย khɔ̌ɔ～nɔ̀ɔi 」

「ขอ khɔ̌ɔ 」は「乞う、頼む」という意味の動詞であるが、他の動詞の前に付け「ขอ khɔ̌ɔ ＋動詞（句）」とすると、「～させて下さい」という意味になり、自分の行為について相手の許可を求める表現となる。文末に「ちょっと、すこし」という意味の副詞 หน่อย nɔ̀ɔi を付けることが多い。ただし、例文６のように具体的な数量を示す場合はหน่อย nɔ̀ɔi を付けない。

さらに「ขอ～หน่อยได้ไหม khɔ̌ɔ～nɔ̀ɔi dâi mái 」とすれば丁寧さが増す。ได้ไหม dâi mái の表現については５課を参照（5.3）。「ขอ～นะ khɔ̌ɔ～ná 」は「～させてね」「～しますよ」という自分の行動の表明の意味合いをもつ。

1. ขอใช้คอมพิวเตอร์หน่อย
   khɔ̌ɔ chái khɔɔmphiutə̂ə nɔ̀ɔi.
   ちょっとコンピューターを使わせて下さい。

2. ขอดูเมนูหน่อย

khɔ̌ɔ duu meenuu nɔ̀ɔi.

ちょっとメニューを見せて下さい。

3. ขอกลับก่อนนะ

khɔ̌ɔ klàp kɔ̀ɔn ná.

お先に失礼します（先に帰らせて下さい）。

4. ขอทานก่อนนะคะ

khɔ̌ɔ thaan kɔ̀ɔn ná khá.

お先にいただきます（先に食べさせて下さい）。

5. ขอสูบบุหรี่หน่อยได้ไหมครับ

khɔ̌ɔ sùup burìi nɔ̀ɔi dâi mái khráp.

ちょっと煙草を吸ってもよろしいですか。

6. ขอหยุดงาน 2 วันได้ไหมครับ

khɔ̌ɔ yùt ŋaan sɔ̌ɔŋ wan dâi mái khráp.

２日間お休みをいただけませんか（仕事を休ませてもらってよろしいですか）。

....

คอมพิวเตอร์ khɔɔmphiutə̂ə コンピューター ／ เมนู meenuu メニュー ／ สูบ sùup 吸う ／ บุหรี่ burìi 煙草 ／ หยุดงาน yùt ŋaan 仕事を休む

16.2 「他の～」「～อื่น ʔʉ̀ʉn 」

「他の～」という意味の อื่น ʔʉ̀ʉn は名詞の後ろに直接付いて修飾するのではなく、間に類別詞あるいは単位を表す語が入り、「名詞＋類別詞／単位＋อื่น ʔʉ̀ʉn」となる。修飾する名詞が明らかな場合はその名詞を省略することができる。

1. บ้านหลังนี้ทาสีขาว แต่บ้านหลังอื่นทาสีแดง

bâan lǎŋ níi thaa sǐi khǎao, tɛ̀ɛ bâan lǎŋ ʔʉ̀ʉn thaa sǐi dɛɛŋ.

この家は白塗りだ。しかし、他の家は赤塗りだ。

2. ร้านอื่นได้กำไร แต่ร้านผมขาดทุน

ráan ʔʉ̀ʉn dâi kamrai , tɛ̀ɛ ráan phǒm khàat thun.

他の店は儲かっている。しかし、僕の店は赤字だ。

3. หนังสือพิมพ์ฉบับอื่นตัวหนังสือโต แต่หนังสือพิมพ์ฉบับนี้ตัวหนังสือเล็ก

náŋsʉ̌ʉ-phim chabàp ʔʉ̀ʉn tua-náŋsʉ̌ʉ too, tɛ̀ɛ náŋsʉ̌ʉ-phim chabàp níi tua-náŋsʉ̌ʉ lék.

他の新聞は字が大きい。しかし、この新聞は字が小さい。

4. ผมอ้วนขึ้น กางเกงตัวอื่นคับ ใส่ตัวนี้ได้ตัวเดียว

phǒm ʔûan khʉ̂n , kaaŋkeeŋ tua ʔʉ̀ʉn kháp , sài tua níi dâi tua diao.

僕は太った。他のズボンはきつくて、このズボンだけはける。

....

ทา thaa 塗る ／ สีขาว sǐi khǎao 白色 ／ สีแดง sǐi dɛɛŋ 赤色 ／ ร้าน ráan 店 ／ ได้กำไร dâi kamrai 儲けがある ／ ขาดทุน khàat thun 赤字である ／ หนังสือพิมพ์ náŋsʉ̌ʉ-phim 新聞 ／ ฉบับ chabàp ～部（新聞の類別詞）／ โต too 大きい ／ เล็ก lék 小さい ／ กางเกง kaaŋkeeŋ ズボン ／ ตัว tua 体、衣服の類別詞 ／ คับ kháp きつい、窮屈な

16.3 「AとBは～が同じ、同じように～」「Aกับ B～เหมือนกัน A kàp B～mʉ̌an kan 」

13課で学習した เหมือน mʉ̌an を使って、複数のものが同じである、同様であることを表現する場合、それらの複数のものを主語として、เหมือน mʉ̌an の後ろに「お互いに」という意味の กัน kan をつける。文脈によって〈กับ kàp B〉の部分は省略される場合もある。

1. รูปนี้กับรูปนั้นเหมือนกัน

rûup níi kàp rûup nán mʉ̌an kan.

この写真とその写真は同じだ。

2. บริษัทผมกับบริษัทเขา เครื่องแบบพนักงานสีเหมือนกัน

bɔɔrisàt phǒm kàp bɔɔrisàt kháo khrʉ̂aŋ-bɛ̀ɛp phanákŋaan sǐi mʉ̌an kan.

僕の会社と彼の会社は社員の制服の色が同じだ。

3. พี่กับน้องนิสัยไม่เหมือนกัน

phîi kàp nɔ́ɔŋ nísǎi mâi mʉ̌an kan.

兄（姉）と弟（妹）は性格が違う（同じでない）。

4. กระเป๋าใบนี้กับใบนั้นแบบไม่เหมือนกัน

krapǎo bai níi kàp bai nán bɛ̀ɛp mâi mʉ̌an kan.

このカバンとそのカバンはデザインが違う。

5. หนังสือเล่มนี้กับหนังสือเล่มนั้นเนื้อหาไม่เหมือนกัน

náŋsʉ̌ʉ lêm níi kàp náŋsʉ̌ʉ lêm nán nʉ́ahǎa mâi mʉ̌an kan.

この本とその本は内容が違う。

6. สามีภรรยาคู่นี้หน้าตาเหมือนกัน

sǎamii phanrayaa khûu níi nâa-taa mʉ̌an kan.

この夫婦は顔がそっくりだ。

....

รูป rûup 絵、写真 ／ เครื่องแบบ khrʉ̂aŋ-bɛ̀ɛp 制服 ／ พนักงาน phanákŋaan 職員、スタッフ ／ นิสัย nísǎi 性格 ／ แบบ bɛ̀ɛp 型、スタイル ／ เนื้อหา nʉ́ahǎa 内容 ／ สามี sǎamii 夫 ／ ภรรยา phanrayaa 妻 ／ คู่ khûu 一組み、カップル・二つで一つのものの類別詞（夫婦、靴など） ／ หน้าตา nâa-taa 顔立ち、容貌

16.4 「AとBはどちらの方が～か？」

「Aกับ B＋類別詞＋ไหน＋～(形容詞、副詞)＋กว่ากัน
A kàp B＋類別詞＋nǎi＋～(形容詞、副詞)＋kwàa kan 」

AとBを比較をして「どちらがより～であるか」をたずねる疑問文である。文末のกัน kan を忘れないように注意してほしい。

使用する類別詞は何を比較するかによって変わる。例えば、チャイとヒロシという特定の個人を比較する場合は、「どちらの人」を問題にしているので類別詞はคน khon を使う。しかし、タイ人と日本人という国民全般を比較する場合は「どっちの国の人」を問題にしているので「คนชาติไหน khon châat nǎi 」のようにคน khonの後ろにชาติ châat（国・国民）が付いてくる。

この他、物の種類や全般を比較する場合は「種類」という意味のอย่าง yàaŋ を使う。例えば、同じ種類のミカン同士を比較する場合は類別詞は ลูก lûuk を使うが、ミカンとリンゴを比較したり、異なった種類のミカンを比較する場合は「どっちの種類」が問題になるので、อย่าง yàaŋ を使う。

なお、อย่างไหน yàaŋ nǎi の代わりに อะไร ʔarai 、そして คนไหน khon nǎi の代わりに ใคร khrai が用いられることも多くある。

返答は、「両方とも～」は「動詞＋ทั้งสอง tháŋ sɔ̌ɔŋ＋類別詞」、そして「両方とも～ない」は「ไม่ mâi＋動詞＋ทั้งสอง tháŋ sɔ̌ɔŋ＋類別詞」となる。

1. พี่น้องสองคนนี้ คนไหนหัวดีกว่ากัน – พี่หัวดีกว่า
phîi-nɔ́ɔŋ sɔ̌ɔŋ khon níi khon nǎi hǔa dii kwàa kan. - phîi hǔa dii kwàa.
この兄弟はどちらの方が頭がいいですか？ – お兄さんの方が頭がいいです。

16

2. กางเกงตัวนี้กับกางเกงตัวนั้น <u>ตัวไหนใหญ่กว่ากัน</u> – ตัวนั้นใหญ่กว่า

kaaŋkeeŋ tua níi kàp kaaŋkeeŋ tua nán <u>tua năi yài kwàa kan</u>. – tua nán yài kwàa.

このズボンとそのズボンではどちらが大きいですか？ – そちらのほうが大きいです。

3. ละครเรื่องนี้กับละครเรื่องนั้น <u>เรื่องไหนสนุกกว่ากัน</u> – สนุกทั้งสองเรื่อง

lakhɔɔn rʉ̂aŋ níi kàp lakhɔɔn rʉ̂aŋ nán <u>rʉ̂aŋ năi sanùk kwàa kan</u>. – sanùk tháŋ sɔ̌ɔŋ rʉ̂aŋ.

この芝居とその芝居ではどちらが面白いですか？ – どちらも面白いです。

4. บริษัทคุณกับบริษัทเขา <u>บริษัทไหนมีพนักงานมากกว่ากัน</u> – บริษัทเขา

bɔɔrisàt khun kàp bɔɔrisàt kháo <u>bɔɔrisàt năi mii phanákŋaan mâak kwàa kan</u>. – bɔɔrisàt kháo.

あなたの会社と彼の会社ではどちらの方が社員が多いですか？ – 彼の会社です。

5. รูปนี้กับรูปนั้นคุณ<u>ชอบรูปไหนมากกว่ากัน</u> – ไม่ชอบทั้งสองรูป

rûup níi kàp rûup nán khun <u>chɔ̂ɔp rûup năi mâak kwàa kan</u>. - mâi chɔ̂ɔp tháŋ sɔ̌ɔŋ rûup.

この絵とその絵ではあなたはどちらの絵が好きですか？ – どちらも好きではないです。

6. เบสบอลกับฟุตบอล คุณ<u>ชอบเล่นอย่างไหนมากกว่ากัน</u> – ชอบเล่นทั้งสองอย่าง

béetbɔɔn kàp fútbɔɔn khun <u>chɔ̂ɔp lên yàaŋ năi mâak kwàa kan</u>. – chɔ̂ɔp lên tháŋ sɔ̌ɔŋ yàaŋ.

野球とサッカーではあなたはどちらをするのが好きですか？ – どちらも好きです。

7. เบียร์กับเหล้า คุณชอบอย่างไหนมากกว่ากัน

bia kàp lâo khun chɔ̂ɔp yàaŋ nǎi mâak kwàa kan.

ビールとお酒とどちらが好きですか？

8. เบียร์ขวดนี้กับขวดนั้น ขวดไหนเย็นกว่ากัน

bia khùat níi kàp khùat nán khùat nǎi yen kwàa kan.

この瓶のビールとその瓶のビールではどちらが冷えていますか？

สองคนนี้ sɔ̌ɔŋ khon níi この二人 ／ หัว hǔa 頭 ／ หัวดี hǔa dii 頭がいい ／ ใหญ่ yài 大きい ／ ละคร lakhɔɔn 劇、芝居 ／ เรื่อง rɯ̂aŋ 話・小説や劇の類別詞 ／ เบสบอล béetbɔɔn 野球 ／ ฟุตบอล fútbɔɔn サッカー ／ เล่น lên 遊ぶ、スポーツをする、楽器を演奏する ／ อย่าง yàaŋ 種類 ／ ขวด khùat 瓶、～本（瓶に入れているものの類別詞）

16

練 習 問 題

1．和訳をしなさい。

(1) ขอลองกางเกงตัวนั้นหน่อย

khɔ̌ɔ lɔɔŋ kaaŋkeeŋ tua nán nɔ̀ɔi.（ลอง lɔɔŋ 試着する）

(2) วันจันทร์ไม่สะดวกค่ะ วันอื่นไม่ได้หรือคะ

wan-can mâi sadùak khâ. wan ʔʉ̀ʉn mâi dâi rʉ̌ʉ khá.（สะดวก sadùak 都合がいい）

(3) สีขาวหมดแล้ว สีอื่นยังเหลืออยู่

sǐi-khǎao mòt lέεo. sǐi ʔʉ̀ʉn yaŋ lʉ̌a yùu.（หมด mòt 無くなる／เหลือ lʉ̌a 残る）

(4) กระเป๋าใบนี้กับกระเป๋าใบนั้นแบบเหมือนกัน แต่สีไม่เหมือนกัน

krapǎo bai níi kàp krapǎo bai nán bὲεp mʉ̌an kan, tὲε sǐi mâi mʉ̌an kan.

(5) ฉันกับพี่สาวหน้าเหมือนกัน แต่นิสัยไม่เหมือนกัน

chán kàp phîi-sǎao nâa mʉ̌an kan,tὲε nísǎi mâi mʉ̌an kan.（นิสัย nísǎi 性格）

(6) ฤดูใบไม้ผลิกับฤดูใบไม้ร่วง คุณชอบฤดูไหนมากกว่ากัน

rʉ́duu bai-máai-phlìʔ kàp rʉ́duu bai-máai-rûaŋ khun chɔ̂ɔp rʉ́duu nǎi mâak kwàa kan.（ฤดู rʉ́duu 季節 ／ ฤดูใบไม้ผลิ rʉ́duu bai-máai-phlìʔ 春 ／ ฤดูใบไม้ร่วง rʉ́duu bai-máai-rûaŋ 秋）

(7) ไปชินกันเซน กับ ไปเครื่องบิน อย่างไหนถูกกว่ากัน

pai chinkansen kàp pai khrʉ̂aŋ-bin, yàaŋ nǎi thùuk kwàa kan.

（ชินกันเซน chinkansen 新幹線）

2．タイ語に訳しなさい。

(1) ちょっとトイレへ行かせてください。（トイレ ห้องน้ำ hɔ̂ŋ-náam）

(2) この店は人がいっぱいだが、他の店はまだ空いている。

（いっぱい、満員、満席 เต็ม tem ／ 空いている ว่าง wâaŋ）

(3) 火曜日と水曜日は大学へ行きますが、他の曜日はアルバイトをしに行きます。

(4) タイの国旗とフランスの国旗の色は似ているが、デザインが違う。

（国旗 ธงชาติ thoŋ-châat ／ 似ている คล้าย khláai ／ デザイン แบบ bὲεp）

(5) ご飯とパンではどちらが好きですか？（パン ขนมปัง khanǒm-paŋ）

(6) 京都と東京では、どちらに遊びに行きたいですか。（〜したい อยาก〜 yàak〜）

基礎語彙　季節や気候

ฤดู(หน้า)ร้อน	rʉ́duu (nâa) rɔ́ɔn	夏
ฤดู(หน้า)หนาว	rʉ́duu (nâa) nǎao	冬
ฤดู(หน้า)ฝน	rʉ́duu (nâa) fǒn	雨期
ฤดู(หน้า)แล้ง	rʉ́duu (nâa) lɛ́ɛŋ	乾期
ฤดูใบไม้ผลิ	rʉ́duu bai-máai-phlìʔ	春
ฤดูใบไม้ร่วง	rʉ́duu bai-máai-rûaŋ	秋
(อากาศ)ร้อน	(ʔaakàat) rɔ́ɔn	暑い
(อากาศ)หนาว	(ʔaakàat) nǎao	寒い
(อากาศ)อุ่น	(ʔaakàat) ʔùn	暖かい
(อากาศ)เย็น	(ʔaakàat) yen	涼しい、冷たい
(อากาศ)ชื้น	(ʔaakàat) chʉ́ʉn	湿っている
(อากาศ)แห้ง	(ʔaakàat) hɛ̂ɛŋ	乾燥している
(ร้อน)อบอ้าว	(rɔ́ɔn)ʔòp-ʔâao	蒸し暑い
ฝนตก	fǒn tòk	雨が降る
หิมะตก	hìmáʔ tòk	雪が降る
อากาศดี	ʔaakàat dii	いい天気
ครึ้ม	khrʉ́m	曇っている

17 サイズはちょうどいいです

ขนาดพอดี

khanàat phɔɔ-dii

45

ฮานาโกะ – กางเกงสองตัวนี้ ขอลองหน่อยได้ไหม
พนักงานห้าง – ได้ค่ะ เชิญทางนี้ค่ะ

…………………………………………

พนักงานห้าง – เป็นไงบ้างคะ
ฮานาโกะ – สีเทาใส่ได้พอดี สีดำหลวมไปหน่อย ขนาดไม่เท่ากันหรือ
พนักงานห้าง – สีเทาเบอร์ ๙ สีดำเบอร์ ๑๑ ค่ะ
ฮานาโกะ – สีดำเบอร์ ๙ มีไหม
พนักงานห้าง – มีค่ะ
ฮานาโกะ – งั้น เอาสีดำเบอร์ ๙
พนักงานห้าง – สีเทาก็สวยนะคะ ไม่รับสีเทาด้วยหรือคะ
ฮานาโกะ – สีดำ ตัวเดียวพอ

Hanako – kaaŋkeeŋ sɔ̌ɔŋ tua nîi, khɔ̌ɔ lɔɔŋ nɔ̀ɔi dâi mái.
phanákŋaan hâaŋ – dâi khâ, chəən thaaŋ níi khâ.

…………………………………………

phanákŋaan hâaŋ – pen ŋai bâaŋ khá.
Hanako – sǐi thao sài dâi phɔɔdii, sǐi dam lǔam pai nɔ̀ɔi. khanàat mâi thâo kan rʉ̌ʉ.
phanákŋaan hâaŋ – sǐi thao bəə kâo, sǐi dam bəə sìp ʔèt khâ.
Hanako – sǐi dam bəə kâo mii mái.
phanákŋaan hâaŋ – mii khâ.
Hanako – ŋán, ʔao sǐi dam bəə kâo.
phanákŋaan hâaŋ – sǐi thao kɔ̂ sǔai ná khá. mâi ráp sǐi thao dûai rʉ̌ʉ khá.
Hanako – sǐi dam tua diao phɔɔ.

語句

46

กางเกง	kaaŋkeeŋ	ズボン
ตัว	tua	～着（衣類の類別詞）
ลอง	lɔɔŋ	試す、～してみる
เชิญ	chəən	どうぞ
ทางนี้	thaaŋ níi	こちら
เป็นไงบ้าง	pen ŋai bâaŋ	どうですか
ใส่	sài	着る
พอดี	phɔɔdii	ちょうどいい
หลวม	lǔam	ゆるい、だぶだぶの
ขนาด	khanàat	サイズ、規模
เท่ากัน	thâo kan	（数量が）同じ
เบอร์	bəə	数、ナンバー
เอา	ʔao	要る
รับ	ráp	受ける
พอ	phɔɔ	十分

17

17.1 「ちょうど～」「....พอดี phɔɔdii 」

動詞（句）の後ろにつくと、「ちょうど良い具合で～する・である」という意味となる。また、修飾する名詞の後ろに付けて、時間や数量、サイズなどがちょうどぴったりであることを示す。

1. แหวนวงนี้ฉันใส่ได้พอดี
   wɛ̌ɛn woŋ níi chán sài dâi phɔɔdii.
   この指輪は私（の指）にぴったりだ。

2. รองเท้าคู่นี้ผมใส่ได้พอดี

rɔɔŋ-tháao khûu níi phǒm sài dâi phɔɔdii.

この靴は私（の足）にぴったりだ。

3. ผมรอเขาครึ่งชั่วโมงพอดี

phǒm rɔɔ kháo khrɯ̂ŋ chûamooŋ phɔɔdii.

僕は彼（彼女）をちょうど30分待った。

4. ผมอยู่เมืองไทยมา 5 ปีพอดี

phǒm yùu mɯaŋ thai maa hâa pii phɔɔdii.

僕はタイに住んでちょうど５年になる。

5. ฉันแต่งงานตอนอายุ 30 ปีพอดี

chán tɛ̀ɛŋ-ŋaan tɔɔn ʔaayúʔ sǎam sìp pii phɔɔdii.

私はちょうど30才の時に結婚した。

6. เที่ยวบินนั้นมีผู้โดยสาร 500 คนพอดี

thîao-bin nán mii phûu-dooisǎan hâa rɔ́ɔi khon phɔɔdii.

そのフライトはちょうど500人乗客がいた。

7. บ้านหลังโน้นราคา 20 ล้านบาทพอดี

bâan lǎŋ nóon raakhaa yîi sìp láan bàat phɔɔdii.

あの家は価格がちょうど２千万バーツです。

....

แหวน wɛ̌ɛn 指輪 ／ วง woŋ 円、輪、輪状の物の類別詞 ／ รองเท้า rɔɔŋ-tháao 靴／ คู่ khûu 靴の類別詞 ／ รอ rɔɔ 待つ ／ ครึ่ง khrɯ̂ŋ 半分 ／ ชั่วโมง chûamooŋ 時間 ／ เที่ยวบิน thîao-bin 飛行機の便、フライト ／ ผู้โดยสาร phûu-dooisǎan 乗客 ／ ราคา raakhaa 値段 ／ 20ล้าน yîi sìp láan ２千万

17.2 「AとBは（数量が）～が同じだ」
「Aกับ kàp B～เท่ากัน thâo kan 」

「Aกับ kàp B～เท่ากัน thâo kan 」「AとBは（数量が）～が同じ、同じように～」
具体的な数量がある場合はเท่ากัน thâo kan の前に置く。

1. สายการบินไทยกับสายการบินอื่นค่าโดยสารไม่เท่ากัน
sǎai-kaan-bin thai kàp sǎai-kaan-bin ʔɯ̀ɯn khâa-dooisǎan mâi thâo kan.
タイ航空と他の航空会社では料金が違う。

2. บ้านผมกับบ้านเพื่อนค่าเช่าไม่เท่ากัน
bâan phǒm kàp bâan phɯ̂an khâa-châo mâi thâo kan.
僕の家と友人の家は家賃が違う。

3. หมวกผมกับหมวกน้องชาย ขนาดไม่เท่ากัน
mùak phǒm kàp mùak nɔ́ɔŋ-chaai khanàat mâi thâo kan.
僕の帽子と弟の帽子はサイズが違う。

4. ฉันกับพี่สาวสูงเท่ากัน
chán kàp phîi-sǎao sǔuŋ thâo kan.
私と姉は身長が同じくらい高い。

5. อุณหภูมิเมื่อวานนี้กับวันนี้ 30 องศาเท่ากัน
ʔunhaphuum mɯ̂a-waan-níi kàp wan-níi sǎam sìp ʔoŋsǎa thâo kan.
昨日の気温と今日（の気温）は同じ30度だ。

6. แตงโมลูกนี้กับลูกนั้นหนักเท่ากัน
tɛɛŋmoo lûuk níi kàp lûuk nán nàk thâo kan.
このスイカとそのスイカは重さが同じだ。

17

7. ค่าแท็กซี่วันนี้กับค่าแท็กซี่เมื่อวานนี้ 300 บาทเท่ากัน

khâa-théksîi wan-níi kàp khâa-théksîi mʉ̂a-waan-níi sǎam rɔ́ɔi bàat thâo kan.

今日のタクシー代と昨日のタクシー代は同じ300バーツだ。

....

สายการบิน sǎai-kaan-bin 航空会社 ／ ค่าโดยสาร khâa-dooisǎan 運賃 ／ ค่าเช่า khâa-châo 賃貸料 ／ หมวก mùak 帽子 ／ น้องชาย nɔ́ɔŋ-chaai 弟 ／ พี่สาว phîi-sǎao 姉 ／ สูง sǔuŋ（背が）高い ／ อุณหภูมิ ʔunhaphuum 温度 ／ องศา ʔoŋsǎa 度 ／ แตงโม tɛɛŋmoo スイカ ／ หนัก nàk 重い

17.3 「Aで（して）、そのうえBである（する）」「A (และ lέʔ)B ด้วย dûai 」

ด้วย dûai は同じ動作主が複数の動作を行ったり、複数の状態にある場合に、付加的な動作や状態を表す方の動詞（句）の後ろに付ける。それらの複数の動作（状態）を表す言葉を「และ lέ 」という接続詞でつなぐこともある。

1. ผมปวดหัว ไอด้วย

phǒm pùat hǔa, ʔai dûai.

僕は頭が痛くて、咳も出る。

2. ร้านนี้แพง และไม่อร่อยด้วย

ráan níi phɛɛŋ lέʔ mâi ʔarɔ̀i dûai.

この店は値段が高くて、味も良くない。

3. ตัดและสระด้วยนะคะ

tàt lέʔ sàʔ dûai ná khá.

〈美容室〉カットして、髪も洗って下さいね。

4. ปลาตัวนี้ใหญ่และสดด้วย

plaa tua níi yài lɛ́ʔ sòt dûai.

この魚は大きくて、新鮮でもある。

5. อากาศร้อนและรถติดด้วย

ʔaakàat rɔ́ɔn lɛ́ʔ rót tìt dûai.

暑くて、おまけに渋滞だ。

....

ปวด pùat 痛い ／ ปวดหัว pùat hǔa 頭が痛い ／ ไอ ʔai 咳をする ／ ตัด tàt 切る／ และ lɛ́ʔ と、そして ／ สระ sàʔ （髪を）洗う ／ สด sòt 新鮮な ／ อากาศ ʔaakàat 天気、気候 ／ รถติด rót-tìt 渋滞

17.4 「～で十分だ、～すれば十分だ」「～พอ phɔɔ (แล้ว lɛ́ɛo) 」

「～พอ phɔɔ 」は一般的に見て「十分である」ことを、「～พอแล้ว phɔɔ lɛ́ɛo 」は特定のことについて主観的に見て「もう十分である」ことを表す。

1. หยุดอาทิตย์เดียวพอ

yùt ʔaathít diao phɔɔ.

１週間も休めば十分だ。

2. ถ่ายเอกสาร 10 ชุดพอ

thàai ʔèekkasǎan sìp chút phɔɔ.

10部もコピーすれば十分だ。

3. อกหักหนเดียวพอแล้ว

ʔòk hàk hǒn diao phɔɔ lɛ́ɛo.

１回失恋すれば十分だ。

4. ฉันทาน<u>สองจานพอแล้ว</u>

   chán thaan <u>sɔ̌ɔŋ caan phɔɔ lɛ́ɛo</u>.

   私は２皿食べれば十分です。

5. ผมนอนวันละ <u>6 ชั่วโมงไม่พอ</u>

   phǒm nɔɔn wan lá <u>hòk chûamooŋ mâi phɔɔ</u>.

   僕は１日に６時間寝ても寝たりない。

6. ออกจากโรงพยาบาลแล้วพักฟื้น <u>2 วันไม่พอหรอก</u>

   ʔɔ̀ɔk càak rooŋ-phayaabaan lɛ́ɛo phák-fɯ́ɯn <u>sɔ̌ɔŋ wan mâi phɔɔ rɔ̀ɔk</u>.

   退院して家で２日休んでも十分でない。

....

ถ่ายเอกสาร thàai ʔèekkasǎan コピーする ／ ชุด chút 〜部、セット ／ อก ʔòk 胸 ／ อกหัก ʔòk hàk 失恋する ／ หน hǒn 回、度 ／ ออกจากโรงพยาบาล ʔɔ̀ɔk càak rooŋ-phayaabaan 退院する ／ พักฟื้น phák-fɯ́ɯn 病後の療養をする

練 習 問 題

1．和訳をしなさい。

(1) กระโปรงตัวนี้พอดี แต่กระโปรงตัวนั้นคับไปหน่อย

kraprooŋ tua níi phɔɔdii, tɛ̀ɛ kraprooŋ tua nán kháp pai nɔ̀ɔi.

（กระโปรง kraprooŋ スカート／คับ kháp きつい）

(2) เมื่อวานนี้นั่งแท็กซี่ไปสนามบินมา ขาไปกับขากลับค่ารถไม่เท่ากัน

mʉ̂a-waan-níi nâŋ thɛ́ksîi pai sanǎam-bin maa. khǎa-pai kàp khǎa-klàp khâa-rót mâi thâo kan.（สนามบิน sanǎam-bin 空港／ขาไป khǎa-pai 行き／ขากลับ khǎa-klàp 帰り）

(3) ห้องนี้กับห้องนั้น ความกว้างเท่ากัน แต่ค่าเช่าไม่เท่ากัน

hɔ̂ŋ níi kàp hɔ̂ŋ nán khwaam-kwâaŋ thâo kan tɛ̀ɛ khâa-châo mâi thâo kan.

（ความกว้าง khwaam-kwâaŋ 広さ／ค่าเช่า khâa-châo 家賃）

(4) กรุงเทพฯ ตอนนี้ร้อนมาก ฝนตกบ่อยด้วย

kruŋthêep tɔɔn-níi rɔ́ɔn mâak, fǒn tòk bɔ̀ɔi dûai.

(5) ผมไม่ชอบทานเผ็ด ใส่พริกเม็ดเดียว พอแล้ว

phǒm mâi chɔ̂ɔp thaan phèt. sài phrík mét diao, phɔɔ lɛ́ɛo.

（พริก phrík 唐辛子／เม็ด mét 粒状の物の類別詞／เดียว 一つだけ）

(6) มีลูกตั้ง3 คน รายได้เดือนละ 1 หมื่นบาท ไม่พอหรอก

mii lûuk tâŋ sǎam khon. raai-dâi dʉan lá nʉ̀ŋ mʉ̀ʉn bàat, mâi phɔɔ rɔ̀ɔk.

2．タイ語に訳しなさい。

(1) 彼は体重がちょうど200キロです。（体重 น้ำหนัก nám-nàk ）

(2) バス賃と電車賃は同額でない。バスで行った方が安い。

(3) この部屋は狭くて、汚い。（狭い แคบ khɛ̂ɛp ／ 汚い สกปรก sòkkapròk ）

(4) 明日、僕は買い物をして、映画も見る。

(5) 留年は１回でも十分だ。（留年 เรียนซ้ำชั้น rian sám chán ／ 回 ครั้ง khráŋ ）

(6) 日本では１日に１回お風呂に入れば十分だ。

基礎語彙　衣服・装飾

เสื้อ	sʉ̂a	ブラウス、シャツ
เสื้อนอก	sʉ̂a-nɔ̂ɔk	背広、ジャケット、上着
เสื้อชั้นใน	sʉ̂a-chán-nai	ブラジャー
เสื้อแขนสั้น	sʉ̂a-khɛ̌ɛn-sân	半袖のブラウス、半袖のシャツ
เสื้อแขนยาว	sʉ̂a-khɛ̌ɛn-yaao	長袖のブラウス、長袖のシャツ
กระโปรง	kraprooŋ	スカート
กางเกง	kaaŋkeeŋ	ズボン
กางเกงใน	kaaŋkeeŋ-nai	パンツ
กางเกงขาสั้น	kaaŋkeeŋ-khǎa-sân	半ズボン
กางเกงขายาว	kaaŋkeeŋ-khǎa-yaao	長ズボン
ถุงน่อง	thǔŋ-nɔ̂ŋ	ストッキング
ถุงเท้า	thǔŋ-tháao	靴下
รองเท้า	rɔɔŋ-tháao	靴
หมวก	mùak	帽子
เข็มขัด	khěmkhàt	ベルト
ตุ้มหู	tûm-hǔu	ピアス、イヤリング
(สาย)สร้อย	(sǎai) sɔ̂ɔi	ネックレス
สร้อยข้อมือ	sɔ̂ɔi-khɔ̂ɔ-mʉʉ	ブレスレット
กำไล	kamlai	バングル、腕輪
แว่นตา	wɛ̂ɛntaa	眼鏡
กระเป๋า	krapǎo	鞄、バッグ
เครื่องแบบ	khrʉ̂aŋ-bɛ̀ɛp	制服

コラム 11　服　装

　都会では、値段も安い流行の既製服が簡単に手に入るので、若者の間に人気があるが、一般的には服は誂えるのが好まれている。自分の体にピッタリ合うサイズ、個性あるデザイン、好きな色で作ることができる上に、仕立て代も高くないからである。特別な行事の予定があれば、そのときのために新しい服を誂えてもらう。街には洋服の仕立屋さんが多く見られ、急ぐ場合、24時間以内に作ってくれる店もある。

　若い女性の服装はなにかと注目される。肌を過度に漏出するような服は淑女に相応しくないとされている。そのため、1990年代後半から流行り出したキャミソールやチューブトップのような服を着ていた女性は非難の対象となった。また、身体のラインを強調するような洋服も性的な誘惑をするものだと思われて、そのような服を着る女性も非難の対象とされる。身体のラインを強調するために、制服のブラウスを実際より小さめのサイズを着て、スリットの深く入ったタイトなミニスカートを履いている女子大生は、学生として、またよい女性としてすべきことではないとよく非難されている。しかし一方では、肌の露出があまりない方がよいとされているにもかかわらず、女性はズボンよりスカートを履くべきだとされている。職場や様々なフォーマルな場所においては、たとえパンツスーツであっても、女性がズボンを履くことが認められていないところもまだ多くある。

　また、日本と同様に、タイでは制服を着た人をよく見かける。街では、どこに行っても、幼稚園から大学生までの制服、公務員の制服、職場の制服が見られる。幼稚園から高等学校までの制服は、男子はカーキ色（私立学校には黒または紺を使う学校もある）の半ズボンに半袖の白いシャツ、女子は紺または黒のスカートに半袖の白いブラウス。ブラウスの胸には校章と名前が刺繍されている。大学生は、基本的に、男子は、黒または紺のズボンに白のシャツ、女子は黒または紺のスカートに白のブラウス、というように色だけが決められており、デザインは自由であるのが一般的である。一般社会人の場合、職場でしか制服を着ない日本人と違い、タイ人は学生と同じように家から出るときから帰ってくるまで制服を着ていることが珍しいことではない。そのため、仕事帰りに、制服のままでお買い物をする人をよく見かける。

18 タナカさんはいますか？

คุณทานากะอยู่ไหม

khun Tanaka yùu mái

47

พนักงาน	–	ฮัลโหล บริษัทซาราค่ะ
ศักดิ์	–	สวัสดีครับ คุณทานากะอยู่ไหมครับ
พนักงาน	–	ไม่อยู่ค่ะ ออกไปข้างนอกค่ะ
ศักดิ์	–	จะกลับมาเมื่อไรครับ
พนักงาน	–	ตอนบ่ายค่ะ จะฝากข้อความอะไรถึงเขาไหมคะ
ศักดิ์	–	ครับ ช่วยบอกเขาด้วยว่าศักดิ์โทรมา
พนักงาน	–	ค่ะ โทรมาจากคุณศักดิ์นะคะ
ศักดิ์	–	แล้วตอนบ่ายจะโทรมาใหม่
พนักงาน	–	ตอนบ่ายจะโทรมาใหม่นะคะ ....ค่ะ สวัสดีค่ะ

phanákŋaan	–	hanlŏo. bɔɔrisàt Sara khâ.
Sàk	–	sawàtdii khráp. khun Tanaka yùu mái khráp
phanákŋaan	–	mâi yùu khâ. ʔɔ̀ɔk pai khâaŋ-nɔ̂ɔk khâ.
Sàk	–	ca klàp maa mʉ̂arài khráp.
phanákŋaan	–	tɔɔn bàai khâ. ca fàak khɔ̂ɔ-khwaam ʔarai thʉ̌ŋ kháo mái khá.
Sàk	–	khráp. chûai bɔ̀ɔk kháo dûai wâa Sàk thoo maa.
phanákŋaan	–	khâ, thoo maa càak khun Sàk ná khá.
Sàk	–	lɛ́ɛo tɔɔn bàai ca thoo maa mài.
phanákŋaan	–	tɔɔn bàai ca thoo maa mài ná khá.............khâ, sawàtdii khâ.

語句

ฮัลโหล	hanlǒo	もしもし
ออก	ʔɔ̀ɔk	出る
ข้างนอก	khâaŋ-nɔ̂ɔk	外
ออกไปข้างนอก	ʔɔ̀ɔk pai khâaŋ-nɔ̂ɔk	外出する
เมื่อไร	mʉ̂arài	いつ
ฝากข้อความ	fàak khɔ̂ɔ-khwaam	伝言を残す
จาก	càak	〜から
ถึง	thʉ̌ŋ	〜まで、着く
ช่วย	chûai	〜して下さい、助ける
โทร	thoo	電話する
ตอนบ่าย	tɔɔn bàai	午後
ใหม่	mài	また、新しい

18.1 「動詞＋不定代名詞＋ไหม mái 」

15課で学習したように、ใคร khrai などの疑問詞は不定代名詞の意味でも用いられる。文末質問詞のไหม mái を付けて、「動詞＋不定代名詞＋ไหม mái 」の形になると目的語の働きをするが、動詞が「มี mii いる、ある」であれば主語の働きをする。

「〜ไหม mái 」と「〜หรือเปล่า rʉ̌ʉ plàao 」の用法はほぼ同じで、ほとんどの場合どちらを使っても構わない。ただし、明らかに意志を聞くなら「〜ไหม mái 」を使い、現状を聞くなら「〜หรือเปล่า rʉ̌ʉ plàao 」となる。21課（21.1）を参照。

たとえば、「風邪を引いてるのですか？私は風邪薬を持っています。飲みますか。」と相手の意志を尋ねる場合は「คุณเป็นหวัดหรือ ผมมียาแก้หวัด คุณจะทานไหม khun pen wàt rʉ̌ʉ. phǒm mii yaa-kɛ̂ɛ-wàt. khun ca thaan mái.」という。一方、「風邪を引いているのですか？お薬を飲んでいますか。」と現状を尋ねる場合は「คุณเป็นหวัดหรือ ทานยาหรือเปล่า khun pen wàt rʉ̌ʉ. thaan yaa rʉ̌ʉ plàao.」としなければならない。

1. จะรับเครื่องดื่มอะไรไหมครับ – ขอเบียร์ ๑ ขวดครับ

ca ráp khrʉ̂aŋ-dʉ̀ʉm ʔarai mái khráp. – khɔ̌ɔ bia nʉ̀ŋ khùat khráp.

〈レストランで〉何か飲物を飲みますか？ – ビールを１本下さい。

2. จะชวนใครไปด้วยไหมคะ – ไม่เป็นไรค่ะ ฉันไปคนเดียวได้

ca chuan khrai pai dûai mái khá. – mâi pen rai khâ, chán pai khon diao dâi.

誰か誘って一緒に行きますか？ – 大丈夫です。一人で行けます。

3. วันอาทิตย์นี้อยากจะไปไหนไหมคะ – อยากอยู่บ้านค่ะ

wan ʔaathít níi yàak ca pai nǎi mái khá. – yàak yùu bâan khâ.

今度の日曜日、どこか行きたいですか？ – 家にいたいです。

4. มีใครอยากซื้อตู้เย็นไหม ผมจะขาย – ขายเท่าไรครับ

mii khrai yàak sʉ́ʉ tûu-yen mái, phǒm ca khǎai. – khǎai thâorài khráp.

誰か冷蔵庫を買いたい人はいますか？売りますよ。 – いくらで売りますか？

5. มีอะไรไม่เผ็ดไหม – ไม่มี

mii ʔarai mâi phèt mái. – mâi mii.

何か辛くないものはある？ – ない。

6. มีที่ไหนเปิดสอนวิชาภาษาไทยไหม – มีค่ะ มหาวิทยาลัยโอซากาค่ะ

mii thîi-nǎi pə̀ət sɔ̌ɔn wíchaa phaasǎa thai mái. – mii khâ. mahǎawítthayaalai Osaka khâ.

どこかタイ語科目を開講しているところはある？ – あります。大阪大学です。

……………………………………

เครื่องดื่ม khrʉ̂aŋ-dʉ̀ʉm 飲み物 ／ ขวด khùat 瓶、～本（瓶に入れているものの類別詞）／ชวน chuan 誘う ／ด้วย dûai 一緒に ／คนเดียว khon diao 一人で ／ตู้เย็น tûu-yen 冷蔵庫 ／ ขาย khǎai 売る ／ เผ็ด phèt 辛い／ เปิดสอน pə̀ət sɔ̌ɔn 開講する／ วิชา wíchaa 科目

18.2 「～して下さい」

「ช่วย chûai～ด้วย dûai／หน่อย nɔ̀ɔi 」

ช่วย chûai は「助ける、手伝う」という意味の動詞で、文頭に置くと「～して下さい」という依頼文になる。普通、文末にด้วย dûai やหน่อย nɔ̀ɔi を付ける。ด้วย dûai あるいはหน่อย nɔ̀ɔi の後ろにได้ไหมคะ(ครับ) dâi mái khá (khráp)を付けると丁寧な依頼表現となる。

1. ช่วยห่อของขวัญด้วยนะคะ
   chûai hɔ̀ɔ khɔ̌ɔŋ-khwǎn dûai ná khá.
   〈デパートで〉プレゼントを包装して下さい。

2. ช่วยเปิดหน้าต่างหน่อยค่ะ
   chûai pə̀ət nâa-tàaŋ nɔ̀ɔi khâ.
   ちょっと窓を開けて下さい。

3. ช่วยเรียกรถพยาบาลด้วยได้ไหมคะ
   chûai rîak rót-phayaabaan dûai dâi mái khá.
   救急車を呼んでくれませんか？

4. ช่วยเรียกตำรวจหน่อยได้ไหมครับ
   chûai rîak tamrùat nɔ̀ɔi dâi mái khráp.
   警察を呼んでくれませんか？

ห่อ hɔ̀ɔ 包む ／ ของขวัญ khɔ̌ɔŋ-khwǎn プレゼント ／ เปิด pə̀ət 開く ／ หน้าต่าง nâa-tàaŋ 窓 ／ รถพยาบาล rót-phayaabaan 救急車 ／ ตำรวจ tamrùat 警察（官）

18

18.3 「また～する、～し直す」「動詞（句）+ใหม่ mài 」

ใหม่ mài は「新しい」という意味の形容詞であるが、動詞（句）の後ろに来ると、「～し直す、もう一度～する」という意味で使用される。

1. ไม่สะอาด ต้องล้างใหม่
   mâi saʔàat, tɔ̂ŋ láaŋ mài.
   きれいでない。洗い直さないといけない。

2. พูดใหม่อีกทีได้ไหมคะ
   phûut mài ʔìik thii dâi mái khá.
   もう1回言ってくれませんか？

3. ใช้ไม่ได้ เอาใหม่
   chái mâi dâi. ʔao mài.
   ダメだ。やり直し。

4. คุณซูซูกิแต่งงานใหม่กับเพื่อนผม
   khun Suzuki tɛ̀ɛŋ-ŋaan mài kàp phʉ̂an phǒm.
   スズキさんは僕の友だちと再婚した。

....

สะอาด saʔàat 清潔な ／ อีกที ʔìik thii もう一度 ／ ใช้ไม่ได้ chái mâi dâi 使えない、ダメだ

練 習 問 題

1．和訳をしなさい。

(1) ที่กรุงเทพฯ มีที่ไหนขายเครื่องปรุงอาหารญี่ปุ่นไหม – มีค่ะ ที่ซากุระซูเปอร์ค่ะ
thîi Kruŋthêep mii thîi-năi khăai khrʉ̂aŋ-pruŋ ʔaahăan yîipùn mái. – mii khâ. thîi Sakura suupə̂ə. (เครื่องปรุงอาหาร khrʉ̂aŋ-pruŋ ʔaahăan 食料品)

(2) หน้าร้อนปีนี้ มีใครไปเมืองไทยไหม – มีค่ะ คุณทาโรกับคุณจิโรไปค่ะ
nâa-rɔ́ɔn pii níi mii khrai pai mʉaŋ thai mái. – mii khâ. khun Taro kàp khun Jiro pai khâ. (หน้าร้อน nâa -rɔ́ɔn 夏／ปีนี้ pii níi 今年)

(3) คุณอยากทานอะไรอีกไหม – ไม่ครับ อิ่มแล้วครับ
khun yàak thaan ʔarai ʔìik mái. – mâi khráp. ʔìm lɛ́ɛo khráp.
(อีก ʔìik さらに、また／อิ่ม ʔìm お腹がいっぱい)

(4) ก่อนออกจากห้อง ช่วยปิดไฟด้วย kɔ̀ɔn ʔɔ̀ɔk càak hɔ̂ŋ, chûai pìt fai dûai.
(จาก càak 〜から／ห้อง hɔ̂ŋ 部屋／ไฟ fai 電気)

(5) ถุงเท้ายังเปื้อนอยู่ ช่วยซักใหม่ได้ไหม thŭŋ-tháao yaŋ pʉ̂an yùu, chûai sák mài dâi mái.
(ถุงเท้า thŭŋ-tháao 靴下／ยัง....อยู่ yaŋ....yùu まだ〜している／เปื้อน pʉ̂an 汚れる／ซัก sák 洗濯する)

18

2．タイ語に訳しなさい。

(1) 何か質問したいことはありますか？ – いいえ。(質問する ถาม thăam)

(2) [図書館で] どこか日曜日に開いているところはありますか？ – あります。私の家の近くの図書館です。(開く เปิด pə̀ət／近く ใกล้ klâi／図書館 หอสมุด hɔ̌ɔ-samùt)

(3) ちょっとゆっくり話してくれませんか？(ゆっくり ช้า ๆ cháa cháa)

(4) 車がまた故障した。また修理しないといけない。
(また อีกแล้ว ʔìik lɛ́ɛo／故障する เสีย sĭa／修理する ซ่อม sɔ̂m)

(5) [ズボンが] まだきついです。もう一度直していただけないですか。
(きつい คับ kháp／修理する、直す แก้ kɛ̂ɛ)

基礎語彙　通信関係

โทรเลข	thooralêek	電報
โทรศัพท์	thoorasàp	電話
จดหมาย	còtmǎai	手紙
อีเมล	ʔiimee	Ｅメール
แฟกซ์	fɛ̀k	ファックス
โทรศัพท์สาธารณะ	thoorasàp-sǎathaaraná?	公衆電話
โทรศัพท์มือถือ	thoorasàp-mʉʉ-thʉ̌ʉ	携帯電話
โทรติด	thoo tìt	電話が繋がる
โทรไม่ติด	thoo mâi tìt	電話が繋がらない
สายไม่ว่าง	sǎai mâi wâaŋ	話し中
ไม่มีคนรับสาย	mâi mii khon ráp sǎai	誰も電話に出ない
โทรกลับ	thoo klàp	折り返し電話をする
โทรไป(มา)	thoo pai (maa)	～（場所）へ電話する
โทรไป(มา) หา	thoo pai (maa) hǎa	～（人）に電話する
โทรถึง	thoo thʉ̌ŋ	～（人）に電話する
รับสาย	ráp sǎai	電話を受ける
รับโทรศัพท์	ráp thoorasàp	電話を受ける
ยกหูโทรศัพท์	yók hǔu-thoorasàp	受話器を取る
วางหูโทรศัพท์	waaŋ hǔu-thoorasàp	受話器を置く
โทรทางไกล	thoo thaaŋ-klai	長距離電話をかける
โทรไปต่างประเทศ	thoo pai tàaŋ-prathêet	国際電話をかける
เก็บเงินปลายทาง	kèp ŋən plaai thaaŋ	コレクトコールする
โทรศัพท์เสีย	thoorasàp sǐa	電話が故障する

コラム12　買い物

　バンコクなどの大都市にはスーパーマーケットも多くあるが、タイ人は市場で買い物をすることが好きである。朝市、ウイークエンドマーケット、水上マーケットなどさまざまな種類の市場がある。朝市は野菜、肉、魚といった食材、総菜、お菓子、果物が中心である。ウイークエンドマーケットはその名の通り土日限定の市場であり、サンデーマーケットと呼ばれることが多い。食材、生活用品、家具からペットなど、多種多様なものが売られている。バンコクのウイークエンドマーケットとしては「チャトゥチャック市場」が最も有名である。水上マーケットは食材や食べ物を船に載せて販売している。昔は河の両岸の住民を相手に物が売られていたが、現在では他の地域の住民や外国からの観光客も訪ねる観光地となっている。

　市場で売られている生鮮食料品は産地直送のものが多く、新鮮で安いと考えられていることに加え、値段交渉もできるので、タイ人はスーパーよりも市場で買い物するのを好むのである。市場だけではなく、スーパーやデパート以外の小売店や屋台での買い物では、タイ人は言い値のままでは買わず、買う側と売る側、双方が納得できるまで値段を交渉することが一般的である。値段交渉がうまくいかない場合買い手は買わないし、売り手も、客が神様扱いされる日本とは違い、買い手があまり値切り過ぎると、怒って売ってくれないこともしばしばある。

　特別扱いされない一方、一般的に屋台やレストランでは、注文する料理に嫌いな物を入れないことや、好きな物を入れてもらうことなど、客が望めば応じてくれる。中には客の依頼があれば、本来その店のメニューにはない料理でも、材料さえあれば作ってくれることもあるなど、柔軟な対応をしてくれるのも日本とは違うところである。

19 後で折り返し電話をします

เดี๋ยวโทรกลับ

dǐao thoo klàp

49

場面：運転しているときに、友人チャイから電話がかかってくる

ทาโร – ฮัลโหล สวัสดีชัย

ชัย – ทาโร ตอนนี้พูดโทรศัพท์ได้หรือเปล่า

ทาโร – ตอนนี้กำลังขับรถอยู่ เดี๋ยวโทรกลับนะ

場面：チャイに折り返し電話をする

ทาโร – ว่าไงชัย มีอะไร

ชัย – พรุ่งนี้มีลอยกระทง ไปดูกันไหม

ทาโร – ดี ไป อยากดูมานานแล้ว

Taro – hanlǒo, sawàtdii Chai.

Chai – Taro, tɔɔn níi phûut thoorasàp dâi rʉ̌ʉ plàao.

Taro – tɔɔn níi kamlaŋ khàp rót yùu. dǐao thoo klàp ná.

Taro – wâa ŋai Chai. mii ʔarai.

Chai – phrûŋníi mii lɔɔi-krathoŋ, pai duu kan mái.

Taro – dii, pai, yàak duu maa naan lɛ́ɛo.

語句 50

ตอนนี้	tɔɔn-níi	今、現在
พูดโทรศัพท์	phûut thoorasàp	電話で話す
เดี๋ยว	dǐao	後で、もうすぐ、間もなく
โทรกลับ	thoo klàp	折り返し電話をする
ลอยกระทง	lɔɔi-krathoŋ	灯籠流し
นาน	naan	時間が長い

19.1 「～している」「กำลัง kamlaŋ～（อยู่ yùu）」

「กำลัง kamlaŋ ＋動詞（句）＋（อยู่ yùu）」「～しているところだ」

動作が現に進行していることを強調する進行形の表現である。「กำลัง kamlaŋ ＋動詞（句）」の形でもよく用いられる。3 課（3.3）で学習した「動詞（句）＋อยู่ yùu」は現状、状態を表す。たとえば、「เขากำลังทำงานอยู่ kháo kamlaŋ tham-ŋaan yùu」は「彼は今働いているところだ（仕事中だ）」で、「เขาทำงานอยู่บริษัทโซยา kháo tham-ŋaan yùu bɔɔrisàt Sooyaa」は「彼はソヤ会社で働いている（勤めている）」となる。

1. พ่อกำลังดูโทรทัศน์อยู่
   phɔ̂ɔ kamlaŋ duu thoorathát yùu.
   お父さんは今テレビを見ている。

2. แม่กำลังทำกับข้าวอยู่
   mɛ̂ɛ kamlaŋ tham kàp-khâao yùu.
   お母さんは今ご飯を作っている。

3. ใครกำลังใช้คอมพิวเตอร์อยู่
   khrai kamlaŋ chái khɔɔmphiutə̂ə yùu.
   誰がコンピューターを使っていますか？

19

4. เขากำลังพูดโทรศัพท์กับใคร

khǎo kamlaŋ phûut thoorasàp kàp khrai.

彼は誰と電話で話しているのですか？

....

โทรทัศน์ thoorathát　テレビ ／ ทำกับข้าว tham kàp-khâao 料理を作る

19.2 「後で～／すぐ～」「เดี๋ยว dǐao～」

未来の行動を表す動詞（句）または文が後続する。「昨日、仕事が終わった後、すぐ家に帰った」のように、過去の出来事を表す場合には用いられない。

1. คุณไปก่อน เดี๋ยวฉันตามไป

khun pai kɔ̀ɔn. dǐao chán taam pai.

先に行ってください。後で私はついていきます。

2. เดี๋ยวเสร็จ อีก 2–3 นาทีเท่านั้น

dǐao sèt, ʔìik sɔ̌ɔŋ sǎam naathii thâo-nán.

すぐ出来上がる。あと2~3分だけ。

3. ฉันจะออกไปซื้อของ เดี๋ยวกลับ

chán ca ʔɔ̀ɔk pai sɨ́ɨ khɔ̌ɔŋ, dǐao klàp.

私はお買い物に行きます。すぐ帰ってきます。

4. เดี๋ยวกิน ตอนนี้ยังไม่หิว

dǐao kin. tɔɔn-níi yaŋ mâi hǐu.

あとで食べる。今はまだお腹が空いていない。

....

ตามไป taam pai　ついていく ／ เสร็จ sèt　出来上がる、終わる ／ หิว hǐu　お腹が空く

19.3 「〜一緒にしませんか?」「〜กันไหม kan mái 」

勧誘表現のひとつで、文末に付ける。

1. วันเสาร์หน้า ไปดูหนังไทย<u>กันไหม</u>
   wan-sǎo nâa pai duu nǎŋ thai <u>kan mái</u>.
   来週の土曜日、一緒にタイ映画を見に行きませんか?

2. เย็นนี้ ไปทานข้าว<u>กันไหม</u>
   yen níi pai thaan khâao <u>kan mái</u>.
   今夜一緒にご飯を食べに行きませんか?

3. ฝนหยุดแล้ว ออกไปเดินเล่น<u>กันไหม</u>
   fǒn yùt lɛ́ɛo, ʔɔ̀ɔk pai dəən-lên <u>kan mái</u>.
   雨はもう止みました。散歩に出掛けませんか?

4. ปิดเทอมหน้าหนาว ไปเล่นสกีที่ฮอกไกโด<u>กันไหม</u>
   pìt-thəəm nâa-nǎao, pai lên sakii thîi Hokkaido <u>kan mái</u>.
   冬休みに一緒に北海道へスキーをしに行きませんか?

5. ร้อนจัง ไปว่ายน้ำ<u>กันไหม</u>
   rɔ́ɔn caŋ , pai wâai-náam <u>kan mái</u>.
   すごく暑い。一緒に泳ぎに行きませんか?

วันเสาร์หน้า wan-sǎo nâa 翌週の土曜日 ／ เย็นนี้ yen níi 今夜 ／ เดินเล่น dəən-lên 散歩する ／ สกี sakii スキー ／ ว่ายน้ำ wâai-náam 泳ぐ

19

19.4 「ずっと前から〜したかった」
「อยาก yàak 〜 มานานแล้ว maa naan lɛ́ɛo」

ある願望が以前からずっと続いていることを示す。「อยาก yàak」と「มานานแล้ว maa naan lɛ́ɛo」との間に動詞（句）を入れる。

1. ผมอยากดูมวยไทยมานานแล้ว
phǒm yàak duu muai thai maa naan lɛ́ɛo.
ずっと前からムエタイを見たかった。

2. ฮิเดกิอยากขี่มอเตอร์ไซค์แบบนี้มานานแล้ว
Hideki yàak khìi mɔɔtəəsai bɛ̀ɛp níi maa naan lɛ́ɛo.
ヒデキはこのようなバイクにずっと前から乗りたかった。

3. ปากกาแบบนี้ ฉันอยากได้มานานแล้ว
pàak-kaa bɛ̀ɛp níi chán yàak dâi maa naan lɛ̀ɛo.
このようなボールペンはずっと前から欲しかった。

4. หนังสือเล่มนี้ ผมอยากอ่านมานานแล้ว
náŋsʉ̌ʉ lêm níi phǒm yàak ?àan maa naan lɛ́ɛo.
この本はずっと前から読みたかった。

……………………………………

มวยไทย muai thai ムエタイ（タイ式ボクシング）／อยากได้ yàak daî 手に入れたい、欲しい

練習問題

1．和訳をしなさい。

(1) น้องกำลังอ่านการ์ตูนอยู่　nɔ́ɔŋ kamlaŋ ʔàan kaatuun yùu.

(2) เดี๋ยวถึงแล้ว อีก10 นาที　dǐao thʉ̌ŋ lɛ́ɛo. ʔìik sìp naathii.（ถึง thʉ̌ŋ 着く）

(3) อาบน้ำเสร็จแล้ว เดี๋ยวโทรกลับนะ　ʔàap náam sèt lɛ́ɛo, dǐao thoo klàp ná.

(4) ไปดูหนังสือที่หอสมุดกันไหม　pai duu náŋsʉ̌ʉ thîi hɔ̌ɔ-samùt kan mái.

（ดูหนังสือ duu náŋsʉ̌ʉ 勉強する／หอสมุด hɔ̌ɔ-samùt 図書館）

(5) พรุ่งนี้ไปเยี่ยมอาจารย์ที่โรงพยาบาลกันไหม

phrûŋníi pai yîam ʔaacaan thîi rooŋ-phayaabaan kan mái.（เยี่ยม yîam 見舞う）

(6) ฉันอยากไปดูเบสบอลที่โคชิเอ็นมานานแล้ว

chán yàak pai duu béetbɔɔn thîi Koshien maa naan lɛ́ɛo.

（โคชิเอ็น Koshien 甲子園球場）

(7) ผมอยากเห็นดาวตกมานานแล้ว　phǒm yàak hěn daao-tòk maa naan lɛ́ɛo.

（ดาวตก daao-tòk 流れ星）

2．タイ語に訳しなさい。

(1)［国際マラソン］今、日本（の選手）がリードしているところです。

（リードする นำ nam）

(2) 彼はコンビニへパンを買いに行っている。すぐ戻ってくると思う。（コンビニ ร้านสะดวกซื้อ, เซเว่น ráan sadùak-sʉ́ʉ, seewên／パン ขนมปัง khanǒm-paŋ／戻る กลับ klàp）

(3) 後で、駅の前で会いましょう。（前 หน้า nâa／会う เจอกัน cəə kan）

(4) 一緒にタイダンスを習いに行きませんか。（タイダンス รำไทย ram thai）

(5) 明日、一緒にサッカーを見に行きませんか。（サッカー ฟุตบอล fútbɔɔn）

(6) ニットはずっと前から着物を着てみたかった。

（着物 กิโมโน kimoonoo／着る ใส่ sài）

(7) 私はずっと前からこんな辞書が欲しかった。

（こんな แบบนี้ bɛ̀ɛp níi／辞書 พจนานุกรม phótcanaanúkrom）

基礎語彙　重要な場所や行動

ไปรษณีย์	praisanii	郵便局
ธนาคาร	thanaakhaan	銀行
ตลาด	talàat	市場
ห้างสรรพสินค้า	hâaŋ sàpphasǐnkháa	百貨店、デパート
ซูเปอร์มาเก็ต	suupə̂əmaakèt	スーパーマーケット
กองตรวจคนเข้าเมือง	kɔɔŋ trùat khon khâo mʉaŋ	入国管理局
สถานีตำรวจ	sathǎanii tamrùat	警察署
โรงพยาบาล	rooŋ-phayaabaan	病院
หอสมุด	hɔ̌ɔ-samùt	図書館
ดูหนัง	duu nǎŋ	映画を見る
ซื้อของ	sʉ́ʉ khɔ̌ɔŋ	買い物する
แลกเงิน	lɛ̂ɛk ŋən	両替する
ต่อวีซ่า	tɔ̀ɔ wiisâa	ビザを延長する
ทำพาสปอร์ต	tham pháatsapɔ̀ɔt	パスポートを作る
แจ้งความ	cɛ̂ɛŋ khwaam	通知する、届け出る

コラム13 礼儀・作法

　タイは典型的な縦社会の国だと思われる。対人関係においては、相手と自分との間の、年齢、社会的地位、経済的地位などを常に意識し、それらの違いにより、どちらが上、またはどちらが下の立場に置かれるべきなのかを判断し、その立場の違いに相応しい言動をとることが人間関係における基本的なルールである。挨拶の言動にも明らかであるように、立場が上の人に対して、下の人が先に、そして丁寧に合掌することが求められる。丁寧にするとは頭を低くすることである。タイ人にとって、身体部位のうち、最も高い位置にある頭は敬う気持を表す対象で、一方一番低い位置にある足は卑しさを象徴するものと考えられている。従って、親や深く尊敬する人に対して、自分の頭を相手の足元まで低くして合掌するといった挨拶が、最も深い敬意の表し方である。それに対し、目上の人は目下の人に対し、頭を下げずに簡単に手を合わせるだけで返す。そして、その目下の人の頭や肩をなでて、親愛の情を表すこともよくある。このように、子供や目下の頭をなでることはあっても、逆に目上の頭に触れることはない。さらに触れないだけでなく、目上の人より高い位置に立ったり、座ったり、また座るときに目上の人の方に足を向けたりすることも礼儀正しくないとされる。そのため、座っている目上の人の側を通るときには、体を低くかがめるのが普通である。言うまでもなく、手の代わりに足で物を指したりすることは非常に無礼な行為である。

　縦関係が重要視されていることは食事の際にも見られる。食卓では、その場で最も年長者が食べ始めるまで、他の人は食べないこととなっている。家に訪問客がいる場合も、祖父母を含め家族全員が同席することが普通であり、客もその家の祖父母や年長者が食べ始めるまでスプーンを持たない。

20 ムエタイを見たことがありますか？

คุณเคยดูมวยไทยไหม

khun khəəi duu muai thai mái

51

ชัย – ทาโร เคยดูมวยไทยไหม
ทาโร – ไม่เคยครับ
ชัย – อยากดูไหม
ทาโร – อยากดูครับ
ชัย – ผมจะพาคุณไปดู เอาไหม
ทาโร – ดีจังครับ เมื่อไรหรือครับ
ชัย – วันเสาร์นี้ครับ
ทาโร – พอดีวันเสาร์นี้ผมต้องไปเชียงใหม่ครับ
ชัย – แหม เสียดายจริง ๆ
ทาโร – ขอโทษนะครับ
ชัย – ไม่เป็นไร ไว้โอกาสหน้าก็ได้ครับ

Chai – Taro khəəi duu muai thai mái.
Taro – mâi khəəi khráp.
Chai – yàak duu mái.
Taro – yàak duu khráp
Chai – phǒm ca phaa khun pai duu, ʔao mái.
Taro – dii caŋ khráp. mʉ̂arài rʉ̌ʉ khráp.
Chai – wan-sǎo níi khráp.
Taro – phɔɔdii wan-sǎo níi phǒm tɔ̂ŋ pai Chiaŋmài khráp.
Chai – mɛ̌ɛ sǐadaai ciŋ ciŋ.
Taro – khɔ̌ɔ-thôot ná khráp.
Chai – mâi-pen-rai. wái ʔookàat nâa kɔ̂ dâi khráp.

語句

เคย	khəəi	～したことがある
มวย	muai	ボクシング
ไว้	wái	置く
โอกาส	ʔookàat	機会
หน้า	nâa	次の

20.1 「～したことがある」「เคย khəəi ～」

เคย khəəi は「慣れる」という意味の動詞であるが、助動詞として動詞の前に付くと経験を表す表現になる。否定文は「ไม่เคย mâi khəəi ＋動詞」で「～したことがない」となる。

1. คุณเคยทานทุเรียนไหมคะ － ไม่เคยครับ
   khun khəəi thaan thúrian mái khá. － mâi khəəi khráp.
   ドリアンを食べたことがありますか？ － ありません。

2. คุณเคยนั่งหลับในห้องเรียนไหม － บ่อย ๆ ค่ะ
   khun khəəi nâŋ làp nai hɔ̂ŋ-rian mái. － bɔ̀i bɔ̀ɔi khâ.
   教室で居眠りをしたことがありますか？ － しょっちゅうです。

3. คุณเคยหลงทางในต่างประเทศไหม － เคยครับ
   khun khəəi lǒŋ thaaŋ nai tàaŋ-pratheêet mái. － khəəi khráp.
   外国で迷子になったことはありますか？ － あります。

4. เขาเป็นหวัดบ่อย ๆ แต่ไม่เคยไปหาหมอ
   kháo pen wàt bɔ̀i bɔ̀ɔi, tɛ̀ɛ mâi khəəi pai hǎa mɔ̌ɔ.
   彼（彼女）はよく風邪を引く。しかし、医者に行ったことはありません。

ทุเรียน thúrian ドリアン ／ นั่งหลับ nâŋ làp 居眠りする ／ ห้องเรียน hɔ̂ŋ-rian 教室 ／ หลง lǒŋ 惑う ／ หลงทาง lǒŋ thaaŋ 道に迷う ／ ใน nai ～の中 ／ ต่างประเทศ tàaŋ-pratheêet 外国 ／ เป็นหวัด pen wàt 風邪を引く

20.2 「〜(提案)、どうですか？」

「〜เอาไหม ʔao mái 」

เอาไหม ʔao mái は「欲しいですか？」という意味である。相手のしたいことを知っていたり、推測したりして、それを手助けする提案をし、その提案に対して相手の気持ちを確かめる場合に使う。

1. ปวดท้องหรือคะ ฉันจะพาคุณไปหาหมอ เอาไหมคะ
   pùat thɔ́ɔŋ rɯ̌ɯ khá. chán ca phaa khun pai hǎa mɔ̌ɔ, ʔao mái khá.
   お腹が痛いのですか？私があなたを医者に連れて行くけれど、行きますか？

2. กระเป๋าสตางค์หายหรือครับ ผมจะพาไปหาตำรวจ เอาไหม
   krapǎo-sataaŋ hǎai rɯ̌ɯ khráp. phǒm ca phaa pai hǎa tamrùat, ʔao mái.
   財布がなくなったのですか？僕が警察に連れて行くけれど、行きますか？

3. คุณจะไปซื้อของหรือครับ ผมจะขับรถพาคุณไป เอาไหม
   khun ca pai sɯ́ɯ khɔ̌ɔŋ rɯ̌ɯ khráp. phǒm ca khàp rót phaa khun pai, ʔao mái.
   買い物に行くのですか？僕が車で連れて行くけれど、どうですか？

4. อยากดูผ้าไหมหรือคะ ฉันจะพาคุณไปร้านขายผ้าไหม เอาไหม
   yàak duu phâa mǎi rɯ̌ɯ khá. chán ca phaa khun pai ráan khǎai phâa mǎi, ʔao mái.
   シルクの布を見たいのですか？私が布のお店に連れて行くけれど、どうですか？

กระเป๋าสตางค์ krapǎo-sataaŋ 財布 ／ หาย hǎai なくなる ／ ตำรวจ tamrùat 警察 ／ ผ้า phâa 布 ／ ผ้าไหม phâa mǎi 絹、シルク

20.3 「たまたま〜する、ちょうど〜する」
「พอดี phɔɔdii ~」

文頭や文末に付けて、動作や状態の偶然性を表す。「ちょうど良い」という意味の表現については、17課（17.1）を参照。

1. คุณฮิเดกิจะไปเมืองไทยหรือคะ <u>พอดีตอนนี้เงินเยนกำลังขึ้น</u>
   khun Hideki ca pai mɯaŋ thai rɯ̌ɯ khá. <u>phɔɔdii tɔɔn-níi ŋən yeen kamlaŋ khɯ̂n.</u>
   ヒデキさんはタイに行くのですか？ちょうど今円高になっています。

2. เขาโทรมา <u>พอดีฉันออกไปข้างนอก</u>
   kháo thoo maa, <u>phɔɔdii chán ʔɔ̀ɔk pai khâaŋ-nɔ̂ɔk.</u>
   彼が電話してきたとき、たまたま私は外出していた。

3. แผ่นดินไหว ตอนนั้นฉันกำลังขับรถอยู่<u>พอดี</u> กลัวมาก
   phɛ̀ɛn-din wǎi, tɔɔn nán chán kamlaŋ khàp rót yùu <u>phɔɔdii</u>. klua mâak.
   地震があって、その時ちょうど車を運転していて、とても恐かった。

4. คุณซื้อไอศกรีมมาหรือ ดีใจจัง ฉันกำลังอยากทานอยู่<u>พอดี</u>
   khun sɯ́ɯ ʔaisakriim maa rɯ̌ɯ. dii-cai caŋ. chán kamlaŋ yàak thaan yùu <u>phɔɔdii</u>.
   アイスクリームを買って来たの？嬉しいなー。ちょうど食べたかったんだ。

แผ่นดิน phɛ̀ɛn-din 大地／ไหว wǎi 揺れる／แผ่นดินไหว phɛ̀ɛn-din-wǎi 地震／กลัว klua 恐い／ไอศกรีม ʔaisakriim アイスクリーム／ดีใจ dii-cai 嬉しい

20.4 「～のときにする」「ไว้ wái～」

ある行動について、今はできない、あるいはする必要がないので、次の機会を待つことにする場合に使う。ไว้ wái は特定のとき（機会）を表す語句または文の前につける。

1. ไว้คุณมาเมืองไทยอีกเมื่อไร เราไปดูกันอีกนะ
   <u>wái</u> khun maa mɯaŋ thai ʔìik mɯ̂arài rao pai duu kan ʔìik ná.
   いつかあなたがまたタイに来たら、その時また一緒に見に行きましょう。

2. ไว้เจอเขา ฉันจะบอก(เขา)
   <u>wái</u> cəə kháo chán ca bɔ̀ɔk（kháo）.
   いつか彼に会ったら、その時（彼に）言う。

3. บ้านเก่าแล้ว ต้องซ่อม ไว้มีเงิน จะซ่อม
   bâan kào lɛ́ɛo, tɔ̂ŋ sɔ̂ɔm（sɔ̂m）. <u>wái</u> mii ŋən ca sɔ̂ɔm.
   家はもう古くて修理しなくてはならない。お金ができたらその時に修理する。

4. ห้องนี้รกมาก แต่ฉันไม่มีเวลาจัด ไว้มีเวลาเมื่อไร จะจัด
   hɔ̂ŋ níi rók mâak. tɛ̀ɛ chán mâi mii weelaa càt. <u>wái</u> mii weelaa mɯ̂arài ca càt.
   この部屋はとても散らかっている。けれど私は片付ける時間がない。時間ができたらその時片付けます。

....
เจอ cəə 会う ／ เก่า kào 古い ／ ซ่อม sɔ̂ɔm(sɔ̂m) 修理する ／ รก rók 散らかっている ／ จัด càt 整頓する

練習問題

1．和訳をしなさい。

(1) ผมเคยทานเบียร์ไทย แต่ไม่เคยทานเบียร์เกาหลี

phǒm khəəi thaan bia thai, tɛ̀ɛ mâi khəəi thaan bia kaolǐi.

(2) ผมจะไปรับคุณที่สนามบิน เอาไหม　phǒm ca pai ráp khun thîi sanǎam-bin, ?ao mái.（รับ ráp 迎える）

(3) วันนี้ไปโอนเงิน พอดีธนาคารปิด โอนไม่ได้

wan-níi pai ?oon ŋən, phɔɔdii thanaakhaan pìt, ?oon mâi dâi.

（โอนเงิน ?oon ŋən 振り込む／ธนาคาร thanaakhaan 銀行）

(4) ไว้ปิดเทอมหน้าร้อน ฉันจะไปเรียนจัดดอกไม้

wái pìt-thəəm nâa-rɔ́ɔn, chán ca pai rian càt-dɔ̀ɔk-máai.

（จัดดอกไม้ càt-dɔ̀ɔk-máai 生け花）

(5) ตอนนี้ยุ่งมาก ไว้มีเวลา ผมจะพาคุณไปเที่ยวภูเขาฟูจิ

tɔɔn-níi yûŋ mâak. wái mii weelaa, phǒm ca phaa khun pai thîao phuukhǎo Fuji.

（ยุ่ง yûŋ 忙しい／ภูเขา phuukhǎo 山）

2．タイ語に訳しなさい。

(1) 僕は麻疹にかかったことがありますが、風疹にかかったことがない。

（麻疹 หัด hàt／風疹 หัดเยอรมัน hàt-yəəraman）

(2) 僕は家まで送るけれど、どうですか？（送る ไปส่ง pai sòŋ）

(3) 昨日テレビのニュースを見たら、ちょうどタイについてのニュースだった。

（ニュース ข่าว khàao／～について เกี่ยวกับ.... kìao kàp....）

(4) 今朝僕は図書館に勉強に行ったら、ちょうど今日は休みだった。

（今朝 เมื่อเช้านี้ mûa-cháao-níi／休み ปิด pìt）

(5) 次回僕がタイに行くとき、一緒に海へ行きましょうね。

（次回 คราวต่อไป khraao-tɔ̀ɔ-pai / 海 ทะเล thalee）

基礎語彙　病状と治療

ทานยา	thaan yaa	薬を飲む
ฉีดยา	chìit yaa	注射を打つ
เข้าโรงพยาบาล	khâo rooŋ-phayaabaan	入院する
ออกจากโรงพยาบาล	ʔɔ̀ɔk càak rooŋ-phayaabaan	退院する
ค่อยยังชั่ว	khɔ̂i yaŋ chûa	病状が軽くなる
อาการหนัก	ʔaakaan nàk	重症
อาการสาหัส	ʔaakaan sǎahàt	重態、重体
บาดเจ็บ	bàat-cèp	怪我する
เจ็บ	cèp	痛い
ผ่าตัด	phàa-tàt	手術する
เข้าเฝือก	khâo fɨ̀ak	ギブスをはめる
ถอดเฝือก	thɔ̀ɔt fɨ̀ak	ギブスを外す
ให้น้ำเกลือ	hâi nám-klɨa	点滴を打つ

コラム 14

学生と就職

タイの識字率は98%（2005年のユネスコ統計による）。義務教育は小学１年から中学３年までである。中学を終了する年齢はだいたい15歳であるが、15歳を超える人、または15歳未満の人も少なくない。それは、タイでは義務教育中も留年もあれば跳び級もあるからだ。成績が悪い学生は何度も留年するし、反対に成績がいい学生は跳び級で、一気に上の学級に進級できる。過去には19歳で大学を卒業した人もいた。そのため、タイでは、子供の年齢を言う際、日本人のように「上の子は○年生で、下の子は○年生」という言い方はしない。年齢そのものを言うのが普通である。また、タイは学歴社会なので、男の子であろうと女の子であろうと、親はできるだけ子供に高い学歴を持たせようとする。タイは800校近くある日本と比べると大学数は少なく、国立と私立の両方を合わせても全国で140校ほどである。進学率は46%（2009年のユネスコ統計による）である。国立大学の入学試験は全国統一方式で、成績の良い順に志望の大学に入ることができる。難易度の高い名門校に合格する学生はバンコクの進学校の出身者が多数を占めており、地方の優秀な生徒も中学や高校の段階でそうした進学校に進むことが多い。また、地方の国立大学には地元の学生のための優先枠が設けられている。

大学在学中に就職活動をする日本と違い、タイの大学生は卒業してから就職活動を始める。大学卒業後の数年間は、色々な職業経験を積むため、また自分に適した職を探すために、頻繁に転職をすることも珍しくない。昔は、体を動かす仕事よりもオフィスワークが好まれ、公務員になることが望ましいと考えられていた。その後、1980年代後半から90年代前半にかけて、急速な経済の発展により給与格差が広がることで、民間企業の人気が高くなった。しかし1997年のアジア通貨危機以降、生活の安定した公務員の人気が再び高まっている。タイ人が仕事をするとき最も気にするのは、その仕事が「สนุก　sanùk　楽しい（やり甲斐がある）」かどうかである。もう楽しくない（やり甲斐が無くなった）と感じるとすぐ転職する。そのため、頻繁に転職する人も少なくない。

21 タバコを吸わないで

อย่าสูบบุหรี่

yàa sùup burìi

53

หมอ	–	เป็นอะไรครับ
ทาโร	–	เมื่อคืนนี้ผมไอทั้งคืนครับ
หมอ	–	คุณสูบบุหรี่หนักหรือเปล่า
ทาโร	–	สูบวันละ 2 ซองครับ
หมอ	–	ตัวร้อนจัง มีไข้นะ เจ็บคอหรือเปล่า
ทาโร	–	เจ็บครับ แต่ไม่มาก
หมอ	–	คุณเป็นไข้หวัดใหญ่ครับ ต้องทานยา อย่าสูบบุหรี่ และต้องพักผ่อนให้มาก
ทาโร	–	ครับ ขอบคุณครับ

mɔ̌ɔ	–	pen ʔarai khráp.
Taro	–	mʉ̂a-khʉʉn-níi phǒm ʔai tháŋ khʉʉn khráp.
mɔ̌ɔ	–	khun sùup burìi nàk rʉ̌ʉ plàao.
Taro	–	sùup wan lá sɔ̌ɔŋ sɔɔŋ khráp.
mɔ̌ɔ	–	tua rɔ́ɔn caŋ, mii khâi náʔ. cèp khɔɔ rʉ̌ʉ plàao.
Taro	–	cèp khráp, tɛ̀ɛ mâi mâak.
mɔ̌ɔ	–	khun pen khâi-wàt-yài khráp. tɔ̂ŋ thaan yaa, yàa sùup burìi, lɛ́ʔ tɔ̂ŋ phák-phɔ̀n hâi mâak.
Taro	–	khráp. khɔ̀ɔp-khun khráp.

語句

54

เมื่อคืนนี้	mʉ̂a-khʉʉn-níi	昨夜
ไอ	ʔai	咳をする
ทั้งคืน	tháŋ khʉʉn	一晩中、夜ずっと
สูบ	sùup	吸う
บุหรี่	burìi	タバコ
สูบบุหรี่หนัก	sùup burìi nàk	タバコをたくさん吸う
ซอง	sɔɔŋ	タバコの箱
ตัวร้อน	tua rɔ́ɔn	身体が暑い、熱がある
มีไข้	mii khâi	熱がある
เจ็บคอ	cèp khɔɔ	喉が痛い
เป็นหวัด	pen wàt	風邪を引く
ยา	yaa	薬
พักผ่อน	phák-phɔ̀n	休養する

21.1 「〜していますか」「〜หรือเปล่า rʉ̌ʉ plàao」

「はい」または「いいえ」という返事を求める疑問詞である。現状では、ある行動をしているかどうかまたはある状態になっているかどうかを訪ねる場合に用いられる。18課（18.1）を参照。答えは、「はい」であれば、「（動詞＜句＞）＋ค่ะ khâ／ครับ khráp」、「いいえ」であれば、「เปล่าค่ะ plàao khâ／เปล่าครับ plàao khráp」である。

21

1. คุณทำงานพิเศษหรือเปล่า – ทำค่ะ
   khun tham ŋaan-phísèet rʉ̌ʉ plàao. – tham khâ.
   あなたはアルバイトをしていますか。 – はい、しています。

2. หอสมุดเปิดวันอาทิตย์หรือเปล่า – เปล่าครับ
   hɔ̌ɔ-samùt pə̀ət wan-ʔaathít rʉ̌ʉ plàao. – plàao khráp.
   図書館は日曜日も開いてますか。 – いいえ。

3. เขาหยุดเรียนมา 3 วันแล้ว ไม่สบายหรือเปล่า – เปล่าค่ะ

kháo yùt rian maa sǎam wan lɛ́ɛo. mâi sabaai rʉ̌ʉ plàao. – plàao khâ.

彼女は学校を休んでもう3日になりました。具合でも悪いですか。 – いいえ。

4. นักศึกษาแลกเปลี่ยน ต้องจ่ายค่าเล่าเรียนหรือเปล่า – เปล่าค่ะ ไม่ต้องจ่าย

nák-sʉ̀ksǎa lɛ̂ɛk-plìan tɔ̂ŋ càai khâa-lâo-rian rʉ̌ʉ plàao. – plàao khâ.mâi tɔ̂ŋ càai.

交換留学生は授業料を払う必要がありますか。 – いいえ、払う必要がないです。

5. หน้าร้อนฮอกไกโดร้อนหรือเปล่า – ร้อนค่ะ

nâa-rɔ́ɔn Hokkaido rɔ́ɔn rʉ̌ʉ plàao. – rɔ́ɔn khâ.

北海道の夏は暑いですか。 – はい、暑いです。

………………………………………

ทำงานพิเศษ tham ŋaan-phísèet アルバイトをする ／ เปิด pə̀ət 開く、開ける ／ หยุดเรียน yùt rian 学校を休む ／ ไม่สบาย mâi sabaai 病気である、具合が悪い ／นักศึกษาแลกเปลี่ยน nák-sʉ̀ksǎa lɛ̂ɛk-plìan 交換留学生 ／จ่าย càai 払う／ค่าเล่าเรียน khâa-lâo-rian 授業料／หน้าร้อน nâa-rɔ́ɔn 夏

21.2 「～しないで、～するな」「อย่า yàa ～」

禁止の命令文である。文末にนะ ná を付けると語調がやわらぐ。

1. อย่าใส่พริกนะครับ

yàa sài phrík ná khráp.

唐辛子を入れないでね。

2. อย่าลืมนะคะ พรุ่งนี้ต้องส่งการบ้าน

yàa lʉʉm ná khá. phrûŋníi tɔ̂ŋ sòŋ kaan-bâan.

忘れないでね。明日宿題を出さなければなりません。

3. อย่าบอกเขานะครับว่าผมจะลาออกจากบริษัทนี้

yàa bɔ̀ɔk kháo ná khráp wâa phǒm ca laa ʔɔ̀ɔk càak bɔɔrisàt níi.

彼に僕がこの会社を辞めるつもりだと言わないで。

4. อย่านอนดึกนะ พรุ่งนี้ต้องตื่นเช้า

yàa nɔɔn dʉ̀k ná. phrûŋníi tɔ̂ŋ tʉ̀ʉn cháao.

夜更かしはダメですよ。明日は早起きしなければいけません。

ใส่ sài 入れる ／ พริก phrík 唐辛子 ／ ลืม lʉʉm 忘れる ／ ส่ง sòŋ 送る ／ ลาออก laa ʔɔ̀ɔk 辞める

21.3 「BになるようにAをする」「Aให้ hâi B」

ある特定の行動A ＋ให้＋ 目的または目標の状態B ＝Bの目的または目標の状態になるためにAをする

ให้ hâi の後に行動の目的、目標となる状態が来て、それが達成されるように意図的に努力してその行動を行うことを表す。

1. ฉันกำลังลดความอ้วน ต้องทานข้าวให้น้อยลง

chán kamlaŋ lót khwaam-ʔûan. tɔ̂ŋ thaan khâao hâi nɔ́ɔi loŋ.

私はダイエットしている。食べる量を減らすようにしなければならない。

2. ช่วยล้างรถคันนี้ให้สะอาดหน่อยได้ไหม

chûai láaŋ rót khan níi hâi saʔàat nɔ̀ɔi dâi mái.

この車をきれいに洗ってくれませんか？

3. ช่วยพูดให้ช้าหน่อยได้ไหมคะ

chûai phûut hâi cháa nɔ̀ɔi dâi mái khá.

ちょっとゆっくり話していただけませんか？

4. <u>ใส่เกลือให้เค็ม</u>อีกหน่อยนะ

<u>sài klʉa hâi khem</u> ʔìik nɔ̀ɔi ná.

もう少し塩辛くなるように塩を入れてね。

....

ลด lót 減らす ／ ความอ้วน khwaam-ʔûan 太さ ／ ลดความอ้วน lót khwaam-ʔûan ダイエットする ／ น้อย nɔ́ɔi 少ない ／ เกลือ klʉa 塩 ／ เค็ม khem 塩

練　習　問　題

1．和訳をしなさい。

(1) วันธรรมดา แถวนี้รถติดหรือเปล่า　–　เปล่าค่ะ

wan-thammadaa, thɛ̌ɛo níi rót tìt rʉ̌ʉ plàao.　–　plàao khâ.

(2) บ้านหลังนั้น เก่าหรือเปล่า　–　เก่ามากค่ะ　bâan lǎŋ nán kào rʉ̌ʉ plàao.　–　kào mâak khâ.

(3) อย่าใช้มือถือระหว่างเรียน　　yàa chái mʉʉ-thʉ̌ʉ ráwàaŋ rian.

（ใช้ chái　使う／ระหว่างเรียน ráwàaŋ rian　授業中）

(4) อย่าใส่ชุดดำไปเยี่ยมคนไทยที่โรงพยาบาลนะ

yàa sài chút dam pai yîam khon thai thîi rooŋ-phayaabaan ná.

（ชุดดำ chút dam　黒いドレス）

(5) คุณต้องทานให้หมด ทานอย่าให้เหลือนะ　khun tɔ̂ŋ thaan hâi mòt, thaan yàa hâi lʉ̌a ná.（เหลือ lʉ̌a　残る）

(6) ผมไม่ได้ยิน ช่วยพูดให้เสียงดังหน่อยได้ไหมครับ

phǒm mâi dâiyin. chûai phûut hâi sǐaŋ daŋ nɔ̀ɔi dâi mái khráp.

（ได้ยิน dâiyin 聞こえる／เสียงดัง sǐaŋ daŋ 声が大きい）

2．タイ語に訳しなさい。

(1) 彼は毎日学校へ行っていますか。－　いいえ。

(2) お薬を飲んだら、血圧が下がっていますか。－　はい、下がっています。

（血圧　ความดัน(โลหิต)　khwaan-dan (-loohìt)／下がる ลด　lót）

(3) 勉強中だから、邪魔しないで。（邪魔をする กวน kuan）

(4) 大声で笑わないで。（大声 เสียงดัง sǐaŋ daŋ／笑う หัวเราะ hǔarɔ́ʔ）

(5) お肉を柔らかくなるように煮つめてください。

（肉 เนื้อ nʉ́a／柔らかい เปื่อย, นุ่ม pʉ̀ai, nûm／煮つめる เคี่ยว khîao）

(6) 道路が滑っているので、もう少しゆっくり運転してください。

（道路　ถนน thanǒn／滑っている ลื่น lʉ̂ʉn）

基礎語彙　薬と服用

ยาทา	yaa thaa	塗り薬
ยาทาน	yaa thaan	飲み薬
ยากลั้วคอ	yaa klûa khɔɔ	うがい薬
ยาฉีด	yaa chìit	注射薬
ยาเม็ด	yaa mét	錠剤
ยาผง	yaa phǒŋ	粉薬
ยาน้ำ	yaa náam	水薬
ครั้งละ＊＊＊เม็ด	khráŋ lá 〜 mét	１回につき〜錠
ครั้งละ＊＊＊ซอง	khráŋ lá 〜sɔɔŋ	１回につき〜包
วันละ＊＊＊ครั้ง	wan lá 〜khráŋ	１日につき〜回
หลังอาหาร	lǎŋ ʔaahǎan	食後
ก่อนอาหาร	kɔ̀ɔn ʔaahǎan	食前
ระหว่างมื้ออาหาร	rawàaŋ múu ʔaahǎan	食間
เช้า	cháao	朝
กลางวัน	klaaŋ wan	昼
เย็น	yen	夕
ก่อนนอน	kɔ̀ɔn nɔɔn	寝る前
ครั้งละ＊＊＊ช้อนชา	khráŋ lá 〜chɔ́ɔn chaa	１回につき茶さじ〜杯
ครั้งละ＊＊＊ช้อนโต๊ะ	khráŋ lá 〜chɔ́ɔn tóʔ	１回につき大さじ〜杯

コラム 15　呼称詞と親族名称

　タイでは、親族関係にない人との間でも親族名称を呼称詞と代名詞として用いることが一般的である。初対面の時から、自分と相手との年齢差によって、「พี่ phîi 兄・姉」、「น้อง nɔ́ɔŋ 弟・妹」、「ป้า pâa 叔母」、「ลุง luŋ 叔父」、「ตา taa 母方の祖父」、「ยาย yaai 母方の祖母」、「ลูก lûuk 子」、「หลาน lǎan 孫・甥・姪」などが、学校の先輩と後輩、職場の上司と部下、店員と客などのような人間関係においても、場面や状況に関係なく使い分けられる。夫婦や恋人同士の間でも、男性が女性より年上であれば、女性が男性のことを「พี่ phîi 兄」と呼び、男性が女性のことを「น้อง nɔ́ɔŋ 妹」と呼びあうことは珍しくない。面識のない人と初めて電話で話す時に、相手の年齢が分からない場合は、ときどき互いの年齢を確認しあってから、その年齢の差に相応しい親族名称を使うこともある。

　上下の関係においては、自称詞または一人称代名詞として、親族名称以外では、場面や状況に関係なく男性は「ผม phǒm」を使えるが、女性には、そのような便利な呼称詞はなく、相手より年下であれば、「หนู nǔu（ねずみ）」または愛称を使うことが多い。年上の相手のことを示すのには、やはり親族名称が圧倒的に多く用いられる。上下の関係においても、対等な関係においても、二人称代名詞の「คุณ khun あなた」は使えるが、用いられる場面は比較的限られ、「คุณ khun あなた」を使うとよそよそしい感じになる場合が多い。そのため、相手に冷たい印象をわざと与えたり、相手と距離をおきたい場合にあえて用いられたりすることもある。対等な関係においては、フォーマルな関係以外は、互いの名前（愛称）を使ったり、自分のことを「เรา rao」、相手のことを「เธอ thəə」と呼んだりすることが普通である。

　また、三人称代名詞として用いられている「เขา kháo 彼・彼女」も、「คุณ khun あなた」に似て、よそよそしい印象があるため、第三者に言及するときには、「เขา kháo 彼・彼女」よりも、親族名称、または親族名称＋名前（愛称）、あるいは名前（愛称）を使う方が好まれる。

22 作るのは難しいですか？

ทำยากไหม

tham yâak mái

55

ฮานาโกะ – ต้มยำกุ้ง ทำยากไหมคะ

มะลิ – ไม่ยากค่ะ

ฮานาโกะ – ต้องใส่อะไรบ้างคะ

มะลิ – ตะไคร้ ใบมะกรูด มะนาว น้ำปลา พริกขี้หนู แล้วก็ กุ้งสด ค่ะ

ฮานาโกะ – กุ้ง ต้องปอกไหมคะ

มะลิ – ค่ะ ล้างน้ำ แล้วปอก แต่อย่าเด็ดหัวทิ้งนะคะ

ฮานาโกะ – ทำไมคะ

มะลิ – กุ้งต้องใส่ทั้งหัวถึงจะอร่อยค่ะ

Hanako – tôm-yam-kûŋ tham yâak mái khá.

Máʔlíʔ – mâi yâak khâ.

Hanako – tɔ̂ŋ sài ʔarai bâaŋ khá.

Máʔlíʔ – takhrái, bai-makrùut, manaao, náam-plaa, phrík-khîi-nǔu, lɛ́ɛo kɔ̂ kûŋ sòt khâ.

Hanako – kûŋ tɔ̂ŋ pɔ̀ɔk mái khá.

Máʔlíʔ – khâ. láaŋ náam lɛ́ɛo pɔ̀ɔk, tɛ̀ɛ yàa dèt hǔa thíŋ ná khá.

Hanako – thammai khá.

Máʔlíʔ – kûŋ tɔ̂ŋ sài tháŋ hǔa thʉ̌ŋ ca ʔarɔ̀i khâ.

語句

ทำ	tham	作る
ยาก	yâak	難しい
ใส่	sài	入れる
ตะไคร้	takhrái	レモングラス
ใบมะกรูด	bai-makrùut	マクルート（コブミカン）の葉
มะนาว	manaao	ライム
น้ำปลา	náam-plaa	ナムプラー（魚醤）
พริกขี้หนู	phrík-khîi-nǔu	プリックキーヌー（唐辛子の一種で「ネズミの糞の唐辛子」という名前）
แล้วก็	lɛ́ɛo kɔ̂	それから
กุ้ง	kûŋ	エビ
สด	sòt	新鮮な、生の
ล้าง	láaŋ	洗う
ปอก	pɔ̀ɔk	剥く、剥ぐ
เด็ด	dèt	とる、ねじり切る、積む
หัว	hǔa	頭
ทิ้ง	thíŋ	捨てる
ทั้ง....	tháŋ ～	～のまま、～ごと

22.1 「～するのは難しい、～しにくい」「～ยาก yâak 」

「ยาก yâak 難しい」は動詞の後ろに付けると、「～するのは難しい、～しにくい」という意味になる。日本語では動詞を主語にする場合、「～すること は、～するのは」と名詞化する必要があるが、タイ語ではそのままの形で主語にすることができる。文語や改まった表現では「การ kaan ＋動詞」で「～すること」と動詞を名詞化するが、口語ではあまり使われない。「～するのは難しくない」と表現する時は、否定したい言葉は「ยาก yâak 」なので、「動詞＋ไม่

ยาก mâi yâak 」としなくてはならない。その反対の表現は「～ง่าย ŋâai（～するのは簡単だ、～しやすい）」である。

1. ตัวหนังสือไทยเขียนยากไหม – ไม่ยากหรอกค่ะ

tua-náŋsʉ̌ʉ thai khǐan yâak mái. – mâi yâak rɔ̀ɔk khâ.

タイ文字は書くのが難しいですか？ – 難しくありませんよ。

2. บ้านแบบนี้สร้างไม่ยากหรอก

bâan bɛ̀ɛp níi sâaŋ mâi yâak rɔ̀ɔk.

こういう家は建てるのが難しくないですよ。

3. เพลงนี้ร้องยากมาก

phleeŋ níi rɔ́ɔŋ yâak mâak.

この歌はとても歌いにくい。

4. ตะกร้อเล่นไม่ยาก

takrɔ̂ɔ lên mâi yâak.

タクローは難しくない。

5. ซอฟแวร์แบบนี้หาซื้อง่ายกว่าแบบนั้น

sɔ́ɔpwɛɛ bɛ̀ɛp níi hǎa sʉ́ʉ ŋâai kwàa bɛ̀ɛp nán.

この種類のソフトウェアはその種類のより手に入れやすい（買い求めるのが簡単だ）。

6. กระโปรงแบบนี้ตัดง่าย

kraprooŋ bɛ̀ɛp níi tàt ŋâai.

こういうスカートは仕立てやすい。

………………………………………

สร้าง sâaŋ 建てる ／ ร้อง(เพลง) rɔ́ɔŋ（phleeŋ）（歌を）歌う ／ แบบ bɛ̀ɛp 種類 ／ ตะกร้อ takrɔ̂ɔ タクロー ／ ซอฟแวร์ sɔ́ɔpwɛɛ ソフトウェア ／ หาซื้อ hǎa sʉ́ʉ 買い求める ／ กระโปรง kraprooŋ スカート ／ ตัด tàt 仕立てる

22.2 「どんな～」「อะไรบ้าง ʔarai bâaŋ」

疑問詞（อะไร ʔarai 何 ／ ใคร khrai 誰 ／ ที่ไหน thîi-nǎi どこ ／ เมื่อไร mɯ̂arài いつ ／ ยังไง yaŋŋai どのように ）にบ้าง bâaŋ を付けると、話者が複数の返事を予想、期待していることを表す。これらの疑問詞が主語になる場合は、その前にมี mii を付けて「มีอะไร～บ้าง mii ʔarai ～bâaŋ 」の形をとる。

1. คุณเคยไปเที่ยวที่ไหนมาบ้าง
   khun khəəi pai thîao thîi-nǎi maa bâaŋ.
   あなたはどのような所に遊びに行って来たことがありますか？

2. คุณซื้ออะไรมาบ้าง
   khun sɯ́ɯ ʔarai maa bâaŋ.
   あなたはどんな物を買って来ましたか？

3. เขาส่งอีเมลถึงใครบ้าง
   kháo sòŋ ʔii-mee thɯ̌ŋ khrai bâaŋ.
   彼はどんな人にメールを送信しましたか？

4. มีที่ไหนสอนภาษาไทยให้คนต่างชาติบ้าง
   mii thîi nǎi sɔ̌ɔn phaasǎa thai hâi khon-tàaŋ-châat bâaŋ.
   外国人にタイ語を教える所はどんな所がありますか？

5. ที่นั่น มีอะไรขายบ้าง
   thîi nân mii ʔarai khǎai bâaŋ.
   そこはどんな物を売っていますか？

6. มีใครชอบทุเรียนบ้าง
   mii khrai chɔ̂ɔp thúrian bâaŋ.
   誰かドリアンを好きな人はいますか？

7. คุณว่างเมื่อไรบ้าง

khun wâaŋ mʉ̂arài bâaŋ.

いつ頃暇ですか？

8. ไปยังไงได้บ้าง

pai yaŋŋai dâi bâaŋ.

どのように行けますか？

....

ส่งอีเมล์ sòŋ ʔii-mee　メールを送信する／คนต่างชาติ khon-tàaŋ-châat　外国人

22.3 「BごとAをする」「BしたままAをする」「A ทั้ง tháŋ B」

「ทั้ง tháŋ ＋B（名詞、類別詞）」「Bまるまる全部」

「A（動詞）＋ทั้ง tháŋ ＋B（名詞、動詞、形容詞）」「BごとAをする、BしたままAをする」

ทั้ง tháŋ は「～まるごと」という意味の前置詞で、修飾する名詞の全体を表す。名詞が身に付けるものであれば、それをつけたままの状態を表す。動詞や形容詞が続く場合は、その動作や状態を継続したまま別の動作を行うことを意味する。

1. ทุเรียนทานทั้งเปลือกไม่ได้

thúrian thaan tháŋ plʉ̀ak mâi dâi.

ドリアンは皮ごと食べられない。

2. เข้ามาทั้งรองเท้าก็ได้ค่ะ

khâo maa tháŋ rɔɔŋ-tháao kɔ̂ dâi khâ.

靴のまま入って来てもいいです。

3. เวลาไปเที่ยวทะเล ผู้หญิงไทยลงน้ำทั้งกางเกง

weelaa pai thîao thalee, phûu-yǐŋ thai loŋ náam tháŋ kaaŋkeeŋ.

海に遊びに行くとき、タイの女性はズボンのまま水につかる。

4. เมื่อวานนี้ยูโกะเหนื่อยมาก นอนทั้งไม่ได้อาบน้ำ

mʉ̂a-waan-níi Yuko nʉ̀ai mâak, nɔɔn tháŋ mâi dâi ʔàap náam.

昨日、ユウコはとても疲れて、水浴びをしないまま寝た。

5. เขาออกไปข้างนอกทั้งไม่ได้ใส่เสื้อ

kháo ʔɔ̀ɔk pai khâaŋ-nɔ̂ɔk tháŋ mâi dâi sài sʉ̂a.

彼はシャツを着ないで外出した。

6. คุณโคจิขี่มอเตอร์ไซค์ทั้งใส่เฝือก

khun Koji khìi mɔɔtəəsai tháŋ sài fʉ̀ak.

コウジさんはギブスをはめたままバイクに乗った。

....

ทุเรียน thúrian ドリアン ／ รองเท้า rɔɔŋ-tháao 靴 ／ ผู้หญิง phûu-yǐŋ 女性 ／ ลงน้ำ loŋ náam 水につかる ／ กางเกง kaaŋkeeŋ ズボン ／ เหนื่อย nʉ̀ai 疲れている ／ อาบน้ำ ʔàap náam 水浴びする ／ ออกไปข้างนอก ʔɔ̀ɔk pai khâaŋ-nɔ̂ɔk 外出する ／ ใส่ sài 着る ／ เสื้อ sʉ̂a シャツ、ブラウス ／ เฝือก fʉ̀ak ギブス／ ใส่เฝือก sài fʉ̀ak ギブスをはめる

22.4 「AをしたのでやっとB」「AをしたらそれでやっとB」「Aถึง(จะ) thʉ̌ŋ (ca) B」

ある条件が満たされたり、努力や苦労などをした結果として、望ましい結果に到達する場合に用いる。ถึง(จะ) thʉ̌ŋ（ca）は後節の動詞や述語の前に付ける。

1. อาจารย์พูดช้า ๆ ผมถึงจะฟังทัน

ʔaacaan phûut cháa cháa, phǒm thʉ̌ŋ ca faŋ than.

先生がゆっくり話したら、僕は聞き取れる。

2. คุณต้องมีวีซ่าถึงเข้าญี่ปุ่นได้
khun tɔ̂ŋ mii wiisâa, thʉ̌ŋ khâo yîipùn dâi.
あなたはビザを持っていたら、日本に入国できる。

3. นักศึกษาต้องเรียน 4 ปี ถึงจะจบ
nák-sʉ̀ksǎa tɔ̂ŋ rian sìi pii, thʉ̌ŋ ca còp.
大学生は４年勉強して卒業する。

4. ปู่ฉันรักษาอยู่ 2 ปี ถึงจะหาย
pùu chán ráksǎa yùu sɔ̌ɔŋ pii, thʉ̌ŋ ca hǎai.
私の祖父は２年間治療していたので治った。

5. เราต้องเดินไป 5 กิโล ถึงจะถึง
rao tɔ̂ŋ dəən pai hâa kiloo, thʉ̌ŋ ca thʉ̌ŋ.
私たちは５キロ歩いて行くと着くだろう。

6. ฉันเก็บเงินอยู่ 3 ปี ถึงซื้อรถคันนี้ได้
chán kèp ŋən yùu sǎam pii, thʉ̌ŋ sʉ́ʉ rót khan níi dâi.
私は３年間お金を貯めていたので、この車を買うことができた。

....

ช้า ๆ cháa cháa ゆっくり ／ ฟังทัน faŋ than 聞き取れる ／ วีซ่า wiisâa ビザ ／ จบ còp 終わる ／ รักษา ráksǎa 治療する ／ ถึง thʉ̌ŋ 到着する ／ เก็บเงิน kèp ŋən 貯金する

練 習 問 題

1．和訳をしなさい。

(1) กิโมโนใส่ยากมาก ฉันใส่เองไม่ได้

kimonoo sài yâak mâak. chán sài ʔeeŋ mâi dâi.（....เอง ....ʔeeŋ 自分で～）

(2) ผ้าแบบนี้ซักง่าย phâa bɛ̀ɛp níi sák ŋâai.（ผ้า phâa 生地／ซัก sák 洗濯する）

(3) ปิดเทอมหน้าร้อน คุณไปเที่ยวที่ไหนมาบ้าง

pìt-thəəm nâa-rɔ́ɔn khun pai thîao thîi-nǎi maa bâaŋ.

（ปิดเทอมหน้าร้อน pìt-thəəm nâa-rɔ́ɔn 夏休み）

(4) พ่อนอนหลับทั้งใส่แว่นตา phɔ̂ɔ nɔɔn-làp tháŋ sài wɛ̂ɛn-taa.

（นอนหลับ nɔɔn-làp 眠る／ใส่ sài かける、着る、はめる／แว่นตา wɛ̂ɛn-taa 眼鏡）

(5) ปลาแบบนี้ กินทั้งก้างได้ plaa bɛ̀ɛp níi kin tháŋ kâaŋ dâi.

（ปลา plaa 魚 ／ก้าง kâaŋ 魚の骨）

(6) หนังสือเล่มนี้ยาก ฉันอ่าน 3 ครั้ง ถึงจะรู้เรื่อง

náŋsʉ̌ʉ lêm níi yâak, chán ʔàan sǎam khráŋ thʉ̌ŋ ca rúu-rʉ̂aŋ.

（ครั้ง khráŋ 回／รู้เรื่อง rúu-rʉ̂aŋ 分かる、理解できる）

2．タイ語に訳しなさい。

(1) この薬は飲みにくくない。

(2) この辺の道はややこしくないので、覚えやすい。

（ややこしい ซับซ้อน sápsɔ́ɔn／覚える จำ cam ）

(3) 誰かお刺身を食べたことがない人がいますか。（刺身 ปลาดิบ plaa-dìp）

(4) 晩ご飯はどんなものがありますか。（晩ご飯 อาหารเย็น ʔaahǎan-yen ）

(5) 私は皮ごとリンゴを食べたことがないです。

（リンゴ แอปเปิ้ล ʔɛ́ppə̂n／皮 เปลือก plʉ̀ak）

(6) 靴のままでお寺に入らないでね。（お寺 วัด wát／入る เข้า khâo ）

(7) 毎日タイ語を使ったら、上手になる。（毎日 ทุกวัน thúk wan／上手 เก่ง kèŋ ）

22

基礎語彙　調理法

ต้ม	tôm	煮る、茹でる
นึ่ง	nɯ̂ŋ	蒸す
ทอด	thɔ̂ɔt	揚げる
ปิ้ง	pîŋ	（細かい食材を）焼く、焙る
ย่าง	yâaŋ	（食材を丸ごと）焼く、焙る
อบ	ʔòp	オーブンで焼く
ผัด	phàt	炒める
คั่ว	khûa	煎る、炒る
ตุ๋น	tǔn	蒸す、煮る
ยำ	yam	あえる、混ぜる

コラム 16

交通と渋滞

バンコク市内の公共交通手段は路線バス、乗り合いバス（สองแถว sɔ̌ɔŋ-thɛ̌ɛo）、乗り合いワゴン車 รถตู้ rót-tûu、三輪自動車（ตุ๊ก ๆ túk túk）、電車（BTS）、地下鉄、タクシー、バイクタクシー、そして船がある。バンコクは交通渋滞がひどいため、バスや車で移動するときには時間が計算できない場合も多くある。特に雨が降ると普段より渋滞がひどくなり、より時間がかかる。最近では、電車（BTS）や地下鉄があり、それらの利用者が増えてきている。しかし、それらの路線が届いていない地域もあり、運賃も比較的高いので、無料の路線バスがまだ多く利用されている。急ぐときや、裏通りの入り組んだ路地にある場所へ行くときなどは、バイクタクシーもよく利用される。自転車に乗っている人はほとんど見られない。

また、日本人にとっては歩いていくことが当たり前である距離であっても、普通タイ人は歩かない。歩くことが好きではないのと、公共交通機関の利用よりマイカーの方が好まれていることが交通渋滞を引き起こす要因のひとつである。たとえば、子供の学校の送り迎えを車でする。タイは日本と違い、校区制度がない。親は、自宅から遠く離れていても、名門校へできるだけ子供を行かせたいと考えるので、車での送り迎えとなる。さらに、子供が大学に行っても送り迎えをする親もいる。朝の渋滞を避けるために、早朝家を出るので、子供の朝ご飯は車で済ませる場合もある。

渋滞に巻き込まれても、なにごとにも時間厳守な日本と違い、鷹揚なタイ人は日本人のようにイライラすることはない。「รถติด rót tìt 渋滞だ」は、タイ人の間では、遅刻の言い訳として最も多くあげられる理由である。

23 遅くなってごめんなさい

ขอโทษที่มาช้า

khɔ̌ɔ-thôot thîi maa cháa

57

遅れてきて、待っている人に対するお詫び

ชัย	–	ฮานาโกะ ขอโทษนะที่มาช้า รอนานไหม
ฮานาโกะ	–	เกือบชั่วโมง
ชัย	–	รถติดตลอดตั้งแต่ออกจากบ้าน
ฮานาโกะ	–	ทำไมไม่โทรมาบอก
ชัย	–	ผมลืมเอามือถือมา แล้วทาโรล่ะ
ฮานาโกะ	–	ทาโรก็ยังไม่มา สงสัยรถติดเหมือนกัน

Chai	–	Hanako, khɔ̌ɔ-thôot ná thîi maa cháa. rɔɔ naan mái.
Hanako	–	kʉ̀ap chûa-mooŋ.
Chai	–	ròt tìt talɔ̀ɔt tâŋtɛ̀ɛ ʔɔ̀ɔk càak bâan.
Hanako	–	thammai mâi thoo maa bɔ̀ɔk.
Chai	–	phǒm lʉʉm ʔao mʉʉ-thʉ̌ʉ maa. lɛ́ɛo Taro lâʔ.
Hanako	–	Taro kɔ̂ yaŋ mâi maa. sǒŋsǎi rót tìt mʉ̌an kan.

語句

ขอโทษ	khɔ̌ɔ-thôot	謝る
รอ	rɔɔ	待つ
นาน	naan	時間が長い
เกือบ	kɨ̀ap	ほとんど
ชั่วโมง	chûa-mooŋ	～時間
รถติด	rót tìt	渋滞
ตลอด	talɔ̀ɔt	ずっと
ตั้งแต่	tâŋtɛ̀ɛ	～から（時間）
จาก	càak	～から（場所）
ทำไม	thammai	なぜ、どうして（疑問詞）
โทร(ศัพท์)	thoo（rasàp）	電話する
บอก	bɔ̀ɔk	伝える
มือถือ	mɨɨ-thɨ̌ɨ	携帯（電話）
สงสัย	sǒŋsǎi	疑う

23.1 「～してごめんなさい」「ขอโทษที่ khɔ̌ɔ-thôot thîi ～」

「Aที่ thîi B」はある感情や感覚の背景となる具体的な状況や原因を説明するときに用いられる。Aは、感情または感覚を表す語句、または文であり、Bは、Aの背景となる具体的な原因や状況を表す句や文である。「Aว่า wâa B」は間違った言い方なので、注意してもらいたい。

1. ขอบคุณนะครับที่พาผมเที่ยวกรุงเทพฯ
   khɔ̀ɔp-khun ná khráp thîi phaa phǒm thîao Kruŋthêep.
   バンコクを案内してくださってありがとうございます。

2. ขอโทษนะคะที่ตอบเมล์ช้า

khɔ̌ɔ-thôot ná khá thîi tɔ̀ɔp mee cháa.

メールの返信が遅くなってすみません。

3. ฉันโมโหที่เขาคุยกันเสียงดัง

chán moohǒo thîi kháo khui kan sǐaŋ daŋ.

彼らは大きな声でしゃべっていたので、私は腹が立った。

4. ผมตื่นเต้นที่จะได้เห็นดาวตก

phǒm tʉ̀ʉn-tên thîi ca dâi hěn daao-tòk.

僕は、流れ星が見られるので、興奮しています。

พา....เที่ยว phaa....thîao 案内する ／ ตอบเมล์ tɔ̀ɔp mee メールの返信をする ／ โมโห moohǒo 腹立つ ／ คุยกัน khui kan しゃべる ／ เสียงดัง sǐaŋ daŋ 大きな声／ตื่นเต้น tʉ̀ʉn-tên 興奮する ／ เห็น hěn 見る、見える

23.2 「ほとんどの～」「เกือบ kʉ̀ap ～」

เกือบ kʉ̀ap は名詞や類別詞の前につく前置詞で、後続する名詞（あるいは類別詞が示す名詞）の大部分を表す。「数詞＋類別詞」が続くと、その数字には満たないが極めて近い値であることを示す。

1. ผมเคยอยู่เมืองไทยเกือบห้าปี

phǒm khəəi yùu mʉaŋ thai kʉ̀ap hâa pii.

僕は５年ほどタイに住んでいたことがある。

2. นักศึกษาคณะนี้เกือบทุกคนเป็นผู้หญิง

nák-sʉ̀ksǎa khaná? níi kʉ̀ap thúk khon pen phûu-yǐŋ.

この学部の学生はほとんどが女子学生だ。

3. เมื่อก่อน ตอนปีใหม่ ร้านอาหารแถวนี้ปิดเกือบทุกร้าน

mʉ̂a kɔ̀ɔn tɔɔn pii-mài ráan ʔaahǎan thɛ̌ɛo níi pìt kʉ̀ap thúk ráan.

昔、正月はこの辺りの食堂はほとんど休みだった。

4. แอปเปิ้ลกล่องนี้เน่าเกือบทุกลูก

ʔɛ́ppə̂n klɔ̀ɔŋ níi nâo kʉ̀ap thúk lûuk.

この箱のリンゴはほとんど腐っている。

……………………………………………

คณะ khanáʔ 学部 ／ ผู้หญิง phûu-yǐŋ 女性 ／ เมื่อก่อน mʉ̂a kɔ̀ɔn 昔／ ปีใหม่ pii-mài 新年 ／ แถวนี้ thɛ̌ɛo níi この辺り ／ กล่อง klɔ̀ɔŋ 箱 ／ เน่า nâo 腐った ／ ลูก lûuk 丸いものの類別詞

23.3 「ずっと～する」「～の間ずっと」 「～ตลอด talɔ̀ɔt 」「ตลอด talɔ̀ɔt～」

「動詞（句）＋ตลอด talɔ̀ɔt 」「ずっと～する」

「ตลอด talɔ̀ɔt ＋名詞」「～の間ずっと」

ตลอด talɔ̀ɔt は時間的、空間的の継続を表す言葉で、動詞（句）の後ろに付いて、副詞として単独に用いられたり、前置詞として名詞が後ろに続いたりする。

1. เมื่อวานนี้ฝนตกตลอดวัน ออกไปเดินเล่นไม่ได้

mʉ̂a-waan-níi fǒn tòk talɔ̀ɔt wan, ʔɔ̀ɔk pai dəən-lên mâi dâi.

昨日は一日中雨が降っていて、散歩に出かけられなかった。

2. ริมทาง ปลูกต้นซากุระตลอดทาง

rim thaaŋ plùuk tôn saakuráʔ talɔ̀ɔt thaaŋ.

道沿いにずっと桜の木を植えている。

3. เราเข้าแถวรอ ต้องยืนตลอดสองชั่วโมง

rao khâo thɛ̌ɛo rɔɔ, tɔ̂ŋ yʉʉn talɔ̀ɔt sɔ̌ɔŋ chûa-mooŋ.

私たちは列に並んで待っていて、２時間ずっと立っていなくてはならなかった。

4. ระหว่างประชุม เขาสูบบุหรี่ตลอด

ráwàaŋ prachum kháo sùup burìi talɔ̀ɔt.

会議の間、彼はずっとタバコを吸っていた。

....

เดินเล่น dəən-lên 散歩する ／ ริม rim 沿い ／ ทาง thaaŋ 道 ／ ปลูก plùuk 植える ／ ต้นซากุระ tôn saakurá? 桜の木 ／ เข้าแถว khâo thɛ̌ɛo 列に並ぶ ／ ระหว่าง ráwàaŋ 間 ／ ประชุม prachum 会議

23.4 「～から」

「ตั้งแต่ tâŋtɛ̀ɛ ～」「จาก càak ～」

どちらも「～から」と起点を表す前置詞であるが、基本的にตั้งแต่ tâŋtɛ̀ɛ は時間を表す言葉の前に付く。一方、จาก càak は空間を表す言葉の前に付く。

1. มะลิดูหนังสือตั้งแต่สองทุ่มถึงเที่ยงคืน

Má?lí? duu náŋsɯ̌ɯ tâŋtɛ̀ɛ sɔ̌ɔŋ thûm thɯ̌ŋ thîaŋ khɯɯn.

マリは夜の８時から12時まで勉強する。

2. ชัยอยู่คนเดียวมาตั้งแต่เด็ก

Chai yùu khon diao maa tâŋtɛ̀ɛ dèk.

チャイは子供の頃から一人暮らしだ。

3. ฝนตกมาตั้งแต่เช้า

fǒn tòk maa tâŋtɛ̀ɛ cháao.

朝から雨が降っている。

4. ผมทำงานที่นี่มาตั้งแต่เรียนอยู่ปี 3

phǒm tham-ŋaan thîi nîi maa tâŋtɛ̀ɛ rian yùu pii sǎam.

僕は（大学）３年生の時からここで働いている。

5. เขาออกจากบ้านมาตั้งแต่บ่ายสามโมง

khǎo ʔɔ̀ɔk càak bâan maa tâŋtɛ̀ɛ bàai sǎam mooŋ.

彼女は午後３時から家を留守にしている（家から出ている）。

6. เขาจบจากมหาวิทยาลัยโอซาการึหรือครับ

khǎo còp càak mahǎawítthayaalai Osaka rʉ̌ʉ khráp.

彼は大阪大学を卒業したのですか？

7. คุณยามาดะจะออกจากโรงแรมตั้งแต่วันที่ 10

khun Yamada ca ʔɔ̀ɔk càak rooŋ-rɛɛm tâŋtɛ̀ɛ wan thîi sìp.

ヤマダさんは10日にホテルを出る予定だ。

8. คุณศักดิ์ออกจากโรงพยาบาลแล้วหรือ

khun Sàk ʔɔ̀ɔk càak rooŋ-phayaabaan lɛ́ɛo rʉ̌ʉ.

サックさんはもう退院した？

สองทุ่ม sɔ̌ɔŋ thûm 午後８時 ／ เที่ยงคืน thîaŋ khʉʉn 午前０時 ／ บ่ายสามโมง bàai sǎam mooŋ 午後３時 ／ จบจาก ～ còp càak ～ ～を卒業する ／ โรงแรม rooŋ-rɛɛm ホテル／ ออกจากโรงพยาบาล ʔɔ̀ɔk càak rooŋ- phayaabaan 退院する

23.5 「～じゃないかしら」「สงสัย(จะ) sǒŋsǎi (ca) ～」

สงสัย sǒŋsǎi は「疑う」という意味の動詞であるが、動詞（句）、述語、文の前に付くと、目の前にしている出来事や状況の原因または結果を推測する表現として用いられる。「สงสัยจะ sǒŋsǎi ca～」という形で用いられることも多くある。

1. เขาไม่ทาน สงสัยจะไม่ชอบ

khǎo mâi thaan, sǒŋsǎi ca mâi chɔ̂ɔp.

彼女は食べていない。好きじゃないのだろう。

2. ชัยมาสาย สงสัยรถติด

Chai maa sǎai, sǒŋsǎi rót tìt.

チャイは遅刻している。渋滞しているんじゃないかな。

3. คุณยามาดะหยุดงาน สงสัยไม่สบาย

khun Yamada yùt ŋaan, sǒŋsǎi mâi sabaai.

ヤマダさんは仕事を休んだ。病気じゃないかしら。

4. เขาไม่ไปเที่ยว สงสัยงานจะยุ่งมาก

kháo mâi pai thîao, sǒŋsǎi ŋaan ca yûŋ mâak.

彼は遊びに行かない。仕事が忙しいのじゃないかしら。

5. ฉันตื่นสาย สงสัยวันนี้ไปทำงานไม่ทัน

chán tɨ̀ɨn sǎai, sǒŋsǎi wan-níi pai tham-ŋaan mâi than.

私は朝寝坊した。今日は会社に間に合わないのじゃないかしら。

6. ถ้าฉันสอบวิชานี้ไม่ผ่าน สงสัยจะไม่จบ

thâa chán sɔ̀ɔp wíchaa níi mâi phàan, sǒŋsǎi ca mâi còp.

この科目を通らなかったら、私は卒業できないのじゃないかしら。

....

หยุดงาน yùt ŋaan 仕事を休む ／ ไม่สบาย mâi sabaai 具合が悪い ／ ยุ่ง yûŋ 忙しい／ ตื่นสาย tɨ̀ɨn sǎai 朝寝坊する／ ทัน than 間に合う／ วิชา wíchaa 科目／ สอบ sɔ̀ɔp 試験を受ける／ ผ่าน phàan 通る／ จบ còp 卒業する

練 習 問 題

1．和訳をしなさい。

(1) ผมผิดหวังที่เขาไม่รักษาสัญญา　phǒm phìt-wǎŋ thîi kháo mâi ráksǎa sǎnyaa.

(ผิดหวัง phìt-wǎŋ がっかりする／รักษา ráksǎa 守る／สัญญา sǎnyaa 約束)

(2) ที่โอซากา ตอนนี้อุณหภูมิเกือบ40องศา

thîi Osaka tɔɔn-níi ʔunhaphuum kɨ̀ap sìi-sìp ʔoŋsǎa.

(อุณหภูมิ ʔunhaphuum 温度、気温／องศา ʔoŋsǎa ℃)

(3) ถนนสายนี้วันเวย์ตลอดสาย　thanǒn sǎai níi wanwee talɔ̀ɔt sǎai.

(ถนน thanǒn 道路／สาย sǎai 線、～本（道路の類別詞）／วันเวย์ wanwee 一方通行)

(4) ตั้งแต่เดือนเมษายนปีหน้า ภาษีบริโภคจะขึ้นเป็น 10% หรือคะ

tâŋtɛ̀ɛ dʉan meesǎayon pii nâa, phaasǐi-bɔɔriphôok ca khʉ̂n pen sìp pəəsen rʉ̌ʉ khá.

(เดือนเมษายน dʉan meesǎayon 4月／ปีหน้า pii nâa 来年／ภาษีบริโภค phaasǐi-bɔɔriphôok 消費税／ขึ้นเป็น khʉ̂n pen ～にあがる)

(5) ขอโทษนะคะ คุณโทรมาจากไหนคะ － จากโอซากาค่ะ

khɔ̌ɔ-thôot ná khá, khun thoo maa càak nǎi khá. - càak Osaka khâ.

(6) เด็กคนนั้นร้องไห้ สงสัยจะหลงทาง　dèk khon nán rɔ́ɔŋhâi, sǒŋsǎi ca lǒŋ thaaŋ.

(เด็ก dèk 子ども／ร้องไห้ rɔ́ɔŋhâi 泣く／หลงทาง lǒŋ thaaŋ 迷子になる)

2．タイ語に訳しなさい。

(1) あなたの結婚式に出席できなくて残念です。

(結婚式 งานแต่งงาน ŋaan tɛ̀ɛŋ-ŋaan／出席する ไปร่วม pai rûam／残念である เสียใจ sǐa-cai)

(2) 毎日ハンバーガーを食べなければならないので、飽きています。

(毎日 ทุกวัน thúk wan／ハンバーガー แฮมเบอร์เกอร์ hɛɛmbəəkə̂ə／飽きる เบื่อ bʉ̀a)

(3) 彼は殆ど毎日遅刻です。(遅刻だ มาสาย, ไปสาย maa sǎai, pai sǎai)

(4) 僕は20年間この車にずっと乗っています。(車に乗る ขับรถ khàp rót)

(5) 駅から家までの道はずっと坂道です。(坂道 ทางชัน thaaŋ-chan)

(6) 家から駅までどうやって行きますか？ － 自転車で行きます。

(7) 電気が消えているので、誰もいないんじゃないかしら。

(電気が消える ไฟปิด,ไฟดับ fai pìt, fai dàp)

23

基礎語彙　乗り物のトラブル

รถชนกัน	rót chon kan	車同士が衝突する
รถไฟตกราง	rót-fai tòk raaŋ	電車が脱線する
รถคว่ำ	rót khwâm	車がひっくり返る
รถตาย	rót taai	車が動かなくなる
รถติด	rót tìt	渋滞（する）
รถชนคน	rót chon khon	車が人に衝突する
รถชนท้าย	rót chon tháai	車が追突する

コラム 17

曜　日

タイ語では、日本語と同じように、曜日の名前は星の名前がつけられている。日曜日は「**วันอาทิตย์** wan ʔaathít（曜日・太陽）」、月曜日は「**วันจันทร์** wan can（曜日・月）」、火曜日は「**วันอังคาร** wan ʔaŋkhaan（曜日・火星）」、水曜日は「**วันพุธ** wan phút（曜日・水星）」、木曜日は「**วันพฤหัสบดี** wan pháruʉhàtsabɔɔdii（曜日・木星）」、金曜日は「**วันศุกร์** wan sùk（曜日・金星）」、そして土曜日は「**วันเสาร์** wan sǎo（曜日・土星）」という。それぞれの曜日には、タイ占星術に由来する意味がある。日本人が血液型で人の性格や相性を判断したりするように、タイ人にとっては人の性格や運命、対人関係などを生まれた曜日で占うことがある。子供の名前にも、生まれた曜日によって、使った方がよい文字と使うと不吉な名前になる文字が決められている。日本の新聞や雑誌の占いでは、星座や血液で占うが、タイは星座と生まれた曜日で占う。特に新聞での占いは生まれた曜日で占うことが一般的である。生まれた曜日に重要な意味があるため、タイ人は皆、自分の生まれた曜日を覚えている。また、日本では冠婚葬祭の儀式を行う日を選ぶ際に六曜を参考にするように、タイにおいては、曜日が様々な行事を行うのに重要視されている。たとえば、結婚式は水曜日に、お葬式は金曜日に行ってはいけないとされている。水曜日の支配惑星である水星は、変転の星と呼ばれており、安定を求められる結婚生活に悪い影響を与えると思われている。そして、金曜日はタイ語では「**วันศุกร์** wan sùk（曜日・金星）」と呼ばれ、「sùk（金星）」は「**ความสุข** khwaam-sùk（こと・幸せである」の「sùk（幸せである）」と同音であり、また金曜日を支配している金星は恋愛や幸せの星であるため、悲しい行事を行うのに相応しくないとされている。また、木曜日は恩師の日（**วันครู** wan-khruu 曜日・恩師）であるので、毎年学校や大学で行われる、恩師に対する感謝を表す「**วันไหว้ครู** wan-wâi(wâai)-khruu（曜日・拝む・恩師）は木曜日に行われる、など。

24 名字が同じです

นามสกุลเดียวกัน

naam-sakun diao kan

59

มะลิ – ใครคือคุณซากุระ ทานากะคะ

ทาโร – คนที่ใส่เสื้อสีส้มโน่นครับ

มะลิ – เขาเป็นอะไรกับคุณหรือคะ

ทาโร – เปล่าครับ เขาไม่ได้เป็นอะไรกับผมครับ

มะลิ – ทำไมนามสกุลเดียวกับคุณคะ

ทาโร – คนญี่ปุ่นที่นามสกุลเดียวกัน แต่ไม่ได้เป็นอะไรกันมีมากครับ

มะลิ – งั้นหรือคะ

Máʔlíʔ – khrai khʉʉ khun Sakura Tanaka khá.

Taro – khon thîi sài sʉ̂a sǐi sôm nôon khráp.

Máʔlíʔ – kháo pen ʔarai kàp khun rʉ̌ʉ khá.

Taro – plàao khráp. kháo mâi dâi pen ʔarai kàp phǒm khráp.

Máʔlíʔ – thammai naam-sakun diao kàp khun khá.

Taro – khon yîipùn thîi naam-sakun diao kan, tɛ̀ɛ mâi dâi pen ʔarai kan mii mâak khráp.

Máʔlíʔ – ŋán rʉ̌ʉ khá.

語句

60

ที่	thîi	（関係代名詞）
สีส้ม	sǐi sôm	オレンジ色
นามสกุล	naam-sakun	名字
เดียวกัน	diao kan	同一な
เดียวกับ	diao kàp	～と同一な

24.1 「AはBである」「Aคือ khɯɯ B」

AがBであることを特定して、指示する場合に用いる。この場合、AとBは完全に重なりあう同一のものなので、「BはAである」ことも成り立つ。1課で学習した「เป็น pen」と間違いやすいので注意が必要である。否定形は「Aไม่ใช่ mâi châi B（AはBではない）」である。「はい」または「いいえ」という返事を求める疑問詞を使って疑問文にする場合、ไหม mái を使うことはなく、หรือ rɯ̌ɯ またはใช่ไหม châi mái を使うことが普通である。

1. บ้านสีแดงหลังนั้นคือบ้านผม
bâan sǐi dɛɛŋ lǎŋ nán khɯɯ bâan phǒm.
その赤色の家は僕の家です。

2. ก่อนอื่น ผมอยากทราบว่า ใครคือผู้ปกครองของเด็กคนนี้
kɔ̀ɔn ʔɯ̀ɯn phǒm yàak sâap wâa khrai khɯɯ phûu-pòkkhrɔɔŋ khɔ̌ɔŋ dèk khon níi.
まず誰がこの子の保護者なのか僕は知りたい。

3. ฉันคือ โยโกะ ยามาดะค่ะ
chán khɯɯ Yoko Yamada khâ.
私はヤマダヨウコです。

4. แมวสีขาวตัวนั้นไม่ใช่แมวผมครับ แมวผมสีดำครับ

mɛɛo sǐi khǎao tua nán mâi châi mɛɛo phǒm khráp. mɛɛo phǒm sǐi dam khráp.

その白猫は僕の猫ではありません。僕の猫は黒色です。

5. แมวตัวนั้นไม่ใช่แมวคุณหรือคะ แล้วแมวคุณคือแมวตัวไหนคะ

mɛɛo tua nán mâi châi mɛɛo khun rʉ̌ʉ khá. lɛ́ɛo mɛɛo khun khʉʉ mɛɛo tua nǎi khá.

その猫はあなたの猫ではないのですか？ではあなたの猫はどの猫ですか？

6. รถสีเหลืองคันนั้นคือรถคุณใช่ไหมคะ

rót sǐi lʉ̌aŋ khan nán khʉʉ rót khun châi mái khá.

その黄色の車はあなたの車ですよね。

....

หลัง lǎŋ 「〜軒」家屋の類別詞 ／ ก่อนอื่น kɔ̀ɔn ʔʉ̀ʉn まず ／ ผู้ปกครอง phûu-pòkkhrɔɔŋ 保護者 ／ แมว mɛɛo 猫 ／ สีเหลือง sǐi lʉ̌aŋ 黄色

24.2 「関係詞のที่ thîi 」

ที่ thîi には「場所」という名詞としての意味や、場所を表す名詞の前に付く前置詞としての働きの他にもいくつかの用法があり、関係詞としての用法もその一つである。語順は英語と同じで「修飾される名詞（先行詞）＋ที่ thîi ＋修飾する節」だが、英語のように関係代名詞と関係副詞の区別はなく、先行詞の性格に関らず、すべてที่ thîi を用いる。ที่ thîi の後ろに来る節はที่ thîi の前にある名詞（先行詞）の状態、条件を特定する。

1. ปีที่เกิดแผ่นดินไหวที่โกเบคือปี 1995

pii thîi kə̀ət phɛ̀ɛn-din-wǎi thîi Kobe khʉʉ pii phan kâo rɔ́ɔi kâo sìp hâa.

神戸で地震が起きた年は1995年だ。

2. คนญี่ปุ่นที่ชื่อยามาดะมีมาก

khon yîipùn thîi chʉ̂ʉ Yamada mii mâak.

ヤマダという名前の日本人はたくさんいる。

3. ภูเขาที่สวยที่สุดในญี่ปุ่นคือภูเขาไฟฟูจิ

phuukhǎo thîi sǔai thîisùt nai yîipùn khʉʉ phuukhǎo-fai Fuji.

日本で最も美しい山は富士山だ。

4. โตเกียวเป็นเมืองหลวงที่มีประชากรมากที่สุดในโลก

Tokyo pen mʉaŋ lǔaŋ thîi mii prachaakɔɔn mâak thîisùt nai lôok.

東京は世界で最も人口の多い首都だ。

แผ่นดินไหว phɛ̀ɛn-din-wǎi 地震 ／ ภูเขา phuukhǎo 山 ／ ภูเขาไฟ phuukhǎo-fai 火山 ／ ที่สุด thîisùt 最も ／ ประชากร prachaakɔɔn 人口

24.3 「AはBとどんな関係か？」「A เป็นอะไรกับ pen ʔarai kàp B 」

①「Aเป็นอะไรกับ pen ʔarai kàp B」「AはBとどんな関係か？」

②「Aกับ kàp Bเป็นอะไรกัน pen ʔarai kan 」「AとBはどんな関係か？」

AとBの関係を尋ねる疑問文である。どんな関係であるかを表現する場合は、อะไร ʔarai の位置にその関係を入れればよい。否定形は「Aไม่ได้เป็นอะไรกับ mâi dâi pen ʔarai kàp B」または、「Aกับ kàp Bไม่ได้เป็นอะไรกัน mâi dâi pen ʔarai kan 」

1. ภรรยาคุณทานากะกับภรรยาคุณยามาดะเป็นพี่น้องกัน

phanrayaa khun Tanaka kàp phanrayaa khun Yamada pen phîi-nɔ́ɔŋ kan.

タナカさんの奥さんとヤマダさんの奥さんは姉妹です。

2. สาลี่เป็นเพื่อนกับนิศาตั้งแต่เด็ก
   Sǎalîi pen phɯ̂an kàp Nisǎa tâŋtɛ̀ɛ dèk.
   サーリーは子供の頃からニサーと友だちです。

3. ผู้ชายที่เดินกับคุณเมื่อวานนี้เป็นอะไรกับคุณหรือ – เขาเป็นเจ้านายฉัน
   phûu-chaai thîi dəən kàp khun mɯ̂a-waan-níi pen ʔarai kàp khun rɯ̌ɯ.
         – kháo pen câo-naai chán.
   昨日あなたと歩いていた男の人はあなたとどんな関係ですか？ – 彼は私の上司です。

4. คุณซูซูกิกับคุณยามาโมโตเป็นอะไรกัน – คุณซูซูกิเป็นลูกน้องคุณยามาโมโต
   khun Suzuki kàp khun Yamamoto pen ʔarai kan.
         – khun Suzuki pen lûuk-nɔ́ɔŋ khun Yamamoto.
   スズキさんとヤマモトさんはどんな関係ですか？ – スズキさんはヤマモトさんの部下です。

5. คุณเป็นอะไรกับคุณฮิโรชิ – เปล่า เราไม่ได้เป็นอะไรกัน
   khun pen ʔarai kàp khun Hiroshi. – plàao. rao mâi dâi pen ʔarai kan.
   あなたはヒロシとどんな関係ですか？ – いいえ、私たちは何の関係もありません。

ภรรยา phanrayaa 妻 ／ พี่น้อง phîi-nɔ́ɔŋ 兄弟姉妹 ／ เพื่อน phɯ̂an 友だち ／ เจ้านาย câo-naai 上司 ／ ลูกน้อง lûuk-nɔ́ɔŋ 部下

24.4 「同一の〜」「〜เดียวกัน diao kan」

13課（13.2）で「A เดียวกับ B　A diao kàp B、Bと同一のA」を学習したが、「名詞／類別詞 + เดียวกัน diao kan」で「同一の〜」という意味になる。ここでは複数の動作主を主語にして「A กับ kàp B +動詞（句）+名詞／類別詞 + เดียวกัน diao kan」「AとBは同じ〜で（を、に）…する」のパターンを学習する。

1. มดกับช้างเรียนอยู่มหาวิทยาลัยเดียวกัน

Mót kàp Cháaŋ rian yùu mahǎawítthayaalai diao kan.

モットとチャーンは同じ大学で勉強している。

2. สามีฉันกับสามีคุณเคโกะทำงานบริษัทเดียวกัน

sǎamii chán kàp sǎamii khun Keiko tham-ŋaan bɔɔrisàt diao kan.

私の主人とケイコさんのご主人は同じ会社に勤めている。

3. ผมกับคุณทานากะขึ้นเครื่องบินลำเดียวกัน

phǒm kàp khun Tanaka khʉ̂n khrʉ̂aŋ-bin lam diao kan.

僕とタナカさんは同じ飛行機に乗った。

4. เขากับฉันมาญี่ปุ่นปีเดียวกัน

kháo kàp chán maa yîipùn pii diao kan.

彼女と私は同じ年に日本に来た。

สามี sǎamii 夫 ／ ลำ lam ～機（飛行機の類別詞）

24

練習問題

1．和訳をしなさい。

(1) เมืองหลวงเมืองแรกของไทยคือสุโขทัย

mʉaŋ-lŭaŋ mʉaŋ rɛ̂ɛk khɔ̌ɔŋ thai khʉʉ Sùkhŏothai.

（เมืองหลวง mʉaŋ-lŭaŋ　首都／เมือง mʉaŋ　町／แรก rɛ̂ɛk　最初の）

(2) ดอกไม้ประจำชาติของญี่ปุ่นไม่ใช่ดอกซากุระหรือคะ

dɔ̀ɔk-máai pracam-châat khɔ̌ɔŋ yîipùn mâi châi dɔ̀ɔk saakurá? rʉ̌ʉ khá.

（ดอกไม้ประจำชาติ dɔ̀ɔk-máai pracam-châat 国花／ดอกซากุระ dɔ̀ɔk-saakurá? 桜の花）

(3) ดอกไม้ที่เป็นสัญลักษณ์ของศาสนาพุทธคือดอกบัว

dɔ̀ɔk-máai thîi pen sănyalák khɔ̌ɔŋ sàatsanăa-phút khʉʉ dɔ̀ɔk-bua.

（ดอกไม้ dɔ̀ɔk-máai　花／สัญลักษณ์ sănyalák　シンボル／ศาสนาพุทธ sàatsanăa-phút 仏教／ดอกบัว dɔ̀ɔk-bua 蓮の花）

(4) ฉันกับเขาเป็นเพื่อนกัน ไม่ได้เป็นแฟนกัน

chán kàp kháo pen phʉ̂an kan. mâi dâi pen fɛɛn kan.（แฟน fɛɛn 恋人）

(5) น้องสาวฉันกับน้องชายเขาทำงานพิเศษร้านอาหารไทยร้านเดียวกัน

nɔ́ɔŋ-săao chán kàp nɔ́ɔŋ-chaai kháo tham ŋaan-phísèet ráan ʔaahăan thai　ráan diao kan.（น้องสาว nɔ́ɔŋ-săao　妹／น้องชาย nɔ́ɔŋ-chaai 弟 ）

2．タイ語に訳しなさい。

(1) 僕の故郷は大阪ではない。（故郷　บ้านเกิด　bâan-kə̀ət）

(2) タイで一番古い大学はチュラーロンコーン大学です。（古い เก่าแก่ kào-kɛ̀ɛ ／チュラーロンコーン大学 จุฬาลงกรณ์มหาวิทยาลัย Culaaloŋkɔɔn mahăawítthayaalai）

(3) あそこにいる赤いズボンを履いている男性と緑のブラウスを着ている女性はどんな関係ですか。　－　彼らは夫婦です。（ズボン กางเกง kaaŋkeeŋ／履く、着る ใส่ sài／スカート กระโปรง kraprooŋ ／夫婦 สามีภรรยา săamii-phanrayaa）

(4) タロウとジロウは兄弟ではないんですか。（兄弟　พี่น้อง phîi-nɔ́ɔŋ ）

(5) 私たちは同じ会社で働いたことがあります。

基礎語彙　นัก nák- で始まる職業

นักร้อง	nák-rɔ́ɔŋ	歌手
นักแสดง(ดารา)	nák-sadɛɛŋ（daaraa）	俳優、タレント
นักพากย์	nák-phâak	声優、弁士
นักดนตรี	nák-dontrii	音楽家
นักกีฬา	nák-kiilaa	スポーツ選手
นักเขียน	nák-khǐan	作家
นักธุรกิจ	nák-thúrákìt	ビジネスマン
นักการเมือง	nák-kaan-mʉaŋ	政治家
นักวิจัย	nák-wícai	研究者
นักวิชาการ	nák-wíchaa-kaan	学者
นักเรียน	nák-rian	学生
นักศึกษา	nák-sʉ̀ksǎa	大学生
นักเบสบอล	nák-béetbɔɔn	野球選手
นักฟุตบอล	nák-fútbɔɔn	サッカー選手
นักว่ายน้ำ	nák-wâai-náam	水泳選手
นักมวย	nák-muai	ボクサー

25 たまに作っています

ทำบ้างเหมือนกัน

tham bâaŋ mʉ̌an kan

61

ชัย	–	ขอแนะนำให้คุณรู้จักคุณช้างหน่อยครับ คุณช้างเป็นกุ๊กที่โรงแรมไชโยครับ
ฮานาโกะ	–	สวัสดีค่ะ ฉัน ฮานาโกะค่ะ
ช้าง	–	สวัสดีครับ คุณฮานาโกะอยู่เมืองไทยมานานแล้วหรือครับ
ฮานาโกะ	–	ฉันอยู่มาเกือบปีแล้วค่ะ คุณช้างทำอาหารอะไรบ้างคะ
ช้าง	–	ปกติผมทำอาหารไทย กับอาหารอิตาลีครับ
ฮานาโกะ	–	อาหารญี่ปุ่นล่ะคะ ทำบ้างไหมคะ
ช้าง	–	ทำบ้างเหมือนกันครับ แต่ไม่ถนัด
ฮานาโกะ	–	ทำไมคุณชอบทำอาหารคะ
ช้าง	–	ผมชอบทานครับ เลยอยากลองทำเอง

Chai	–	khɔ̌ɔ nɛ́ʔnam hâi khun rúucàk khun Cháaŋ nɔ̀ɔi khráp. khun Cháaŋ pen kúk thîi rooŋ-rɛɛm Chaiyoo khráp.
Hanako	–	sawàtdii khâ. chán Hanako khâ.
Cháaŋ	–	sawàtdii khráp. khun Hanako yùu mʉaŋ thai maa naan lɛ́ɛo rʉ̌ʉ khráp.
Hanako	–	chán yùu maa kʉ̀ap pii lɛ́ɛo khâ. khun Cháaŋ tham ʔaahǎan ʔarai bâaŋ khá.
Cháaŋ	–	pakatìʔ phǒm tham ʔaahǎan thai kàp ʔaahǎan ʔitalii khráp.
Hanako	–	ʔaahǎan yîipùn lâ khá. tham bâaŋ mái khá.
Cháaŋ	–	tham bâaŋ mʉ̌an kan khráp, tɛ̀ɛ mâi thanàt.
Hanako	–	thammai khun chɔ̂ɔp tham ʔaahǎan khá.
Cháaŋ	–	phǒm chɔ̂ɔp thaan khráp, ləəi yàak lɔɔŋ tham ʔeeŋ.

語句

แนะนำ	nέʔnam	紹介する
รู้จัก	rúucàk	（人などを）知っている
กุ๊ก	kúk	コック、料理人
ปกติ	pakatìʔ	普段
กับ	kàp	と（接続詞）
อิตาลี	ʔitalii	イタリア
ถนัด	thanàt	得意である
เลย	ləəi	だから〜
เอง	ʔeeŋ	自分で〜

25.1 「Bするように（となるように）Aする」「A ให้ hâi B 」

Aは働きかける行動を表す動詞（句）または文であり、BはAの目的または結果となる出来事を表す動詞（句）または文である。働きかける行動を表す文（A）には、働きかける動作を表す動詞が省略される場合がある。たとえば、「ผมบอกให้เขาล้างรถ phǒm bɔ̀ɔk hâi kháo láaŋ rót 彼に洗車をするように僕は言った」は、「บอก bɔ̀ɔk 言う」という動詞が省略され、「ผมให้เขาล้างรถ phǒm hâi kháo láaŋ rót 彼に洗車をするように僕は言った／僕は彼に洗車をさせた」となる。

1. บริษัทสั่งให้พนักงานทุกคนใส่เครื่องแบบสีเขียว
   bɔɔrisàt sàŋ hâi phanákŋaan thúk khon sài khrʉ̂aŋ-bɛ̀ɛp sǐi khǐao.
   会社は社員の皆に緑色の制服を着るように命じた。

2. หมอไม่อนุญาตให้คนไข้สูบบุหรี่
   mɔ̌ɔ mâi ʔanúyâat hâi khon-khâi sùup burìi.
   医者は患者がタバコを吸うことを許さない（医者は患者にタバコを吸わせない）。

3. ฉันจะทำอาหารไทยให้เขาทาน

chán ca tham ʔaahǎan thai hâi kháo thaan.

彼に食べてもらうように私はタイ料理を作る。

4. อาจารย์แนะนำให้เขาเรียนต่อ

ʔaacaan néʔnam hâi kháo rian tɔ̀ɔ.

彼に進学するように先生はアドバイスした。

สั่ง sàŋ 命じる ／ พนักงาน phanákŋaan 社員 ／ ทุกคน thúk khon 皆／ เครื่องแบบ khrʉ̂aŋ-bɛ̀ɛp 制服 ／ อนุญาต ʔanúyâat 許可する、許す／ คนไข้ khon-khâi 患者 ／เรียนต่อ rian tɔ̀ɔ 進学する

25.2 「～を知っている」「รู้จัก rúucàk ～」

日本語の「知っている」はタイ語ではรู้จัก rúucàk とรู้ rúu の二つがある。รู้จัก rúucàk は人や物、場所などの名前を知っている場合に使う。一方、รู้ rúu は方法や知識を知っている場合に使う。

1. เมื่อ 20 ปีก่อน คนญี่ปุ่นไม่ค่อยรู้จักเมืองไทย

mʉ̂a yîi sìp pii kɔ̀ɔn khon yîipùn mâi khɔ̂i rúucàk mʉaŋ thai.

20年前、日本人はタイのことをあまり知らなかった。

2. คุณรู้จักทุเรียนไหม

khun rúucàk thúrian mái.

ドリアンを知っていますか？

3. ฉันรู้จักคุณทานากะดี เขาเป็นเพื่อนแม่ฉัน

chán rúucàk khun Tanaka dii. kháo pen phʉ̂an mɛ̂ɛ chán.

私はタナカさんをよく知っている。彼女は私の母の友だちだ。

4. คนต่างชาติรู้จักเกียวโตดีกว่าโอซากา

khon tàaŋ-châat rúucàk Kyoto dii kwàa Osaka.

外国人は大阪よりも京都の方を知っている。

ก่อน kɔ̀ɔn 前に、過ぎ去った ／ คนต่างชาติ khon tàaŋ-châat 外国人

25.3 「~したりしますか」「~บ้างไหม bâaŋ mái 」

一般的な状況をおおまかに尋ねる表現である。「～บ้างหรือเปล่า ～bâaŋ rʉ̌ʉ plàao 」は一般的にされていることや、されるのが当たり前のことをしているかどうかを尋ねる意味合いがあるのに対し、「～บ้างไหม bâaŋ mái 」はそのような意味合いはない。

1. เมืองไทย ไต้ฝุ่นเข้าบ้างไหม

mʉaŋ thai tâifùn khâo bâaŋ mái.

タイは台風が来たりしますか？

2. ที่โอซากา หิมะตกบ้างไหม

thîi Osaka hìmá? tòk bâaŋ mái.

大阪では雪が降ったりしますか？

3. คุณเคยเห็นลูกเห็บตกบ้างไหม

khun khəəi hěn lûuk-hèp tòk bâaŋ mái.

あなたは霰が降るのを見たりしたことがありますか？

4. เมื่อวานนี้ฝนตกหนัก แถวบ้านคุณน้ำท่วมบ้างไหม

mʉ̂a-waan-níi fǒn tòk nàk. thɛ̌ɛo bâan khun náam thûam bâaŋ mái.

昨日大雨が降った。あなたの家の辺りは洪水になったりしていますか？

ไต้ฝุ่น tâifùn 台風 ／ เข้า khâo 入る ／ หิมะ hìmá? 雪 ／ ตก tòk 降る ／ ลูกเห็บ lûuk-hèp 雹、霰 ／ หนัก nàk 激しく ／ ฝนตกหนัก fǒn tòk nàk 大雪が降る ／ แถว thɛ̌ɛo ～辺り ／ น้ำท่วม náam thûam 洪水になる

25.4 「若干、たまに、少し～」
「~บ้างเหมือนกัน bâaŋ mʉ̌an kan 」

บ้าง bâaŋ は動詞（句）の後ろに付いて「若干、少し」という意味で用いられる。また、เหมือนกัน mʉ̌an kan は「同じ」という意味の他に、動詞（句）の後に付いて「ある程度、まあまあ」という意味でも用いられる。この課ではบ้าง bâaŋ とともに後者の意味で用いるパターンである。

1. เมืองไทยได้ฝุ่นเข้าบ้างเหมือนกัน ปีละครั้งสองครั้ง
   mʉaŋ thai tâifùn khâo bâaŋ mʉ̌an kan, pii lá? khráŋ sɔ̌ɔŋ khráŋ.
   タイはたまに台風が来ます。１年に１、２回です。

2. เมื่อวานนี้แถวนี้หิมะตกบ้างเหมือนกัน แต่ไม่มาก
   mʉ̂a-waan-níi thɛ̌ɛo níi hìmá? tòk bâaŋ mʉ̌an kan tɛ̀ɛ mâi mâak.
   昨日この辺では少し雪が降りましたが、たくさんではありませんでした。

3. รถคันนี้ผมขับออกต่างจังหวัดบ้างเหมือนกัน แต่ไม่บ่อย
   rót khan níi phǒm khàp ?ɔ̀ɔk tàaŋ-caŋwàt bâaŋ mʉ̌an kan tɛ̀ɛ mâi bɔ̀ɔi.
   この車は僕がたまに運転して地方に出掛けますが、しょっちゅうではありません。

4. พ่อฉันทานเหล้าบ้างเหมือนกัน แต่ทานไม่มาก
   phɔ̂ɔ chán thaan lâo bâaŋ mʉ̌an kan tɛ̀ɛ thaan mâi mâak.
   私の父は少しお酒を飲みますが、多くないです。

....

ต่างจังหวัด tàaŋ-caŋwàt 地方

25.5 「AのでB」「A เลย ləəi B」

因果関係を表す表現で口語的である。เลย ləəi は結果を表す文の述部の前に置く。

1. พายุเข้า เที่ยวบินวันนี้เลยงดหมดทุกเที่ยว
phaayúʔ khâo, thîao-bin wan-níi ləəi ŋót mòt thúk thîao.
台風が来たので、今日のフライトは全便欠航になった。

2. เคโกะเป็นหวัด วันนี้เลยหยุดงาน
Keiko pen wàt, wan-níi ləəi yùt ŋaan.
ケイコは風邪を引いたので、今日仕事を休んだ。

3. เศรษฐกิจตกต่ำ คนเลยตกงานมาก
sèetthakìt tòk-tàm, khon ləəi tòk ŋaan mâak.
不景気なので、失業者が増えた。

4. หิมะตกหนัก รถเลยติด
hìmáʔ tòk nàk, rót ləəi tìt.
大雪が降ったので、渋滞した。

พายุ phaayúʔ 台風 ／ เข้า khâo 入る ／ เที่ยวบิน thîao-bin フライト ／ เศรษฐกิจ sèetthakìt 経済、景気 ／ ตกต่ำ tòk-tàm 落ち込む ／ เศรษฐกิจตกต่ำ sèetthakìt tòk-tàm 不景気になる ／ ตก tòk 落ちる ／ ตกงาน tòk ŋaan 失業する ／ หนัก nàk ひどく、重い

練　習　問　題

1．和訳をしなさい。

(1) มหาวิทยาลัยไม่อนุญาตให้นักศึกษาขี่มอเตอร์ไซค์ไปเรียน

mahǎawítthayaalai mâi ʔanúyâat hâi nák-sʉ̀ksǎa khìi mɔɔtəəsai pai rian.

（มอเตอร์ไซค์ mɔɔtəəsai　バイク）

(2) ผมจะเขียนแผนที่ให้คุณดู

phǒm ca khǐan phɛ̌ɛn-thîi hâi khun duu.（แผนที่ phɛ̌ɛn-thîi 地図）

(3) ฉันรู้จักคุณพ่อคุณอิชิโร แต่ไม่รู้จักคุณแม่เขา

chán rúucàk khun phɔ̂ɔ khun Ichiro tɛ̀ɛ mâi rúucàk khun mɛ̂ɛ kháo.

(4) ที่เมืองไทยแผ่นดินไหวบ้างไหม

thîi mʉaŋ thai phɛ̀ɛn-din wǎi bâaŋ mái.（แผ่นดินไหว phɛ̀ɛn-din wǎi　地震が起こる）

(5) แถวนี้หิมะตกบ้างเหมือนกัน แต่ตกไม่มาก

thɛ̌ɛo níi hìmáʔ tòk bâaŋ mʉ̌an kan tɛ̀ɛ tòk mâi mâak.

(6) รถติดมาก เลยไปขึ้นเครื่องบินไม่ทัน

rót tìt mâak, ləəi pai khʉ̂n khrʉ̂aŋ-bin mâi than.（ทัน than 間に合う）

2．タイ語に訳しなさい。

(1) 先生は試験室に携帯を持ち込まないように命じた。

（試験室 ห้องสอบ hɔ̂ŋ-sɔ̀ɔp／持ち込む นำ....เข้า,เอา...เข้า nam....khâo, ʔao....khâo）

(2) 彼のことは子供の頃から知っている。（子供の頃 ตอนเป็นเด็ก tɔɔn pen dèk）

(3) 大阪は洪水になったりしたことがありますか。

(4) 僕の兄はたまに朝ご飯を食べないですが、僕は毎日食べます。

(5) タクヤはたまにタクシーで仕事に行くけれど、大体はバスです。

（大体　ส่วนใหญ่ sùan yài）

(6) 車が故障したので、僕は電車で仕事に行った。（故障する　เสีย sǐa）

(7) 今日はとても忙しかったので、昼ご飯を食べる時間がなかった。

（昼ご飯　ข้าวกลางวัน khâao-klaaŋwan ／時間　เวลา weelaa）

基礎語彙　感情表現

ดีใจ	dii-cai	喜ぶ
เสียใจ	sǐa-cai	悲しむ
สุขใจ	sùk-cai	幸せである
เศร้าใจ	sâo-cai	悲しむ
ทุกข์ใจ	thúk-cai	悩む
โมโห	moohǒo	腹立つ
โกรธ	kròot	怒る
เหงา	ŋǎo	寂しがる
กลัว	klua	怖がる
กังวล	kaŋwon	不安である、心配する
อาย	ʔaai	恥ずかしがる
ชอบ	chɔ̂ɔp	好む
รัก	rák	愛する
เกลียด	klìat	嫌う
ผิดหวัง	phìt-wǎŋ	がっかりする
แค้น	khɛ́ɛn	恨む
เจ็บใจ	cèp-cai	惜しむ
ตื่นเต้น	tɨ̀ɨn-tên	興奮する
ตกใจ	tòk-cai	驚く
เบื่อ	bɨ̀a	退屈する、飽きる
สนุก	sanùk	楽しむ
หัวเราะ	hǔarɔ́ʔ	笑う
ร้องไห้	rɔ́ɔŋhâi	泣く

25

26 おめでとう

ดีใจด้วยนะ

dii-cai dûai ná

63

ซากุระ	–	ได้ข่าวว่ามะลิจะแต่งงาน จริงหรือเปล่า
มะลิ	–	จริง
ซากุระ	–	ดีใจด้วยนะ
มะลิ	–	อือ...ขอบใจ
ซากุระ	–	แต่งงานแล้วจะลาออกจากงานไหม
มะลิ	–	แต่งงานแล้วก็ไม่ลาออกหรอก
ซากุระ	–	ถ้ามีลูกล่ะ จะทำงานต่อไปไหม
มะลิ	–	มีลูกก็ทำงานต่อ ไม่ลาออกหรอก
ซากุระ	–	มะลิจะให้ใครดูลูกหรือ
มะลิ	–	จะให้แม่เราดู

Sakura	–	dâi khàao wâa Máʔlíʔ ca tὲɛŋ-ŋaan, ciŋ rʉ̌ʉ plàao.
Máʔlíʔ	–	ciŋ.
Sakura	–	dii-cai dûai ná.
Máʔlíʔ	–	ʔʉʉ, khɔ̀ɔp-cai.
Sakura	–	tὲɛŋ-ŋaan lέɛo, ca laa ʔɔ̀ɔk càak ŋaan mái.
Máʔlíʔ	–	tὲɛŋ-ŋaan lέɛo kɔ̂ mâi laa ʔɔ̀ɔk rɔ̀ɔk.
Sakura	–	thâa mii lûuk lâ, ca tham-ŋaan tɔ̀ɔ pai mái.
Máʔlíʔ	–	mii lûuk kɔ̂ tham-ŋaan tɔ̀ɔ. mâi laa ʔɔ̀ɔk rɔ̀ɔk.
Sakura	–	Máʔlíʔ ca hâi khrai duu lûuk rʉ̌ʉ.
Máʔlíʔ	–	ca hâi mɛ̂ɛ rao duu.

語句

ข่าว	khàao	ニュース
ดีใจด้วย	dii-cai dûai	おめでとう
ขอบใจ	khɔ̀ɔp-cai	ありがとう（対等以下の人に対するお礼の言葉）
ลาออก	laa ʔɔ̀ɔk	辞める
ลูก	lûuk	（親に対する）子供
มีลูก	mii lûuk	子供ができる
....ต่อไป	....tɔ̀ɔ pai	〜し続ける
ดู	duu	見る、面倒を見る
ให้....ดู	hâi....duu	〜見てもらう
เรา	rao	我々、私（友人の間で）

26.1 「〜という噂を聞きました、〜だそうだ」「ได้ข่าวว่า dâi khàao wâa 〜」

伝聞表現の一つで、ว่า wâa の後ろに伝え聞いた内容を続ける。

1. ฉันได้ข่าวว่าที่เมืองไทยปีนี้อากาศหนาวมากใช่ไหมคะ
chán dâi khàao wâa thîi mʉaŋ thai pii níi ʔaakàat nǎao mâak châi mái khá.
私が聞いたところでは、タイは今年とても寒いそうですね。

2. ได้ข่าวว่ารัฐบาลจะขึ้นภาษีอีกแล้ว
dâi khàao wâa rátthabaan ca khʉ̂n phaasǐi ʔìik lɛ́ɛo.
政府がまた税金を上げるそうだ。

3. ได้ข่าวว่าอาจารย์ยามาดะเข้าโรงพยาบาล คุณทราบไหมคะว่าอาจารย์เป็นอะไร
dâi khàao wâa ʔaacaan Yamada khâo rooŋ-phayaabaan.
khun sâap mái khá wâa ʔaacaan pen ʔarai.
ヤマダ先生が入院したそうです。先生がどんな病気か御存じですか？

4. ได้ข่าวว่าตอนนี้กรุงเทพฯน้ำท่วมใช่ไหมครับ

dâi khàao wâa tɔɔn-níi Kruŋthêep náam-thûam châi mái khráp.

今、バンコクは洪水だそうですね。

....

รัฐบาล rátthabaan 政府 ／ ภาษี phaasǐi 税金 ／ เข้าโรงพยาบาล khâo rooŋ-phayaabaan 入院する

26.2 「（たとえ）Aでも、Bする」「AなのにBする」
「（ถึง thʉ̌ŋ）A ก็ kɔ̂(kɔ̂ɔ) B」

逆接表現の一つである。ถึง thʉ̌ŋ はある特定の状況、状態、条件を言い表す節の文または述語 (A)の前に、ก็ kɔ̂(kɔ̂ɔ) は変化、変更しない状態、行動を表す節の述語(B)の前に付ける。ถึง thʉ̌ŋ は省略することもできる。

1. เวลาหิว ไม่ชอบก็ทานได้

weelaa hǐu, mâi chɔ̂ɔp kɔ̂ɔ thaan dâi.

お腹がすいている時は、嫌いでも食べられる。

2. เขาขยันมาก ถึงไม่สบายก็ไปทำงาน

kháo khayǎn mâak. thʉ̌ŋ mâi sabaai kɔ̂ɔ pai tham-ŋaan.

彼女はとても勤勉だ。具合が悪くても仕事に行く。

3. ถึงเศรษฐกิจไม่ดี เขาก็ไม่เดือดร้อน

thʉ̌ŋ sèetthakìt mâi dii, kháo kɔ̂ɔ mâi dʉ̀at-rɔ́ɔn.

たとえ景気が悪くても、彼は困らない。

4. ฝนตก เขาก็ออกไปเดินเล่นทุกวัน

fǒn tòk, kháo kɔ̂ɔ ʔɔ̀ɔk pai dəən-lên thúk wan.

雨が降っても、彼は毎日散歩に出かける。

....

หิว hǐu 空腹の ／ ขยัน khayǎn 勤勉な ／ เศรษฐกิจ sèetthakìt 経済、景気 ／ เดือดร้อน dʉ̀at-rɔ́ɔn 苦しむ、困る ／ ออก ʔɔ̀ɔk 出る ／ เดินเล่น dəən-lên 散歩する

26.3 「AにBをしてもらう」「AにBをさせる」「ให้ hâi ～」

「(主語) ให้ hâi ＋文 (AはBをする)」

ให้ hâi の前に来る主語になる人が ให้ hâi に後続する文または述語が言い表すことを引き起こす。否定形のไม่ให้ mâi hâi は後続する文または述語が言い表すことを許可しないという意味になる。25課を参照。

1. ผมให้หมอโรงพยาบาลนี้ตรวจฟันทุกปี
   phǒm hâi mɔ̌ɔ rooŋ-phayaabaan níi trùat fan thúk pii.
   僕は毎年この病院の医者に歯の検査をしてもらっている。

2. อาจารย์ให้นักศึกษาเขียนรายงาน
   ʔaacaan hâi nák-sʉ̀ksǎa khǐan raaiŋaan.
   先生は学生にレポートを書かせた。

3. พ่อไม่ให้ฉันไปเมืองไทยคนเดียว
   phɔ̂ɔ mâi hâi chán pai mʉaŋ thai khon diao.
   父は私に一人でタイに行かせなかった。

4. บริษัทไม่ให้พนักงานขับรถมา
   bɔɔrisàt mâi hâi phanákŋaan khàp rót maa.
   会社は職員に車で通勤させない。

………………………………………

โรงพยาบาล rooŋ-phayaabaan 病院 ／ ตรวจ trùat 検査する ／ ฟัน fan 歯 ／ รายงาน raaiŋaan レポート(する) ／ คนเดียว khon diao 一人だけ ／ พนักงาน phanákŋaan 職員

練 習 問 題

1．和訳をしなさい。

(1) ได้ข่าวว่านายกรัฐมนตรีจะลาออก

dâi khàao wâa naayók-rátthamontrii ca laa ʔɔ̀ɔk

(2) อาทิตย์หน้า ได้ข่าวว่าพายุจะเข้า

ʔaathít nâa dâi khàao wâa phaayúʔ ca khâo.

（อาทิตย์หน้า ʔaathít nâa 来週／พายุ phaayúʔ 台風／พายุเข้า phaayúʔ khâo 台風がくる）

(3) ร้อนแค่ไหน เขาก็ไม่เคยเปิดแอร์

rɔ́ɔn khɛ̂ɛ nǎi, kháo kɔ̂ mâi khəəi pə̀ət ʔɛɛ.（เปิด pə̀ət つける／แอร์ ʔɛɛ 冷房）

(4) งานแบบนี้ ถึงเงินเดือนดี ฉันก็ไม่อยากทำ

ŋaan bɛ̀ɛp níi thʉ̌ŋ ŋən-dʉan dii chán kɔ̂ mâi yàak tham.（เงินเดือน ŋən-dʉan 給料）

(5) งานรับปริญญา คุณจะให้ใครถ่ายรูปคะ

ŋaan ráp-parinyaa khun ca hâi khrai thàai rûup khá.

（งานรับปริญญา ŋaan ráp-parinyaa 卒業式／ถ่ายรูป thàai rûup 写真を撮る）

(6) ฉันจะให้เพื่อนไปรับที่สนามบิน

chán ca hâi phʉ̂an pai ráp thîi sanǎam-bin.（รับ ráp 迎える／สนามบิน sanǎam-bin 空港）

2．タイ語に訳しなさい。

(1) 今年の新入生は全員女性だそうですね。（新入生 นักศึกษาใหม่ nák-sʉ̀ksǎa mài）

(2) 来月彼は東京に引っ越しするそうですね。

（～に引っ越しする ย้าย(บ้าน)ไป... yáai (bâan) pai...）

(3) 寒くてもアイスクリームがよく売れるそうです。

（アイスクリーム ไอศกรีม ʔaisakriim／よく売れる ขายดี khǎai dii）

(4) この授業は面白くなくても勉強しないといけない。

（授業 วิชา wíchaa／面白い สนุก sanùk）

(5) 彼は部下に車で家まで送ってもらった。（部下 ลูกน้อง lûuk-nɔ́ɔŋ／送る ส่ง sòŋ）

(6) 僕は先輩によくおごってもらった。

（先輩 รุ่นพี่ rûn-phîi／おごる เลี้ยงข้าว líaŋ khâao）

基礎語彙　家事

ทำงานบ้าน	tham ŋaan bâan	家事をする
กวาดบ้าน	kwàat bâan	掃いて掃除する
ถูบ้าน	thǔu bâan	拭き掃除する
หุงข้าว	hǔŋ khâao	ご飯を炊く
ทำกับข้าว	tham kàp-khâao	ご飯を作る
ล้างชาม	láaŋ chaam	皿を洗う
ซักเสื้อ	sák sʉ̂a	洗濯する
รีดเสื้อ	rîit sʉ̂a	アイロンをかける
ตากผ้า	tàak phâa	洗濯物を干す
เก็บผ้า	kèp phâa	洗濯物を取り込む
พับผ้า	pháp phâa	洗濯物をたたむ
เลี้ยงลูก	líaŋ lûuk	子どもの世話をする

27 誰かいますか

มีใครอยู่หรือเปล่า

mii khrai yùu rʉ̌ʉ plàao

65

突然の訪問。マリと友人レックの母親

มะลิ	–	ขอโทษค่ะ มีใครอยู่หรือเปล่าคะ
คุณแม่เล็ก	–	อ้อ...หนูมะลิเอง นึกว่าใคร
มะลิ	–	สวัสดีค่ะคุณป้า
คุณแม่เล็ก	–	หนูไปไหนมาหรือจ๊ะ
มะลิ	–	หนูมาธุระแถวนี้ เลยแวะมาค่ะ คุณป้าสบายดีหรือคะ
คุณแม่เล็ก	–	เรื่อย ๆ จ้ะ หนูเข้าบ้านก่อนซีจ๊ะ
มะลิ	–	ไม่เป็นไรค่ะ เดี๋ยวหนูต้องกลับแล้วค่ะ

Máʔlíʔ	–	khɔ̌ɔ-thôot khâ. mii khrai yùu rʉ̌ʉ plàao khá.
khun mɛ̂ɛ Lék	–	ʔɔ̂ɔ... nǔu Máʔlíʔ ʔeeŋ, nʉ́k wâa khrai.
Máʔlíʔ	–	sawàtdii khâ khun pâa.
khun mɛ̂ɛ Lék	–	nǔu pai nǎi maa rʉ̌ʉ cá.
Máʔlíʔ	–	nǔu maa thúráʔ thɛ̌ɛo níi, ləəi wɛ́ʔ maa khâ. khun pâa sabaai dii rʉ̌ʉ khá.
khun mɛ̂ɛ Lék	–	rʉ̂ai rʉ̂ai câ. nǔu khâo bâan kɔ̀ɔn sii cá.
Máʔlíʔ	–	mâi pen rai khâ. dǐao nǔu tɔ̂ŋ klàp lɛ́ɛo khâ.

語句

หนู	nǔu	～ちゃん、目上に対する自称詞（主に女性と子供）
เอง	ʔeeŋ	自分で、前の名詞を強調する
นึก	nʉ́k	思う、考える
นึกว่า	nʉ́k wâa	～と思う、考える
ธุระ	thúráʔ	用事
แถวนี้	thɛ̌ɛo níi	この辺り
แวะ	wɛ́ʔ	寄る
ป้า	pâa	伯母、おばさん
เรื่อย ๆ	rʉ̂ai rʉ̂ai	まあまあ、ぼちぼち
เข้า	khâo	入る
กลับ	klàp	帰る

27.1 จ้ะ câ จ๊ะ cá จ๋า cǎa という文末詞

ค่ะ khâ , คะ khá , ขา khǎa , ครับ khráp と同じような文末詞である。親子、夫婦、恋人同士、大人と子供、などのように、甘えられる側と甘える側の関係にある人同士の間で、親近感を与えるような気持ちを表すときに使う文末詞である。基本的には จ้ะ câ は叙述文、 จ๊ะ cá は疑問文の文末に、จ๋า cǎa は呼びかける際の呼称詞の後ろ、またはその応答に用いられる。

27.2 存在を表す「ある、いる」「มี mii 」

「มี mii ＋主語（＋述語）」

文の主語が「ヤマダ首相」、「ポチ」などのような固有名詞ではなく、คน khon 、ใคร khrai、หมา mǎa 、บ้าน bâan などのような不特定の名詞であれば、その主語の前に「ある、いる」という存在を表すมี mii を付ける。英語の「there is」、「there are」に当たる表現である。

1. มีเด็กสองคนกำลังเล่นกันอยู่ในสวน
   mii dèk sɔ̌ɔŋ khon kamlaŋ lên kan yùu nai sǔan.
   庭で遊んでいる子どもが二人いる。

2. แถวนี้ มีร้านหนังสืออยู่ร้านเดียว
   thɛ̌ɛo níi mii ráan náŋsɯ̌ɯ yùu ráan diao.
   この辺りは本屋が一軒しかない。

3. ในร้านอาหาร มีคนนั่งทานอยู่เต็มร้าน
   nai ráan ʔaahǎan mii khon nâŋ thaan yùu tem ráan.
   レストランの中には食事をしている人がいっぱいいる。

4. ในห้องนี้ มีเก้าอี้ที่ไม่ได้ใช้ไหม
   nai hɔ̂ŋ níi mii kâoʔîi thîi mâi dâi chái mái.
   この部屋には使っていない椅子がありますか？

   ....
   เล่น lên 遊ぶ ／ เต็ม tem いっぱい、満ちた ／ ห้อง hɔ̂ŋ 部屋 ／ เก้าอี้ kâoʔîi 椅子

27.3 「他ではなく〜だ」「〜เอง ʔeeŋ」

เอง ʔeeŋ は動詞（句）の後ろに付くと、「自分で〜する」という意味であるが、名詞に後続すれば「他ではなく〜だ」と、驚き、不思議な気持ちを表す。自分のことであれば、誤解を訂正する場合のように、先行する名詞を強調する働きもある。

1. กลิ่นไหม้มาจากปลานี่เอง
   klìn mâi maa càak plaa nîi ʔeeŋ.
   焦げ臭いにおいはこの魚のせいだ。

2. นี่หนังสือของคุณยามาดะหรือครับ － ไม่ใช่ค่ะ ของฉันเองค่ะ

nîi náŋsʉ̌ʉ khɔ̌ɔŋ khun Yamada rʉ̌ʉ khráp. – mâi châi khâ. khɔ̌ɔŋ chán ʔeeŋ khâ.

これはヤマダさんの本ですか？ – 違います。私のです。

3. บ้านที่เขาชอบคือบ้านแบบนี้เองหรือ

bâan thîi kháo chɔ̂ɔp khʉʉ bâan bɛ̀ɛp níi ʔeeŋ rʉ̌ʉ.

彼が好きな家はこういう家なんですか？

4. คนที่นั่งรถมากับผม คือภรรยาผมเองครับ

khon thîi nâŋ rót maa kàp phǒm khʉʉ phanrayaa phǒm ʔeeŋ khráp.

僕と車に乗って来た人は僕の妻です。

....

กลิ่น klìn におい ／ ไหม้ mâi 燃える、焦げた ／ ปลา plaa 魚 ／ ภรรยา phanrayaa 妻

27.4 「～かと思っていた」「นึกว่า nʉ́k wâa～」

勘違いしていたり、思っていたことが実際とは違っていた場合の表現である。

1. วันนี้วันจันทร์หรือ ฉันนึกว่าวันอังคาร

wan-níi wan-can rʉ̌ʉ, chán nʉ́k wâa wan-ʔaŋkhaan.

今日って月曜日なの？　私、火曜日かと思ってた。

2. เขาพูดภาษาลาวหรือ ผมนึกว่าภาษาไทย

kháo phûut phaasǎa laao rʉ̌ʉ, phǒm nʉ́k wâa phaasǎa thai.

彼はラオス語を話してたの？　僕はタイ語かと思っていた。

3. ผู้หญิงคนนั้นฉันนึกว่าเป็นลูกสาวเขา

phûu-yǐŋ khon nán chán nʉ́k wâa pen lûuk-sǎao kháo.

あの女の人は彼の娘かと思っていた。

4. ภาษาไทยผมนึกว่ายาก

phaasǎa thai phǒm nʉ́k wâa yâak.

タイ語って僕は難しいと思っていた。

ลาว laao ラオス ／ ลูกสาว lûuk-sǎao 娘 ／ ยาก yâak 難しい

27.5 「とりあえず〜したらどうですか」「〜ก่อนซี kɔ̀ɔn sii 」

「動詞（句）＋ก่อน kɔ̀ɔn（とりあえず〜する）」という表現に、アドバイスをする時に用いるซี sii を文末につけた表現である。

1. เชิญนั่งก่อนซีคะ

chəən nâŋ kɔ̀ɔn sii khá.

とりあえずどうぞお座り下さい。

2. ลองโทรไปถามเขาก่อนซีครับ

lɔɔŋ thoo pai thǎam kháo kɔ̀ɔn sii khráp.

とりあえず彼女に電話して聞いてみたらどうですか。

3. ลองอ่านหนังสือเล่มนี้ดูก่อนซีจ๊ะ

lɔɔŋ ʔàan náŋsʉ̌ʉ lêm níi duu kɔ̀ɔn sii cá.

とりあえずこの本を読んでみなさいよ。

4. ลองชิมดูก่อนซีคะ

lɔɔŋ chim duu kɔ̀ɔn sii khá.

とりあえず味見したらどうですか。

เชิญ chəən どうぞ／ ชิม chim 味見する

練　習　問　題

1．和訳をしなさい。

(1) ผู้โดยสารในเครื่องบินมีคนญี่ปุ่นหรือเปล่า

phûu-dooi-sǎan nai khrʉ̂aŋ-bin mii khon yîipùn rʉ̌ʉ plàao

（ผู้โดยสาร phûu-dooi-sǎan　乗客）

(2) ค่าตั๋วเครื่องบินไปเมืองไทย 3 หมื่นเยนเองหรือ ถูกจังเลยนะ

khâa-tǔa khrʉ̂aŋ-bin pai mʉaŋ thai sǎam mʉ̀ʉn yeen ʔeeŋ rʉ̌ʉ.thùuk caŋ ləəi ná.

(3) เขาแต่งงานแล้วหรือ ผมนึกว่าเป็นโสด

kháo tɛ̀ɛŋ-ŋaan lɛ́ɛo rʉ̌ʉ. phǒm núk wâa pen sòot.（เป็นโสด pen sòot 独身である）

(4) ฉันนึกว่าดอกซากุระบานทั้งปี　　chán nʉ́k wâa dɔ̀ɔk-saakuráʔ baan tháŋ pii.

（บาน baan 咲く／ทั้งปี tháŋ pii 一年中）

(5) จะเรียนต่อดีหรือไม่ ลองปรึกษาอาจารย์ดูก่อนซี

ca rian-tɔ̀ɔ dii rʉ̌ʉ mâi, lɔɔŋ prʉ̀ksǎa ʔaacaan duu kɔ̀ɔn sii.

（เรียนต่อ rian-tɔ̀ɔ　進学する／ปรึกษา prʉ̀ksǎa 相談する）

2．タイ語に訳しなさい。

(1) 冷蔵庫の中にビールが３本入っている。（冷蔵庫 ตู้เย็น tûu-yen ）

(2) その靴は私のものです。ハナコさんのものではない。

（靴 รองเท้า rɔɔŋ-tháao／その靴 รองเท้าคู่นั้น rɔɔŋ-tháao khûu nán ）

(3) 日本人は毎日和服を着ているかと思っていた。

(4) 明日って授業あるの？　休みかと思っていた。

（授業がある มีเรียน mii rian／休み หยุด yùt ）

(5) 買う前に、とりあえず値切ってみたらどうですか。（値切る ต่อราคา tɔ̀ɔ raakhaa ）

(6) とりあえずインフルエンザ予防接種を受けておいたらどうですか。（インフルエンザ　ไข้หวัดใหญ่ khâi-wàt-yài ／予防接種を受ける　ฉีดวัคซีนป้องกัน chìit wáksiin pɔ̂ŋkan）

基礎語彙　訪問の際の挨拶

เป็นยังไงบ้าง สบายดีหรือ　pen yaŋŋai bâaŋ , sabaai dii rʉ̌ʉ
調子はどう？　元気にしてる？

เชิญข้างในก่อนซี　chəən khâaŋ-nai kɔ̀ɔn sii
とりあえず中にどうぞ。

เชิญดื่มน้ำก่อนซี　chəən dʉ̀ʉm náam kɔ̀ɔn sii
とりあえずお水をどうぞ。

เชิญขึ้นบ้านก่อนซี　chəən khʉ̂n bâan kɔ̀ɔn sii
とりあえず上がって下さい。

ทานข้าวด้วยกันก่อนนะ　thaan khâao dûai kan kɔ̀ɔn ná
とりあえずご飯を一緒に食べましょうね。

ตามสบายนะ ไม่ต้องเกรงใจ　taam sabaai ná , mâi tɔ̂ŋ kreeŋcai
楽にしてね、遠慮しないで。

วันหลังมาเที่ยวใหม่นะ　wan-lǎŋ maa thîao mài ná
今度また遊びに来てね。

コラム 18

色

タイ語の基本色彩語は日本語と同じように、白、黒、赤、緑、黄、青、茶、紫、ピンク、グレー、そしてオレンジである。本来、日本語では、たとえば、青信号の色は緑なのに、「青」という言葉で表現するように「青」の概念には「緑」も含まれているが、タイ語では日本語と反対で、昔、緑はたとえば空の色を表すのに用いられる場合があったように、「緑」の概念は「青」まで拡がっていた。日本では、白と赤をお祝いの色として用いられるが、タイでは、結婚式の招待状で用いられる文字の色は金、または銀であるように主に金色と銀色が縁起のいい色だと考えられている。逆にタイ人にとって縁起が悪いと思われる色は黒である。日本人は黒のドレスを礼服として祝いの席でも用いるが、タイ人は、現代の若者のファッション以外では、黒いドレスはお葬式にしか着ない。昔は、縁起が悪いということで、前もって喪服を用意しない習慣があった。誰かが亡くなってお葬式へ行く際、古い服を染料屋に黒く染めてもらうことが一般的であった。

最近でも、色々な色が、あらたなシンボル色として使われている。ある政治活動団体が黄色を団体のシンボルとして使用し始めると、それに対立するように立ち上がった団体は赤色を使う。また。紫は同性愛者のシンボルの色として、同性愛者の人たちを呼称する言葉としても用いられるようになっている、など。

タイでは、星の名前から来た曜日には、それぞれの色も決まっている。日曜日は赤、月曜日は黄、火曜日はピンク、水曜日は緑、木曜日はオレンジ、金曜日は空色、そして土曜日は紫である。タイ人は自分の生まれた曜日だけではなく、その色は自分にとって縁起の良い色だと考えたり、その人のシンボルの色だと考える。たとえば、ラーマ９世（プーミポン国王）がお生まれになったのは月曜日であるので、シンボルの色は黄色となる。ラーマ９世のお誕生日には、国民は黄色のシャツを着る。同じように、ラーマ９世の王妃がお生まれになったのは金曜日なので、お誕生日には国民は空色を着る。

28 まだ寒いです

ยังหนาวอยู่

yaŋ nǎao yùu

67

มะลิ	–	สงกรานต์ปีนี้ ซากุระได้หยุดกี่วัน
ซากุระ	–	1 อาทิตย์
มะลิ	–	ซากุระจะไปไหนหรือ
ซากุระ	–	เราว่าจะกลับญี่ปุ่น
มะลิ	–	เดือนเมษาฯ ญี่ปุ่นยังหนาวอยู่หรือเปล่า
ซากุระ	–	ยังหนาวอยู่ แต่ไม่หนาวเท่าเดือนมกรา–กุมภาหรอก
มะลิ	–	ไม่เหมือนเมืองไทยนะ ที่เมืองไทย เดือนเมษาร้อนที่สุด

Máʔlíʔ	–	sǒŋkraan pii níi Sakura dâi yùt kìi wan.
Sakura	–	nʉ̀ŋ ʔaathít.
Máʔlíʔ	–	Sakura ca pai nǎi rʉ̌ʉ.
Sakura	–	rao wâa ca klàp yîipùn.
Máʔlíʔ	–	dʉan meesǎa, yîipùn yaŋ nǎao yùu rʉ̌ʉ plàao.
Sakura	–	yaŋ nǎao yùu, tɛ̀ɛ mâi nǎao thâo dʉan mákaraa-kumphaa rɔ̀ɔk.
Máʔlíʔ	–	mâi mʉ̌an mʉaŋ thai ná. thîi mʉaŋ thai dʉan meesǎa rɔ́ɔn thîisùt.

語句 68

สงกรานต์	sǒŋkraan	タイの旧暦の正月（４月13日）
อาทิตย์	ʔaathít	週、週間
เดือนเมษา	dʉan meesǎa（เดือนเมษายน dʉan meesǎayon からの省略語）	４月
หนาว	nǎao	寒い
เดือนมกรา	dʉan mákaraa（เดือนมกราคม dʉan mákaraakhom からの省略語）	１月
เดือนกุมภา	dʉan kumphaa（เดือนกุมภาพันธ์ dʉan kumphaaphanからの省略語）	２月
เดือนมกราฯ–กุมภา	dʉan mákaraa-kumphaa	１～２月

28.1 「～する機会を得る、～することとなっている」「ได้ dâi (dâai) ～」

ได้ dâi (dâai) には「得る、手に入れる」という意味があり、動詞の前に付くと、その動作や行為を行う機会を得るという意味になる。過去を表す助動詞と説明される場合もあるが、必ずしも過去とは限らない。

1. ตอนไปเมืองไทยผมได้ดูมวยกับตะกร้อ สนุกมาก
tɔɔn pai mʉaŋ thai phǒm dâi duu muai kàp takrɔ̂ɔ, sanùk mâak.
タイに行った時、僕はボクシングとタクローを見れて、とても楽しかった。

2. เวลาขึ้นเครื่องบิน ส่วนใหญ่ผมจะได้นั่งใกล้ห้องน้ำ
weelaa khʉ̂n khrʉ̂aŋ-bin, sùan yài phǒm ca dâi nâŋ klâi hɔ̂ŋ-náam.
飛行機に乗る時は大体、トイレの近くに座ることになっている。

3. น้องชายคุณศักดิ์ทำงานบริษัททัวร์ เขาได้ไปเมืองนอกบ่อย ๆ
nɔ́ɔŋ-chaai khun Sàk tham-ŋaan bɔɔrisàt thua, kháo dâi pai mʉaŋ nɔ̂ɔk bɔ̀ɔi bɔ̀ɔi.
サックさんの弟は旅行会社に勤めていて、しょっちゅう外国に行く機会がある。

4. บ้านผมอยู่ใกล้สนามฟุตบอล ได้ดูฟุตบอลบ่อย ๆ แต่เมื่อวานนี้ไม่ได้ดูญี่ปุ่นแข่งกับรัสเซีย เสียดายจริง ๆ

bâan phǒm yùu klâi sanǎam fútbɔɔn, dâi duu fútbɔɔn bɔ̀ɔi bɔ̀ɔi, tὲɛ mʉ̂a-waan-níi mâi dâi duu yîipùn khὲŋ kàp rátsia, sǐadaai ciŋ ciŋ.

僕の家はサッカーの競技場に近くて、しょっちゅうサッカーを見る。しかし、昨日は日本とロシアの試合を見れなくて本当に残念だった。

5. จากดาดฟ้า คุณจะได้เห็นวิวโอซากา สวยมาก

càak dàat fáa khun ca dâi hěn wiu Osaka, sǔai mâak.

屋上から大阪の景色が見えて、とてもきれいだよ。

6. จีนได้เป็นเจ้าภาพจัดงานโอลิมปิกปี 2008

ciin dâi pen câo-phâap càt ŋaan ʔoolimpìk pii sɔ̌ɔŋ phan pὲɛt.

中国は2008年のオリンピックの開催国になった。

....

ตะกร้อ takrɔ̂ɔ タクロー ／ ใกล้ klâi 近い ／ บริษัททัวร์ bɔɔrisàt thua 旅行会社 ／ เมืองนอก mʉaŋ nɔ̂ɔk 外国 ／ สนาม sanǎam 広場、グランド ／ ฟุตบอล fútbɔɔn サッカー ／ แข่ง khὲŋ 競う ／ เสียดาย sǐadaai 惜しい ／ ดาดฟ้า dàat-fáa 屋上 ／ วิว wiu 景色 ／จัดงาน càt ŋaan 催す ／ โอลิมปิค ʔoolimpìk オリンピック

28.2 「～するつもりだ」「～するつもりだったが」「ว่าจะ wâa ca ～」

「～するつもりだ」という意味で、意志、予定、計画を表す表現として用いられる。また、過去の出来事であれば、「～するつもりだったが」という意味で、意志、予定、計画の通りになっていない事柄を表す表現としても用いられる。

1. พรุ่งนี้ฉันว่าจะไปต่อพาสปอร์ต

phrûŋníi chán wâa ca pai tɔ̀ɔ pháatsapɔ̀ɔt.

明日、私は旅券の更新をしに行こうかなと思っている。

2. ปิดเทอมหน้าร้อนปีนี้ ผมว่าจะไปฝึกงานที่เมืองไทย

pi̇t-thəəm nâa-rɔ́ɔn pii níi, phǒm wâa ca pai fʉ̀k-ŋaan thîi mʉaŋ thai.

今年の夏休み、僕はタイへインターンに行こうかなと思っています。

3. ผมว่าจะเลิกบุหรี่ตั้งหลายหนแล้ว

phǒm wâa ca lə̂ək burìi tâŋ lǎai hǒn lɛ́ɛo.

僕は何回もタバコを止めようかと思ったが。

4. ผมว่าจะเก็บเงินซื้อรถตั้งแต่ปีที่แล้ว แต่ยังไม่ได้เก็บเลย

phǒm wâa ca kèp ŋən sʉ́ʉ rót tâŋtɛ̀ɛ pii-thîi-lɛ́ɛo, tɛ̀ɛ yaŋ mâi dâi kèp ləəi.

僕は昨年から車を買うためにお金を貯めようかなと思ったが、まだ貯めていない。

ต่อพาสปอร์ต tɔ̀ɔ pháatsapɔ̀ɔt 旅券の更新をする ／ฝึกงาน fʉ̀k-ŋaan インターンシップをする ／หน hǒn 回／เก็บเงิน kèp ŋən お金を貯める

28.3 「まだ～している、まだ～である」「ยัง yaŋ～ อยู่ yùu 」

ある特定の状態が依然として続いていることを表す。「ยัง yaŋ 」と「อยู่ yùu 」との間には動詞、形容詞、副詞が入る。

1. นาโอโกะทานยาแล้ว แต่ยังไออยู่

Naoko thaan yaa lɛ́ɛo, tɛ̀ɛ yaŋ ʔai yùu.

ナオコは薬を飲んだが、まだ咳をしている。

2. เสื้อตัวนี้ซักแล้ว แต่ยังเปื้อนอยู่

sʉ̂a tua níi sák lɛ́ɛo, tɛ̀ɛ yaŋ pʉ̂an yùu.

この服は洗濯したけれど、まだ汚れている。

28

3. เรายังขาดกรรมการอยู่อีก 2 คน
rao yaŋ khàat kammakaan yùu ʔìik sɔ̌ɔŋ khon.
私たちはまだ委員が２人足りない。

4. แถวนั้น ยังมีบ้านเก่า ๆ เหลืออยู่ 2–3 หลัง
thɛ̌ɛo nán yaŋ mii bâan kào kào lʉ̌a yùu sɔ̌ɔŋ sǎam lǎŋ.
その辺りはまだ古い家が２、３軒残っている。

....
ไอ ʔai 咳をする ／ ซัก sák 洗濯する ／ เปื้อน pʉ̂an 汚れた ／ ขาด khàat 不足する ／ กรรมการ kammakaan 委員 ／ แถวนั้น thɛ̌ɛo nán その辺り

28.4 「AはBほどXではない」
「A ไม่ mâi X เท่า thâo B」

あるものを別のものと比較してそれに及ばないことを示す表現である。Xの部分には形容詞、副詞が入る。

1. กรุงเทพฯ ประชากรไม่มากเท่าโตเกียว
Kruŋthêep prachaakɔɔn mâi mâak thâo Tokyo.
バンコクは人口が東京ほど多くない。

2. ค่าครองชีพเมืองไทย ไม่สูงเท่าญี่ปุ่น
khâa-khrɔɔŋ-chîip mʉaŋ thai mâi sǔuŋ thâo yîipùn.
タイの物価は日本ほど高くない。

3. ปีนี้ไม่หนาวเท่าปีที่แล้ว
pii níi mâi nǎao thâo pii thîi lɛ́ɛo.
今年は去年ほど寒くない。

4. นายกฯคนนี้ไม่เก่งเท่าคนก่อน

naayók khon níi mâi kèŋ thâo khon kɔ̀ɔn.

この首相は前任者ほど優秀でない。

5. โยโกะวิ่งไม่เร็วเท่านาโอโกะ

Yoko wîŋ mâi reo thâo Naoko.

ヨウコはナオコほど足が速くない。

ประชากร prachaakɔɔn 人口 ／ ค่าครองชีพ khâa-khrɔɔŋ-chîip 生活費、物価 ／ นายกฯ (นายกรัฐมนตรี) naayók （naayók rátthamontrii ） 総理大臣 ／ เก่ง kèŋ 上手い、よくできる

28.5 「一番～」「～ที่สุด thîisùt」

比較表現の一つであり、程度が最も大であることを表す。状態や程度を表す語句に後続する。動作を表す語句の後ろに付かない。たとえば、「กินที่สุด kin thîisùt 一番食べる」のような表現はタイ語として、不自然である。

1. ญี่ปุ่น เดือนสิงหาคมร้อนที่สุด

yîipùn, dʉan sǐŋhǎakhom rɔ́ɔn thîisùt.

日本は、８月が一番暑いです。

2. คนที่สูงที่สุดในบ้านฉันคือน้องชาย

khon thîi sǔuŋ thîisùt nai bâan chán khʉʉ nɔ́ɔŋ-chaai.

私の家では、一番背が高い人は弟です。

3. อาหารญี่ปุ่น ฉันชอบโซบะมากที่สุด

ʔaahǎan yîipùn, chán chɔ̂ɔp soobàʔ mâak thîisùt.

日本料理では、私はおそばが一番好きです。

4. ร้านนี้ทำอาหารไทยได้อร่อยที่สุดในญี่ปุ่น
   ráan níi tham ʔaahǎan thai dâi ʔarɔ̀i thîisùt nai yîipùn.
   この店は日本でタイ料理を一番美味しく作れる。

   ....
   สูง sǔuŋ 背が高い ／ โซบะ soobàʔ そば

練 習 問 題

1．和訳をしなさい。

(1) ปีหน้าเพื่อนผมจะไปเรียนที่เมืองไทยหลายคน แต่ผมไม่ได้ไป

pii nâa phʉ̂an phǒm ca pai rian thîi mʉaŋ thai lǎai khon tὲε, phǒm mâi dâi pai.

(2) ผมเป็นหวัดมา 2 อาทิตย์แล้ว ยังไม่หาย พรุ่งนี้ว่าจะไปหาหมอ

phǒm pen wàt maa sɔ̌ɔŋ ʔaathít lέεo. yaŋ mâi hǎai. phrûŋníi wâa ca pai hǎa mɔ̌ɔ.

（เป็นหวัด pen wàt 風邪を引く／หาย hǎai 治る／ไปหาหมอ pai hǎa mɔ̌ɔ 医者に診てもらう、病院へ行く）

(3) ผมทานยาแล้ว แต่ยังมีไข้อยู่

phǒm thaan yaa lέεo, tὲε yaŋ mii khâi yùu.（ยา yaa 薬／ไข้ khâi 熱）

(4) มหาวิทยาลัยของรัฐ ค่าเล่าเรียนไม่แพงเท่ามหาวิทยาลัยเอกชน

mahǎawítthayaalai khɔ̌ɔŋ rát khâa-lâo-rian mâi phεεŋ thâo mahǎawítthayaalai ʔèekkachon.

（มหาวิทยาลัยของรัฐ mahǎawítthayaalai khɔ̌ɔŋ rát 国立大学／ค่าเล่าเรียน khâa-lâo-rian 授業料／มหาวิทยาลัยเอกชน mahǎawítthayaalai ʔèekkachon 私立大学）

(5) ผู้หญิงญี่ปุ่นอายุยืนที่สุดในโลก

phûu-yǐŋ yîipùn ʔaayúʔ yʉʉn thîisùt nai lôok.（ในโลก nai lôok 世界で）

2．タイ語に訳しなさい。

(1) 私は遅く行ったので、前の席に座れなかった。

（遅い ช้า cháa／前の席 ที่นั่งข้างหน้า thîi-nâŋ khâaŋ-nâa）

(2) 私は何回も甘いお菓子を止めようかと思ったが。

（甘い หวาน wǎan／お菓子 ขนม khanǒm）

(3) 明日、私は靴を修理に持っていこうかなと思っている。

（修理する ซ่อม sɔ̂ɔm／持っていく เอา...ไป ʔao...pai）

(4) 僕はお薬を塗ったが、まだ腫れている。（塗る ทา thaa／腫れる บวม buam）

(5) 平日は土日ほど客が多くはない。

（平日 วันธรรมดา wan-thammadaa／土日 วันเสาร์อาทิตย์ wan-sǎo-ʔaathít）

(6) 今年の夏では、今日が一番暑い日です。

基礎語彙　年代と世代

วัยทารก	wai thaarók	赤ん坊の頃
วัยเด็ก	wai dèk	子ども（中学生くらいまで）
วัยรุ่น	wai rûn	ハイティーン
วัยหนุ่มสาว	wai nùm sǎao	青年、若者
วัยกลางคน	wai klaaŋ khon	中年
วัยชรา	wai charaa	老年
วัยทำงาน	wai tham-ŋaan	働き盛りの年齢
รุ่นลูก	rûn lûuk	子供の世代
รุ่นหลาน	rûn lǎan	孫の世代
รุ่นพ่อแม่	rûn phɔ̂ɔ-mɛ̂ɛ	親の世代
รุ่นปู่ย่าตายาย	rûn pùu-yâa-taa-yaai	祖父母の世代

コラム 19

動　物

様々な種類の動物の中で、タイ人にとって最も大切とされる動物は「ช้าง cháaŋ　象」である。特に「ช้างเผือก cháaŋ phʉ̀ak　白象」は昔から神聖視されている。白象が発見されると必ず国王の動物にする。国王に大切に飼われ、官位が与えられ、一般の象と区別される。

象とは対照的に、軽視されている動物は「ควาย khwaai　水牛」、「หมา mǎa　犬」、「แรด rɛ̂ɛt　サイ」である。タイ語の慣用句や比喩にはそれらの動物がしばしば引用されていて、そこから、タイ人のそれらの動物に対するイメージが見えてくる。「ควาย khwaai　水牛」は「水牛のように愚かだ」というように、体は大きいが考えはない、愚かな者に例えられる。水牛は自分の意志で動くのではなく、鼻の穴に通された縄を引っ張られて水田に連れられて行き、人の意のままに動かされている、といったことに由来する表現だと思われる。男に対するののしりとしてよく用いられる。「หมา mǎa　犬」は「ปากหมา pàak mǎa　犬の口＝口が悪い」などに見られるように、「犬」が用いられている慣用句や比喩表現では全てマイナス的な意味合いを持ち、犬と比喩される人間は、下劣である、人より劣っていることが含意されている。「แรด rɛ̂ɛt　サイ」は、男性にだらしない女性（尻が軽い女性）と比喩される。それは、繁殖期に雌のサイの方から積極的に交尾を求め、雄が無視すると、角を振り回してぶつけ、死傷させることに由来している。男性に対する積極的な態度を示す女性、または、いろんな男性と関係を持っている女性をののしる表現として用いられる。

一方、日本人にとってはあまりよいイメージが持たれていないが、タイ人にとっては比較的よいイメージを持つ動物もある。たとえば、「หมู mǔu　豚」である。日本人にとっては、豚は汚い動物であり、太っている人の比喩として用いられるが、タイ語では、伝統的には太っていることは裕福の証明であるため、「細いですね」は誉め言葉である日本語と違い、元々タイ語では「太ったね」の方が好まれていた。そこで、豚には可愛いというイメージがあり、人の愛称としてもよく用いられる。

29 僕は警察に捕まりました
ผมโดนตำรวจจับ
phǒm doon tamrùat càp

69

ทาโร	–	คุณรู้ไหมว่า เมื่อวานนี้ผมโดนตำรวจจับ
มะลิ	–	เอ๊ะ จริงหรือคะ เรื่องอะไรคะ
ทาโร	–	ขับรถไม่มีใบขับขี่ครับ
มะลิ	–	คุณทาโรไม่มีใบขับขี่หรือคะ
ทาโร	–	มีครับ แต่ผมลืมไว้ที่บ้านครับ
มะลิ	–	แล้วยังไงคะ
ทาโร	–	โดนปรับ 1,000 บาท
มะลิ	–	ตั้ง1,000บาทหรือคะ
ทาโร	–	ครับ ไม่น่าลืมใบขับขี่เลย

Taro	–	khun rúu mái wâa mʉ̂a-waan-níi phǒm doon tamrùat càp.
Má?lí?	–	?é? ciŋ rʉ̌ʉ khá. rʉ̂aŋ ?arai khá.
Taro	–	khàp rót mâi mii bai-khàp-khìi khráp.
Má?lí?	–	khun Taro mâi mii bai-khàp-khìi rʉ̌ʉ khá.
Taro	–	mii khráp,tɛ̀ɛ phǒm lʉʉm wái thîi bâan khráp.
Má?lí?	–	lɛ́ɛo yaŋŋai khá.
Taro	–	doon pràp nʉ̀ŋ phan bàat.
Má?lí?	–	tâŋ phan bàat rʉ̌ʉ khá.
Taro	–	khráp. mâi nâa lʉʉm bai-khàp-khìi ləəi.

語句

70

รู้	rúu	知っている
โดน	doon	当たる、～される
ตำรวจ	tamrùat	警察
จับ	càp	つかむ、逮捕する
ใบขับขี่	bai-khàp-khìi	運転免許証
ลืม	lʉʉm	忘れる
ปรับ	pràp	罰金を科する
ตั้ง	tâŋ....	～も

29.1 「～を知っている」「～ということを知っている」
「รู้ rúu ～」「รู้ว่า rúu wâa～」

「รู้ rúu ＋名詞」「～（知識、方法など）を知っている」

「รู้ว่า rúu wâa＋文 」「～ということを知っている」

รู้ rúuの後ろについてくる言葉は、「ภาษาไทย phaasǎa thai タイ語」、「ประวัติศาสตร์ญี่ปุ่น prawàttisàat yîipùn 日本の歴史」のような知識や、「วิธี wíthii .... ～する方法」のような方法、「เรื่อง rʉ̂aŋ.... ～についてのこと」のような事情を表す名詞である。

รู้ว่า rúu wâa の後ろには文がついてくる。「～ということを知っていますか？」のように疑問文にする場合は、疑問詞のไหม mái 、หรือ rʉ̌ʉ 、หรือเปล่า rʉ̌ʉ plàao 、ใช่ไหม châi mái は รู้ rúu の直後に来るので、注意する必要がある。

1. คุณฮิโรชิรู้ภาษาไทยดี
   khun Hiroshi rúu phaasǎa thai dii.
   ヒロシさんはタイ語をよく知っている。

29

2. อาจารย์ยามาดะศึกษาเรื่องเศรษฐกิจไทยมานาน เขารู้เรื่องเศรษฐกิจไทยดีกว่าฉันมาก

?aacaan Yamada sʉ̀ksǎa rʉ̂aŋ sèetthakìt thai maa naan. kháo rúu rʉ̂aŋ sèetthakìt thai dii kwàa chán mâak.

ヤマダ先生はタイの経済を長く研究してきて、私よりタイの経済についてよく知っている。

3. โยโกะอยากรู้วิธีทำต้มยำกุ้ง

Yoko yàak rúu wíthii tham tôm-yam-kûŋ.

ヨウコはトムヤムクンの作り方を知りたい。

4. คุณรู้เรื่องคุณศักดิ์ไหม

khun rúu rʉ̂aŋ khun Sàk mái.

サックさんの話を知っていますか？

5. คุณรู้ไหมว่าฟุตบอลโลกคราวต่อไปใครเป็นเจ้าภาพ

khun rúu mái wâa fútbɔɔn lôok khraao tɔ̀ɔ pai khrai pen câo-phâap.

次回のワールドカップはどこが開催するか知っていますか？

6. เขารู้หรือเปล่าว่าวันจันทร์หน้าเป็นวันหยุด

kháo rúu rʉ̌ʉ plàao wâa wan-can nâa pen wan-yùt.

来週の月曜日が休みだと彼は知っていますか？

7. คุณไม่รู้หรือว่า ดาราคนนี้เคยเป็นนักมวยมาก่อน

khun mâi rúu rʉ̌ʉ wâa daaraa khon níi khəəi pen nák-muai maa kɔ̀ɔn.

このスターが以前ボクサーだったことを知らないのですか？

8. คุณรู้ใช่ไหมว่า เวลาเรียนไม่ควรใช้โทรศัพท์มือถือ

khun rúu châi mái wâa weelaa rian mâi khuan chái thoorasàp-mʉʉ-thʉ̌ʉ.

授業中は携帯電話を使ったらいけないのを知っているでしょう？

……………………………………………

ศึกษา sɯ̀ksǎa 研究する ／ เรื่อง rɯ̂aŋ 話、事柄 ／ เศรษฐกิจ sèetthakìt 経済 ／ ฟุตบอลโลก fútbɔɔn lôok ワールドカップ ／ คราวต่อไป khraao tɔ̀ɔ pai 次回 ／ เจ้าภาพ câo-phâap 開催者 ／ วันหยุด wan-yùt 休日 ／ ดารา daaraa スター ／ นักมวย nák-muai ボクサー ／ เคย〜มาก่อน khəəi 〜 maa kɔ̀ɔn 以前〜したことがある ／ (โทรศัพท์)มือถือ（thoorasàp）mɯɯ-thɯ̌ɯ 携帯（電話）

29.2 受け身表現「〜をされる」「โดน, ถูก 〜」

「被害を受ける人、動物、もの＋โดน doon または ถูก thùuk ＋出来事を表す文または動詞（句）」「〜に…される」

受け身表現の一つで、基本的には被害を被る場合に用いられる。日本人と比べると、タイ人は受け身表現よりも能動表現を使う傾向にある。そのため、日本語の受け身表現はタイ語では受け身表現にならない場合もある。โดน doon の方が口語的である。

1. ไต้ฝุ่นเข้ากิวชิว บ้านโดนพายุพัดพังหลายหลัง
   tâifùn khâo Kyushu, bâan doon phaayú? phát phaŋ lǎai lǎŋ.
   台風が九州に来て、家が何軒も暴風にあおられて壊れた。

2. เด็กข้างบ้านถูกหมาบ้านคุณศักดิ์กัดขา
   dèk khâaŋ bâan thùuk mǎa bâan khun Sàk kàt khǎa.
   隣の子どもがサックさんの家の犬に脚を噛まれた。

3. หมาโดนรถชน ขาหัก
   mǎa doon rót chon, khǎa hàk.
   犬が車と衝突して足が折れた。

4. สาลี่โดนครูดุ
   Sǎalîi doon khruu dù?.
   サーリーは先生に叱られた。

29

ไต้ฝุ่น tâifùn 台風 ／ พายุ phaayú? 暴風 ／ พัด phát 吹く ／ พัง phaŋ 崩壊する ／ ข้างบ้าน khâaŋ bâan 家の隣、近所 ／ กัด kàt 噛む ／ ขา khǎa 脚 ／ ชน chon 衝突する ／ หัก hàk 折る ／ ดุ dù? 叱る

29.3 「Xに〜を置き忘れる」「ลืม lɯɯm 〜ไว้ wái X」

「動詞（句）＋ไว้ wái」で「〜しておく」と状態の継続を表す。「ลืม lɯɯm 忘れる」という動詞の場合は「置き忘れる」という意味になり、置き忘れた場所（X）を示す言葉が後ろに続く。

1. คุณตำรวจครับ ผมลืมกระเป๋าไว้ในแท็กซี่
   khun tamrùat khráp, phǒm lɯɯm krapǎo wái nai thɛ́ksîi.
   お巡りさん、僕、タクシーに鞄を置き忘れたんですけど…。

2. โยโกะลืมพาสปอร์ตไว้ที่โรงแรม
   Yoko lɯɯm pháatsapɔ̀ɔt wái thîi rooŋ-rɛɛm.
   ヨウコはホテルにパスポートを置き忘れた。

3. คุณเคยลืมร่มไว้ในรถไฟไหม
   khun khəəi lɯɯm rôm wái nai rót-fai mái.
   電車に傘を置き忘れたことってある？

4. เขาลืมกุญแจไว้ในห้องน้ำหรือ
   kháo lɯɯm kuncɛɛ wái nai hɔ̂ŋ-náam rɯ̌ɯ.
   彼女はトイレに鍵を置き忘れたの？

คุณตำรวจ khun tamrùat お巡りさん ／ พาสปอร์ต pháatsapɔ̀ɔt パスポート ／ ร่ม rôm 傘 ／ กุญแจ kuncɛɛ 鍵 ／ ห้องน้ำ hɔ̂ŋ-náam トイレ

29.4 「〜しなければよかった」「ไม่น่า mâi nâa 〜」

「น่าจะ nâa ca＋動詞」「〜すべきだ」「〜するはずだ」「〜すればよかったのに」
人に対する助言を表わす場合もあれば、非難を表す場合もある。また、話し手の自信、そして後悔の気持ちを表すこともある。

「ไม่น่าจะ mâi nâa ca ＋動詞（＋เลย ləəi）」「〜するべきじゃなかった」「〜するはずがない」「〜しなければよかった」
自分のことであれば後悔を表し、相手に対して言う場合は非難を表す。第三者について言う場合は、残念な気持ちの場合もあれば非難の場合もある。

「จะ ca」は省略することができる。

1. อากาศร้อนอบอ้าวอย่างนี้ ฝนน่าจะตกนะ
ʔaakàat rɔ́ɔn ʔòp-ʔâao yàaŋ níi, fǒn nâa ca tòk ná.
こんなにムシムシすると、雨が降りますね。

2. คุณสนใจเรื่องการเมือง น่าจะลองสอบเข้าคณะรัฐศาสตร์ดูนะ
khun sǒncai rʉ̂aŋ kaan-mʉaŋ, nâa ca lɔɔŋ sɔ̀ɔp khâo khánáʔ rátthasàat duu ná.
あなたは政治に興味を持っているので、政治学部に入試を受けてみるべきですね。

3. คุณน่าจะต่อราคาก่อนซื้อ
khun nâa ca tɔ̀ɔ raakhaa kɔ̀ɔn sʉ́ʉ.
買う前に値切りをするべきだった。

4. หนาวจังเลย ฉันน่าจะเอาโค้ทมา
nǎao caŋ ləəi. chán nâa ca ʔao khóot maa.
すごく寒い！コートを持ってこればよかった。

5. ทาโรเป็นคนตรงต่อเวลา ไม่น่ามาสาย

Taro pen khon troŋ tɔ̀ɔ weelaa, mâi nâa maa sǎai.

タロウは時間を守る人だから、時刻するはずがない。

6. ผมไม่น่าขับรถมาเลย

phǒm mâi nâa khàp rót maa ləəi.

僕は車で来なければよかった。

7. คุณไม่น่าโดดงานไปเที่ยวอีกเลย ฉันเตือนคุณแล้วไม่ใช่หรือ

khun mâi nâa dòot ŋaan pai thîao ʔìik ləəi. chán tʉan khun lɛ́ɛo mâi châi rʉ̌ʉ.

あなたはまた仕事をさぼって遊びに行かなければよかったのに。私、注意したでしょ？

8. เขาไม่น่าแต่งงานกับผู้ชายคนนั้นเลย

kháo mâi nâa tɛ̀ɛŋ-ŋaan kàp phûu-chaai khon nán ləəi.

彼女はあの男と結婚しなければよかったのに。

....

อากาศ ʔaakàat 天気、気候、空気 ／ร้อนอบอ้าว rɔ́ɔn ʔòpʔâao 蒸し暑い ／สนใจ sǒncai 興味を持つ ／การเมือง kaan-mʉaŋ 政治 ／สอบเข้า sɔ̀ɔp khâo 入試、入試を受ける ／ คณะรัฐศาสตร์ khanáʔ rátthasàat 政治学部 ／ต่อราคา tɔ̀ɔ raakhaa 値切る ／โค้ท khóot コート／ตรงต่อเวลา troŋ tɔ̀ɔ weelaa 時間を守る／มาสาย maa sǎai 時刻する／โดด dòot 跳ぶ ／ โดดงาน dòot ŋaan 仕事をさぼる ／ เตือน tʉan 注意する

練 習 問 題

1．和訳をしなさい。

(1) ซากุระเป็นคนญี่ปุ่น แต่คุณรู้ไหมว่าเขาไม่รู้วิธีแต่งกิโมโนเลย

Sakura pen khon yîipùn, tɛ̀ɛ khun rúu mái wâa kháo mâi rúu wíthii tɛ̀ɛŋ kimoonoo ləəi.（แต่งกิโมโน tɛ̀ɛŋ kimoonoo　和服の着付け）

(2) ผมโดนคนขายหลอกว่ากระเป๋าใบนี้ใช้หนังแท้

phǒm doon khon-khǎai lɔ̀ɔk wâa krapǎo bai níi chái nǎŋ-thɛ́ɛ.

（คนขาย khon-khǎai 店員／หลอก lɔ̀ɔk 騙す／หนัง nǎŋ 革／แท้ thɛ́ɛ 真の、本～）

(3) ผมลืมมือถือไว้ในเครื่องบิน

phǒm lʉʉm mʉʉ-thʉ̌ʉ wái nai khrʉ̂aŋ-bin.

(4) ไก่เคยอยู่ญี่ปุ่นตั้ง 10 ปี น่าจะพูดภาษาญี่ปุ่นได้

Kài khəəi yùu yîipùn tâŋ sìp pii, nâa ca phûut phaasǎa yîipùn dâi.

（ไก่ kài　鶏、タイ人のニックネーム）

(5) ตอนที่ราคาที่ดินยังถูกอยู่ คุณน่าจะซื้อไว้

tɔɔn thîi raakhaa thîi-din yaŋ thùuk yùu, khun nâa ca sʉ́ʉ wái.

（ตอน tɔɔn とき／ราคา raakhaa 値段／ที่ดิน thîi-din 土地）

(6) ผมน่าจะขอเบอร์โทรศัพท์เขาไว้

phǒm nâa ca khɔ̌ɔ bəə thoorasàp kháo wái.

（ขอ khɔ̌ɔ もらう／เบอร์โทรศัพท์ bəə thoorasàp 電話番号）

(7) คุณท้องเสียหรือ ไม่น่าทานหอยนางรมดิบเลยนะ

khun thɔ́ɔŋ sǐa rʉ̌ʉ. mâi nâa thaan hɔ̌ɔi-naaŋ-rom dìp ləəi ná.

（ท้องเสีย thɔ́ɔŋ sǐa　お腹をこわす／หอยนางรม hɔ̌ɔi-naaŋ-rom　牡蠣／ดิบ dìp 生の）

2．タイ語に訳しなさい。

(1) 僕はタイ将棋のルールをあまり知らない。

（タイ将棋 หมากรุก màak rúk ／ ルール กติกา katikaa ）

(2) どうして彼女が髪を短く切ったか知りたい。（髪 ผม phǒm ／ 短い สั้น sân）

(3) 猫は犬に追いかけられて、逃げてきた。

（猫 แมว mɛɛo ／ 犬 หมา mǎa ／ 追いかける ไล่กวด lâi- kùat ／ 逃げる หนี nǐi ）

(4) 筆箱を図書室に忘れた。（筆箱 กล่องดินสอ klɔ̀ŋ-dinsɔ̌ɔ ）

(5) タロウは頭がいいので、試験に受かるはずです。（試験に受かる สอบได้ sɔ̀ɔp dâi ）

(6) 私はタイ語を勉強しなければよかった。

(7) 彼はたくさんタバコを吸わなければいいのに。

基礎語彙　交通ルール

ขับรถฝ่าไฟแดง	khàp rót fàa fai-dɛɛŋ	信号無視して運転する
ขับรถย้อนศร	khàp rót yɔ́ɔn sɔ̌ɔn	一方通行を反対方向に運転する
ขับรถเร็ว	khàp rót reo	スピードを出して運転する
บรรทุกน้ำหนักเกิน	banthúk nám-nàk kəən	重量オーバーして積む
หยุด	yùt	停止
ไฟเขียว	fai khǐao	青信号
ไฟแดง	fai dɛɛŋ	赤信号
ไฟเหลือง	fai lɨ̌aŋ	黄信号
ชะลอความเร็ว	chalɔɔ khwaam-reo	スピードを落とせ
ทางม้าลาย	thaaŋ-máa-laai	横断歩道
ทางเท้า	thaaŋ-tháo	歩道
สะพานลอย	saphaan-lɔɔi	歩道橋
ทางด่วน	thaaŋ-dùan	高速道路
จราจร	caraacɔɔn	交通巡査、交通警官
ตำรวจทางหลวง	tamrùat thaaŋ-lǔaŋ	交通課の警官

コラム 20　スポーツ

　タイ人はサッカーが好きである。ヨーロッパリーグのサッカー中継を楽しんでいる人も多い。しかし、サッカーはタイの国技ではない。タイの伝統の国技はタイ・ボクシング（มวยไทย muai thai　ムアイ・タイ）である。ムアイ・タイは国際式ボクシングと違い、パンチのみではなく、足で蹴ったり、肘や膝を使って攻撃する。ムアイ・タイの試合を始める前には、必ず「ไหว้ครู　wâi khruu　恩師を拝む」という儀式を行う。ボクサーは太鼓や縦笛の演奏で踊るこの儀式を通して恩師や両親に対する感謝を表し、神に勝利を願う。観客は、試合同様、選手のワイ・クルーの技も楽しむ。1990年代末から、本来、ムアイ・タイのリングに上がることさえ許されなかった女性に、ムアイ・タイを行うことが認められるようになった。現在、女性のアマチュアはいるが、未だプロはいない。地方では、ムアイ・タイの試合はお寺の祭りの時にも見られる。バンコクでは、主に「ラチャダムヌアンリング」と「ルムピニーリング」と呼ばれる会場で、仏教の日以外、毎日どちらかで行われる。「ラチャダムヌアンリング」では、月、水、木、日に行われ、「ルムピニーリング」では火、金、土に行われる。現在では、ムアイ・タイはタイ国内だけの競技ではなく、ヨーロッパや日本にも普及してきている。

　また、「タクロー」という球技も盛んでいる。タクローは籐で編んだボールを足で蹴るだけでなく、額や肩も用いる。この球技は東南アジア共通の球技「セパ・タクロー」となり、1990年のアジア競技大会から、正式競技として認められるようになった。

　スポーツを観賞する際、スポーツそのものを楽しむだけでなく、その勝敗に賭けることを楽しむ人も多くいる。中には、深入りし過ぎて、たくさんの金銭や財産を失う人もいる。

30 お元気で

ขอให้โชคดี

khɔ̌ɔ hâi chôok-dii

71

ชัย – คุณซากุระเพิ่งกลับมาจากญี่ปุ่นหรือครับ
ซากุระ – ค่ะ ได้ข่าวว่าคุณชัยกำลังจะไปเรียนต่อที่ญี่ปุ่นใช่ไหมคะ
ชัย – ใช่ครับ
ซากุระ – ไปเรียนกี่ปีหรือคะ
ชัย – อย่างน้อย 3 ปีครับ
ซากุระ – เตรียมตัวเสร็จแล้วหรือยังคะ
ชัย – ยังครับ
ซากุระ – จะออกเดินทางเมื่อไรคะ
ชัย – วันศุกร์หน้าครับ
ซากุระ – ขอให้โชคดีนะคะ
ชัย – ขอบคุณครับ

Chai – khun Sakura phə̂ŋ klàp maa càak yîipùn rʉ̌ʉ khráp.
Sakura – khâ. dâi khàao wâa khun Chai kamlaŋ ca pai rian tɔ̀ɔ thîi yîipùn châi mái khá.
Chai – châi khráp.
Sakura – pai rian kìi pii rʉ̌ʉ khá.
Chai – yàaŋ nɔ́ɔi sǎam pii khráp.
Sakura – triam-tua sèt lɛ́ɛo rʉ̌ʉ yaŋ khá.
Chai – yaŋ khráp.
Sakura – ca ʔɔ̀ɔk-dəən-thaaŋ mʉ̂arài khá.
Chai – wan-sùk nâa khráp.
Sakura – khɔ̌ɔ hâi chôok-dii ná khá.
Chai – khɔ̀ɔp-khun khráp.

語句

กลับ	klàp	帰る
เรียนต่อ	rian tɔ̀ɔ	留学する、進学する
เตรียมตัว	triam-tua	用意する、準備する
เสร็จ	sèt	出来上がる、終わる
ออกเดินทาง	ʔɔ̀ɔk-dəən-thaaŋ	出発する
วันศุกร์หน้า	wan-sùk nâa	来週の金曜日
โชคดี	chôok-dii	運がよい、good luck

30.1 「～したばかり」「เพิ่ง phə̂ŋ ～」

ある動作、行動が始まってから、あるいは完了してから時間がほとんど経っていないことを表す。同様の表現に「พึ่ง phʉ̂ŋ ～」があり、口語的である。

1. เขาเพิ่งกลับจากโตเกียว
   khǎo phə̂ŋ klàp càak Tokyo.
   彼女は東京から帰ったばかりだ。

2. ผมเพิ่งทานข้าวมา
   phǒm phə̂ŋ thaan khâao maa.
   僕はご飯を食べて来たばかりだ。

3. คุณยามาดะเพิ่งแต่งงานเมื่อต้นปี
   khun Yamada phə̂ŋ tὲεŋ-ŋaan mʉ̂a tôn pii.
   ヤマダさんは年の初めに結婚したばかりだ。

4. คุณศักดิ์เพิ่งออกจากโรงพยาบาลเมื่อวานนี้
   khun Sàk phə̂ŋ ʔɔ̀ɔk càak rooŋ-phayaabaan mʉ̂a-waan-níi.
   サックさんは昨日退院したばかりだ。

เมื่อ mʉ̂a ～に ／ ต้นปี tôn pii 年の初め

30.2 「もうすぐ〜」「กำลังจะ kamlaŋ ca ~」

動作または状態を表す語（句）が後続し、その動作または状態がまさに始まろうとしていることを表す。偶然や予想外の出来事なら、「กำลังจะ kamlaŋ ca ~」は用いられない。たとえば「เขากำลังจะลืมร่มไว้ในรถไฟ kháo kamlaŋ ca lʉʉm rôm wái nai rót-fai 彼女は電車の中に傘を忘れようとした」は不自然である。

1. แบตเตอรี่มือถือฉันกำลังจะหมด
   bɛ̀ɛttəərîi mʉʉ-thʉ̌ʉ chán kamlaŋ ca mót.
   私の携帯のバッテリーはもうすぐなくなる。

2. เพื่อนฉันกำลังจะแต่งงาน
   phʉ̂an chán kamlaŋ ca tɛ̀ɛŋ-ŋaan.
   私の友達はもうすぐ結婚します。

3. รถไฟกำลังจะออก
   rót-fai kamlaŋ ca ʔɔ̀ɔk.
   電車はもうすぐ出る。

4. หนังกำลังจะจบ
   nǎŋ kamlaŋ ca còp.
   映画はもうすぐ終わる。

....

แบตเตอรี่ bɛ̀ɛttəərîi バッテリー ／ หมด mòt なくなる

30.3 「〜ても…」「อย่าง yàaŋ 〜（ก็ kɔ̂）… 」

「อย่าง yàaŋ＋状態を表す語句＋（ก็ kɔ̂）＋数量や単位を表す語句」

最小または最大の限度を表す。ก็ kɔ̂ は省略されることがある。

1. ที่นั่นไกลมาก ขับรถไปอย่างเร็ว 3 ชั่วโมง
thîi-nân klai mâak. khàp rót pai yàaŋ reo sǎam chûa-mooŋ.
そこはとても遠い。車を運転して行くと、早くても３時間だ。

2. รัฐบาลชุดนี้อยู่ได้อย่างนานก็ 6 เดือน
rátthabaan chút níi yùu dâi yàaŋ naan kɔ̂ hòk dʉan.
今の政府は長くても６ヶ月しか持たない。

3. ฉันกำลังจะทำกับข้าว คงเสร็จอย่างช้าก่อน 6 โมงเย็น
chán kamlaŋ ca tham kàp-khâao, khoŋ sèt yàaŋ cháa kɔ̀ɔn hòk mooŋ yen.
今からご飯を作ります。遅くても６時前には出来るでしょう。

4. คุณจะได้ค่าจ้างอย่างน้อยวันละ 5 หมื่นเยน
khun ca dâi khâa-câaŋ yàaŋ nɔ́ɔi wan lá? hâa mʉ̀ʉn yeen.
あなたは少なくとも一日に５万円の賃金を手に入れるでしょう。

รัฐบาล rátthabaan 政府 ／ ชุด chút セット、組、チームなどの類別詞 ／ กับข้าว kàp-khâao おかず ／ ทำกับข้าว tham kàp-khâao 料理を作る、ご飯を作る ／ เสร็จ sèt 出来上がる ／ ค่าจ้าง khâa-câaŋ 賃金

30.4 「もう～しましたか？」「～แล้วหรือยัง lɛ́ɛo rʉ̌ʉ yaŋ 」

文末に付けて完了形の疑問文を作る。直訳すると「～すでにしたかそれともまだですか」という意味である。する予定になっていることや、することが期待されていることがもう済んだかどうかを尋ねる場合に使う。会話では「～แล้วยัง lɛ́ɛo yaŋ 」「～หรือยัง rʉ̌ʉ yaŋ 」「～ยัง yaŋ 」のように言うことが多い。返事は肯定なら「動詞＋แล้ว lɛ́ɛo（もう～しました）」で、否定なら「ยัง yaŋ（まだです）」となる。

1. อาทิตย์หน้าคุณจะไปญี่ปุ่นหรือ ทำวีซ่าแล้วหรือยังครับ – ทำแล้วค่ะ
ʔaathít nâa khun ca pai yîipùn rʉ̌ʉ. tham wiisâa lɛ́ɛo rʉ̌ʉ yaŋ khráp – tham lɛ́ɛo khâ.
来週、日本に行くのですか？ビザはもう取りましたか？ – 取りました。

2. พรุ่งนี้เปิดเทอมแล้ว ทำการบ้านเสร็จแล้วยัง – ยังทำไม่เสร็จ
phrûŋníi pə̀ət thəəm lɛ́ɛo, tham kaan-bâan sèt lɛ́ɛo yaŋ – yaŋ tham mâi sèt.
明日、新学期が始まるけど、もう宿題は出来た？ – まだ出来てない。

3. ทานข้าวหรือยัง – ยัง
thaan khâao rʉ̌ʉ yaŋ – yaŋ.
〈昼休み〉もうご飯食べた？ – まだ。

4. ออกจากห้องน้ำ ล้างมือยัง – ล้างแล้ว
ʔɔ̀ɔk càak hɔ̂ŋ-náam láaŋ mʉʉ yaŋ – láaŋ lɛ́ɛo.
トイレから出て手を洗った？ – もう洗った。

………………………………………
วีซ่า wiisâa ビザ ／ ทำวีซ่า tham wiisâa ビザを取る ／ เปิดเทอม pə̀ət thəəm 学期が始まる ／ การบ้าน kaan-bâan 宿題 ／ เสร็จ sèt 終わる ／ ห้องน้ำ hɔ̂ŋ-náam トイレ ／ ล้าง láaŋ 洗う ／ มือ mʉʉ 手

30.5 「〜しますように」、「〜でありますように」「ขอให้ khɔ̌ɔ hâi 〜」

祈願を表す表現である。「〜しないように」、「〜ではないように」は「ขออย่าให้ khɔ̌ɔ yàa hâi 〜เลย ləəi」となる。

1. ขอให้คุณประสบแต่ความสุขตลอดปีนะ
khɔ̌ɔ hâi khun prasòp tɛ̀ɛ khwaam-sùk talɔ̀ɔt pii ná.
今年も良い年でありますように（一年を通して幸せでありますように）。

2. ขอให้หายเร็ว ๆ นะ
 khɔ̌ɔ hâi hǎai reo reo ná.
 お大事にね（早く治りますように）。

3. ขอให้เดินทางโดยสวัสดิภาพนะ
 khɔ̌ɔ hâi dəən thaaŋ dooi sawàtdiphâap ná.
 気を付けて行ってきてね（無事に旅行できますように）。

4. ขอให้ประสบความสำเร็จนะครับ
 khɔ̌ɔ hâi prasòp khwaam-sǎmrèt ná khráp.
 成功しますように。

5. ขอให้สอบได้นะคะ
 khɔ̌ɔ hâi sɔ̀ɔp dâi ná khá.
 試験に受かりますように。

6. คนที่ทานต้มยำกุ้งที่ฉันทำ ขออย่าให้มีใครท้องเสียเลย
 khon thîi thaan tôm-yam-kûŋ thîi chán tham, khɔ̌ɔ yàa hâi mii khrai thɔ́ɔŋ sǐa ləəi.
 私が作ったトムヤムクンを食べて、誰かお腹をこわす人がいませんように。

ประสบ prasòp 遭う／ความสุข khwaam-sùk 幸福／เดินทาง dəən thaaŋ 旅行する／โดยสวัสดิภาพ dooi sawàtdiphâap 無事に／ความสำเร็จ khwaam-sǎmrèt 成功／สอบได้ sɔ̀ɔp dâi 試験に合格する

練 習 問 題

1．和訳をしなさい。

(1) ผมเพิ่งตื่นนอน เลยไม่รู้ว่าเมื่อกี้นี้แผ่นดินไหว

phǒm phôŋ tɯ̀ɯn-nɔɔn, ləəi mâi rúu wâa mɯ̂a-kîi-níi phɛ̀ɛn-din wǎi.

（ตื่นนอน tɯ̀ɯn-nɔɔn 起きる／เมื่อกี้นี้ mɯ̂a-kîi-níi 先ほど）

(2) การแข่งขันกำลังจะเริ่มแล้ว แต่ฝนยังตกหนักอยู่

kaan-khɛ̀ŋkhǎn kamlaŋ ca rə̂əm lɛ́ɛo, tɛ̀ɛ fǒn yaŋ tòk nàk yùu.

（การแข่งขัน kaan-khɛ̀ŋkhǎn 試合／เริ่ม rə̂əm 始まる）

(3) มีคนติดอยู่ในลิฟต์อย่างน้อย10 คน

mii khon tìt yùu nai líp yàaŋ nɔ́ɔi sìp khon.

（ลิฟต์ líp エレベーター／ติดอยู่ในลิฟต์ tìt yùu nai líp エレベーターに閉じ込められる）

(4) คุณจะลาหยุดงานได้ปีละอย่างมาก 20 วัน

khun ca laa-yùt ŋaan dâi pii lá? yàaŋ mâak yîi sìp wan.（ลาหยุด laa-yùt 休暇を取る）

(5) กินยาแล้ว ไข้ลดลงหรือยัง – ลดลงแล้ว

kin yaa lɛ́ɛo khâi lót loŋ rɯ̌ɯ yaŋ - lót loŋ lɛ́ɛo.（ลด lót 下がる）

(6) พรุ่งนี้ ขออย่าให้ฝนตกเลย

phrûŋníi khɔ̌ɔ yàa hâi fǒn tòk ləəi.

2．タイ語に訳しなさい。

(1) この店は開店したばかりです。料理が美味しいかどうか分かりません。

（開店する เปิด pə̀ət ／ ～かどうか ....หรือเปล่า ....rɯ̌ɯ plàao）

(2) 父はこの会社で働いて40年になりましたが、もうすぐ定年になります。

（定年、定年になる เกษียณ kasǐan）

(3) この辺の家は、家賃が安くても月に50万円です。

(4) この大学は毎年少なくとも200人の学生が海外留学する。

（毎年 ทุกปี thúk pii／海外留学するไปเรียนต่างประเทศ pai rian tàaŋ-prathêet）

(5) もう分かったか？ – はい、よく分かりました。（分かる เข้าใจ khâo-cai）

(6) すべてがうまくいきますように。

（すべて ทุกอย่าง thúk yàaŋ ／ うまくいく ราบรื่น râaprɯ̂ɯn）

> **基礎語彙**　　別れの挨拶

เจอกันพรุ่งนี้	cəə kan phrûŋníi	また明日
เดี๋ยวเจอกันนะ	dǐao cəə kan ná	また後で
แล้วเจอกันนะ	lɛ́ɛo cəə kan ná	それではまた
ไปแล้วนะ	pai lɛ́ɛo ná	行きますね
ลาก่อนนะคะ	laa kɔ̀ɔn ná khá	お先に失礼します（目上に対する）
ขอตัวก่อนนะ	khɔ̌ɔ tua kɔ̀ɔn ná	お先に失礼します
ขับรถดี ๆ นะ	khàp rót dii dii ná	運転に気を付けてね
ระวังรถนะ	ráwaŋ rót ná	車に気を付けてね
โชคดีนะ	chôok dii ná	お元気で

文 字 篇

はじめに：タイ文字について

タイ文字は、インド系の表音文字で、左から右へと書く。タイ文字は、子音字、母音符号、声調記号とそれ以外の少数の記号よりなる。また、独自のタイ数字もある（「17. その他の記号」参照）。タイ文字の中で独立した文字とみなされるのは子音字のみである。母音を表す符号は単独の文字とはみなされず、子音の周囲（上下左右）に配置される（「2. 母音符号」を参照）。

タイ文字には大文字と小文字の区別はない。また単語ごとの分かち書きはせず、句読点もほとんど用いられない。語句のかたまりや文の切れ目の適当なところに「スペース」を入れる。そのため、タイ語の文章を読むには、スペースを手がかりに、文脈に即して語句や文章の切れ目などを読み取っていくしかない。

この文字篇では、１課で子音字、２課で母音符号、３課で声調を決定する諸要素について説明し、４課から声調の規則に従ってタイ文字の読み書きを学習し、その後、変則的・例外的な読み方・綴り方を学んで行く。最初の３課の内容は非常に多いので、一通り読んだだけでは、すべてを理解し記憶することはできない。そのため、４課以降に進んでも、必要に応じて１、２、３課に戻ってタイ文字の基礎を確認すること。

（※１～３課はタイ文字の基礎知識であり、練習問題はついていない。４課以降は学習した内容の確認をするために、課のおわりに練習問題をつけている。17課も練習問題はない。）

1　子音字

1.1　子音字の表記

現在使用されているタイ語の子音字は42種ある。ここでは語や音節の最初に出てくる頭子音としての発音を表記する。子音字には、それぞれを識別するための「呼び名」が付いている。子音だけでは発音できないので、子音に母音の

ɔɔ をつけ、さらにその後ろに、その子音字が使われている単語を当てて呼ぶ。（日本語でいえば、「アヒルのア」、「カエルのカ」のように）

タイ語の頭子音 kh、ch、d、t、n、th、ph、f、y、l、s、h は、同音の子音に複数の子音字がある。なお、母音符号は単独の文字とみなされないので、母音から始まる語でもかならず子音字が必要となる。その場合に音価を持たない子音字 อ（最後から二つ目）を語頭に置く。発音記号でも表記できないので、ここでは便宜的に声門閉鎖を表す ? を当てておく。

k- のように子音字の後ろにハイフンが続く場合には、頭子音字の後ろに母音が付くことを表す。同様に -k のように子音字の前にハイフンが来ている場合には、末尾子音字の前に母音が付くことを表す。

（母音の上に付いている声調記号については、3 課声調のところで説明する。）

【子音字】		【名称】		【意味】
ก	k-	ก ไก่	kɔɔ kài	ニワトリの k
ข	kh-	ข ไข่	khɔ̌ɔ khài	卵の kh
ค	kh-	ค ควาย	khɔɔ khwaai	水牛の kh
ฆ	kh-	ฆ ระฆัง	khɔɔ rakhaŋ	鐘の kh
ง	ŋ-	ง งู	ŋɔɔ ŋuu	ヘビの ŋ
จ	c-	จ จาน	cɔɔ caan	皿の c
ฉ	ch-	ฉ ฉิ่ง	chɔ̌ɔ chîŋ	小シンバルの ch
ช	ch-	ช ช้าง	chɔɔ cháaŋ	象の ch
ซ	s-	ซ โซ่	sɔɔ sôo	鎖（くさり）の s
ฌ	ch-	ฌ กะเฌอ	chɔɔ kachəə	kachəə（＝樹木名）の ch
ญ	y-	ญ หญิง	yɔɔ yǐŋ	女性の y
ฎ	d-	ฎ ชฎา	dɔɔ chadaa	冠の d
ฏ	t-	ฏ ปฏัก	tɔɔ patàk	牛追い棒の t
ฐ	th-	ฐ ฐาน	thɔ̌ɔ thǎan	台座の th
ฑ	th-	ฑ มณโฑ	thɔɔ monthoo	モントー夫人の th
ฒ	th-	ฒ ผู้เฒ่า	thɔɔ phûu-thâo	老人の th

ณ	n-	ณ เณร	nɔɔ neen	見習い僧（沙弥）の n
ด	d-	ด เด็ก	dɔɔ dèk	子どもの d
ต	t-	ต เต่า	tɔɔ tào	亀の t
ถ	th-	ถ ถุง	thɔ̌ɔ thǔŋ	袋の th
ท	th-	ท ทหาร	thɔɔ thahǎan	軍人の th
ธ	th-	ธ ธง	thɔɔ thoŋ	旗の th
น	n-	น หนู	nɔɔ nǔu	ネズミの n
บ	b-	บ ใบไม้	bɔɔ bai-máai	木の葉の b
ป	p-	ป ปลา	pɔɔ plaa	魚の p
ผ	ph-	ผ ผึ้ง	phɔ̌ɔ phʉ̂ŋ	ミツバチの ph
ฝ	f-	ฝ ฝา	fɔ̌ɔ fǎa	蓋の f
พ	ph-	พ พาน	phɔɔ phaan	脚付き盆の ph
ฟ	f-	ฟ ฟัน	fɔɔ fan	歯の f
ภ	ph-	ภ สำเภา	phɔɔ sǎmphao	ジャンク船の ph
ม	m-	ม ม้า	mɔɔ máa	馬の m
ย	y-	ย ยักษ์	yɔɔ yák	巨人鬼の y
ร	r-	ร เรือ	rɔɔ rʉa	船の r
ล	l-	ล ลิง	lɔɔ liŋ	猿の l
ว	w-	ว แหวน	wɔɔ wɛ̌ɛn	指輪の w
ศ	s-	ศ ศาลา	sɔ̌ɔ sǎalaa	東屋（あずまや）の s
ษ	s-	ษ ฤาษี	sɔ̌ɔ rʉʉsǐi	ヨーガ行者、仙人の s
ส	s-	ส เสือ	sɔ̌ɔ sʉ̌a	虎の s
ห	h-	ห หีบ	hɔ̌ɔ hìip	箱の h
ฬ	l-	ฬ จุฬา	lɔɔ culaa	チュラー凧の l
อ	ʔ-	อ อ่าง	ʔɔɔ ʔàaŋ	洗面器の ʔ
ฮ	h-	ฮ นกฮูก	hɔɔ nók-hûuk	フクロウの h

1.2 末尾子音の表記

　ここでは、音節の末尾にくる子音を「末尾子音」と呼ぶ。末尾子音を表記する場合も、末尾子音を頭子音と同じ子音字を使う。タイ語の末尾子は6種類のみであり、-ŋ＝-ง、-n＝-น、-m＝-ม、-k＝-ก、-t＝-ด、-p＝-บ　で表記するのが標準である。-ʔ は対応する子音字はないが、母音符号の-ะ で表される。ただし、-n、 -k、-t、-p は上記の標準の子音字以外でも表記される場合がある。母音符号との組み合わせや声調は次課以降で解説するので、ここでは末尾子音字の置かれる場所のみを確認しておくこと。

-ŋ	<u>-ง</u>	ฉิ่<u>ง</u> chîŋ（小シンバル）	ช้า<u>ง</u> cháaŋ（象）
-n	<u>-น</u> -ญ -ณ -ร -ล -ฬ	ฐา<u>น</u> thăan（台座）	พา<u>น</u> phaan（脚付き盆）
-m	<u>-ม</u>	งา<u>ม</u> ŋaam（美しい）	ส้<u>ม</u> sôm（みかん、柑橘類）
-k	<u>-ก</u> -ข -ค -ฆ	เด็<u>ก</u> dèk（子ども）	น<u>ก</u>ฮู<u>ก</u> nók hûuk（フクロウ）
-t	<u>-ด</u>、-จ、-ช、-ซ、-ฎ、-ฏ、-ฐ、-ฑ、-ฒ、-ต、-ถ、-ท、-ธ、-ศ、-ษ、-ส	ล<u>ด</u> lót（減少する）	พู<u>ด</u> phûut（話す）
-p	<u>-บ</u>- ป -พ -ฟ -ภ	จ<u>บ</u> còp（終わる）	สู<u>บ</u> sùup（吸う）

（※下線が標準的な文字）

頭子音、末尾子音の音価に基づいてタイ文字の子音字を配列すると、次のようになる。

【子音字】	【頭子音】	【末尾子音】
ก	k-	-k
ข ค ฆ	kh-	-k
จ	c-	-t

ฉ　ฌ	ch-	（使用しない）
ช	ch-	-t
ซ　ศ　ษ　ส	s-	-t
ด　ฎ	d-	-t
ต　ฏ	t-	-t
ฐ　ฑ　ฒ　ถ　ท　ธ	th-	-t
บ	b-	-p
ป	p-	-p
ผ	ph-	（使用しない）
พ　ภ	ph-	-p
ฝ	f-	（使用しない）
ฟ	f-	-p
ม	m-	-m
ง	ŋ-	-ŋ
น　ณ	n-	-n
ร	r-	-n
ล　ฬ	l-	-n
ย	y-	(-i)
ญ	y-	-n
ว	w-	(-o　-u)
ห　ฮ	h-	（使用しない）
อ	ʔ-	(-ɔɔ)

（※カッコ内は母音符号として使われた場合の発音）

2　母音符号

2.1　母音符号の配置

タイ語の基本的な母音符号には、ะ า ิ ี ึ ื ุ ู เ แ โがあり、子音文字の上下左右に配置する。短母音と長母音とは別の母音符号で書き分けられる。これらの基本的な母音符号以外に、余剰母音符号もある。子音文字の周囲のどこに配置されるのかは母音符号ごとに決まっている（下図参照）。子音字とその周囲に配置される母音符号を組み合わせて、発音を表す。さらに、複数の母音符号を用いること、あるいは特定の子音字を補うことにより、多様な母音を表記することができる。

タイ文字を書く際には、母音符号が上下に配置されることを考慮して、上下の高さを意識しておく必要がある。

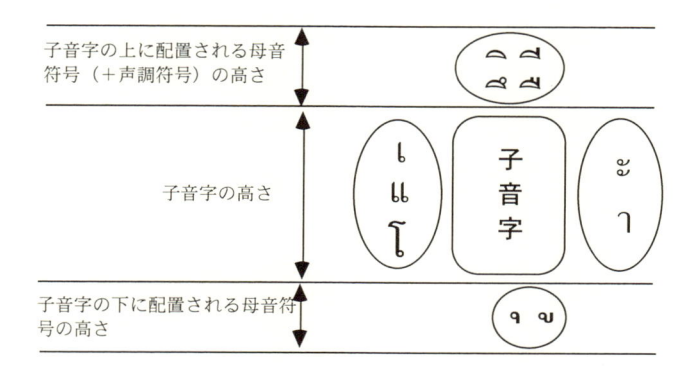

ในน้ำมีปลา ในนามีข้าว

สุขสันต์วันเกิด

2.2 真正母音符号

単母音を表記する最も基本的な母音符号。下の表ではハイフンのところに子音字が入る。末尾子音字がある場合は母音の後ろにおく。

語末や音節末に末尾子音字を伴う場合に、母音の形が変わるものもあるが、2.5で説明する。声調に関しては、3課以降で説明するので、ここでは子音字と母音符号の組み合わせの確認をしておくこと。

【母音符号】		【配置】	【例】		【末尾子音字を伴う場合】
–ะ	a?	子音字の右	กะ kà?	จะ cà?	(2.5 参照)
–า	aa	〃 右	งา ŋaa	มา maa	ทาน thaan
–ิ	-i?	〃 上	ซิ sí?	สิ sì?	ปิด pìt
–ี	-ii	〃 上	ดี dii	ทีวี thiiwii	จีน ciin
–ึ	-ʉ?	〃 上	ตึ tʉ̀?	รึ rʉ́?	ดึก dʉ̀k
–ือ	-ʉʉ	〃 上と右	คือ khʉʉ	มือ mʉʉ	(2.5 参照)
–ุ	-u?	〃 右下	ดุ dù?	ปุ pù?	ทุก thúk
–ู	-uu	〃 右下	ดู duu	หู hǔu	ลูก lûuk
เ–ะ	-e?	〃 左と右	เพะ phé?	เละ lé?	(2.5 参照)
เ–	-ee	〃 左	เจ cee	เท thee	เณร neen
แ–ะ	-ɛ?	〃 左と右	แวะ wɛ́?	และ lɛ́?	(2.5 参照)
แ–	-ɛɛ	〃 左	แช chɛɛ	แห hɛ̌ɛ	แกง kɛɛŋ
โ–ะ	-o?	〃 左と右	โปะ pò?	โผะ phò?	(2.5 参照)
โ–	-oo	〃 左	โล loo	โบ boo	โทษ thôot
เ–าะ	-ɔ?	〃 左と右	เกาะ kɔ̀?	เบาะ bɔ̀?	(2.5 参照)
–อ	-ɔɔ	〃 右	รอ rɔɔ	คอ khɔɔ	จอด cɔ̀ɔt
เ–อะ	-ə?	〃 左と右	เถอะ thə̀?	เยอะ yə́?	(2.5 参照)
เ–อ	-əə	〃 左と右	เจอ cəə	เธอ thəə	(2.5 参照)

2.3 複合母音と余剰母音

A：複合母音符号

【母音符号】		【配置】	【例】		【末尾子音字を伴う場合】
เ–ียะ	-iaʔ	子音字の左と上と右	เปียะ pìaʔ	เดียะ dìaʔ	(—)
เ–ีย	-ia	〃 左と上と右	เสีย sǐa	เมีย mia	เสียง sǐaŋ
เ–ือะ	-ɨaʔ	〃 左と上と右	เจือะ cɨ̀aʔ	เยือะ yɨ́aʔ	(—)
เ–ือ	-ɨa	〃 左と上と右	เรือ rɨa	เสือ sɨ̌a	เดือน dɨan
–ัวะ	-uaʔ	〃 上と右	ลัวะ lúaʔ	พัวะ phúaʔ	(—)
–ัว	-ua	〃 上と右	ตัว tua	หัว hǔa	(2.5 参照)

B：余剰母音符号

【母音符号】		【配置】	【例】		【末尾子音字を伴う場合】
–ำ	-am	子音字の上と右	จำ cam	ทำ tham	(—)

※ -am は –ัม でも表すことができる（2.5参照）。

ใ–	-ai	〃 左	ใจ cai	ใบ bai	(—)
ไ–	-ai	〃 左	ไป pai	ไว wai	(—)

※ -ai には ไ–（ไม้มลาย mái malaai）と ใ–（ไม้ม้วน mái múan）の2種類の母音符号がある。

เ–า	-ao	〃 左と右	เรา rao	เอา ʔao	(—)
ฤ	rɨ́, rí, rəə		ฤดู rɨ́duu	ฤษี rɨ́sǐi	ฤทธิ์ rít, ฤกษ์ rə̂ək

（※15.2 を参照）

ฤๅ	rɨɨ		ฤๅษี rɨɨsǐi		(—)

（※ ฤ の長母音形、15.2 を参照）

2.4 その他の母音符号

【母音符号】		【配置】	【例】		【末尾子音字を伴う場合】
–ัย	-ai	子音字の上と右	ชัย chai	มัย mai	(—)
–าย	-aai	〃 右	ขาย khǎai	อาย ʔaai	(—)
–าว	-aao	〃 右	ยาว yaao	สาว sǎao	(—)
–ิว	-iu	〃 上と右	นิว niu	ผิว phǐu	(—)
–ุย	-ui	〃 下と右	คุย khui	ลุย lui	(—)
เ–็ว	-eo	〃 左と上と右	เร็ว reo		(—)

–็ ：短母音化する記号　ไม้ไต่คู้ mái tài khúu　タイ数字の８と同形。

เ–ว	-eeo	〃 左と右	เลว leeo	เหว hěeo	(—)
แ–ว	-ɛɛo	〃 左と右	แถว thɛ̌ɛo	แมว mɛɛo	(—)
โ–ย	-ooi	〃 左と右	โดย dooi	โวย wooi	(—)
เ–ย	-əəi	〃 左と右	เคย khəəi	เนย nəəi	(—)
–อย	-ɔɔi	〃 右	ซอย sɔɔi	หอย hɔ̌ɔi	(—)
เ–ียว	-iao	〃 左と上と右	เดียว diao	เจียว ciao	(—)
เ–ือย	-ʉai	〃 左と上と右	เปือย pʉai	เนือย nʉai	(—)
–วย	-uai	〃 右	สวย sǔai	รวย ruai	(—)

2.5 変化する母音符号

一部の母音符号は表記は後ろに末尾子音が来る場合に表記が変化する。

末尾子音字がある場合に表記の変わるもの（ハイフンは子音字を表す）

【末尾子音なし】	【例】		【末尾子音あり】		【例】	
–ะ a?	กะ kà?	→	–ั–	-a-	กัน kan	จัง caŋ

（ะ の代りに、頭子音字の上に ั を置く。）

ื–อ	-ɯɯ	คือ khɯɯ	→	ื– –	-ɯɯ-	คืน khɯɯn	มืด mɯ̂ɯt
				（อ のところに末尾子音字を入れる。）			
เ–ะ	-eʔ	เละ léʔ	→	เ–็–	-e-	เล็บ lép	เป็น pen
				（ะ の代りに、 ็ を頭子音字の上に置く。）			
แ–ะ	-ɛʔ	แวะ wɛ́ʔ	→	แ–็ –	-ɛ-	แข็ง khɛ̌ŋ	แท็กซี่ thɛ́ksîi
				（ะ の代りに、 ็ を頭子音字の上に置く。）			
โ–ะ	-oʔ	โผะ phòʔ	→	– –	-o-	ผม phǒm	รบ róp

（このように頭子音字と末尾子音字のみで母音符号がない時には、母音の o を入れて読む。）

เ–าะ	-ɔʔ	เกาะ kɔ̀ʔ	→	็–อ–	-ɔ-	น็อค nɔ́k	ล็อค lɔ́k
เ–อะ	-əʔ	เถอะ thə̀ʔ	→	เ–ิ –	-ə-	เงิน ŋən	เพิ่ง phə̂ŋ
เ–อ	-əə	เจอ cəə	→	เ–ิ –	-əə-	เชิญ chəən	เดิน dəən

（-ə- と -əə- は母音符号の表記は同じ。短母音か長母音かは語によって異なる。）

3　声調を決定する要素

タイ文字を読む際の難しい点は、声調を正しく発音することである。タイ文字には声調記号があるが、それのみで声調が決定されるわけではない。タイ文字表記における声調は、「頭子音字の種類」、「母音の長短」、「韻の種類」（音節末の末尾子音や母音など）と「声調記号」の組み合わせによって決定される。ここでは「子音字の種類」、「韻の種類」、「声調記号」について説明し、これらの組み合わせによる声調の決定方法は４課以下で順次学習していく。

3.1　子音字の種類

タイ語の子音字は、声調決定の観点から、中級子音字、高級子音字、低級子音字の３つの種類に分けられる。この子音字の区別が有効となるのは、頭子音の場合だけであって、末尾子音の場合には声調決定には関係ない。なお、中・高・低という区別はあくまで便宜的なもので、子音字自体の価値に貴賤があるわけではない。

中級子音字（９文字）

ก (k)　จ (c)　ฎ (d)　ฏ (t)　ด (d)　ต (t)　บ (b)　ป (p)　อ (ʔ)

高級子音字（１０文字）

ข (kh)　ฉ (ch)　ฐ (th)　ถ (th)　ผ (ph)　ฝ (f)　ศ (s)　ษ (s)　ส (s)　ห (h)

低級子音字（２３文字）

ค (kh)　ฆ (kh)　ง (ŋ)　ช (ch)　ซ (s)　ฌ (ch)　ญ (y)　ฑ (th)　ฒ (th)
ณ (n)　ท (th)　ธ (th)　น (n)　พ (ph)　ฟ (f)　ภ (ph)　ม (m)　ย (y)
ร (r)　ล (l)　ว (w)　ฬ (l)　ฮ (h)

子音字の種類を覚えるポイントは、中級子音字（９文字）と高級子音字（１０文字）を先に覚え、残りの２３文字が低級子音字であると考えれば良い。

3.2 韻（音節の末尾音）

ここでの韻とは、音節の末尾の音のことを意味する。子音で終わる場合、母音で終わる場合の２通りである。

タイ語の末子音は、-ŋ、-n、-m 、-k、-t、-p、-ʔ の７種類のみである。この７つの末尾子音に加え、長母音（あるいは複合母音・余剰母音）で終わる場合があり、韻は全部で８通りとなる。これらの韻は「開音」の韻と「閉音」の韻の２種類に分けられる。開韻と閉韻の違いは語の声調を決定する上で重要な要素となる。

開音の韻

【韻】	【例】	
長母音	ไก่ kài	งู ŋuu
-ŋ	ฉิ่ง chîŋ	ช้าง cháaŋ
-n	ฐาน thǎan	พาน phaan
-m	งาม ŋaam	ส้ม sôm

閉音の韻

【韻】	【例】	
-ʔ（短母音）	จะ càʔ	ละ láʔ
-k	เด็ก dèk	นกฮูก nók hûuk
-t	ลด lót	พูด phûut
-p	จบ còp	สูบ sùup

3.3 声調記号

タイ語の声調は５つあるが、タイ文字の声調記号は４つである。声調記号が声調の数よりも１つ少ないのは、「声調記号なし」と４つの声調記号で、５つ

の声調に対応させているからである。そのため、声調記号がすべての音節に付いているわけではない。

【声調記号】	【名称】		【例】	
声調記号なし	―――		เรือ rɯa	ธง thoŋ
◌่	第１記号	ไม้เอก（mái ʔèek）	ไข่ khài	เต่า tào
◌้	第２記号	ไม้โท（mái thoo）	ผึ้ง phɯ̂ŋ	ได้ dâi
◌๊	第３記号	ไม้ตรี（mái trii）	โจ๊ก cóok	ปั๊ม pám
◌๋	第４記号	ไม้จัตวา（mái càttawaa）	เก๋ kěe	แจ๋ว cɛ̌ɛo

声調記号を配置する場所は、頭子音字の上である。頭子音字の上につく母音符号（◌ิ ◌ี ◌ึ ◌ื）がある場合には、母音符号の上につける。

手書き文字と印刷の文字では声調記号の配置場所に若干の違いが出るが、下の例文で声調符号の配置される場所を確認すること。（※下線が声調記号が付されている子音字である。）

ถ้าเราบินได้อย่างนก เราจะมองเห็นเมืองที่กว้างใหญ่

กรุงเทพฯ ตั้งอยู่ริมฝั่งแม่น้ำเจ้าพระยา

ร้านขายก๋วยเตี๋ยวร้านนั้นอร่อย

タイ文字では声調記号と声調が一対一の関係ではなく、声調記号、頭子音、母音の長短、韻の種類との組み合わせによって声調がきまる。次課以降では、これらの声調規則を学び、その後に変則的な読み方、例外的な読み方を学習していく。

4 声調規則1：中級子音字＋開韻＋声調記号

中級子音字で始まる音節が、開韻（長母音・開音の子音字）で終わるときの声調は以下の通りである。すべての声調記号がつき、5つの声調が表記される。これが最も基本的なパターンである。

中級子音字　ก（k）　จ（c）　ฎ（d）　ฏ（t）　ด（d）　ต（t）　บ（b）　ป（p）　อ（?）

開韻　長母音（複合母音、余剰母音を含む）

-ŋ：－ง

-n：－น、－ญ、－ณ、－ร、－ล、－ฬ

-m：－ม

声調記号　声調記号なし

第1記号　–่　ไม้เอก（mái ʔèek）

第2記号　–้　ไม้โท（mái thoo）

第3記号　–๊　ไม้ตรี（mái trii）

第4記号　–๋　ไม้จัตวา（mái càttawaa）

声調規則　中級子音字 ＋ 開韻 ＋ 声調記号なし ＝第1声調

中級子音字 ＋ 開韻 ＋ ไม้เอก（mái ʔèek）＝第2声調

中級子音字 ＋ 開韻 ＋ ไม้โท（mái thoo）＝第3声調

中級子音字 ＋ 開韻 ＋ ไม้ตรี（mái trii）＝第4声調

中級子音字 ＋ 開韻 ＋ ไม้จัตวา（mái càttawaa）＝第5声調

中級子音＋長母音

ก	＋ า ＋	（なし）		→ กา kaa	（第１声調）
ก	＋ า ＋	่		→ ก่า kàa	（第２声調）
ก	＋ า ＋	้		→ ก้า kâa	（第３声調）
ก	＋ า ＋	๊		→ ก๊า káa	（第４声調）
ก	＋ า ＋	๋		→ ก๋า kǎa	（第５声調）

中級子音＋開音の子音字

短母音

ก	＋ ั ＋	（なし）	＋ น	→ กัน kan	（第１声調）
ก	＋ ั ＋	่	＋ น	→ กั่น kàn	（第２声調）
ก	＋ ั ＋	้	＋ น	→ กั้น kân	（第３声調）
ก	＋ ั ＋	๊	＋ น	→ กั๊น kán	（第４声調）
ก	＋ ั ＋	๋	＋ น	→ กั๋น kǎn	（第５声調）

長母音

ก	＋ า ＋	（なし）	＋ น	→ กาน kaan	（第１声調）
ก	＋ า ＋	่	＋ น	→ ก่าน kàan	（第２声調）
ก	＋ า ＋	้	＋ น	→ ก้าน kâan	（第３声調）
ก	＋ า ＋	๊	＋ น	→ ก๊าน káan	（第４声調）
ก	＋ า ＋	๋	＋ น	→ ก๋าน kǎan	（第５声調）

中級子音＋長母音

ดู duu（見る）　ปี pii（年）　ใจ cai（心）

ด้วย dûai（～も、共に）　ได้ dâi（得る）　แต่ tὲε（しかし）

เกี๊ยว kíao（ワンタン）　ตั๋ว tǔa（券、切符）　เอา ʔao（取る）

中級子音＋開音の子音字

เป็น pen（～である）　ตาม taam（ついて行く）　เก่ง kèŋ（上手な）

อ่าน ʔàan（読む）　กุ้ง kûŋ（エビ）

【練習】次のタイ語の語彙の発音記号を書きなさい。

1. ปู（カニ） 2. กิน（食べる） 3. จัง（本当に） 4. จีน（中国）
5. เดือน（月） 6. บน（〜の上に） 7. ก่อน（〜の前に）
8. บ่าย（午後） 9. อื่น（他の） 10. เก้าอี้（椅子）
11. ต้อง（しなければならない） 12. ใต้（〜の下に）
13. บ้าง（若干の） 14. เก๊（偽の）

5 声調規則２：高級子音字＋開韻＋声調記号

高級子音字で始まる音節が、開韻（長母音・開音の子音字）で終わるときの声調は以下の通りである。この組み合わせでは、声調記号の ไม้ตรี（ mái trii 第３記号）、ไม้จัตวา（ mái càttawaa 第４記号）はつかない。

高級子音字　ข (kh)　ฉ (ch)　ฐ (th)　ถ (th)　ผ (ph)　ฝ (f)
　　　　　　ศ (s)　ษ (s)　ส (s)　ห (h)

開韻　長母音（複合母音、余剰母音を含む）
-ŋ：－ง
-n-：－น、－ญ、－ณ、－ร、－ล、－ฬ
-m：－ม

声調記号　声調記号なし
第１記号　 ่　ไม้เอก（ mái ʔèek ）
第２記号　 ้　ไม้โท（ mái thoo ）

声調規則　高級子音字 ＋ 開韻 ＋ 声調記号なし ＝第５声調
高級子音字 ＋ 開韻 ＋ ไม้เอก（ mái ʔèek ） ＝第２声調
高級子音字 ＋ 開韻 ＋ ไม้โท（ mái thoo ） ＝第３声調

高級子音字＋長母音

ข ＋ า ＋ （なし） → ขา khǎa （第５声調）
ข ＋ า ＋ –่ → ข่า khàa （第２声調）
ข ＋ า ＋ –้ → ข้า khâa （第３声調）

高級子音字＋開音の子音字

短母音

ข ＋ ั ＋ （なし） ＋ น → ขัน khǎn （第５声調）
ข ＋ ั ＋ –่ ＋ น → ขั่น khàn （第２声調）
ข ＋ ั ＋ –้ ＋ น → ขั้น khân （第３声調）

長母音

ข ＋ า ＋ （なし） ＋ น → ขาน khǎan （第５声調）
ข ＋ า ＋ –่ ＋ น → ข่าน khàan （第２声調）
ข ＋ า ＋ –้ ＋ น → ข้าน khâan （第３声調）

高級子音字＋長母音

ขา khǎa （脚）　หา hǎa （探す）　ขาย khǎai （売る）　เผา phǎo （焼く）
ฝ่าย fàai （側）　เสีย sǐa （失う）　สวย sǔai （美しい）　ไข่ khài （卵）
ใส่ sài （入れる、着る）　ผ้า phâa （布）

高級子音字＋開音の子音字

สาม sǎam （３）　ฉัน chǎn （私、女性の一人称）　เขียน khǐan （書く）
ส่ง sòŋ （送る）　ขึ้น khɯ̂n （上がる）　ห้อง hɔ̂ŋ （部屋）

【練習】次のタイ語の語彙の発音記号を書きなさい。

1. สี （色）　2. ถือ （手に持つ）　3. หู （耳）
4. สาว （若い、女性に対して）　5. เสือ （トラ）　6. เขียว （緑色）

7. ฝัน（夢、夢をみる）　8. ถุง（袋）　9. สูง（高い）
10. เห็น（見える）　11. ข่าว（ニュース）　12. ส่วน（部分）
13. ข้าว（米、ごはん）　14. ถ้า（もし〜ならば）
15. ส้ม（ミカン）　16. ให้（与える）

6　声調規則３：低級子音字＋開韻＋声調記号

低級子音字で始まる音節が、開韻（長母音・開音の子音字）で終わるときの声調は以下の通りである。この組み合わせでは、声調記号の ไม้ตรี（ máai trii 第３記号）、ไม้จัตวา（ mái càttawaa 第４記号）はつかない。

低級子音字　ค (kh)　ฆ (kh)　ง (ŋ)　ช (ch)　ซ (s)　ฌ (ch)　ญ (y)
ฑ (th)　ฒ (th)　ณ (n)　ท (th)　ธ (th)　น (n)　พ (ph)　ฟ (f)
ภ (ph)　ม (m)　ย (y)　ร (r)　ล (l)　ว (w)　ฬ (l)　ฮ (h)

開韻　長母音（複合母音、余剰母音を含む）
-ŋ：　–ง
-n-：　–น、–ญ、–ณ、–ร、–ล、–ฬ
-m：　–ม

声調記号　声調記号なし
第１記号　–่　ไม้เอก（ mái ʔèek ）
第２記号　–้　ไม้โท（ mái thoo ）

声調規則　低級子音字 ＋ 開韻 ＋ 声調記号なし　＝第１声調
低級子音字 ＋ 開韻 ＋ ไม้เอก（ mái ʔèek ）　＝第３声調
低級子音字 ＋ 開韻 ＋ ไม้โท（ mái thoo ）　＝第４声調

低級子音字＋長母音

ค ＋ า ＋ （なし） → คา khaa （第１声調）
ค ＋ า ＋ ่ → ค่า khâa （第３声調）
ค ＋ า ＋ ้ → ค้า kháa （第４声調）

低級子音字＋開音の子音字

短母音

ค ＋ ั ＋ （なし） ＋ น → คัน khan （第１声調）
ค ＋ ั ＋ ่ ＋ น → คั่น khân （第３声調）
ค ＋ ั ＋ ้ ＋ น → คั้น khán （第４声調）

長母音

ค ＋ า ＋ （なし） ＋ น → คาน khaan （第１声調）
ค ＋ า ＋ ่ ＋ น → ค่าน khâan （第３声調）
ค ＋ า ＋ ้ ＋ น → ค้าน kháan （第４声調）

低級子音字＋長母音

ยา yaa（薬）　มี mii（持っている、ある）　คือ khʉʉ（～である、すなわち）
ชาย chaai（若い男性）　เรา rao（我々）　เร็ว reo（速い）
ค่า khâa（価格、料金）　ช่วย chûai（助ける）　ใช่ châi（そうである、然り）
พี่ phîi（年上のキョウダイ）　ค้า kháa（商売する）　น้ำ nám(náam)（水）
ร้อย rɔ́ɔi（100）　เมื่อ mʉ̂a（～のとき）　ไม่ mâi（～ではない、否定詞）

低級子音字＋開音の子音字

ยัง yaŋ（まだ）　เรียน rian（勉強する）　เงิน ŋən（お金）　เล่น lên（遊ぶ）

【練習】次のタイ語の語彙の発音記号を書きなさい。

1. นอน（寝る）　　　2. วัน（日）　　　3. ทำ（作る、する）
4. เย็น（冷たい、涼しい）　5. โรงงาน（工場）　6. แม่（母）
7. พ่อ（父）　　　　8. ง่าย（簡単な）　9. ชื่อ（名前）
10. ที่（場所、〜で）　11. เพื่อน（友達）　12. ว่า（言う、〜と）
13. ร้อน（熱い、暑い）　14. เช้า（朝）　　15. นั้น（その、指示詞）
16. เลี้ยว（曲がる）

7　声調規則4：高級子音字化・中級子音字化する低級子音字

7.1　高級子音字化する低級子音字

低級子音字の前に高級子音字の ห（hɔ̌ɔ hìip）をつけると、ห 自体は発音されずに後続の低級子音字を高級子音字化する。そのため声調規則は高級子音字のものに従う。この ห は高級子音字化する働きのみを持ち、ห と後続する低級子音字で一つの高級子音字として扱われる。声調記号をつける場合には、実際に発音される低級子音字の右上につける。

ห が前に付いて高級子音字化する低級子音は以下の通りである。ここでは母音 ɔɔ を入れて表記している。高級子音字として扱われるので今後の声調規則でも高級子音字に従う。

หง (ŋɔ̌ɔ)	หน (nɔ̌ɔ)	หม (mɔ̌ɔ)	หย (yɔ̌ɔ)
หญ (yɔ̌ɔ)	หร (rɔ̌ɔ)	หล (lɔ̌ɔ)	หว (wɔ̌ɔ)

หม	+ า +	（なし）	→ หมา mǎa		（第5声調）
หม	+ า +	–่	→ หม่า màa		（第2声調）
หม	+ า +	–้	→ หม้า mâa		（第3声調）

หมา mǎa（イヌ）　　หนู nǔu（ネズミ）　　หมู mǔu（ブタ）
หรือ rʉ̌ʉ（あるいは、～ですか）　　หน้า nâa（顔）　　หญ้า yâa（草）

7.2　中級子音字化する低級子音字

低級子音字 ย の前に中級子音字の อ（ʔɔɔ ʔàaŋ）をつけると、声調規則が中級子音字と同じになる。この อ は中級子音字化する働きのみをもつ。なお อ がつ

く低級子音字は ย のみであり、以下の４つの語でしか使われない。声調記号は子音字 ย の上につける。良く使う語彙ばかりなので、綴り・発音とともに意味も覚えてほしい。

อย่า	yàa	（動詞の前につけて）～するな
อยู่	yùu	住む、いる、存在する
อย่าง	yàaŋ	様、種、形式
อยาก	yàak	（動詞の前につけて）～したい、～することを欲する

【練習】次のタイ語の語彙の発音記号を書きなさい。

1. หนา（厚い） 2. หนี้（借金） 3. หมอ（医者）
4. หล่อ（鋳造する、ハンサム） 5. หวี（くし） 6. หนังสือ（本）
7. หนาว（寒い） 8. หญิง（女性） 9. หลาน（孫、甥姪）
10. หนึ่ง（１） 11. หมั้น（婚約する） 12. หมู่（群、一団）

8　声調規則5：中級子音字＋閉韻＋声調記号

　中級子音字で始まる音節が、閉韻（短母音・閉音の子音）で終わるときの声調は以下の通りである。この組み合わせの場合、母音の長短には関係なく、末尾が閉韻であることが声調の決定条件となる。基本的に、声調記号の ไม้เอก（mái ʔèek 第1記号）、ไม้จัตวา（mái càttawaa 第4記号）はつかない。また、ไม้โท（mái thoo 第2記号）、ไม้ตรี（mái trii 第3記号）がつく場合にも、数は少なく、主として中国語や英語からの借用語がほとんどである。

中級子音字　ก (k)　จ (c)　ฎ (d)　ฏ (t)　ด (d)　ต (t)　บ (b)　ป (p)　อ (ʔ)

閉韻　　　 -ʔ（短母音）
　　　　　 -k：-ก、-ข、-ค、-ฆ
　　　　　 -t：-ด、-จ、-ช、-ซ、-ฎ、-ฏ、-ฐ、-ฑ、-ฒ、-ต、
　　　　　 　　-ถ、-ท、-ธ、-ศ、-ษ、-ส
　　　　　 -p：-บ、-ป、-พ、-ฟ、-ภ

声調記号　 声調記号なし
　　　　　 第2記号　 -้　 ไม้โท（mái thoo）
　　　　　 第3記号　 -๊　 ไม้ตรี（mái trii）

声調規則　 中級子音字 ＋ 閉韻 ＋ 声調記号なし　　　　 ＝第2声調
　　　　　 中級子音字 ＋ 閉韻 ＋ ไม้โท（mái thoo）　 ＝第3声調
　　　　　 中級子音字 ＋ 閉韻 ＋ ไม้ตรี（mái trii）　 ＝第4声調

中級子音字＋短母音 -ʔ
　ก ＋ -ะ ＋ （なし）　→ กะ kàʔ　（第2声調）
　ก ＋ -ะ ＋ -้　　　　→ ก้ะ kâʔ　（第3声調）
　ก ＋ -ะ ＋ -๊　　　　→ ก๊ะ káʔ　（第4声調）

中級子音字＋短母音＋閉音の子音

ก ＋ -ั- ＋（なし） ＋ ด → กัด kàt （第２声調）

ก ＋ -ั- ＋ -้ ＋ ด → กั้ด kât （第３声調）

ก ＋ -ั- ＋ -๊ ＋ ด → กั๊ด kát （第４声調）

中級子音字＋長母音＋閉音の子音

ก ＋ -า ＋（なし） ＋ ด → กาด kàat （第２声調）

ก ＋ -า ＋ -้ ＋ ด → ก้าด kâat （第３声調）

ก ＋ -า ＋ -๊ ＋ ด → ก๊าด káat （第４声調）

中級子音字＋短母音 -ʔ

จะ càʔ（～するつもり、意志の助動詞）　โต๊ะ tóʔ（机）

ดุ dùʔ（怒りっぽい、恐い）

中級子音字＋短母音＋閉音の子音

กัด kàt（噛みつく）　กับ kàp（～と一緒に）　จบ còp（終える）

เด็ก dèk（子ども⇔大人）　ตก tòk（落ちる）　ปิด pìt（閉まる）

中級子音字＋長母音＋閉音の子音

จาก càak（～から、場所の起点）　ปาก pàak（口）　ก๊าซ káat（←gas ガス）

โจ๊ก（中国粥） cóok　บู๊ต búut（←boot ブーツ）

【練習】次のタイ語の語彙の発音記号を書きなさい。

1. เตะ（蹴る）　2. เกะกะ（邪魔な）　3. แกะ（羊）

4. กฎ（規則、掟）　5. เก็บ（収める、収穫する）　6. จับ（捕まえる）

7. ดิบ（生の、未熟な）　8. ตัด（切る）　9. ติด（くっ付く、接触する）

10. อก（胸）　11. จอด（駐車する）　12. ดอก（花）

13. แปด（８）　14. ออก（出る）

9　声調規則 6：高級子音字＋閉韻

高級子音字で始まる音節が、閉韻（短母音・閉音の子音字）で終わるときの声調は以下の通りである。この組み合わせでは、母音の長短には関係なく、末尾が閉韻であることが声調の決定条件となる。この組み合わせにおいて声調記号をつける語はない。

高級子音字　ข (kh)　ฉ (ch)　ฐ (th)　ถ (th)　ผ (ph)　ฝ (f)
　　　　　　ศ (s)　ษ (s)　ส (s)　ห (h)

閉韻　-ʔ（短母音）
　　　-k：-ก、-ข、-ค、-ฆ
　　　-t：-ด、-จ、-ช、-ซ、-ฎ、-ฏ、-ฐ、-ฑ、-ฒ、-ต、-ถ、-ท、
　　　　　-ธ、-ศ、-ษ、-ส
　　　-p：-บ、-ป、-พ、-ฟ、-ภ

声調記号　声調記号なし

声調規則　高級子音字 ＋ 閉韻 ＋ 声調記号なし ＝第２声調

高級子音字 ＋ 短母音 -ʔ		
ข ＋ －ะ ＋ （なし）	→ ขะ khàʔ	（第２声調）
高級子音字 ＋ 短母音 ＋ 閉音の子音字		
ข ＋ ั－ ＋ （なし）	→ ขัด khàt	（第２声調）
高級子音字 ＋ 長母音 ＋ 閉音の子音字		
ข ＋ －า－ ＋ （なし）	→ ขาด khàat	（第２声調）

高級子音字 ＋ 短母音 -ʔ

แฉะ chɛ̀ʔ（べとべとの）　ผุ phùʔ（腐食する）　เหมาะ mɔ̀ʔ（相応しい）

高級子音字 ＋ 短母音 ＋ 閉音の子音字

ขับ khàp（運転する）　ขุด khùt（掘る）　ผัก phàk（野菜）　สิบ sìp（１０）

หก hòk（６）　หมด mòt（無くなる、尽きる）　หยุด yùt（止まる、休む）

高級子音字 ＋ 長母音 ＋ 閉音の子音字

แขก khɛ̀ɛk（客）　ถูก thùuk（安い、当たる）　ฝาก fàak（預ける）

สูบ sùup（吸う）　หีบ hìip（箱）　หลอด lɔ̀ɔt（ストロー）　หลีก lìik（避ける）

【練習】次のタイ語の語彙の発音記号を書きなさい。

1. สิ（～しなさい、命令文の文末詞）　2. เหาะ（飛ぶ、浮かぶ）

3. ผัด（炒める）　4. เผ็ด（辛い）　5. สุข（幸せ）

6. หนัก（重い）　7. หลัก（柱、基礎）　8. หวัด（風邪）

9. ขาด（切れる、欠く）　10. ฉีด（注射する、噴射する）

11. สอบ（調べる、試験する）　12. หาด（海岸）

13. เหยียบ（踏む、踏み付ける）　14. หลอก（騙す、欺く）

10　声調規則７：低級子音字＋閉韻＋声調記号

低級子音字で始まる音節が、閉韻（短母音・閉音の子音字）で終わるときの声調は以下の通りである。この組み合わせでは、同じ閉韻でも母音の長短によって声調決定のパターンが異なってくる。

10.1　低級子音字＋短母音の閉韻＋声調記号

この組み合わせでは、声調記号がつかないか、あるいは ไม้เอก（ mái ʔèek 第１記号）がつくかの２通りであり、ไม้โท（ mái thoo 第２記号）、ไม้ตรี（ mái trii 第３記号）、ไม้จัตวา（ mái càttawaa 第４記号） はつかない。また ไม้เอก（ mái ʔèek　第１記号）がつく語は数が非常に少ないので、声調記号なしで第４声調になることをしっかりと覚えておくこと。

低級子音字	ค (kh)　ฆ (kh)　ง (ŋ)　ช (ch)　ซ (s)　ฌ (ch)　ญ (y)　ฑ (th)　ฒ (th)　ณ (n)　ท (th)　ธ (th)　น (n)　พ (ph)　ฟ (f)　ภ (ph)　ม (m)　ย (y)　ร (r)　ล (l)　ว (w)　ฬ (l)　ฮ (h)
閉韻	-ʔ（短母音で終わる） 短母音＋ -k：−ก、−ข、−ค、−ฆ 短母音＋ -t：−ด、−จ、−ช、−ซ、−ฎ、−ฏ、−ฐ、−ฑ、−ฒ、−ต、−ถ、−ท、−ธ、−ศ、−ษ、−ส 短母音＋ -p：−บ、−ป、−พ、−ฟ、−ภ
声調記号	声調記号なし 第１記号　−่　ไม้เอก（ mái ʔèek ）

低級子音字 ＋ 短母音 -ʔ
ค ＋ －ะ ＋ （なし） → คะ kháʔ （第４声調）
ค ＋ －ะ ＋ －่ → ค่ะ khâʔ （第３声調）
低級子音字 ＋ 短母音 ＋ 閉音の子音字
ค ＋ －ั－ ＋ ด ＋ （なし） → คัด khát （第４声調）
ค ＋ －ั－ ＋ ด ＋ －่ → คั่ด khât （第３声調 ※ほとんどない）

低級子音字 ＋ 短母音 -ʔ
ละ láʔ（～あたり、～につき） และ lɛ́ʔ（～と）
ค่ะ khâʔ（女性の文末詞、丁寧表現）

低級子音字 ＋ 短母音 ＋ 閉音の子音字

คิด khít（考える）	ชัด chát（はっきり）	ทิศ thít（方角）
นก nók（鳥）	นักศึกษา nák-sɨ̀ksǎa（学生）	พบ phóp（会う）
วันพุธ wan phút（水曜日）	รถ rót（車）	รัฐ rát（国、州）

10.2 低級子音字＋長母音の閉韻＋声調記号

この組み合わせでは、基本的に声調記号はつかず、第３声調となる。

低級子音字 ค (kh) ฆ (kh) ง (ŋ) ช (ch) ซ (s) ฌ (ch) ญ (y) ฑ (th) ฒ (th)
ณ (n) ท (th) ธ (th) น (n) พ (ph) ฟ (f) ภ (ph) ม (m) ย (y)
ร (r) ล (l) ว (w) ฬ (l) ฮ (h)

閉韻
長母音（二重母音）＋-k：－ก、－ข、－ค、－ฆ
長母音（二重母音）＋-t：－ด、－จ、－ช、－ซ、－ฎ、－ฏ、－ฐ、－ฑ、
－ฒ、－ต、－ถ、－ท、－ธ、－ศ、－ษ、－ส
長母音（二重母音）＋-p：－บ、－ป、－พ、－ฟ、－ภ

ค + า + ด + （なし） → คาด khâat （第３声調）

แคบ khɛ̂ɛp（狭い） ชอบ chɔ̂ɔp（好き） โทษ thôot（罪）
นอก nɔ̂ɔk（～の外に） มาก mâak（とても、多い） แรก rɛ̂ɛk（初めて）
เลือด lʉ̂at（血） วาด wâat（描く）

【練習】次のタイ語の語彙の発音記号を書きなさい。

1. คะ（女性の文末詞、丁寧表現・疑問形）
2. เงาะ（ランブータン＝熱帯の果物の一種） 3. มิ（←ไม่ 、否定詞）
4. เยอะ（多い、たくさん） 5. เงียบ（静か） 6. โชค（運）
7. ทอด（油で揚げる） 8. พูด（話す） 9. ภาค（地方、部分）
10. ยาก（難しい） 11. รีบ（急ぐ） 12. เรียก（呼ぶ）
13. ลูก（子ども⇔親） 14. เลือก（選ぶ） 15. แลก（交換する）

11 二重頭子音

二重頭子音は、２つの子音字を連続して書き、前と後ろの子音を（母音を入れずに）続けて発音する。12課で学ぶ疑似二重頭子音と区別するため、「真正二重頭子音」とも呼ばれる。声調規則は前の子音字の種類に従う。子音字の上におく母音符号や声調記号は、後ろの子音字の上におく。後ろにくる子音字は、ร（rɔɔ rʉa）、ล（lɔɔ liŋ）、ว（wɔɔ wɛ̌ɛn）の３文字だけである。

実際に使われる真正二重頭子音字の組み合わせは以下の通り。

前の子音が中級子音字　→　中級子音字の声調規則

กร– kr-　　กล– kl-　　กว– kw-　　ตร– tr-

ปร– pr-　　ปล– pl-

前の子音が高級子音字　→　高級子音字の声調規則

ขร– khr-　　ขล– khl-　　ขว– khw-　　ผล– phl-

前の子音が低級子音字　→　低級子音字の声調規則

คร– khr-　　คล– khl-　　คว– khw-　　พร– phr-　　พล– phl-

前の子音が中級子音字

กระจก kracòk（ガラス）　กระเป๋า krapǎo（カバン）　กลับ klàp（帰る）

กว่า kwàa（〜より）　ประเทศ prathêet（国）　ตรง troŋ（まっすぐ）

ประมาณ pramaan（おおよそ）　ปลา plaa（魚）

前の子音が高級子音字

ขรุขระ khrùʔ khràʔ（でこぼこの）　ขลาด khlàat（臆病な）　ขวา khwǎa（右）

ผลัก phlàk（押す、押しのける）

前の子音が低級子音字

ครั้ง khráŋ（回、度）　ครัว khrua（台所）　คล้าย khláai（似ている）

ความ khwaam（事柄、意味）　พระ phráʔ（僧侶）　เพลง phleeŋ（歌）

【練習】次のタイ語の語彙の発音記号を書きなさい。

1. กรม（局）　2. กรุง（都）　3. กล้วย（バナナ）

4. เกลือ（塩）　5. สงขลา（地名）　6. ใคร（誰）

7. ครอบครัว（家族）　8. ครึ่ง（半分）　9. เครื่อง（機械、機具）

10. ดนตรี（音楽）　11. ประหยัด（倹約する）　12. เปรี้ยว（酸っぱい）

13. เปล่า（否、空の）　14. แผล（傷）　15. พรุ่งนี้（明日）

16. เพราะ（～の故に、きれいな音）

12　単独で母音 a をつけて読む子音字

２つの子音字が連続して書かれていても、ขยาย khayǎai（拡大する）、ตลาด talàat（市場）のように、前の子音に母音の a をつけて発音することがある。また頭子音だけではなく、語中（時には語末）に母音符号が付されていない子音字がある場合にも、สนทนา sǒnthanaa のように、母音の a をつけて発音する。このように母音符号が付されていない子音字に母音の a をつける場合、声調の規則により、２つのパターンに分かれる。

ただし、これらの綴りの発音を覚えるには、一つ一つの単語の発音を辞書等で確認して行くしかない。

12.1　疑似二重頭子音

疑似二重頭子音字は２つの子音字を連続して書き、前の子音に母音の a をつけて発音する。但し、連続する二つの子音はあくまでも「二重子音」とみなされるので、音節の声調規則は、真正二重頭子音と同じく、前の子音字の種類によって決定される。真正二重子音と同様に、声調記号は後ろの子音字の上におく。

疑似二重頭子音の場合、前の子音字は必ず高級子音字あるいは中級子音字で、後ろに低級子音字の ง、น、ม、ย、ว、ร、ล が来る。この場合、前の子音字（高級子音字・中級子音字）の声調規則に従って発音される。後ろに来る低級子音字は上記の７つのみであり、この組み合わせ以外の場合には、子音字が連続していても疑似二重頭子音とはみなさない（12.2 を参照）。

前の子音字：	ข-　ฉ-　ถ-　ผ-　ฝ-　ส-	（高級子音字）
	ก-　จ-　ต-　อ-	（中級子音字）
後の子音字：	-ง-　-น-　-ม-　-ย-　-ว-　-ร-　-ล-	（低級子音字）
	→前の子音字の声調規則に従う	

ขนม khanŏm（菓子）　　จมูก camùuk（鼻）　　ฉลาด chalàat（賢い）
ถนน thanŏn（大通り）　　เสนอ sanə̌ə（提出する）　　อร่อย ʔarɔ̀i（おいしい）

12.2　母音の付されていない子音字に母音の a をつけて発音する場合

上記の 12.1 の組み合わせ（疑似二重頭子音）以外にも、２つの子音字、あるいは３つの子音字が母音符号なしで連続して出てくる場合がある。これらの多くはサンスクリット語・パーリ語からの借用語である。この場合、単純に母音の付されていない子音字に母音の a をつけて発音し、後の音節の声調は前の子音字の種類に関係なく、後ろの子音字の声調規則に従う。

แสดง sadɛɛŋ（表示する）　สบาย sabaai（快適な）　คณะ khanáʔ（群、団体）
เฉพาะ chaphɔ́ʔ（〜だけ、〜のみ）　　คมนาคม khamanaakhom（交通）

【練習】次のタイ語の語彙の発音記号を書きなさい。

（疑似二重頭子音）

1. สนุก（楽しい）　2. ขยะ（ごみ）　3. ขนาด（規模、大きさ）
4. ตลอด（ずっと、終始）　5. ฝรั่ง（西洋人）　6. สนาม（広場）
7. เสมอ（対等の、いつも）　8. องุ่น（ぶどう）

（子音に a をつけて発音する場合）

9. ขบวน（行列、行進）　10. ทหาร（軍人）　11. พนักงาน（職員）
12. โรงพยาบาล（病院）　13. สถานี（施設、駅）　14. สบู่（せっけん）
15. อธิบาย（説明する）　16. กรกฎาคม（七月）

13　黙音字

　タイ語には様々な借用語・外来語が数多くあるが、これらの語はタイ語の音韻の規則に従って発音されるので、元の語の発音と異なる場合が多い。しかしタイ文字で表記する際には、元の語の綴りを反映させて記するため、文字として書かれてはいるが、実際には読まれない字が出てくる。このような字を黙音字と呼ぶ。

　黙音字には基本的に黙音記号 ์ ไม้ทัณฑฆาต mái thanthakhâat がつけられる。黙音記号は黙音字の直上につけ、黙音記号がつけられた黙音字を การันต์ kaaran と呼ぶ。ただし、黙音記号がなくても読まない字も数多くある。

A：黙音記号のついた黙音字（下線部分が黙音字）

・末尾子音のみを発音しない
　　สัมพันธ์ sămphan（関係）　　วันเสาร์ wan săo（土曜日）

・複数の子音・母音を発音しない
　　จันทร์ can（月）　　ศักดิ์สิทธิ์ sàksìt（聖なる）　　กษัตริย์ kasàt（王）

B：黙音記号がつかない黙音字（下線部分が黙音字）

・子音のみを発音しない
　　บัตร bàt（カード）　　พรหม phrom（ブラフマ神）

・末尾の母音のみを発音しない
　　ชาติ châat（民族、国家）　　สาเหตุ săahèet（原因、理由）
　　ประวัติ prawàt（歴史）　※発音注意　×prawát

・黙音字の -r-
　จริง ciŋ（本当に、真に）　　สร้าง sâaŋ（建てる）
　สามารถ sǎamâat（〜できる）

AとBの複合型もある。
　เกียรติ kìat（名声、光栄）
　※「黙音字の -r-」と「末尾の母音のみを発音しない」の組み合わせ。
　　ただし、ラーマヤナの東南アジア版ラーマキエンは รามเกียรติ์ で raammakian と読む。前の音節の末尾子音字 –ม を再読し（16課参照）、–ร を後ろの音節の末尾子音 -n として、ติ์ を読まない。

英語などの近年の外来語にも使われる。
　ฟิล์ม fim(fiim)（←film フィルム）　　รถเมล์ rót-mee（←mail バス）
　แสตมป์ satɛɛm（←stamp 切手）

【練習】次のタイ語の語彙の発音記号を書きなさい。
（黙音記号をつけるもの）
 1. โทรศัพท์（電話）　　2. วันอาทิตย์（日曜日）　3. วันศุกร์（金曜日）
 4. สัปดาห์（週）　　　　5. ไปรษณีย์（郵便局）　　6. องค์การ（機関）
 7. วิทยาศาสตร์（科学）　8. บริสุทธิ์（純粋）

（黙音記号がつかないもの）
 9. ญาติ（親族、親戚）　10. สมบัติ（財産）　　　11. ปฏิบัติ（実行する）
12. ภูมิใจ（誇りに思う）　13. เพชร（ダイヤモンド）14. เศร้า（悲しい）

14 特別な読み方１

音節の末尾が –ร となる場合、通常は末尾子音の -n になるが、それ以外にも子音字の r は様々な読み方をされる。

–ร	-ɔɔn	อักษร ʔàksɔ̌ɔn （文字）
–ร	-ɔɔra	มรดก mɔɔradòk （財産）
–รร	-an	บรรทุก banthúk （積む）
–รร–	-a-	กรรม kam （業、カルマ）

A：末尾子音 –ร の前に母音符号がない場合には -ɔɔn と発音する。

พร phɔɔn（祝福）　　ละคร lakhɔɔn（劇）

B：Aと同じように–ร の前に母音の -ɔɔ を入れて読むが、–ร は末尾子音にはならずに、母音の a を補って -ɔɔra と発音する。

ทรพิษ thɔɔraphít（害毒）　　มรกต mɔɔrakòt（エメラルド）

C：音節の末尾が –รร となり、ร が２つ重なっている場合には、-an と発音する。

บรรเทา banthao（緩和する）　　บรรยากาศ banyaakàat（雰囲気）

D：–รร– のように、ร ２つが頭子音字と末尾子音字にはさまれている場合には -a- と発音する。

ธรรม tham（仏法）　　พรรค phák（党、派）

上記以外にも、下記の綴りで特別な読み方をする場合もある。

E：โทร– の綴りで thoora と発音する。

โทรศัพท์ thoorasàp（電話）　　โทรทัศน์ thoorathát（テレビ）

F：Cと同じ -รร の綴りで、-anra と発音する。
　　ภรรยา phanrayaa（妻）

G：บริ- の綴りで bɔɔri- と発音する。
　　บริการ bɔɔrikaan（サービス）　　บริษัท bɔɔrisàt（会社）

【練習】次のタイ語の語彙の発音記号を書きなさい。
1. มังกร（龍）　　2. เกษร（花心）　　3. สโมสร（クラブ）
4. นคร（都市）　　5. ทรมาน（苦しめる）　　6. มรสุม（季節風、モンスーン）
7. พรรษา（年、雨季）　　8. บรรยาย（説明する）　　9. ธรรมชาติ（自然）
10. วรรณกรรม（文学、文芸）　　11. โทรเลข（電報）　　12. บริหาร（統治する）

15　特別な読み方 2

15.1　s と発音する ทร

例外的な二重頭子音の読み方で、ทร が頭子音として出て来た場合には s と発音する。低級子音字として扱うので、声調規則は低級子音字と同じである。

ทร– s-	例	ทราย saai（砂）	ทราบ sâap（知る）	

ただし、ทร の組み合わせが全て s- と発音されるわけではない。s- と読まないものとしては、

・外来語で元来のタイ語にはない二重頭子音を表記する場合には、thr- と発音する。

ทรัมเป็ต thrampèt（←trumpet　トランペット）

เทรน threen（←trend　トレンド・傾向　※ เทรนด์ と綴る場合もある）

・頭子音字 ท に、末尾子音としての –ร が後続する場合には、13課で説明したように thɔɔn あるいは thɔɔra と読む。

อาทร ʔaathɔɔn（思いやり）　　ทรยศ thɔɔrayót（裏切る）

15.2　ฤ の読み方

余剰母音符号 ฤ は元来サンスクリット語の母音を表す文字であり、ฤๅ はその長母音形である。そのため、タイ文字では母音符号に分類されている。しかしタイ文字では、母音を伴った低級子音文字として、サンスクリット語からの借用語の表記に用いられる。ฤ の母音は語彙によって異なり、rʉ́, rí, rì, rəə̂ の 4 通

りに発音される。ฤๅ の発音は rɯɯ のみである。

ฤ	rɯ́	ฤดู rɯ́duu（季節）
	rí	ทฤษฎี thrítsadii（理論　※ ษ の発音に関しては16課参照）
	rì	อังกฤษ ʔaŋkrìt（イギリス）
	rə̂ə	ฤกษ์ rə̂ək（吉時、吉日　※ rə̂ə の発音となるのはこの語のみ）
ฤๅ	rɯɯ	ฤๅษี rɯɯsǐi（仙人）

【練習】次のタイ語の語彙の発音記号を書きなさい。

（s と発音する ทร）

1. กระทรวง（省）　2. ทรุดโทรม（衰退する）　3. แทรกแซง（介入する）
4. นกอินทรี（鷲）

（ฤ の読み方）

5. วันพฤหัส（木曜日）　6. พฤษภาคม（五月）　7. ฤทธิ์（神通力）
8. สันสกฤต（サンスクリット）

16 一字再読

16.1 一般的な一字再読

複数の音節からなる多音節語の音節の継ぎ目にある末尾子音字は、前の音節の末尾子音として発音した後、さらに母音の a を補ってもう一度発音する場合がある。例えば、ราช râat（王の）と การ kaan（業務）からなる ราชการ（公務）は、前の音節 ราช の末尾子音 ช を -t として読んだのちに、母音の a を補い再度読むので、発音は râatchakaan となる。このような文字をここでは「再読字」と呼ぶ。

> 一字再読の基本的な考え方　　※下線が再読字
>
> ราชการ（公務）＝ ราช râat ＋ ช cha ＋ การ kaan → râatchakaan
>
> สุขภาพ（健康）＝ สุข sùk ＋ ข kha ＋ ภาพ phâap → sùkkhaphâap

คุณภาพ khunnaphâap（品質）　　ชนบท chonnabòt（田舎）
รัฐบาล rátthabaan（政府）　　ธรรมดา thammadaa（普通の）
พัฒนา phátthanaa（発展する、開発する）

なお、母音符号として使われている子音字が再読される場合もある。

อัยการ ʔaiyakaan（検事）　　อวัยวะ ʔawaiyawáʔ（身体器官）
※母音 -ัย -ai のย を子音字の y として再読する。

また、12課で学習した「単独で母音 a をつけて読む子音字」と複合して出てくる場合も多い。

มหาวิทยาลัย mahǎawítthayaalai（大学）　　วัฒนธรรม wátthanatham（文化）

ศิลปกรรม sǐnlapakam（芸術・芸術作品）　อยุธยา ʔayútthayaa（アユタヤ）

16.2　特殊な一字再読

数は少ないが、一般的な再読字の読み方とは異なる規則で読まれるものもある。

A：再読字の種類に従って、その後ろの音節の声調が変化するもの
再読字と後ろの音節の頭子音字とで疑似二重頭子音字を構成するとみなし、後ろの音節が再読字（前の子音字）の声調規則に従う場合がある。

ศาสนา（宗教）＝ ศาส sàat ＋ สนา sanǎa → sàatsanǎa

※後ろの音節 สนา sanǎa を疑似二重頭子音とみなす。再読字 ส が高級子音字なので、後ろの音節は低級子音字 น n ではなく、高級子音字（再読字）の声調規則に従う。
ここでは高級子音字＋長母音なので、第５声調となる。

ปริศนา prìtsanǎa（謎）　วาสนา wâatsanǎa（前世につんだ福分）

B：母音の a をつけないで、再読する場合
・再読字に他の母音（i, u）がついている場合

วุฒิสภา（上院議会）＝ วุฒ wút ＋ ฒิ thí ＋ สภา saphaa → wútthísaphaa

※ วุฒิ は、語末に来ると末尾の母音が黙音字となり、wút と発音されるが、後ろに別の音節が後続することで、黙音字であった母音をつけて子音字を再度読む。

พฤติกรรม phrʉ́ttìkam（行為）　เกียรติยศ kìattiyót（名誉　※ ร は黙音字）

・再読字が、後続する二重頭子音の前の子音字となっている場合

　再読字に母音 a をつけず、後の音節の二重頭子音として発音する。

　　มาตรา（条、項）＝ มาต mâat ＋ ตรา traa → mâattraa

　　จักรี（チャックリー（現王朝名））＝ จัก càk ＋ กรี krii → càkkrii

　　ศัตรู sàttruu（敵）　　　จักรยาน càkkrayaan（自転車）

【練習】次のタイ語の語彙の発音記号を書きなさい。

（一般的な一字再読）
1. กิจการ（活動）　　2. ตุ๊กตา（人形）　　3. กรรมการ（委員）
4. สกปรก（汚い）　　5. ผลไม้（果物）　　6. โฆษณา（広告）
7. เจรจา（協議する）　8. วิทยุ（ラジオ）

（特殊な一字再読）
9. ยุติธรรม（公平、公正）　10. จิตรกร（画家）　11. อัครราชทูต（公使）
12. สุจริต（誠実な、忠実な）　13. พฤติกรรม（行為、行動）

17　その他の記号

子音文字、母音符号、声調記号以外に使われる記号がある。

17.1　反復記号 ๆ（ไม้ยมก mái yámók）

前にある語をくり返して読むことを表す記号。前の文字とは少しスペースを入れて書く。

　　บ่อย ๆ bɔ̀i bɔ̀ɔi（しばしば）　　ช้า ๆ cháa cháa（ゆっくりと）
　　โต ๆ too too（大きい、大きく～）　　อื่น ๆ ʔɯ̀ɯn ʔɯ̀ɯn（その他の）

17.2　省略記号 ฯ（ไปยาลน้อย　paiyaan nɔ́ɔi）

綴りの長い語（名詞）の後ろの部分を省略していることを表す記号。前の文字とは間を開けずに書く。

　　กรุงเทพฯ kruŋthêep（バンコク）← กรุงเทพมหานคร kruŋthêep-mahǎanakhɔɔn
　　จุฬาฯ culaa（チュラーロンコーン）← จุฬาลงกรณ์ culaaloŋkɔɔn
　　นายกฯ naayók（首相）← นายกรัฐมนตรี naayók-rátthamontrii
　　（※下線部が省略されている。）

17.3　「～など」を表す記号 ฯลฯ（ไปยาลใหญ่　paiyaan yài）

語の後ろについて、「～など」という意味となる。และอื่น ๆ lɛ́ʔ ʔɯ̀ɯn ʔɯ̀ɯn、あるいは เป็นต้น pen tôn と読む。

17.4　略語

17.2の省略記号とは別に、多音節語を簡略して表記する際に、音節の頭子音字を取り出して略語を作ることがある。その際には取り出した頭子音字の後ろに

ピリオドをつける。ピリオドのつけ方には、子音字一文字ずつにつける場合と、子音字をひとまとめにして最後につける場合とがある。読み方も、子音字に母音 ɔɔ をつけて読む場合と、省略した語そのものとして読む場合に２通りがある。

（子音字一文字ずつにつける場合）

ก.ก.（キログラム）← กิโลกรัม kilookram

ร.ร.（学校）← โรงเรียน rooŋrian

ส.ส.（人民代表議会議員、日本の衆議院議員に当たる）

← สมาชิกสภาผู้แทนราษฎร samaachík saphaa-phûuthɛɛn-râatsadɔɔn

พ.ศ.（仏暦）← พุทธศักราช phútthasàkkaràat　（※発音注意　×sàkkarâat）

（子音字をひとまとめにして最後につける場合）

ทบ.（陸軍）← ทหารบก thahǎan bòk

กทม.（バンコク）← กรุงเทพมหานคร kruŋthêep-mahǎanakhɔɔn

ครม.（内閣）← คณะรัฐมนตรี khanáʔ rátthamontrii

นสพ.（新聞）← หนังสือพิมพ์ nǎŋsɯ̌ɯphim

17

18 文字練習

左の字に倣って、タイ文字を書く練習をしなさい。

【子音字】

ก

ค

ข

ฆ

ง

จ

ฉ

ช

ซ

ฌ

ญ

ฎ

ฏ

ฐ

ฑ

ฒ

ณ

ด

ต

18

ถ

ท

ธ

น

บ

ป

ผ

ฝ

พ

ฟ

ภ

ม

ย

ร

ล

ว

ศ

ษ

ส

ห

ฬ

อ

ฮ

【母音符号】　子音字との組み合わせ

（真正母音符号）

กะ

กา

คิ

คี

ขึ

ขือ

งุ

งู

เจะ

เจ

แชะ

แช

โซะ

โซ

เดาะ

ดอ

เตอะ

เตอ

18

（複合母音符号・余剰母音符号・その他）

เทียะ

เทีย

เนือะ

เนือ

บัวะ

บัว

ปำ

ใป

ไผ

เผา

ฝัย

ฝาย

พาว

พิว

ฟุย

เภ็ว

เภว

แมว

โมย

เยย

ยอย

18

เรียว

รวย

(変化する母音符号)

ลัน

ลืน

เว็น

แว็น

สน

ส็อก

เหิน

付録1．語彙集

発音記号	単語	日本語訳
a		
?aa	อา	叔父、叔母（父の弟、妹）
?aacaan	อาจารย์	先生（大学の）
?aacian	อาเจียน	吐く、嘔吐する
?aahǎan	อาหาร	食事、料理
?aahǎan pen phít	อาหารเป็นพิษ	食あたりする
?aahǎan-yen	อาหารเย็น	晩ご飯
?aai	อาย	恥ずかしい、恥ずかしがる
?aakaan	อาการ	容態、病状
?aakaan nàk	อาการหนัก	重症、重体
?aakaan sǎahàt	อาการสาหัส	重症、重体
?aakàat	อากาศ	天気、気候、空
?àan	อ่าน	読む
?àaŋ	อ่าง	平鉢、洗面器、貯水地
?àap-náam	อาบน้ำ	水浴びする
?àat ca	อาจจะ	～かもしれない
?aathít	อาทิตย์	日曜、太陽；週、週間
?aathít nâa	อาทิตย์หน้า	来週
?aathɔɔn	อาทร	思いやり
?aayú?	อายุ	年齢
?aayú? yʉʉn	อายุยืน	寿命が長い
?ai	ไอ	咳をする
?aisakriim	ไอศกรีม	アイスクリーム
?aiyakaan	อัยการ	検事
?àkkhraráatchathûut	อัครราชทูต	公使
?àksɔ̌ɔn	อักษร	文字
?ao	เอา	要る、欲しい；持つ、取る
?anúyâat	อนุญาต	許可する、許す
?aŋkrìt	อังกฤษ	イギリス
?aŋùn	องุ่น	ブドウ
?apháatmén	อพาร์ตเมนต์	アパート
?arai	อะไร	何、疑問詞
?arɔ̀i	อร่อย	おいしい
?athíbaai	อธิบาย	説明する
?awaiyawá?	อวัยวะ	身体器官
Ayútthayaa	อยุธยา	アユタヤ（地名）
b		
bàai	บ่าย	昼過ぎ、午後
baan	บาน	咲く
bâan	บ้าน	家
bâan-kə̀ət	บ้านเกิด	ふるさと、生まれ故郷
banyaai	บรรยาย	講義する
baaŋ	บาง	若干の、いくらかの
bâaŋ	บ้าง	若干、いくらか
bàat	บาด	傷つける、怪我をする
bàat cèp	บาดเจ็บ	怪我をする、負傷する
bàat	บาท	バーツ（タイの貨幣単位）
bai	ใบ	葉；証、～枚（紙やカードの類別詞）
bai-khàp-khìi	ใบขับขี่	運転免許証
bai-máai	ใบไม้	葉っぱ
bai-makrùut	ใบมะกรูด	マクルート（コブミカン）の葉
bàt	บัตร	カード、券
bàt-khreedìt	บัตรเครดิต	クレジットカード
bàt-phàan-pratuu	บัตรผ่านประตู	入場券
bamìi	บะหมี่	ラーメン
banthao	บรรเทา	緩和する
banthúk	บรรทุก	積む
banyaakàat	บรรยากาศ	雰囲気
béetbɔɔn	เบสบอล	野球
bia	เบียร์	ビール
bɛ̀ɛp	แบบ	型、形式、スタイル、デザイン
bɛ̀ɛp níi	แบบนี้	こんな、このような
bɛ̀ɛttəərîi	แบตเตอรี่	バッテリー
bəə	เบอร์	数、ナンバー
bəə thoorasàp	เบอร์โทรศัพท์	電話番号
bin	บิน	飛ぶ、飛行する
bon	บน	上方の；～の上（on）
boonát	โบนัส	ボーナス
bɔ̀ɔi	บ่อย	しょっちゅう、頻繁に
bɔ̀i bɔ̀ɔi	บ่อย ๆ	しょっちゅう、頻繁に
bɔ̀ɔk	บอก	言う、告げる
bɔɔrihǎan	บริหาร	統治する
bɔɔrikaan	บริการ	サービス
bɔɔriphôok	บริโภค	消費する
bɔɔrisàt	บริษัท	会社

bɔɔrisàt thua	บริษัททัวร์	旅行会社
bɔɔrisùt	บริสุทธิ์	純粋
buam	บวม	腫れる
burìi	บุหรี่	煙草
burùt-praisanii	บุรุษไปรษณีย์	郵便配達人
búut	บู๊ต	ブーツ（←boot）
bɯ̀a	เบื่อ	飽きる

c

ca (càʔ)	จะ	～するつもり（意志）
câ／cá／cǎa	จ้ะ／จ๊ะ／จ๋า	親密感・親近感を表す文末詞
càai	จ่าย	払う、支払う
càak	จาก	～から（場所の起点）
caam	จาม	くしゃみをする
caamcurii	จามจุรี	チャームチュリー（花の名前）
caan	จาน	皿、平皿
cai	ใจ	心
cai-dii	ใจดี	優しい、親切な
càkkrayaan	จักรยาน	自転車
càkkrii	จักรี	チャックリー（現王朝名）
cam	จำ	覚える
camnuan	จำนวน	数
camùuk	จมูก	鼻
can	จันทร์	月
câo	เจ้า	主人、高位の者
câo-naai	เจ้านาย	上司
câo-phâap	เจ้าภาพ	開催者
caŋ	จัง	とても
càp	จับ	つかむ；捕まえる、逮捕する
càt	จัด	整頓する、処置する
càt dɔ̀ɔk-máai	จัดดอกไม้	生け花
càt ŋaan	จัดงาน	催す、開催する
Catucàk	จตุจักร	チャトゥチャック（地名）
ceenracaa	เจรจา	協議する
cèp	เจ็บ	痛い（身体の表面的な）
cèp cai	เจ็บใจ	惜しむ
cèp khɔɔ	เจ็บคอ	喉が痛い
cèt	เจ็ด	7　๗
cɛ̂ɛŋ	แจ้ง	告げ知らせる
cɛ̂ɛŋ-khwaam	แจ้งความ	通知する、届け出る
cəə	เจอ	会う
cəə kan	เจอกัน	会う
cəə kan phrûŋ-níi	เจอกันพรุ่งนี้	また明日
ciin	จีน	中国、中国の
ciŋ	จริง	本当の、真の
cìttrakɔɔn	จิตรกร	画家
con	จน	貧しい；～まで
con thɯ̌ŋ ～	จนถึง ～	～まで、～に至るまで
cóok	โจ๊ก	中国粥
còp	จบ	修了する、終える；卒業する＝rian-còp
còp càak ～	จบจาก ～	～を卒業する
còtmǎai	จดหมาย	手紙
cɔ̀ɔt	จอด	駐車する
culaa	จุฬา	チュラー凧（凧の名）；最高の、頂点の
Culaaloŋkɔɔn mahǎawítthayaalai	จุฬาลงกรณ์มหาวิทยาลัย	チュラーロンコーン大学
cɯ̀ɯt	จืด	味が薄い、無味

ch

chaa	ชา	茶
chaa khǐao	ชาเขียว	緑茶
cháa	ช้า	遅い
cháa cháa	ช้า ๆ	ゆっくりと
chaai	ชาย	男
chǎai	ฉาย	（映画を）上映する
chaam	ชาม	碗、皿
cháaŋ	ช้าง	象、チャーン（男性の名前）
chaao	ชาว	人を表す語
chaao naa	ชาวนา	農民（稲作農家）
chaao sǔan	ชาวสวน	農民（農園農家）
chaao-tàaŋ-châat	ชาวต่างชาติ	外国人
châat	ชาติ	民族、国家
chabàp	ฉบับ	版；～部、～号（新聞や雑誌の類別詞）
Chai	ชัย	チャイ（タイ人の名前）
châi	ใช่	そうである、はい（肯定の返答）
～ châi mái	～ใช่ไหม	～ですね？、～でしょう？
chái	ใช้	使う
chái mâi dâi	ใช้ไม่ได้	使えない、ダメだ
chái weelaa	ใช้เวลา	時間がかかる

chalàat	ฉลาด	賢い
chalɔɔ khwaam-reo	ชะลอความเร็ว	スピードを落とせ
chán (chǎn)	ฉัน	私（女性の一人称の代名詞）＝ดิฉัน
chaná?	ชนะ	勝つ
chaná?-lə̂ət	ชนะเลิศ	優勝する
cháo (cháao)	เช้า	朝；朝早く
chaphɔ́?	เฉพาะ	～だけ、～のみ
chát	ชัด	はっきり、明瞭に
chɛ̀?	แฉะ	べとべとの
chəən	เชิญ	どうぞ
chîit	ฉีด	注射する、噴射する
chîit yaa	ฉีดยา	注射を打つ
chîit wáksin pɔ̂ŋ-kan	ฉีดวัคซีนป้องกัน	予防接種を受ける
chim	ชิม	味見する
chinkansen	ชินกันเซน	新幹線
chîŋ	ฉิ่ง	小さなシンバル（楽器）
chon	ชน	衝突する、ぶつかる
chonnabòt	ชนบท	田舎
chôok	โชค	運
chôok dii	โชคดี	運がよい（←good luck）
chôok dii ná	โชคดีนะ	お元気で
chɔ̂ɔp	ชอบ	好き、好む
chûa-mooŋ	ชั่วโมง	時間
chûai	ช่วย	助ける；～して下さい
chûai～ dûai／nɔ̀ɔi	ช่วย ～ด้วย／หน่อย	～して下さい
chuan	ชวน	誘う
chút	ชุด	セット、組み、一揃
chút dam	ชุดดำ	黒いドレス
chút-ʔàap-náam	ชุดอาบน้ำ	水着
chʉ̂ʉ	ชื่อ	名前；～という名前である
chʉ̂ʉ-ciŋ	ชื่อจริง	本名
chʉ̂ʉ-lên	ชื่อเล่น	あだ名、ニックネーム
chʉ́ʉn	ชื้น	湿っている

d

daaraa	ดารา	星；スター、俳優、女優
daao	ดาว	星
daao-tòk	ดาวตก	流れ星
dàat-fáa	ดาดฟ้า	屋上
dâi (dâai)	ได้	得る；～できる
dâi kamrai	ได้กำไร	儲ける、利益を得る
dâi khàao wâa～	ได้ข่าวว่า～	～という話・噂を聞きました、～だそうだ
～dâi mái	～ได้ไหม	～でいいですか、～していいですか
dâiyin	ได้ยิน	聞こえる
dam	ดำ	黒
dèk	เด็ก	子ども（大人に対する）
dèt	เด็ด	摘み取る、ねじり切る
dɛɛŋ	แดง	赤
dəən	เดิน	歩く
dəən-lên	เดินเล่น	散歩する
dəən pai（maa）	เดินไป (มา)	歩いて行く（来る）
dəən thaaŋ	เดินทาง	旅行する、旅する
diao	เดียว	一つの～、～だけ
diao kan	เดียวกัน	同一な
diao kàp～	เดียวกับ～	～と同じ、同一の
dǐao	เดี๋ยว	もうすぐ、まもなく、後で
dǐao cəə kan ná	เดี๋ยวเจอกันนะ	また後で
dǐao-níi	เดี๋ยวนี้	今、現在
dii	ดี	良い、いい
dii-cai	ดีใจ	うれしい、喜ぶ
dii-cai dûai	ดีใจด้วย	おめでとう
din	ดิน	土
dinsɔ̌ɔ	ดินสอ	鉛筆
dìp	ดิบ	生の
dichán	ดิฉัน	私（女性の一人称の代名詞）＝ฉัน chán
dontrii	ดนตรี	音楽
dooi	โดย	～によって、～で
dooi sawàtdiphâap	โดยสวัสดิภาพ	無事に、無事息災に
doon	โดน	当たる；～される（受動表現）
dòot	โดด	跳ぶ、はねる
dòot ŋaan	โดดงาน	仕事をさぼる
dɔ̀ɔk	ดอก	花
dɔ̀ɔk-bua	ดอกบัว	蓮の花
dɔ̀ɔk-máai	ดอกไม้	花
dɔ̀ɔk-máai pracam-châat	ดอกไม้ประจำชาติ	国花
dɔ̀ɔk-saakurá?	ดอกซากุระ	桜の花
dù?	ดุ	叱る；気性が激しい
dûai	ด้วย	一緒に、～も
duu	ดู	見る、面倒を見る
duu mʉ̌an wâa～	ดูเหมือนว่า～	～のようだ、～らしい

duu nǎŋ	ดูหนัง	映画を見る
duu náŋsʉ̌ʉ	ดูหนังสือ	勉強する
duu náŋsʉ̌ʉ sɔ̀ɔp	ดูหนังสือสอบ	試験勉強をする
dʉan	เดือน	月
dʉan thîi lɛ́ɛo	เดือนที่แล้ว	先月
dʉan mákaraakhom	เดือนมกราคม	
dʉan mákaraa	เดือนมกราฯ	省略形　一月
dʉan kumphaaphan	เดือนกุมภาพันธ์	
dʉan kumphaa	เดือนกุมภา	省略形　二月
dʉan miinaakhom	เดือนมีนาคม	
dʉan miinaa	เดือนมีนา	省略形　三月
dʉan meesǎayon	เดือนเมษายน	
dʉan meesǎa	เดือนเมษา	省略形　四月
dʉan phrʉ́tsaphaakhom	เดือนพฤษภาคม	
dʉan phrʉ́tsaphaa	เดือนพฤษภา	省略形　五月
dʉan míthùnaayon	เดือนมิถุนายน	
dʉan míthùnaa	เดือนมิถุนา	省略形　六月
dʉan kàrákàdaakhom	เดือนกรกฎาคม	
dʉan kàrákàdaa	เดือนกรกฎา	省略形　七月
dʉan sǐŋhǎakhom	เดือนสิงหาคม	
dʉan sǐŋhǎa	เดือนสิงหา	省略形　八月
dʉan kanyaayon	เดือนกันยายน	
dʉan kanyaa	เดือนกันยา	省略形　九月
dʉan tulaakhom	เดือนตุลาคม	
dʉan tulaa	เดือนตุลา	省略形　十月
dʉan phrʉ́tsàcikaayon	เดือนพฤศจิกายน	
dʉan phrʉ́tsàcikaa	เดือนพฤศจิกา	省略形　十一月
dʉan thanwaakhom	เดือนธันวาคม	
dʉan thanwaa	เดือนธันวา	省略形　十二月
dʉ̀at rɔ́ɔn	เดือดร้อน	苦しむ、困窮する
dʉ̀k	ดึก	夜遅く
dʉ̀ʉm	ดื่ม	飲む

e

ʔèekkachon	เอกชน	私立の、民間の
ʔèekkasǎan	เอกสาร	書類、文書
ʔeeŋ	เอง	自分自身で、自ら
ʔèt	เอ็ด	二桁以上の数字の一の位の１

ɛ

ʔɛɛ	แอร์	冷房
ʔɛ́ppɔ̂n	แอปเปิ้ล	リンゴ（← apple）

f

fǎa	ฝา	蓋
fǎa-fɛ̀ɛt	ฝาแฝด	双子
fàai	ฝ่าย	側（がわ）
fàak	ฝาก	預ける
fàak khɔ̂ɔ-khwaam	ฝากข้อความ	伝言を残す
fàat	ฝาด	渋い
fai	ไฟ	火、電気
fai-dàp	ไฟดับ	停電
fai-dɛɛŋ	ไฟแดง	赤信号
fai-khǐao	ไฟเขียว	青信号
fai-lʉ̌aŋ	ไฟเหลือง	黄信号
fai pìt	ไฟปิด	電気が消える
faifáa	ไฟฟ้า	電気
fan	ฟัน	歯
fǎn	ฝัน	夢・夢をみる
faŋ	ฟัง	聞く
faŋ than	ฟังทัน	聞き取れる
faràŋ	ฝรั่ง	西洋人、白人
fɛɛn	แฟน	恋人、ファン
fɛ̀k	แฟกซ์	ファックス
fim, fiim	ฟิล์ม	フィルム（← film）
fǒn	ฝน	雨
fǒn tòk	ฝนตก	雨が降る
fǒn tòk nàk	ฝนตกหนัก	大雨が降る
fútbɔɔn	ฟุตบอล	サッカー
fútbɔɔn lôok	ฟุตบอลโลก	ワールドカップ・サッカー
fʉ̀ak	เฝือก	ギブス
fʉ̀k	ฝึก	訓練する、練習する
fʉ̀k-ŋaan	ฝึกงาน	インターンシップをする

h

hâa	ห้า	５　๕
hǎa	หา	探す；訪ねる
hǎa ŋaan	หางาน	仕事を探す、就職活動をする
hǎa ŋaan tham	หางานทำ	就職活動をする
hǎa ŋaan dâi	หางานได้	就職が決まる
hǎa sʉ́ʉ	หาซื้อ	買い求める
hǎai	หาย	なくなる；（病気や傷が）治る
hǎai-cai	หายใจ	息をする、呼吸する

hǎai-cai mâi ʔɔ̀ɔk	หายใจไม่ออก	息苦しい
hâaŋ-sàpphasǐnkháa	ห้างสรรพสินค้า	百貨店、デパート
hàat	หาด	海岸
hâi	ให้	与える；〜させる（使役動詞）
hâi 〜 duu	ให้ 〜 ดู	〜に見てもらう（〜に見させる）
hâi nám klʉa	ให้น้ำเกลือ	点滴を打つ
hàk	หัก	折る、折れる
hanlǒo	ฮัลโหล	もしもし（←hallo）
hàt	หัด	麻疹（はしか）
hàt-yəəraman	หัดเยอรมัน	風疹
hěn	เห็น	見える
hèt	เห็ด	キノコ
hɛɛmbəəkə̂ə	แฮมเบอร์เกอร์	ハンバーガー
hɛ̂ɛŋ	แห้ง	乾いた、乾燥している
hìip	หีบ	箱
hìmá?	หิมะ	雪
hít	ฮิต	流行る
hǐu	หิว	お腹がすく、空腹である
hòk	หก	6　๖
hǒn	หน	回、度
hɔ̀?	เหาะ	飛ぶ、浮かぶ
hɔ̂ŋ	ห้อง	部屋、室
hɔ̂ŋ-náam	ห้องน้ำ	トイレ、水浴び場
hɔ̂ŋ-rian	ห้องเรียน	教室
hɔ̂ŋ-sɔ̀ɔp	ห้องสอบ	試験室
hɔ̀ɔ	ห่อ	包む、包み
hɔ̌ɔ-phák	หอพัก	寮
hɔ̌ɔ-samùt	หอสมุด	図書館
hɔ̌ɔi	หอย	貝
hɔ̌ɔi-naaŋ-rom	หอยนางรม	牡蠣
hǔa	หัว	頭
hǔa chai tháo	หัวไชเท้า	大根
hǔa dii	หัวดี	頭がいい
hǔa hɔ̌ɔm	หัวหอม	玉ねぎ
hǔa-khâm	หัวค่ำ	夜の比較的速い時間
hǔarɔ́?	หัวเราะ	笑う
hǔŋ khâao	หุงข้าว	ご飯を炊く
hǔu	หู	耳
hǔu-thoorasàp	หูโทรศัพท์	受話器（電話の）

i

?ìik	อีก	さらに、もっと
?ìik lɛ́ɛo	อีกแล้ว	また〜した、また〜となった
?ìik thii	อีกที	もう一度
?iimee	อีเมล	Ｅメール
?iisǎan	อีสาน	タイの東北地方
?ìm	อิ่ม	満腹の
?india	อินเดีย	インド
?italii	อิตาลี	イタリア

k

kaan-bâan	การบ้าน	宿題
kaan-mʉaŋ	การเมือง	政治
kaan-khɛ̀ŋkhǎn	การแข่งขัน	試合
kaan-satrái	การสไตร๊ค์	ストライキ
kâaŋ	ก้าง	魚の骨
kaaŋkeeŋ	กางเกง	ズボン
kaaŋkeeŋ-nai	กางเกงใน	パンツ（下着）
kaaŋkeeŋ-khǎa-sân	กางเกงขาสั้น	半ズボン
kaaŋkeeŋ-khǎa-yaao	กางเกงขายาว	長ズボン
kaaŋkeeŋ-yiin	กางเกงยีนส์	ジーパン
káat	ก๊าซ	ガス（←gas）
kài	ไก่	鶏
kam	กรรม	業、カルマ
kamlaŋ	กำลัง	〜しているところ；力
kamlaŋ ca	กำลังจะ	もうすぐ〜する
kamlaŋ 〜 yùu	กำลัง 〜 อยู่	〜している
kamlaŋ sɔ̀ɔp	กำลังสอบ	試験中である
kamlai	กำไล	バングル、腕輪
kammakaan	กรรมการ	委員
kamrai	กำไร	利益、儲け
kan	กัน	互いに、一緒に
kaŋwon	กังวล	不安である、心配する
kào	เก่า	古い
kào-kɛ̀ɛ	เก่าแก่	古い
kâo（kâao）	เก้า	9
kâo?îi	เก้าอี้	椅子
kaolǐi	เกาหลี	韓国
kàp	กับ	〜と、〜と一緒に
kàp-khâao	กับข้าว	おかず
kasàt	กษัตริย์	王
kasǐan	เกษียณ	定年になる

kàt	กัด	噛む
katikaa	กติกา	ルール
kè? kà?	เกะกะ	邪魔な
kée	เก๊	偽の
keesɔ̌ɔn	เกษร	花芯
kèŋ	เก่ง	上手な、うまい
kèp	เก็บ	集める、収納する、徴集する
kèp ŋən	เก็บเงิน	貯金する；お金を徴集する
kὲ?	แกะ	羊
kὲɛ	แก่	老いた、年寄りの
kɔ̀ət	เกิด	生まれる
kìao kàp ～	เกี่ยวกับ ～	～について
kíao	เกี๊ยว	ワンタン
kìat	เกียรติ	名声、光栄
kìattiyót	เกียรติยศ	名誉
kìi	กี่	何、いくつ（名詞や類別詞の前に付ける疑問詞）
kìi wan	กี่วัน	何日間
kìi pii	กี่ปี	何年間
kìi khon	กี่คน	何人
kìi lêm	กี่เล่ม	何冊
kìi khùat	กี่ขวด	何本（瓶）
kiloo	กิโล	キロ
kilooméet	กิโลเมตร	キロメートル
kimoonoo	กิโมโน	着物
kìtcakaan	กิจการ	業務、活動
klaaŋ	กลาง	まん中、中間
klaaŋ wan	กลางวัน	昼間、日中
klai	ไกล	遠い
klâi	ใกล้	近い
klàp	กลับ	帰る、戻る
klìat	เกลียด	嫌う
klìn	กลิ่น	におい、香り
klɔ̀ɔŋ	กล่อง	箱
klɔ̀ɔŋ-dinsɔ̌ɔ	กล่องดินสอ	筆箱
klua	กลัว	恐れる、恐がる
klûai	กล้วย	バナナ
klʉa	เกลือ	塩
kòt	กฎ	規則、掟
kòtmǎai	กฎหมาย	法律
kɔ̂ (kɔ̂ɔ)	ก็	～も
～ kɔ̂ (kɔ̂ɔ) dâi	～ ก็ได้	～でもいい
kɔ̀ɔn	ก่อน	～の前に（時間）
kɔ̀ɔn nɔɔn	ก่อนนอน	寝る前
kɔ̀ɔn ?aahǎan	ก่อนอาหาร	食前
kɔ̀ɔn ?ʉ̀ʉn	ก่อนอื่น	まず
kɔɔŋ-trùat-khon-khâo-mʉaŋ	กองตรวจคนเข้าเมือง	入国管理局
kracòk	กระจก	ガラス
kralàmplii	กระหล่ำปลี	キャベツ
krapǎo	กระเป๋า	鞄、バッグ
krapǎo-sataaŋ	กระเป๋าสตางค์	財布
kraprooŋ	กระโปรง	スカート
krasuaŋ	กระทรวง	省（行政機関）
krathiam	กระเทียม	ニンニク
kreeŋ-cai	เกรงใจ	遠慮する
krom	กรม	局、部局
kròot	โกรธ	怒る
kruŋ	กรุง	都
Kruŋthêep	กรุงเทพฯ	バンコク
kǔaitǐao	ก๋วยเตี๋ยว	米粉麺
kuan	กวน	こねる、練る；邪魔をする
kúk	กุ๊ก	コック、料理人
kuncɛɛ	กุญแจ	鍵
kûŋ	กุ้ง	エビ
kʉ̀ap	เกือบ	ほとんど～しそう
kwàa	กว่า	～より（比較の前置詞）
kwâaŋ	กว้าง	広い、大きい
kwàat	กวาด	（箒で）掃く
kwàat bâan	กวาดบ้าน	掃き掃除をする

kh

khâ?	ค่ะ	文末の丁寧詞（女性）
khá?	คะ	文末の丁寧詞（女性・疑問形）
khâa	ค่า	代金、料金
khâa-câaŋ	ค่าจ้าง	賃金
khâa-châo	ค่าเช่า	賃貸料
khâa châo-bâan	ค่าเช่าบ้าน	家賃
khâa-dooisǎan	ค่าโดยสาร	運賃
khâa fai	ค่าไฟ	電気代
khâa-khâo	ค่าเข้า	入場料
khâa-khrɔɔŋ-chîip	ค่าครองชีพ	生活費、物価
khâa lâo-rian	ค่าเล่าเรียน	授業料
khâa-náam	ค่าน้ำ	水道代
khâa ?aahǎan	ค่าอาหาร	食事代
khâa-râatchakaan		

	ข้าราชการ	公務員
kháa	ค้า	商売する
khăa	ขา	脚；文末の丁寧詞 ＝khâ?　ค่ะ
khăa-pai	ขาไป	行き、往路
khăa-klàp	ขากลับ	帰り、復路
khăai	ขาย	売る
khăai dii	ขายดี	よく売れる
khaaŋ	คาง	顎
khâaŋ	ข้าง	側（そば・がわ）
khâaŋ-bâan	ข้างบ้าน	隣の、隣家の
khâaŋ-lăŋ	ข้างหลัง	後ろ、後側
khâaŋ-nɔ̂ɔk	ข้างนอก	外、外側
khăao	ขาว	白
khàao	ข่าว	ニュース
khâao	ข้าว	米、ご飯
khâao-klaaŋwan	ข้าวกลางวัน	昼御飯、昼食
khâao-phàt	ข้าวผัด	炒飯
khâao-yen	ข้าวเย็น	晩ご飯、夕食
khàat	ขาด	不足する
khàat thun	ขาดทุน	赤字である
khabuan	ขบวน	行列、隊列；～本（電車や列車の類別詞）
khài	ไข่	卵
khâi	ไข้	熱（病状としての）
khâi-wàt-yài	ไข้หวัดใหญ่	インフルエンザ
kham	คำ	語、語彙
kham-phûut	คำพูด	言うこと、話すことば
kham wâa～	คำว่า～	～という言葉
khâm	ค่ำ	夜、晩
khan	คัน	かゆい；車両；～台、～両（車の類別詞）
khaná?	คณะ	学部、集団
khaná? rátthasàat	คณะรัฐศาสตร์	政治学部
khanàat	ขนาด	サイズ、規模
khanŏm	ขนม	菓子
khanŏm-paŋ	ขนมปัง	パン
khâo	เข้า	入る
khâo-cai	เข้าใจ	理解する
khâo fʉ̀ak	เข้าเฝือก	ギブスをはめる
khâo thɛ̌ɛo	เข้าแถว	列に並ぶ
kháo (khăo)	เขา	彼、彼女（第三人称単数の代名詞）
khàp	ขับ	運転する
khàp rót	ขับรถ	車に乗る（車を運転する）
kháp	คับ	きつい、窮屈な
khát	คัด	選ぶ、選別する；詰まる
khát camùuk	คัดจมูก	鼻が詰まる
khát-kháan	คัดค้าน	反対する
khayà?	ขยะ	ごみ
khayăn	ขยัน	勤勉な
khem	เค็ม	塩辛い
khĕm	เข็ม	針
khĕm-khàt	เข็มขัด	ベルト
khɛ̂ɛ	แค่	ほんの～だけ、しか～ない
khɛ̀ɛk	แขก	客
khɛ́ɛn	แค้น	恨む
khɛ̆ɛn	แขน	腕
khɛ̂ɛp	แคบ	狭い
khɛɛrɔ̀t	แคร็อท	人参
khɛ̆ŋ	แข็ง	硬い；強い、丈夫な
khɛ̆ŋ-rɛɛŋ	แข็งแรง	元気な、健康な
khɛ̀ŋ	แข่ง	競う
khɛ̀ŋ-khăn	แข่งขัน	競う
khəəi	เคย	～したことがある
khĭan	เขียน	書く（文字などを）
khîao	เคี่ยว	煮つめる
khĭao	เขียว	緑色の
khìi	ขี่	跨がる、乗る；運転する（自転車や馬を）
khít	คิด	考える、思う
khíu	คิ้ว	眉
khláai	คล้าย	似ている
khlàat	ขลาด	臆病な
khŏm	ขม	苦い
khon	คน	人
khon diao	คนเดียว	一人で
khon kɛ̀ɛ	คนแก่	老人、お年寄り
khon-khâi	คนไข้	患者
khon-khăai	คนขาย	店員、販売員
khon khàp rót	คนขับรถ	運転手
khôn	ข้น	濃い
khoŋ	คง	おそらく～だろう（推量）
khôotsanaa	โฆษณา	広告
khóot	โค้ท	コート
khɔ̂i	ค่อย	軽く、そっと；ゆっくり
khɔ̂i yaŋ chûa	ค่อยยังชั่ว	病状が軽くなる
khɔ̂ɔ	ข้อ	項目、事柄；関節
khɔ̂ɔ-khwaam	ข้อความ	要点、話の内容

khɔ̌ɔ	ขอ	乞う、求める
khɔ̌ɔ hâi ～	ขอให้ ～	～しますように、～でありますように
khɔ̌ɔ ～ nɔ̀ɔi	ขอ ～ หน่อย	ちょっと～させて下さい
khɔ̌ɔ tua kɔ̀ɔn ná	ขอตัวก่อนนะ	お先に失礼します
khɔ̌ɔ thôot	ขอโทษ	すみません、ごめんなさい、失礼します（謝罪）
khɔɔi	คอย	待つ
khɔɔmphiutə̂ə	คอมพิวเตอร์	コンピューター、パソコン
khɔ̌ɔŋ	ของ	物；～の…
khɔ̌ɔŋ-khwǎn	ของขวัญ	プレゼント
khɔ̌ɔŋ-wǎan	ของหวาน	甘い物、デザート、スイーツ
khɔ̀ɔp-cai	ขอบใจ	ありがとう（対等以下の人に対して）
khɔ̀ɔp-khun	ขอบคุณ	ありがとう、感謝する
khraao	คราว	回
khraao tɔ̀ɔ pai	คราวต่อไป	次回
khrai	ใคร	誰（疑問詞）
khráŋ	ครั้ง	回、度
khráŋ-nán	ครั้งนั้น	あのとき
khrɔ̂ɔp-khrua	ครอบครัว	家族
khrù? khrà?	ขรุขระ	でこぼこの
khrua	ครัว	台所
khruu	ครู	教師、教員
khrʉ̂aŋ	เครื่อง	機械、機器；～台、～機（機械の類別詞）
khrʉ̂aŋ-dʉ̀ʉm	เครื่องดื่ม	飲み物
khrʉ̂aŋ-bɛ̀ɛp	เครื่องแบบ	制服
khrʉ̂aŋ-bin	เครื่องบิน	飛行機
khrʉ́m	ครึ้ม	曇り、曇っている
khrʉ̂ŋ	ครึ่ง	半分
khûa	คั่ว	煎る、炒る
khùat	ขวด	瓶；～本（瓶状のものの類別詞）
khui	คุย	しゃべる、会話する
khui kan	คุยกัน	しゃべる、会話する
khun	คุณ	あなた（二人称の代名詞）；～さん（人の名前の前につける敬称）
khun tamrùat	คุณตำรวจ	お巡りさん
khunnaphâap	คุณภาพ	品質
khùt	ขุด	掘る
khûu	คู่	一組み、ペア、カップル；一対で一つのものの類別詞（夫婦、靴など）
khʉ̂n	ขึ้น	上がる、上るのぼる
khʉ̂n pen	ขึ้นเป็น	～にあがる
khʉ̂n rʉa	ขึ้นเรือ	下船する（船から上がる）
khʉʉ	คือ	～である、すなわち
khʉʉn	คืน	夜；～泊、～晩（夜の類別詞）；返す・返却する
khʉʉn-níi	คืนนี้	今晩
khwǎa	ขวา	右
khwaai	ควาย	水牛
khwaam	ความ	～のこと（形容詞の前に置き名詞化する語）
khwaam-kwâaŋ	ความกว้าง	広さ
khwaam-dan loohìt	ความดัน โลหิต	血圧
khwaam-sǎmrèt	ความสำเร็จ	成功
khwaam-sùk	ความสุข	幸せ、幸福
khwâm	คว่ำ	うつ伏せになる、転覆する

l

lâ	ล่ะ	～ではどうですか
～ lá? …	～ ละ …	（～単位）あたり…
laa kɔ̀ɔn ná khá	ลาก่อนนะคะ	お先に失礼します（目上に対する）
laa ?ɔ̀ɔk	ลาออก	辞める
lǎai	หลาย	多い、いくつもの、数～
lǎai khon	หลายคน	数人、幾人もの
láan	ล้าน	百万
lǎan	หลาน	孫；甥、姪
lâaŋ	ล่าง	下方の（beneath, under）
láaŋ	ล้าง	洗う
láaŋ chaam	ล้างชาม	皿を洗う
laao	ลาว	ラオス
lâi- kùat	ไล่กวด	追いかける
lâi ?ɔ̀ɔk	ไล่ออก	追い出す、解雇する
làk	หลัก	柱、基礎
lakhɔɔn	ละคร	ドラマ、劇
lam	ลำ	胴、幹；～機（飛行機の類別詞）
lǎŋ	หลัง	背後、腰、背中；～の

後に（時間）
lǎŋ ʔaahǎan　หลังอาหาร　食後
lǎŋ　หลัง　～軒（家屋の類別詞）
lâo　เหล้า　酒
lék　เล็ก　小さい
lên　เล่น　遊ぶ、競技をする、演奏する
lên béetbɔɔn　เล่นเบสบอล　野球をする
lên sakii　เล่นสกี　スキーをする
lép　เล็บ　爪
lɛ́ʔ　และ　～と、そして～
lɛ̂ɛk　แลก　交換する
lɛ̂ɛk ŋən　แลกเงิน　両替する
lɛ́ɛo　แล้ว　もう～した、すでに～した（完了）
lɛ́ɛo kɔ̂　แล้วก็　それから
～lɛ́ɛo rʉ̌ʉ yaŋ　～แล้วหรือยัง　もう～しましたか？
lɛ́ɛo～lâ　แล้ว～ ล่ะ　では～（の場合）はどうですか？
ləəi　เลย　通り過ぎる；…だから～、…なので～
lə̂ək　เลิก　やめる、取り消す
lə̂ək rian　เลิกเรียน　授業が終わる
lían lûuk　เลี้ยงลูก　子どもを育てる、子どもの世話をする
lían khâao　เลี้ยงข้าว　おごる、食事をふるまう
líao　เลี้ยว　曲がる
lìik　หลีก　避ける
liŋ　ลิง　猿
líp　ลิฟต์　エレベーター
loŋ　ลง　下る、下がる；（乗り物から）降りる
loŋ náam　ลงน้ำ　水につかる
loŋ rʉa　ลงเรือ　船に乗る（=船に降りる）
loŋ rót　ลงรถ　車を降りる
lǒŋ　หลง　惑う
lǒŋ thaaŋ　หลงทาง　道に迷う、迷子になる
lôok　โลก　世界
lót　ลด　下げる、下ろす
lót khwaam-ʔûan　ลดความอ้วน　減量する（やせる）
lót nám-nàk　ลดน้ำหนัก　減量する（体重をおとす）
lót raakhaa　ลดราคา　値引きする
lɔ̀ɔ　หล่อ　格好良い、ハンサムな
lɔɔi-krathoŋ　ลอยกระทง　灯籠流し祭（ローイクラトン）
lɔ̀ɔk　หลอก　騙す
lɔɔŋ　ลอง　試みる、試す
lɔɔŋ～duu　ลอง～ดู　（試しに）～してみる
lɔ̀ɔt　หลอด　ストロー
lǔam　หลวม　ゆるい、だぶだぶの
luŋ　ลุง　伯父（父母の兄）
lûuk　ลูก　子ども（親に対する）；～個（球体物や果物の類別詞）
lûuk-chaai　ลูกชาย　息子
lûuk-hèp　ลูกเห็บ　雹、霰
lûuk-nɔ́ɔŋ　ลูกน้อง　部下
lûuk-sǎao　ลูกสาว　娘
lʉ̌a　เหลือ　残る
lʉ̌aŋ　เหลือง　黄色の
lʉ̂ak　เลือก　選ぶ
lʉ̂at　เลือด　血
lʉʉm　ลืม　忘れる
lʉʉm ～ wái …　ลืม ～ ไว้…　…に～を置き忘れる
lʉ̂ʉn　ลื่น　滑る、滑りやすい

m

maa　มา　来る
maa sǎai　มาสาย　遅刻して来る
máa　ม้า　馬
mǎa　หมา　犬
mǎai-khwaam　หมายความ　意味する
màak-rúk　หมากรุก　タイ将棋
mâak　มาก　とても、非常に、多い
mâattraa　มาตรา　条、項
mahǎawítthayaalai　มหาวิทยาลัย　大学
mài　ใหม่　新しい；また、再度
mâi　ไม่　～ではない（否定）
mâi dâi ～　ไม่ได้～　～ではない、～していない
mâi～dâi　ไม่～ได้　～できない
mâi dii　ไม่ดี　悪い
mâi khɔ̂i ～　ไม่ค่อย ～　あまり～ない
mâi khɔ̂i ～thâorai　ไม่ค่อย ～ เท่าไร　思ったほど～ではない、それほど～ではない
mâi nâa ca ～ ləəi　ไม่น่าจะ～ เลย　～するべきじゃなかった
mâi pen rai　ไม่เป็นไร　どういたしまして
mâi ～ rɔ̀ɔk　ไม่ ～ หรอก　～ではないですよ、～

		しないですよ
mâi sâap	ไม่ทราบ	知らない、分からない
mâi sabaai	ไม่สบาย	具合が悪い、病気である
mâi ～ thâo …	ไม่ ～ เท่า …	…ほど～ではない
mâi ʔarɔ̀i	ไม่อร่อย	おいしくない
mâi	ไหม้	燃える；焦げた
mái (mǎi)	ไหม	～ですか（文末質問詞）
makhʉ̌a	มะเขือ	ナス、ナス類
makhʉ̌a-thêet	มะเขือเทศ	トマト
malakɔɔ	มะละกอ	パパイヤ
Máʔlíʔ	มะลิ	ジャスミン、マリ（名前）
mamûaŋ	มะม่วง	マンゴー
man	มัน	クリーミー、油っこい
mân	หมั้น	婚約する
manaao	มะนาว	ライム、レモン
maŋkhút	มังคุด	マンゴスチン（果物）
maŋkɔɔn	มังกร	龍
mao	เมา	酔う
mee	เมล์	電子メールを送る（←mail）
meenuu	เมนู	メニュー
méet	เมตร	メートル
mét	เม็ด	粒、粒状の物の類別詞
mɛ̂ɛ	แม่	母
mɛ̂ɛ-bâan	แม่บ้าน	主婦
mɛ̂ɛ-kháa	แม่ค้า	商人（女性）
mɛɛo	แมว	猫
mia	เมีย	妻
mii	มี	ある、持っている
mii chʉ̂ʉ-sǐaŋ	มีชื่อเสียง	有名である
mii khâi	มีไข้	熱がある
mii khwaam-sùk	มีความสุข	幸せである
mii lûuk	มีลูก	子供ができる
mii rian	มีเรียน	授業がある
moohǒo	โมโห	腹が立つ、怒る
mooŋ	โมง	時（６時から18時まで）
mòt	หมด	無くなる、尽きる
mɔ́ʔ	เหมาะ	相応しい
mɔ̌ɔ	หมอ	医者
mɔɔradòk	มรดก	遺産
mɔɔrakòt	มรกต	エメラルド
mɔɔrasǔm	มรสุม	季節風、モンスーン
mɔɔtəəsai	มอเตอร์ไซค์	バイク
muai	มวย	ボクシング
muai-thai	มวยไทย	ムエタイ（タイ式ボクシング）
mùak	หมวก	帽子
múan	ม้วน	筒状に巻く；～巻、～本（巻いたものの類別詞）
mùu	หมู่	群、一団
mǔu	หมู	ブタ
mʉ̂a	เมื่อ	～のとき
mʉ̂a-cháao-níi	เมื่อเช้านี้	今朝
mʉ̂a-kîi-níi	เมื่อกี้นี้	先ほど
mʉ̂a-khʉʉn-níi	เมื่อคืนนี้	昨夜
mʉ̂a-kɔ̀ɔn	เมื่อก่อน	昔、以前は
mʉ̂arai	เมื่อไร	いつ（疑問詞）
mʉ̂a-waan-níi	เมื่อวานนี้	昨日
mʉ̂a-waansʉʉn-níi	เมื่อวานซืนนี้	おととい
mʉ̌an	เหมือน	同じ、同様な
mʉ̌an kàp ～	เหมือนกับ ～	～と同じ、～と同様の
mʉaŋ	เมือง	国、町
mʉaŋ-lǔaŋ	เมืองหลวง	首都
mʉaŋ nɔ̂ɔk	เมืองนอก	外国
mʉʉ	มือ	手
mʉʉ-thʉ̌ʉ	มือถือ	携帯（電話）
mʉ́ʉ	มื้อ	～食（食事の回数の類別詞）
mʉ̀ʉn	หมื่น	万

n

naa	นา	水田
náa	น้า	叔父、叔母（母の弟、妹）
nâa-rák	น่ารัก	可愛い
nâa	หน้า	顔；前の（空間）、次の（時間）；季節
nâa-tàaŋ	หน้าต่าง	窓
nâa mʉ̂ʉt taa laai	หน้ามืด ตาลาย	めまいがする
nâa-nǎao	หน้าหนาว	冬
nâa-rɔ́ɔn	หน้าร้อน	夏
nâa-taa	หน้าตา	顔立ち、容貌
nǎa	หนา	厚い
naai	นาย	～氏（英語のMr.にあたる）；長、頭、主人
naai sathǎanii	นายสถานี	駅員
naam	นาม	名、名詞

naam-sakun	นามสกุล	名字、姓
naan	นาน	（時間が）長い
naaŋ	นาง	女性、～女
naaŋ-bɛ̀ɛp	นางแบบ	モデル
nǎao	หนาว	寒い
naathii	นาที	分（時間の単位）
naayók	นายกฯ	首相
naayók（rátthamontrii）	นายก (รัฐมนตรี)	首相
nai	ใน	内の、中の；～の内、中
nai lôok	ในโลก	世界で、世界の中で
nǎi	ไหน	どこ（疑問詞）
nam	นำ	先導する、リードする
nam ～khâo	นำ～เข้า	～を持ち込む
nàk	หนัก	重い、激しく
nák-	นัก-	～をする人
nák-béetbɔɔn	นักเบสบอล	野球選手
nák-dontrii	นักดนตรี	音楽家
nák-fútbɔɔn	นักฟุตบอล	サッカー選手
nák-kaan-mʉaŋ	นักการเมือง	政治家
nák-kiilaa	นักกีฬา	スポーツ選手
nák-khǐan	นักเขียน	作家
nák-muai	นักมวย	ボクサー
nák-phâak	นักพากย์	声優、弁士
nák-phûut	นักพูด	雄弁家
nák-rian	นักเรียน	生徒、学生
nák-rɔ́ɔŋ	นักร้อง	歌手
nák-sadɛɛŋ	นักแสดง	俳優、タレント
nák-sʉ̀ksǎa	นักศึกษา	大学生
nák-thennít	นักเทนนิส	テニス選手
nák-thúrákìt	นักธุรกิจ	ビジネスマン
nák-sʉ̀ksǎa	นักศึกษา	大学生
nák-wâai-náam	นักว่ายน้ำ	水泳選手
nák-wícai	นักวิจัย	研究者、調査者
nák-wíchaa-kaan	นักวิชาการ	研究者、学者
nakhɔɔn	นคร	都、都市
náam (nám)	น้ำ	水・液体
náam-plaa	น้ำปลา	ナムプラー（魚醤）
náam-man	น้ำมัน	油
náam-mûuk lǎi	น้ำมูกไหล	鼻水が出る
náam-nàk	น้ำหนัก	重さ、体重
náam-sôm-sǎai-chuu	น้ำส้มสายชู	酢

náam-taan	น้ำตาล	砂糖
náam-thûam	น้ำท่วม	洪水になる
nân	นั่น	それ
nán	นั้น	その
nâŋ	นั่ง	座る；（乗り物に）乗る
nâŋ làp	นั่งหลับ	居眠りする
nǎŋ	หนัง	映画；皮、革
náŋsʉ̌ʉ (nǎŋsʉ̌ʉ)	หนังสือ	本・書物
náŋsʉ̌ʉ-phim	หนังสือพิมพ์	新聞
nâo	เน่า	腐った、腐っている
nát	นัด	約束する、待ち合わせる
náwá-níyaai	นวนิยาย	小説
neen	เณร	見習い僧（二十歳未満の若年僧）
nɛ́ʔ-nam	แนะนำ	紹介する、アドバイスする
nîi	นี่	これ
níi	นี้	この
nîi	หนี้	借金
nǐi	หนี	逃げる
nîm	นิ่ม	柔らかい、しなやか
nísǎi	นิสัย	性格
nít	นิ้ด	少し、ニット（名前）
níu	นิ้ว	指
nók	นก	鳥
nók-hûuk	นกฮูก	フクロウ
nók-ʔinsii	นกอินทรี	鷲
nôon	โน่น	あれ
nóon	โน้น	あの
nɔ̀ɔi	หน่อย	ちょっと
nɔ́ɔi	น้อย	少ない
nɔ̂ɔk	นอก	外の；～の外
nɔɔn	นอน	寝る、横になる
nɔɔn dʉ̀k	นอนดึก	夜遅くに寝る
nɔɔn hǔa-khâm	นอนหัวค่ำ	早寝する
nɔɔn-làp	นอนหลับ	眠る、就寝する
nɔ́ɔŋ	น้อง	年下のキョウダイ（弟・妹）
nɔ́ɔŋ-chaai	น้องชาย	弟
nɔ́ɔŋ-sǎao	น้องสาว	妹
nûm	นุ่ม	柔軟な、柔らかい
nǔu	หนู	ねずみ；～ちゃん、目上に対する自称詞（主に女性と子供）
nʉ́a	เนื้อ	肉
nʉ́a-khûu	เนื้อคู่	運命の相手

nʉ́a-mǔu　เนื้อหมู　豚肉
nʉahǎa　เนื้อหา　内容
nʉ̌a　เหนือ　上の：〜の上（over）
nʉ̀ai　เหนื่อย　疲れた、疲れている
nʉ́k　นึก　思う、考える
nʉ́k wâa 〜　นึกว่า〜　〜と思う、〜かと思っていた
nʉ̀ŋ　หนึ่ง　1　๑
nʉ̂ŋ　นึ่ง　蒸す（調理法）

ŋ

ŋâai　ง่าย　易しい、簡単な
ŋaam　งาม　美しい
ŋaan　งาน　仕事、業務
ŋaan-phísèet　งานพิเศษ　アルバイト
ŋaan ráp-parinyaa　งานรับปริญญา　卒業式
ŋaan-tèɛŋ(tèŋ)-ŋaan　งานแต่งงาน　結婚式
ŋǎo　เหงา　寂しい、寂しがる
ŋən　เงิน　お金
ŋən bàat　เงินบาท　タイ・バーツ
ŋən-dʉan　เงินเดือน　給料、月給
ŋən yeen　เงินเยน　日本円
ŋən-sòt　เงินสด　現金
ŋîap　เงียบ　静か
ŋɔ́ʔ　เงาะ　ランブータン（果物）
ŋûaŋ　ง่วง　眠たい
ŋuu　งู　蛇

o

ʔòk　อก　胸
ʔòk-hàk　อกหัก　失恋する
ʔoŋsǎa　องศา　度（温度、角度）
ʔoŋkaan　องค์การ　機関、機構
ʔookàat　โอกาส　機会
ʔoolimpík　โอลิมปิก　オリンピック
ʔoon-ŋən　โอนเงิน　お金を振り込む
ʔòp　อบ　オーブンで焼く（蒸し焼き）
ʔòp-ʔâao　อบอ้าว　むしむしする、湿度が高い

ɔ

ʔɔ̀ɔk　ออก　出る
ʔɔ̀ɔk-kamlaŋ-kaai　ออกกำลังกาย　運動する
ʔɔ̀ɔn　อ่อน　柔らかい、弱い
ʔɔ̀ɔn phlia　อ่อนเพลีย　だるい

p

pâa　ป้า　伯母（父母の姉）
pàak　ปาก　口
pàak-kaa　ปากกา　ペン
pai　ไป　行く
〜 pai　〜ไป　〜すぎる
pai hǎa〜　ไปหา〜　〜に会いに行く
pai hǎa mɔ̌ɔ　ไปหาหมอ　医者（病院）に行く（=医者の診察を受ける）
pai 〜 maa　ไป 〜 มา　〜に行って来た、〜しに行って来た
pai rûam　ไปร่วม　出席する
pai sǎai　ไปสาย　遅刻して行く
pai sòŋ　ไปส่ง　送りに行く
pai thîao　ไปเที่ยว　遊びに行く
pakatìʔ　ปกติ　普段、普通に
patibàt　ปฏิบัติ　実行する
pen　เป็น　〜である
pen khâi　เป็นไข้　熱がある
pen ŋai bâaŋ　เป็นไงบ้าง　どうですか
pen phlɛ̌ɛ　เป็นแผล　傷になる
pen phʉ̀ʉn　เป็นผื่น　湿疹が出る
pen sòot　เป็นโสด　独身である
pen wàt　เป็นหวัด　風邪をひく
pen ʔarai kàp 〜　เป็นอะไรกับ 〜　〜とどんな関係か？
pɛ̀ɛt　แปด　8　๘
pəəsen　เปอร์เซ็นต์　パーセント（%）
pə̀ət　เปิด　開く、開ける、（電気を）つける
pə̀ət sɔ̌ɔn　เปิดสอน　開講する
pə̀ət thəəm　เปิดเทอม　学期が始まる
pii　ปี　年
pii-mài　ปีใหม่　正月、新年
pii-nâa　ปีหน้า　来年
pii-thîi-lɛ́ɛo　ปีที่แล้ว　昨年
pîŋ　ปิ้ง　焼く、焙る（細かい食材を）
pìt　ปิด　閉める、閉まる、休む
pìt fai　ปิดไฟ　電気を消す
pìt-thəəm　ปิดเทอม　学期間の休み
pìt-thəəm nâa-rɔ́ɔn　ปิดเทอมหน้าร้อน　夏休み
plaa　ปลา　魚
plaa-dìp　ปลาดิบ　刺身
plàao (plào)　เปล่า　いいえ（否定の返事）

；空の、何も入っていない
plîan　เปลี่ยน　変える
plîan ŋaan　เปลี่ยนงาน　転職する
plîan sǐi　เปลี่ยนสี　色が変わる、紅葉する
plùuk　ปลูก　植える
plʉ̀ak　เปลือก　皮、殻
pɔ̀ɔk　ปอก　むく、剥ぐ（皮などを）
prachaakɔɔn　ประชากร　人口
prachum　ประชุม　会議
praisanii　ไปรษณีย์　郵便局
prakàat　ประกาศ　発表する
pramaan　ประมาณ　約、～ぐらい
pràp　ปรับ　罰金を科する
prasòp　ประสบ　遭う、遭遇する
prathêet　ประเทศ　国
prawàt　ประวัติ　歴史
prawàttisàat　ประวัติศาสตร์　歴史学
prayàt　ประหยัด　倹約する
prîao　เปรี้ยว　酸っぱい
prìtsanǎa　ปริศนา　謎
prʉ̀ksǎa　ปรึกษา　相談する
pùat　ปวด　痛い（身体の内部が）
pùat hǔa　ปวดหัว　頭が痛い
pùat thɔ́ɔŋ　ปวดท้อง　お腹が痛い
pùat fan　ปวดฟัน　歯が痛い（虫歯）
puu　ปู　カニ
pùu　ปู่　父方の祖父
pʉ̀ai　เปื่อย　柔らかい（煮込んで）
pʉ̂an　เปื้อน　汚れた

ph

phaa　พา　連れて（行く、来る）
phaa～pai　พา～ไป　～を連れていく
phaa～thîao　พา～เที่ยว　～を案内する
phàa-tàt　ผ่าตัด　手術する
phâa　ผ้า　布、生地
phâa-mǎi　ผ้าไหม　絹布、シルク
phâak　ภาค　地方、部分
phaan　พาน　脚付き盆
phàan　ผ่าน　通る、通過する；合格する
phaasǎa　ภาษา　言葉、言語
phaasǎa tàaŋ-prathêet　ภาษาต่างประเทศ　外国語
phaasǐi　ภาษี　税、税金
phaasǐi-bɔɔriphôok　ภาษีบริโภค　消費税
pháatsapɔ̀ɔt　พาสปอร์ต　パスポート
phaayú?　พายุ　台風、嵐
phaayú? khâo　พายุเข้า　台風がくる
phàk　ผัก　野菜
phàk-kàat-khǎao　ผักกาดขาว　白菜
phák　พรรค　党、派
phák　พัก　泊まる、宿泊する；休む
phák-phɔ̀ɔn　พักผ่อน　休養する、休憩する
phák-fʉ́ʉn　พักฟื้น　病後の療養をする
phan　พัน　1000、千
phanákŋaan　พนักงาน　職員、従業員
phanákŋaan bɔɔrisàt　พนักงานบริษัท　会社員
phanrayaa　ภรรยา　妻（丁寧表現）
phansǎa　พรรษา　年、雨季
phaŋ　พัง　崩壊する
phǎo　เผา　焼く、燃やす
pháp　พับ　たたむ、折たたむ
pháp phâa　พับผ้า　洗濯物をたたむ
phàt　ผัด　炒める
phàt-thai　ผัดไทย　パッタイ（タイ風焼きそば）
phátthanaa　พัฒนา　発展する、開発する
phát　พัด　うちわ；（風が）吹く
phèt　เผ็ด　辛い
phét　เพชร　ダイヤモンド
phɛ́ɛ　แพ้　負ける
phɛ̀ɛn-din　แผ่นดิน　大地
phɛ̀ɛn-din-wǎi　แผ่นดินไหว　地震
phɛɛŋ　แพง　値段が高い
phə̂əm　เพิ่ม　増える、増加する
phə̂ŋ　เพิ่ง　～したばかり
phîi　พี่　年上のキョウダイ（兄・姉）
phîi-chaai　พี่ชาย　兄
phîi-sǎao　พี่สาว　姉
phîi-nɔ́ɔŋ　พี่น้อง　キョウダイ（兄弟姉妹）
phìt　ผิด　間違う、違える
phìt-wǎŋ　ผิดหวัง　がっかりする、失望する
phít　พิษ　毒
phlàk　ผลัก　押す、押しのける
phleeŋ　เพลง　歌
phlɛ̌ɛ　แผล　傷
phǒm　ผม　僕、私（男性の一人称

		代名詞）；髪の毛
phǒn	ผล	実；結果
phǒnlamáai	ผลไม้	果物
phóp	พบ	会う
phótcanaanúkrom	พจนานุกรม	辞書
phɔɔ	พอ	十分な
phɔɔ-dii	พอดี	ちょうどいい
phɔ̂ɔ	พ่อ	父
phɔ̂ɔ-kháa	พ่อค้า	商人（男性）
phɔ̂ɔ-mɛ̂ɛ	พ่อแม่	親
phɔ̌ɔm	ผอม	痩せている
phɔɔn	พร	祝福
phrá?	พระ	僧侶
phrík	พริก	唐辛子
phrík khîi nǔu	พริกขี้หนู	プリック・キーヌー（唐辛子の一種）
phrík thai	พริกไทย	胡椒
phrom	พรหม	ブラフマ神
phrɔ́?	เพราะ	きれい；美しい（音や声が）
phrûŋníi	พรุ่งนี้	明日
phrʉ́ttikam	พฤติกรรม	行為・行動
phù?	ผุ	腐食する
phǔa	ผัว	夫
phûu-	ผู้-	人を表す語、～の人、～する人
phûu-chaai	ผู้ชาย	男性
phûu-dooisǎan	ผู้โดยสาร	乗客
phûu-lên	ผู้เล่น	選手
phûu-pòkkhrɔɔŋ	ผู้ปกครอง	保護者
phûu-yǐŋ	ผู้หญิง	女性
phuukhǎo	ภูเขา	山
phuukhǎo-fai	ภูเขาไฟ	火山
phuum-cai	ภูมิใจ	誇りに思う
phûut	พูด	話す
phûut thoorasàp	พูดโทรศัพท์	電話で話す
phʉ̂an	เพื่อน	友達、友人
phʉ̀ʉn	ผื่น	湿疹、発疹
phʉ́ʉn-thîi	พื้นที่	面積、地面
phʉ̂ŋ	ผึ้ง	ミツバチ

r

raaidâi	รายได้	収入
raaikaan	รายการ	リスト・目録・番組
raaiŋaan	รายงาน	レポート（する）
raakhaa	ราคา	値段、価格
raammakian	รามเกียรติ์	ラーマキエン（ラーマヤナ）
ráan	ร้าน	店、商店
ráan náŋsʉ̌ʉ	ร้านหนังสือ	本屋
ráan sadùak-sʉ́ʉ	ร้านสะดวกซื้อ	コンビニ
ráan ?aahǎan	ร้านอาหาร	食堂、レストラン
raaŋ	ราง	溝、レール（鉄道の）
râap	ราบ	平らな、平坦な
râap-rʉ̂ʉn	ราบรื่น	うまくいく、順調に
râatchakaan	ราชการ	公務
rabə̀ət	ระเบิด	爆発する、噴火する
rák	รัก	愛する
rakhaŋ	ระฆัง	鐘
ráksǎa	รักษา	守る、維持する；治療する
ram	รำ	ダンス、舞踊
ram thai	รำไทย	タイダンス、タイ舞踊
rao	เรา	私たち；私、俺（友人の間で）
ráp	รับ	受け取る、迎える
ráp-râatchakaan	รับราชการ	公務員である（になる）
ráp sǎai	รับสาย	電話を受ける
ráp thoorasàp	รับโทรศัพท์	電話を受ける
rátsia	รัสเซีย	ロシア
rát	รัฐ	国、州
rátthabaan	รัฐบาล	政府
rawàaŋ	ระหว่าง	～の間に（時間・空間）
rawàaŋ mʉ́ʉ ?aahǎan	ระหว่างมื้ออาหาร	食間
rawàaŋ rian	ระหว่างเรียน	授業中
rawaŋ	ระวัง	気を付ける、注意する
rèettîŋ（khon-duu）	เรตติ้ง (คนดู)	視聴率（← rating）
reo	เร็ว	速い
rɛ̂ɛk	แรก	初めての、最初の
rə̌ə	เหรอ	そうですか（文末疑問詞）＝rʉ̌ʉ หรือ
rə̂ək	ฤกษ์	吉時、吉日
rə̂əm	เริ่ม	始まる
rîak	เรียก	呼ぶ
rian	เรียน	勉強する、習う、学ぶ

rian-còp	เรียนจบ	卒業する
rian náŋsʉ̌ʉ	เรียนหนังสือ	勉強する
rian sám chán	เรียนซ้ำชั้น	留年する
rian tɔ̀ɔ	เรียนต่อ	進学する
rîip	รีบ	急ぐ
rîit	รีด	絞る、圧延する
rîit sʉ̂a	รีดเสื้อ	（服に）アイロンをかける
rim	ริม	縁（へり、ふち）、～沿い
rít	ฤทธิ์	神通力
rók	รก	散らかっている
rôm	ร่ม	傘
rooŋ	โรง	大きな建物
rooŋ-ŋaan	โรงงาน	工場
rooŋ-phayaabaan	โรงพยาบาล	病院
rooŋ-rɛɛm	โรงแรม	ホテル
rooŋ-rian	โรงเรียน	学校
rót	รถ	車
rót chon kan	รถชนกัน	車同士が衝突する
rót chon khon	รถชนคน	車が人に衝突する
rót chon tháai	รถชนท้าย	車が追突する
rót khwâm	รถคว่ำ	車がひっくり返る
rót-fai	รถไฟ	電車
rót-faifáa	รถไฟฟ้า	電車（バンコクであれば、高架鉄道BTS）
rót-fai-tâi-din	รถไฟใต้ดิน	地下鉄
rót-fai tòk raaŋ	รถไฟตกราง	電車が脱線する
rót-mee	รถเมล์	バス
rót-phayaabaan	รถพยาบาล	救急車
rót taai	รถตาย	車が動かなくなる
rót tìt	รถติด	渋滞する
rót-tûu	รถตู้	乗り合いワゴン車
rót	รส	味
rɔɔ	รอ	待つ
rɔ́ɔi	ร้อย	100、百
rɔ́ɔi-láan	ร้อยล้าน	億
rɔ́ɔn	ร้อน	暑い、熱い
rɔ́ɔn ʔòp-ʔâao	ร้อนอบอ้าว	蒸し暑い
rɔɔŋ-tháao	รองเท้า	靴
rɔ́ɔŋ	ร้อง	叫ぶ、歌う
rɔ́ɔŋ phleeŋ	ร้องเพลง	歌を歌う
rɔ́ɔŋ-hâi	ร้องไห้	泣く
ruai	รวย	金持ちの、裕福な
rûn	รุ่น	年代、期
rûn lûuk	รุ่นลูก	子供の世代
rûn lǎan	รุ่นหลาน	孫の世代
rûn phîi	รุ่นพี่	先輩
rûn phɔ̂ɔ-mɛ̂ɛ	รุ่นพ่อแม่	親の世代
rûn pùu-yâa-taa-yaai	รุ่นปู่ย่าตายาย	祖父母の世代
rúu	รู้	わかる、知っている
rúu-càk	รู้จัก	（人などを）知っている
rúu-rʉ̂aŋ	รู้เรื่อง	分かる、理解できる
rúu wâa～	รู้ว่า～	～ということを知っている
rúu-sʉ̀k	รู้สึก	感じる
rûup	รูป	形；絵、写真
rʉa	เรือ	船
rʉ̂ai rʉ̂ai	เรื่อย ๆ	まあまあ、ぼちぼち
rʉ̂aŋ	เรื่อง	事柄、話、～のこと；物語、小説、映画やドラマの類別詞
rʉ́duu	ฤดู	季節
rʉ́duu rɔ́ɔn	ฤดูร้อน	夏
rʉ́duu nǎao	ฤดูหนาว	冬
rʉ́duu bai-máai-phlìʔ	ฤดูใบไม้ผลิ	春
rʉ́duu bai-máai-rûaŋ	ฤดูใบไม้ร่วง	秋
rʉ́duu fǒn	ฤดูฝน	雨期
rʉ́duu lɛ́ɛŋ	ฤดูแล้ง	乾期
rʉ̌ʉ	หรือ	～ですか（文末疑問詞）
～ rʉ̌ʉ plàao	～ หรือเปล่า	～かどうか
rʉʉsǐi	ฤาษี	ヨーガ行者、仙人

S

sàʔ	สระ	洗う（髪を）
saʔàat	สะอาด	清潔な
sǎahèet	สาเหตุ	原因、理由
saai	ทราย	砂
sáai	ซ้าย	左
sǎai	สาย	線、回線；線状のもの・路線の類別詞；朝遅く、遅れて
sǎai-kaan-bin	สายการบิน	航空会社
sǎai mâi wâaŋ	สายไม่ว่าง	話し中
sǎalaa	ศาลา	東屋（あずまや）、集

		会堂
săam	สาม	3 ๓
săamâat	สามารถ	～できる
săamii	สามี	夫（丁寧表現）
săamii-phanrayaa	สามีภรรยา	夫婦
sâaŋ	สร้าง	建てる、建設する
săao	สาว	若い女性
sâap	ทราบ	知る・知っている（丁寧表現）
sàatsanăa	ศาสนา	宗教
sàatsanăa-phút	ศาสนาพุทธ	仏教
sabaai	สบาย	楽な、快適、健康である
sabaai dii	สบายดี	元気な、壮健な
sabùu	สบู่	せっけん
sadɛɛŋ	แสดง	表示する、表現する
sadɛɛŋ kèŋ	แสดงเก่ง	演技が上手
sadùak	สะดวก	便利な、都合のいい
sài	ใส่	入れる；着る、履く、身につける
sài fɨ̀ak	ใส่เฝือก	ギプスをはめる
sák	ซัก	洗濯する（服や布を）
sák phâa	ซักผ้า	洗濯する
sák sɨ̂a	ซักเสื้อ	洗濯する
sakii	สกี	スキー
sàksìt	ศักดิ์สิทธิ์	聖なる、神聖なる
samăi	สมัย	時代
samăi Ayútthayaa	สมัยอยุธยา	アユタヤ時代
samə̌ə	เสมอ	対等の、いつも
samoosɔ̌ɔn	สโมสร	クラブ
sămphan	สัมพันธ์	関係
sămphao	สำเภา	ジャンク船（中国の交易船）
sămrèt	สำเร็จ	成功する
sân	สั้น	短い
sanăam	สนาม	広場、グランド
sanăam-bin	สนามบิน	空港
sanə̌ə	เสนอ	提出する
sănsakrìt	สันสกฤต	サンスクリット
sanùk	สนุก	楽しい、面白い
sănyaa	สัญญา	約束
sănyalák	สัญลักษณ์	シンボル、象徴
sàŋ	สั่ง	注文する、命令する
sâo	เศร้า	悲しい
sâo cai	เศร้าใจ	悲しむ
săo	เสาร์	土曜
săo-ʔaathít	เสาร์-อาทิตย์	土日、週末
sàpdaa	สัปดาห์	週
sàpparót	สับปะรด	パイナップル
sáp-sɔ́ɔn	ซับซ้อน	ややこしい、複雑な
saphaan	สะพาน	橋
saphaan-lɔɔi	สะพานลอย	歩道橋
satɛɛm	แสตมป์	切手（← stamp）
sathăanii	สถานี	駅、公共施設
sathăanii rót-fai	สถานีรถไฟ	駅
sathăanii-tamrùat	สถานีตำรวจ	警察署
sathăan-thûut	สถานทูต	大使館
sàttruu	ศัตรู	敵
sawàtdii	สวัสดี	おはよう、こんにちは、さようならなど、場面や時間に関係なく使える挨拶表現
sèetthakìt	เศรษฐกิจ	経済、景気
sèetthakìt tòk tàm	เศรษฐกิจตกต่ำ	不景気になる
seewên	เซเว่น	コンビニ（←セブンイレブン）
sèt	เสร็จ	終わる・出来上がる
sɛ̂ɛk-sɛɛŋ	แทรกแซง	介入する
sɛ̌ɛn	แสน	十万
sɛ̀ɛp	แสบ	ヒリヒリする、しみる
sìʔ	สิ	～しなさいよ（勧めるまたは催促を表す文末詞）
sĭa	เสีย	失う；壊れる、故障する
sĭa-cai	เสียใจ	残念である、悲しむ
sĭadaai	เสียดาย	惜しい、もったいない
sĭaŋ	เสียง	音、声
sĭaŋ daŋ	เสียงดัง	声が大きい、大きな音
sìi	สี่	4 ๔
sĭi-dam	สีดำ	黒色
sĭi-khăao	สีขาว	白色
sĭi-lɨ̌aŋ	สีเหลือง	黄色
sĭi-nám-ŋən	สีน้ำเงิน	青色
sĭi-nám-taan	สีน้ำตาล	茶色
sĭi sôm	สีส้ม	オレンジ色
siiʔíu	ซีอิ๊ว	醤油
sĭnlapakam	ศิลปกรรม	芸術・芸術作品
sìp	สิบ	10 ๑๐
sìp-láan	สิบล้าน	千万
sòkkapròk	สกปรก	汚い、不潔な

sôm	ส้ม	みかん、オレンジ
sǒmbàt	สมบัติ	財産
Sǒmchaai	สมชาย	ソムチャイ（男性の名前）
sômtam	ส้มตำ	生パパイヤのサラダ
sǒncai	สนใจ	興味・関心を持つ
sòŋ	ส่ง	送る
sǒŋkraan	สงกรานต์	タイの旧暦の正月月日
Sǒŋkhlǎa	สงขลา	ソンクラー（地名）
sòŋ praisanii	ส่งไปรษณีย์	郵送する
sòŋ ʔii-mee	ส่งอีเมล์	メールを送信する
sǒŋsǎi	สงสัย	疑う
sǒŋsǎi ca ～	สงสัยจะ ～	～じゃないかしら
sôo	โซ่	鎖、チェーン
soobàʔ	โซบะ	そば
sòot	โสด	独身の、単独の
sòt	สด	新鮮な
sɔ̂ɔi	สร้อย	ネックレス
sɔ̂ɔi-khɔ̂ɔ-mʉʉ	สร้อยข้อมือ	ブレースレース
sɔ̂m	ซ่อม	修理する
sɔ̌ɔn	สอน	教える
sɔ́ɔn	ซ้อน	重なる、続けて
sɔ́ɔn tháai ～	ซ้อนท้าย ～	自転車やバイクの後ろに乗る
sɔɔŋ	ซอง	包み、封筒、タバコの箱
sɔ̌ɔŋ	สอง	２　๒
sɔ̌ɔŋ khon níi	สองคนนี้	この二人
sɔ̌ɔŋ sǎam wan níi	สองสามวันนี้	この２、３日間
sɔ̌ɔŋ-thɛ̌ɛo	สองแถว	ソーンテウ（乗り合いバス）
sɔ̀ɔp	สอบ	試験する、試験を受ける
sɔ̀ɔp dâi	สอบได้	試験に受かる
sɔ̀ɔp khâo	สอบเข้า	入試、入試を受ける
sɔ̀ɔp tòk	สอบตก	試験に落ちる
sɔ́ɔpwɛɛ	ซอฟแวร์	ソフトウェア
sǔai	สวย	きれい、美しい（色や形が）
sùan	ส่วน	部分
sùan-tua	ส่วนตัว	個人的な
sùan-yài	ส่วนใหญ่	大体、大部分、～の多く
sǔan	สวน	果樹園；公園、庭園
sùk	สุข	平安、安楽
sùk-cai	สุขใจ	幸せである
sùkkhaphâap	สุขภาพ	健康
sùtcarìt	สุจริต	誠実な、忠実な
sút-soom	ทรุดโทรม	衰退する
sǔuŋ	สูง	（高度、背が）高い
sùup	สูบ	吸う
sùup bùrìi nàk	สูบบุหรี่หนัก	タバコをたくさん吸う
suupɔ̂əmaakèt	ซูเปอร์มาเก็ต	スーパーマーケット
sʉ̂a	เสื้อ	服、ブラウス、シャッツ
sʉ̂a-nɔ̂ɔk	เสื้อนอก	背広、ジャケット、上着
sʉ̂a-chán-nai	เสื้อชั้นใน	ブラジャー
sʉ̂a-khɛ̌ɛn-sân	เสื้อแขนสั้น	半袖の服
sʉ̂a-khɛ̌ɛn-yaao	เสื้อแขนยาว	長袖の服
sʉ̂a-yʉ̂ʉt	เสื้อยืด	Ｔシャツ
sʉ̌a	เสือ	虎
sʉ̀ksǎa	ศึกษา	勉学する、研究する
sʉ́ʉ	ซื้อ	買う
sʉ́ʉ khɔ̌ɔŋ	ซื้อของ	買い物をする

t

taa	ตา	目；母方の祖父
taai	ตาย	死ぬ
tàak	ตาก	干す
tàak phâa	ตากผ้า	洗濯物を干す
taam	ตาม	後を追う、～に沿って
taam pai	ตามไป	ついていく
taam sabaai ná	ตามสบายนะ	楽にしてね
tàaŋ	ต่าง	違った、異なった
tàaŋ-caŋwàt	ต่างจังหวัด	地方、地方の
tàaŋ-châat	ต่างชาติ	外国の
tàaŋ-prathêet	ต่างประเทศ	外国、外国の
tâi (tâai)	ใต้	～の下（under）
tâifùn	ไต้ฝุ่น	台風
takhrái	ตะไคร้	レモングラス（ハーブ）
takrɔ̂ɔ	ตะกร้อ	タクロー（スポーツ）
talàat	ตลาด	市、市場
talàat-nát	ตลาดนัด	定期市、ウィークエンドマーケット
talɔ̀ɔt	ตลอด	ずっと
tàm	ต่ำ	低い
tamnìʔ	ตำหนิ	非難する
tamrùat	ตำรวจ	警察、警察官
tamrùat-caraacɔɔn		

	ตำรวจจราจร	交通巡査、交通警官
tamrùat-thaaŋ-lǔaŋ	ตำรวจทางหลวง	交通課の警官
tâŋ	ตั้ง	立つ、立てる、設定する；～も（多い、長いことの強調）
tâŋtɛ̀ɛ	ตั้งแต่	～から；～以来（時間）
tào	เต่า	亀
tàt	ตัด	切る；（服を）仕立てる
tàt phǒm	ตัดผม	髪の毛を切る
tem	เต็ม	いっぱい、満員、満席
tèʔ	เตะ	蹴る
tɛ̀ɛ	แต่	しかし（逆接の接続詞）；～だけ、～のみ（前置詞）
tɛɛŋmoo	แตงโม	スイカ
tɛ̀ɛŋ (tɛ̀ŋ)	แต่ง	飾る
tɛ̀ɛŋ kimoonoo	แต่งกิโมโน	和服の着付け
tɛ̀ɛŋ-ŋaan	แต่งงาน	結婚する
tii	ตี	たたく、打つ
tii～	ตี～	～時（1時から5時まで）
tìt	ติด	接する、くっつく、詰まる
tóʔ	โต๊ะ	机、テーブル
tòk	ตก	降る、落ちる
tòk cai	ตกใจ	驚く
tòk ŋaan	ตกงาน	失業する
tòk tàm	ตกต่ำ	低下する、落ち込む
tôm	ต้ม	煮る、茹でる
tôm-yam-kûŋ	ต้มยำกุ้ง	トムヤムクン
tôn	ต้น	草木の茎・幹；草木の総称；初めの、最初の
tôn hɔ̌ɔm	ต้นหอม	ネギ
tôn pii	ต้นปี	年の初め
tôn saakuráʔ	ต้นซากุระ	桜の木
too	โต	大きい
tɔ̂ŋ	ต้อง	～しなければならない
tɔ̀ɔ	ต่อ	つなぐ、（バスや電車を）乗り換える
～tɔ̀ɔ pai	～ต่อไป	～し続ける
tɔ̀ɔ pháatsapɔ̀ɔt	ต่อพาสปอร์ต	パスポートの更新をする
tɔ̀ɔ raakhaa	ต่อราคา	値切る
tɔ̀ɔtâan	ต่อต้าน	反対する、反抗する
tɔ̀ɔ wiisâa	ต่อวีซ่า	ビザを延長する
tɔɔn	ตอน	部分、段落
tɔɔn-bàai	ตอนบ่าย	午後（昼過ぎ）
tɔɔn-nán	ตอนนั้น	あのとき
tɔɔn-níi	ตอนนี้	今
tɔɔn pen dèk	ตอนเป็นเด็ก	子供の頃
tɔ̀ɔp	ตอบ	答える、返事する
tɔ̀ɔp mee	ตอบเมล์	メールの返信をする
triam	เตรียม	用意する、準備する
triam-tua	เตรียมตัว	用意する、準備する
troŋ	ตรง	まっすぐに；ちょうど～のところで（地点で）
troŋ tɔ̀ɔ weelaa	ตรงต่อเวลา	時間を守る、（時間に）正確
trùat	ตรวจ	検査する、点検する
tua	ตัว	体；～匹、頭、枚（動物や服の類別詞）
tua-náŋsʉ̌ʉ ciin	ตัวหนังสือจีน	漢字
tua rɔ́ɔn	ตัวร้อน	身体が熱い、熱がある
tǔa	ตั๋ว	券、切符
tǔa khrʉ̂aŋ-bin	ตั๋วเครื่องบิน	航空券
túkkataa	ตุ๊กตา	人形
túk-túk	ตุ๊ก ๆ	トゥクトゥク（三輪自動車）
tûm-hǔu	ตุ้มหู	ピアス、イヤリング
tǔn	ตุ๋น	蒸す、煮る（蒸し煮）
tûu-yen	ตู้เย็น	冷蔵庫
tʉan	เตือน	注意する、警告する
tʉ̀ʉn	ตื่น	起きる、目覚める
tʉ̀ʉn cháao	ตื่นเช้า	早起きする
tʉ̀ʉn-nɔɔn	ตื่นนอน	起きる
tʉ̀ʉn sǎai	ตื่นสาย	朝寝坊する
tʉ̀ʉn-tên	ตื่นเต้น	興奮する

th

thaa	ทา	塗る
thâa	ถ้า	もし～ならば
thàai	ถ่าย	出す、排出する；移し替える
thàai rûup	ถ่ายรูป	写真を撮る
thàai ʔèekkasǎan	ถ่ายเอกสาร	コピーする
tháai	ท้าย	末尾の、後尾の
thǎam	ถาม	尋ねる、質問する
thaan	ทาน	食べる、飲む
thaan yaa	ทานยา	薬を飲む
thǎan	ฐาน	台、台座
thaaŋ	ทาง	道、方向

thaaŋ-dùan ทางด่วน 高速道路
thaaŋ-chan ทางชัน 坂道
thaaŋ máa-laai ทางม้าลาย 横断歩道
thaaŋ-níi ทางนี้ こちら
thaaŋ-tháao ทางเท้า 歩道
tháao เท้า 足
thahǎan ทหาร 軍人、兵士
thai ไทย タイ
thalee ทะเล 海
tham ทำ する、行う、作る
tham kàp-khâao ทำกับข้าว 料理を作る
tham khwaam-saʔàat ทำความสะอาด 掃除する、清掃する
tham-ŋaan ทำงาน 仕事をする、働く
tham ŋaan-bâan ทำงานบ้าน 家事をする
tham-ŋaan bɔɔrisàt ทำงานบริษัท 会社で働く（会社員である）
tham pháatsapɔ̀ɔt ทำพาสปอร์ต パスポートを作る
tham sǎnláyákam ทำศัลยกรรม 美容整形を受ける
tham thúrákìt sùan-tua ทำธุรกิจส่วนตัว 自営業を営む
tham wiisâa ทำวีซ่า ビザを取る
tham ธรรม 仏法
thammachâat ธรรมชาติ 自然
thammai ทำไม なぜ、どうして（疑問詞）
than ทัน 間に合う、追い付く
thanaai-khwaam ทนายความ 弁護士
thanaakhaan ธนาคาร 銀行
thanàt ถนัด 熟練した、手慣れた
thanàt khwǎa ถนัดขวา 右利き
thanàt sáai ถนัดซ้าย 左利き
thanǒn ถนน 道路、大通り
tháŋ ทั้ง 〜中（じゅう）、〜の全体、〜まるごと
tháŋ khʉʉn ทั้งคืน 一晩中、夜ずっと
tháŋ pii ทั้งปี 一年中
thâo เฒ่า 年をとった、老いた
thâo เท่า 等しい；〜倍
thâo-kan เท่ากัน 同じ、等しい（数量が）
thâorài เท่าไร いくら、どのくらい
thɛ́ɛ แท้ 本物の、偽物でない

thɛ́ɛ-thɛ́ɛ แท้ ๆ 純粋の、真の、本物の
thɛ̌ɛo แถว 列；辺り
thɛ̌ɛo-níi แถวนี้ この辺り
thɛ́ksîi แท็กซี่ タクシー
thəəm เทอม 学期
thîaŋ เที่ยง 正確に；12時、正午
thîaŋ-khʉʉn เที่ยงคืน 夜中の12時
thîao เที่ยว 交通機関の路線便；あちらこちらへと行く
thîao-bin เที่ยวบิน 飛行機の便、フライト
thii ที 回、度
thîi ที่ ところ、場所；〜に、〜で（場所を表す前置詞）；関係代名詞
thîi-din ที่ดิน 土地
thîi-khǎai-tǔa ที่ขายตั๋ว 切符売り場
thîi-nǎi ที่ไหน どこ
thîi-nân ที่นั่น そこ
thîi-nâŋ ที่นั่ง 座席
thîi-nâŋ khâaŋ-nâa ที่นั่งข้างหน้า 前の席
thîi-nîi ที่นี่ ここ
thîi-nôon ที่โน่น あそこ
〜 thîisùt 〜ที่สุด 最も〜、一番〜
thîi tham-ŋaan ที่ทำงาน 仕事場、事務所
thîi thîi ca pai ที่ที่จะไป 行く先
thiim ทีม チーム
thiiwii ทีวี テレビ
thíŋ ทิ้ง 捨てる
thít ทิศ 方角
thít nʉ̌a ทิศเหนือ 北
thít tâai ทิศใต้ 南
thít tawan ʔɔ̀ɔk ทิศตะวันออก 東
thít tawan tòk ทิศตะวันตก 西
thít tawan ʔɔ̀ɔk chǐaŋ tâai ทิศตะวันออกเฉียงใต้ 南東
thít tawan ʔɔ̀ɔk chǐaŋ nʉ̌a ทิศตะวันออกเฉียงเหนือ 北東
thít tawan tòk chǐaŋ tâai ทิศตะวันตกเฉียงใต้ 南西
thít tawan tòk chǐaŋ nʉ̌a ทิศตะวันตกเฉียงเหนือ 北西
thon ทน 耐える、丈夫な、長も

		ちする
thoŋ	ธง	旗
thoŋ-châat	ธงชาติ	国旗
thoo	โทร	電話；電話をする（短縮形）
thoo klàp	โทรกลับ	折り返し電話をする
thoo mâi tìt	โทรไม่ติด	電話が繋がらない
thoo pai (maa)	โทรไป (มา)	～（場所）へ電話する
thoo pai hăa	โทรไปหา	～（人）に電話する
thoo pai tàaŋ-prathêet	โทรไปต่างประเทศ	国際電話をかける
thoo thaaŋ-klai	โทรทางไกล	長距離電話をかける
thoo tìt	โทรติด	電話が繋がる
thoo thʉ̆ŋ	โทรถึง	～（人）に電話する
thooralêek	โทรเลข	電報
thoorasàp	โทรศัพท์	電話；電話をする
thoorasàp-mʉʉ-thʉ̆ʉ	โทรศัพท์มือถือ	携帯電話
thoorasàp-săathaaraná?	โทรศัพท์สาธารณะ	公衆電話
thoorathát	โทรทัศน์	テレビ
thôot	โทษ	罪、刑罰
thɔ́ɔŋ	ท้อง	お腹・腹部
thɔ́ɔŋ sĭa	ท้องเสีย	お腹を壊す
thɔ́ɔŋ dəən	ท้องเดิน	下痢をする
thɔɔramaan	ทรมาน	苦しめる
thɔɔraphít	ทรพิษ	害毒
thɔɔrayót	ทรยศ	裏切る
thɔ̀ɔt	ถอด	脱ぐ、取り去る
thɔ̀ɔt fʉ̀ak	ถอดเฝือก	ギブスを外す
thɔ̂ɔt	ทอด	揚げる（油で）
thrampèt	ทรัมเป็ต	トランペット（← trumpet）
threen	เทรน	トレンド、傾向（← trend）
thrítsadii	ทฤษฎี	理論
thúk	ทุก	全ての
thúk-khon	ทุกคน	皆、全員
thúk-pii	ทุกปี	毎年
thúk-wan	ทุกวัน	毎日
thúk-yàaŋ	ทุกอย่าง	すべて（の種類）
thúk	ทุกข์	苦、苦悩
thúk-cai	ทุกข์ใจ	悩む
thûm	ทุ่ม	時（19時から23時まで）
thun	ทุน	資本、資金
thŭŋ	ถุง	袋、袋状のもの

thŭŋ-nɔ̂ŋ	ถุงน่อง	ストッキング
thŭŋ-tháao	ถุงเท้า	靴下
thúrá?	ธุระ	用事
thúrákìt	ธุรกิจ	ビジネス
thúrian	ทุเรียน	ドリアン（果物）
thŭu	ถู	こする、磨く、拭く
thŭu bâan	ถูบ้าน	拭き掃除する
thùuk	ถูก	安い（価格が）；当たる；～に…される（受動表現）
thʉ̆ŋ	ถึง	着く、到着する
～ thʉ̆ŋ ca …	～ ถึงจะ …	～をしたのでやっと…、～をしたらそれでやっと…
thʉ̆ŋ ～ kɔ̂ …	ถึง ～ ก็ …	（たとえ）～でも…する、～なのに…する
thʉ̆ʉ	ถือ	手に持つ

u

?ûan	อ้วน	太っている
?ùbàtti-hèet	อุบัติเหตุ	事故
?ùn	อุ่น	暖かい、温暖な
?unhaphuum	อุณหภูมิ	温度

ʉ

?ʉ̀ʉn	อื่น	他の

w

wâa	ว่า	言う；～と、～のように
wâa ca ～	ว่าจะ ～	～するつもりだ、～するつもりだったが
wâai-náam	ว่ายน้ำ	泳ぐ
wăan	หวาน	甘い
waaŋ	วาง	置く
wâaŋ	ว่าง	空いている、何もない
waasaabì?	วาซาบิ	わさび
wâat	วาด	描く
wâatsanăa	วาสนา	前世でつんだ福分、善徳
wai	วัย	年のころ
wai thaarók	วัยทารก	赤ん坊の頃
wai dèk	วัยเด็ก	子ども（中学生くらいまで）
wai rûn	วัยรุ่น	ハイティーン
wai nùm săao	วัยหนุ่มสาว	青年、若者（期）
wai klaaŋ khon		

	วัยกลางคน	中年
wai charaa	วัยชรา	老年
wai tham-ŋaan	วัยทำงาน	働き盛りの年齢
wái	ไว้	置く
wái ～ mʉ̂arài khɔ̂i …	ไว้ ～ เมื่อไร ค่อย…	いつか～したら、その時に…する
wăi	ไหว	揺れる
wan	วัน	日
wan lá? ～ khráŋ	วันละ ～ ครั้ง	１日につき～回
wan-lăŋ	วันหลัง	後日
wan-níi	วันนี้	今日
wan thammadaa	วันธรรมดา	平日
wan-thîi ～	วันที่ ～	～日（日付け）
wan-yùt	วันหยุด	休日
wan-can	วันจันทร์	月曜日
wan-?aŋkhaan	วันอังคาร	火曜日
wan-phút	วันพุธ	水曜日
wan-pharʉ́hàt（sabɔɔdii）	วันพฤหัส(บดี)	木曜日
wan-sùk	วันศุกร์	金曜日
wan-săo	วันเสาร์	土曜日
wan-?aathít	วันอาทิตย์	日曜日
wannakam	วรรณกรรม	文学、文芸
wanwee	วันเวย์	一方通行（←one way）
wăŋ	หวัง	望む、期待する
wàt	หวัด	風邪
wát	วัด	寺院、寺
wát Arun	วัดอรุณ	暁の寺、ワット・アルン
wátthanátham	วัฒนธรรม	文化
weelaa	เวลา	時間；～をするとき
weelaa wâaŋ	เวลาว่าง	暇な時、手があいた時
wɛ́?	แวะ	寄る、立ち寄る、寄り道する
wɛ̌ɛn	แหวน	指輪
wɛ̂ɛn-taa	แว่นตา	眼鏡
wíchaa	วิชา	科目、授業、知識
wĭi	หวี	くし
wítthayú?	วิทยุ	ラジオ
wíthii	วิธี	方法
wiisâa	วีซ่า	ビザ
wítthayaasàat	วิทยาศาสตร์	科学
wiu	วิว	景色
woŋ	วง	円、輪；輪状の物の類別詞
wua	วัว	牛
wútthísaphaa	วุฒิสภา	上院議会

y

yaa	ยา	薬
yaa thaa	ยาทา	塗り薬
yaa thaan	ยาทาน	飲み薬
yaa klûa khɔɔ	ยากลั้วคอ	うがい薬
yaa chìit	ยาฉีด	注射薬
yaa mét	ยาเม็ด	錠剤
yaa phŏŋ	ยาผง	粉薬
yaa náam	ยาน้ำ	水薬
yàa	อย่า	～するな（禁止）
yâa	ย่า	父方の祖母
yâa	หญ้า	草
yaai	ยาย	母方の祖母
yáai	ย้าย	移る、移動する
yáai (bâan) pai ～	ย้าย (บ้าน) ไป ～	～に引っ越しする
yàak	อยาก	～したい
yàak dâi	อยากได้	手に入れたい、欲しい
yâak	ยาก	難しい
yaao	ยาว	長い（距離・長さが）
yàaŋ	อย่าง	種類；～のように
yàaŋ ～ kɔ̂ …	อย่าง ～ก็ …	～ても…
yâaŋ	ย่าง	焼く、焙る（食材を丸ごと）
yâat	ญาติ	親族、親戚
yài	ใหญ่	大きい
yák	ยักษ์	巨人鬼
yam	ยำ	あえる、混ぜる
yam-wún-sên	ยำวุ้นเส้น	春雨サラダ
yaŋ	ยัง	まだ、未だに
yaŋŋai	ยังไง	どのように
yaŋ mâi ～	ยังไม่	まだ～していない
yaŋ mâi ～ lɔɔi	ยังไม่ ～ เลย	まだ全く～していない
yaŋ ～ yùu	ยัง ～ อยู่	まだ～している、依然～である
yeen	เยน	円（日本の貨幣単位）
yen	เย็น	冷たい、涼しい；夕方
yen-níi	เย็นนี้	今夕
yə́?	เยอะ	多い、たくさん
yîam	เยี่ยม	訪れる、訪問する
yìap	เหยียบ	踏む、踏み付ける
yîipùn	ญี่ปุ่น	日本

yîi sìp	ยี่สิบ	20
yǐŋ	หญิง	女性
yók	ยก	取り上げる
yûŋ	ยุ่ง	忙しい
yùu	อยู่	いる、ある、住む；～している
yùt	หยุด	止まる、休む
yùt ŋaan	หยุดงาน	仕事を休む
yùt rian	หยุดเรียน	学校を休む
yúttitham	ยุติธรรม	公平、公正
yʉʉn	ยืน	立つ；長い、永い
yʉ̂ʉt	ยืด	伸びる
yɔ̂ɔt	ยอด	頂上、頂点
yɔ̂ɔt-khǎai	ยอดขาย	売り上げ

付録２．　文法と表現の索引

＊各文列の後ろの数字は本書の登場する課の番号です。

?

?àat ca　อาจจะ ～ ··· 12
?ao mái　เอาไหม ··· 20
?arai bâaŋ　อะไรบ้าง ··· 22
?arai dii　อะไรดี ··· 7
?eeŋ　เอง ··· 27
?ìik　อีก ··· 9
?ʉ̀ʉn　อื่น ··· 16

b

bâaŋ บ้าง (bâaŋ บ้าง ～ bâaŋ บ้าง) bâaŋ บ้าง ··· 14
bâaŋ mái　บ้างไหม ··· 25
bâaŋ mʉ̌an kan　บ้างเหมือนกัน ··· 25
bâaŋ rʉ̌ʉ plàao　บ้างหรือเปล่า ··· 14

c

ca　จะ ··· 3
câ　จ้ะ ··· 27
cá　จ๊ะ ··· 27
că　จ๋า ··· 27
càak　จาก ··· 23
caŋ　จัง(ləəi เลย) ··· 5

ch

châi mái　ใช่ไหม ··· 1
chûai　ช่วย ～dûai ด้วย ··· 18
chûai　ช่วย ～nɔ̀ɔi หน่อย ··· 18
chʉ̂ʉ　ชื่อ ··· 2

d

dâi (dâai)　ได้ ··· 5, 28
dâi khàao wâa　ได้ข่าวว่า ··· 26
dâi mái　ได้ไหม ··· 11
diao　เดี๋ยว ··· 11
dǐao　เดี๋ยว ··· 19
diao kan　เดียวกัน ··· 24
diao kàp　เดียวกับ ··· 13
dii　ดี ··· 7
doon　โดน ··· 29
dûai　ด้วย ··· 17

h

hâi　ให้ ··· 21, 25, 26

k

kamlaŋ　กำลัง ··· 19
kamlaŋ ca　กำลังจะ ··· 30
～kan mái　กันไหม ··· 19
kìi　กี่ ··· 12
kɔ̂ (kɔ̂ɔ)　ก็ ··· 10, 13
kɔ̂ (kɔ̂ɔ) dâi　ก็ได้ ··· 7
kɔ̀ɔn sii　ก่อนซี ··· 27
kʉ̀ap　เกือบ ··· 23
kwàa　กว่า ··· 12

kh

khráp　ครับ ··· 1
khâ　ค่ะ ··· 1
khá　คะ ··· 1
khǎa　ขา ··· 1
khəəi　เคย ··· 20
khɛ̂ɛ　แค่ ～thâonán　เท่านั้น ··· 15
khɔ̌ɔ hâi　ขอให้ ··· 30
khɔ̌ɔ　ขอ　～nɔ̀ɔi　หน่อย ··· 16
khɔ̀ɔp-khun thîi　ขอบคุณที่ ··· 23
khɔ̌ɔ-thôot thîi　ขอโทษที่ ··· 23
khoŋ　คง ··· 12
khʉʉ　คือ ··· 24
khʉ̂n　ขึ้น ··· 15
khʉ̂n　ขึ้น　～pai　ไป／maa　มา ··· 7
khrai bâaŋ　ใครบ้าง ··· 22
khrai dii　ใครดี ··· 7

l

lá　ละ ··· 11, 13
ləəi　เลย ··· 25
lɛ́ɛo　แล้ว ··· 3, 8, 9
lɛ́ɛo　แล้ว　～lâ　ล่ะ ··· 2
lɛ́ɛo　rʉ̌ʉ　yaŋ　แล้วหรือยัง ··· 30
lɔɔŋ　ลอง ～　duu ดู ··· 6
loŋ　ลง ··· 15
lʉʉm　ลืม　～wái　ไว้ ··· 29

m

maa　มา ··· 4, 7
mâak　มาก ··· 4
mài　ใหม่ ··· 18
mâi　ไม่ ··· 2
mâi khɔ̂i　ไม่ค่อย ··· 6

mâi dâi	ไม่ได้	15
mâi nâa	ไม่น่า	29
mâi ไม่~	rɔ̀ɔk หรอก	2
mâi khɔ̂i	ไม่ค่อย ~thâorài เท่าไร	14
mâi ไม่~	thâo เท่า~	28
mái	ไหม	2, 18
mii	มี	27
mɯ̂arài dii	เมื่อไรดี	7
mɯ̌an	เหมือน(kàp กับ)	13
mɯ̌an kan	เหมือนกัน	16
mɯ̂arài bâaŋ	เมื่อไรบ้าง	22
moohǒo thîi	โมโหที่	23

n

nǎi	ไหน	8
nǎi	ไหน~kwàa kan กว่ากัน	16
nân	นั่น	6
nîi	นี่	6
nán	นั้น	8
níi	นี้	8
nɯ́k wâa	นึกว่า	27
nôon	โน่น	6
nóon	โน้น	8

ŋ

ŋâai	ง่าย	22

p

pai	ไป	7, 8, 11
pai	ไป ~maa มา	10
pen	เป็น	1, 3
pen ʔarai kàp	เป็นอะไรกับ	24

ph

phɤ̂ŋ	เพิ่ง	30
phɔɔdii	พอดี	17, 20
phɔɔ	พอ (lɛ́ɛo แล้ว)	17

r

rɯ̌ɯ	หรือ	3, 10, 14
rúu	รู้	29
rúucàk	รู้จัก	25
rɯ̌ɯ plàao	หรือเปล่า	15, 18, 21
rúu wâa	รู้ว่า	29

s

sí?	สิ	6
สงสัย	sǒŋsǎi (ca จะ)	23

t

talɔ̀ɔt	ตลอด	23
tâŋ	ตั้ง	15
tâŋtɛ̀ɛ	ตั้งแต่	23
tɛ̀ɛ	แต่	13
tɔ̂ŋ	ต้อง	8
tɯ̀ɯntên thîi	ตื่นเต้นที่	23

th

tham ŋaan ʔarai	ทำงานอะไร	4
tháŋ	ทั้ง	22
thâo kan	เท่ากัน	17
thâorài	เท่าไร	12
thîi	ที่	24
(thîi ที่) nǎi ไหน		9
thîi nǎi bâaŋ	ที่ไหนบ้าง	22
(thîi ที่) nânนั่น		9
(thîi ที่) níi นี่		9
(thîi ที่) nôon โน่น		9
(thîi) nǎi dii (ที่ไหนดี		7
thîisùt	ที่สุด	28
thɯ̌ŋ	ถึง(ca จะ)	22
(thɯ̌ŋ ถึง)~kɔ̂ (kɔ̂) ก็~		26
thùuk	ถูก	29

w

wâa	ว่า	14
wâa ca	ว่าจะ	28
wái	ไว้	20

y

yàa	อย่า	21
yàaŋ	อย่าง ~(kɔ̂ ก็)	30
yàak	อยาก	7
yâak	ยาก	22
yàak	อยาก~ maa naan lɛ́ɛo มานานแล้ว	19
yaŋ mâi	ยังไม่	3
yaŋŋai bâaŋ	ยังไงบ้าง	22
yaŋŋai dii	ยังไงดี	7
yaŋ	ยัง~ yùu อยู่	28
yùu	อยู่	3

宮本マラシー（みやもと・マラシー）
大阪大学大学院文学研究科博士課程単位修得退学
現在、大阪大学名誉教授
専門分野：タイ語表現、言語と性差
主著：『タイ語上級講座：読解と作文』めこん（2007）
主要論文：「禁じられた着衣」、『着衣する身体と女性の周縁化』
思文閣出版（2012）

村上忠良（むらかみ・ただよし）
筑波大学大学院歴史・人類学研究科修了
現在、大阪大学大学院人文学研究科教授
専門分野：文化人類学、タイ地域研究

──────────
│ 音声 │
──────

Roongaroon Teekhachunhatean
Atthawut Chanthaphan
Paosathaporn Duangkaew
Suwatana Daengsubha
Tanporn Trakantalerngsak

大阪大学外国語学部　世界の言語シリーズ 9
タ イ 語

発 行 日	2014年3月31日　初版第1刷
	2015年10月12日　初版第2刷
	2018年6月1日　初版第3刷
	2024年3月1日　初版第4刷

著　　者　宮本　マラシー・村上　忠良

発　行　所　大阪大学出版会
　　　　　　代表者　三成賢次
　　　　　　〒565-0871
　　　　　　大阪府吹田市山田丘2-7　大阪大学ウエストフロント
　　　　　　電話　06-6877-1614／FAX　06-6877-1617
　　　　　　URL　https://www.osaka-up.or.jp

組　　版　株式会社 トーヨー企画
印刷・製本　株式会社 遊文舎

Ⓒ Marasri Miyamoto　Tadayoshi Murakami 2014　Printed in Japan
ISBN 978-4-87259-333-4 C3087

|JCOPY| 〈出版者著作権管理機構 委託出版物〉

本書の無断複製は著作権法上での例外を除き禁じられています。複製される
場合は、その都度事前に、出版者著作権管理機構（電話 03-5244-5088、FAX
03-5244-5089、e-mail: info@jcopy.or.jp）の許諾を得てください。

大阪大学外国語学部

世界の言語シリーズ 9

タイ語
[別冊]

大阪大学出版会

大阪大学外国語学部　世界の言語シリーズ　9

タイ語〈別冊〉

ダイアローグ日本語訳と練習問題解答例

1 課　こんにちは。

（会話）

ハナコ：こんにちは。
チャイ：こんにちは。
ハナコ：あなたはタイ人でしょう？
チャイ：そうです。あなたは韓国人でしょう？
ハナコ：違います。私は日本人です。

（練習問題）

1．和訳をしなさい。

(1) 彼（彼女）は日本人です。
(2) 僕はタイ人です。
(3) 私は中国人です。
(4) あなたはタイ人でしょう？　－　そうです。
(5) 彼は韓国人でしょう？　－　いいえ。彼は中国人です。
(6) チャイはタイ人ですよね？　－　そうです。彼はタイ人です。

2．タイ語に訳しなさい。

(1) ผมเป็นคนเกาหลี　phŏm pen khon kaolĭi.
(2) เขาเป็นคนอังกฤษ　kháo pen khon ʔaŋkrìt.
(3) เคโกะเป็นคนโอซากา　Keiko pen khon Osaka.
(4) ฮิโรชิเป็นคนโตเกียว　Hiroshi pen khon Tokyo.
(5) ทาคุยาเป็นคนเกียวโตใช่ไหม　－　ใช่ เขาเป็นคนเกียวโต
Takuya pen khon Kyoto châi mái.　－　châi , kháo pen khon Kyoto.
(6) คุณโยโกะเป็นคนโตเกียวใช่ไหม　－　ไม่ใช่ เขาเป็นคนโอซากา
khun Yoko pen khon Tokyo châi mái.　－　mâi châi, kháo pen khon Osaka.
(7) คุณนานา, คุณเป็นคนไทยใช่ไหมครับ(คะ)　－　ไม่ใช่ค่ะ ฉันเป็นคนอินเดียค่ะ
khun Nana, khun pen khon thai châi mái khráp（khá）.　－　mâi châi khâ. chán pen khon ʔindia khâ.

2 課　お名前は何ですか？

（会話）

ハナコ：あなたのお名前は何ですか。
チャイ：チャイと申します。 あなたは？
ハナコ：私の名前はハナコと言います。
チャイ：あだ名は何ですか？
ハナコ：あだ名はありません。あなたはどうですか、あだ名はありますか？
チャイ：「チャイ」が僕のあだ名です。
ハナコ：本名は何ですか？
チャイ：本名は「ワンチャイ」です。

（練習問題）

1．和訳をしなさい。

(1) 彼の名前はソムチャイです。
(2) 彼女（彼）はタイへ行きません。
(3) 日本料理は辛いですか － 辛くないです。
(4) 彼は車を持っていますか？ － 持っていません。
(5) 彼女（彼）は英語を勉強していますが、あなたは？ － 私も勉強しています。
(6) ヒロシさんは速く歩きますが、ノーイさんは？　－　ノーイさんも速く歩きます。

2．タイ語に訳しなさい。

(1) เขาชื่อช้างใช่ไหม – ใช่ kháo chʉ̂ʉ Cháaŋ châi mái. – châi.
(2) เขา ชื่อเล่นชื่ออะไร – ชื่อน้อย kháo chʉ̂ʉ-lên chʉ̂ʉ ?arai. – chʉ̂ʉ Nɔ́ɔi.
(3) ฉันไม่พูดภาษาจีน chán mâi phûut phaasǎa ciin.
(4) ผมไม่ชอบประเทศร้อน phǒm mâi chɔ̂ɔp prathêet rɔ́ɔn.
(5) ฉัน(ผม)ทานไม่มาก chán（phǒm）thaan mâi mâak.
(6) คุณชอบอาหารไทยไหมครับ(คะ) – ชอบค่ะ(ครับ)
khun chɔ̂ɔp ?aahǎan thai mái khráp（khá）. – chɔ̂ɔp khâ（khráp）.
(7) ภาษาไทยยากไหม – ไม่ยาก ง่าย phaasǎa thai yâak mái. – mâi yâak, ŋâai.
(8) ช้างพูดภาษาญี่ปุ่นเก่งไหม – เก่ง Cháaŋ phûut phaasǎa yîipùn kèŋ mái. – kèŋ.
(9) ภาษาญี่ปุ่นยาก แล้วภาษาไทยล่ะ – ง่าย phaasǎa yîipùn yâak, lɛ́ɛo phaasǎa thai lâ?. – ŋâai.
(10) คุณฮานาโกะชอบอาหารไทย แล้วคุณล่ะ – ไม่ชอบ
khun Hanako chɔ̂ɔp ?aahǎan thai, lɛ́ɛo khun lâ?. – mâi chɔ̂ɔp.

3 課　あなたは大学生ですか？

（会話）
ハナコ：チャイさんは大学生ですか。
チャイ：そうです。
ハナコ：どちらの大学で勉強しているのですか。
チャイ：チャームチュリー大学で勉強しています。
ハナコ：何を勉強していますか。
チャイ：法律を勉強しています。
ハナコ：何年生ですか。
チャイ：４年生です。
ハナコ：卒業したら、どんな仕事をするつもりですか。
チャイ：まだ全然わかりません。
（練習問題）

1．和訳をしなさい。

(1) タワンさんは警察官ですよね。 – はい、そうです。
(2) 彼女（彼）は辛い料理が好きではないのですか。 – はい。
(3) 母は料理を作っています。
(4) ヒロシさんはもう結婚していますか – はい。
(5) 電車が来た。
(6) 私は車を買うつもりです。
(7) 土曜日は人が多い。
(8) 先生はまだ来ていません。

2．タイ語に訳しなさい。

(1) คุณเป็นนักธุรกิจใช่ไหมครับ – ไม่ใช่ครับ ผมเป็นทนายความครับ
khun pen nák-thúrákìt châi mái khráp. – mâi châi khráp. phǒm pen thanaai-khwaam khráp.
(2) เขาเป็นหมอหรือครับ – ไม่ใช่ค่ะ เขาเป็นนักเขียนค่ะ
kháo pen mɔ̌ɔ rʉ̌ʉ khráp. – mâi châi khâ. kháo pen nák-khǐan khâ.
(3) อาหารเกาหลีไม่เผ็ดหรือ – เผ็ด ?aahǎan kaolǐi mâi phèt rʉ̌ʉ khá. – phèt.
(4) น้อยกำลังโทรศัพท์ – Nɔ́ɔi kamlaŋ thoorasàp.
(5) อาหารเสร็จแล้ว ?aahǎan sèt lɛ́ɛo.
(6) เขาตื่นแล้ว kháo tʉ̀ʉn lɛ́ɛo.
(7) ปีใหม่จะหยุด pii-mài ca yùt.
(8) หวัดหายแล้วหรือ – เปล่า ยังไม่หาย wàt hǎai lɛ́ɛo rʉ̌ʉ. – plàao, yaŋ mâi hǎai.

4 課　お仕事は何ですか？

（会話）
チャイ：お仕事は何をしているのですか。
ハナコ：会社員です（会社で働いています）。
チャイ：どちらにお勤めですか（どの会社ですか）。
ハナコ：サンダ社です。
チャイ：お勤めになってもう長いのですか。

ハナコ：３年になります。
チャイ：仕事は楽しいですか。
ハナコ：とても楽しいです。
(練習問題)
1．和訳をしなさい。
(1) 彼のお仕事は何ですか。 － 彼は医者です。
(2) あなたのお仕事は何ですか － 私は大学生です。
(3) 彼女（彼）は中国語を勉強してもう３年になります。
(4) 私は彼を待って20分になります。
(5) 桜の花はとてもきれいです。
(6) 日本人はとても早く食べる。
2．タイ語に訳しなさい。
(1) คุณทาคุยาทำงานอะไร － เขาเป็นนักร้อง
khun Takuya tham-ŋaan ?arai. - khǎo pen nák-rɔ́ɔŋ.
(2) คุณนิดทำงานอะไร － เขาเป็นครู
khun Nít tham-ŋaan ?arai. － khǎo pen khruu.
(3) ฮานาโกะอ่านหนังสือมาตั้งแต่เช้า
Hanako ?àan náŋsʉ̌ʉ maa tâŋtɛ̀ɛ cháao.
(4) เขาแต่งงานมายี่สิบเอ็ดปีแล้ว
kháo tɛ̀ɛŋ-ŋaan maa yîi sìp ?èt pii lɛ́ɛo.
(5) ฮิโรชิเล่นเบสบอลมาตั้งแต่ปีสองพัน
Hiroshi lên béetbɔɔn maa tâŋtɛ̀ɛ pii sɔ̌ɔŋ phan.
(6) มะลิชอบชาเขียวมาก Má?lí? chɔ̂ɔp chaa khǐao mâak.
(7) เขาเดินช้ามาก kháo dəən cháa mâak.

5 課　タイ語がとても上手ですね
(会話)
チャイ：タイ語を話すのがとてもお上手ですね。
ハナコ：ありがとうございます。
チャイ：タイ語をどこで習いましたか？
ハナコ：「サワッディー学校」で習いました。
チャイ：長く習っていましたか。
ハナコ：１年間です。
チャイ：あなたはタイ語を読めますか。
ハナコ：読めないんです。
(練習問題)
1．和訳をしなさい。
(1) 父はたくさん飲んだ。／ 父はたくさんお酒を飲んだ。
(2) お嬢さんはすごく可愛いですね。
(3) 私はズボンを履いていってもいいですか。 － いいです。
(4) あなたは韓国語を話せますか。 － 話せません。
(5) 緑茶は苦いですよね。 － 苦くないですよ。
2．タイ語に訳しなさい。
(1) น้อยเขียนสวย ／ น้อยเขียนตัวหนังสือจีนสวย Nɔ́ɔi khǐan sǔai. ／ Nɔ́ɔi khǐan tua-náŋsʉ̌ʉ ciin sǔai.
(2) ชัยขับรถเร็วจังเลย Chai khàp rót reo caŋ ləəi.
(3) คุณทานอาหารเผ็ดได้ไหม － ได้
khun thaan ?aahǎan phèt dâi mǎi. － dâi.
(4) สูบบุหรี่ได้ไหม - ไม่ได้ sùup burìi dâi mái. - mâi dâi.
(5) เขาหัวดีนะ － ไม่ดีหรอก kháo hǔa dii ná. - mâi dii rɔ̀ɔk
(6) ตอนนี้โอซากาหนาวใช่ไหม － ไม่หนาวหรอก tɔɔn-níi Osaka nǎao châi mái. － mâi nǎao rɔ̀ɔk.

6 課　これは何ですか？
(会話)
ハナコ：これは何ですか？
チャイ：パッタイです。

ハナコ：辛いですか？
チャイ：あまり辛くありません。
ハナコ：本当ですか？
チャイ：本当です。食べてみて下さいよ。
(練習問題)
1．和訳をしなさい。
(1) それは何ですか。 – それは「ヤム・ウンセン」です。
(2) これはあなたの鞄ですか。 – 違います。ハナコさんの鞄です。
(3) ヨウコさんはあまり辛い料理が好きではない。
(4) マリはあまり速く歩かない。
(5) お刺身を食べてみませんか。
(6) チャイはジロウの車を運転してみた。
(7) 辛くないですよ。食べてごらん。
(8) 見えないの？眼鏡をかけなさいよ。
2．タイ語に訳しなさい。
(1) นี่คือคุณมะลิ nîi khʉʉ khun Máʔlí?
(2) นั่นปากกาใคร – ปากกาคุณชัย nân pàak-kaa khrai. – pàak-kaa khun Chai.
(3) นี่ไม่ค่อยเปรี้ยว nîi mâi khɔ̂i prîao.
(4) ฉันพูดภาษาไทยไม่ค่อยเก่ง chán phûut phaasǎa thai mâi khɔ̂i kèŋ.
(5) ผมจะลองเรียนภาษาญี่ปุ่นดู phǒm ca lɔɔŋ rian phaasǎa yîipùn duu.
(6) จิโรลองทำต้มยำกุ้งดู Jiro lɔɔŋ tham tôm-yam-kûŋ duu.
(7) พูดภาษาโอซากาสิ phûut phaasǎa Osaka sìʔ
(8) ลองทานเบียร์ไทยดูสิ lɔɔŋ thaan bia thai duu sìʔ

7課　どのように行けばいいですか？
(会話)
ハナコ：チャトゥチャック市場に行きたいのですが、どのように行けばいいですか？
チャイ：電車（BTS）で行ってもいいし、地下鉄で行ってもいいです。
ハナコ：電車は何線ですか。
チャイ：スクムウィト線です。
ハナコ：何駅で降りますか。
チャイ：モーチット駅です。
ハナコ：ありがとうございます。
チャイ：どういたしまして。
(練習問題)
1．和訳をしなさい。
(1) 明日、僕の友達は大阪に来ます。
(2) あなたはタイ料理を食べたくないんですか。 – 食べたいです。ソムタムを食べたいです。
(3) どこで両替をすればいいですか。
(4) 船で九州へ行きますか。 – いいえ、飛行機で行きます。
(5) 私は毎日大学へ歩いていきます。
(6) わさびは入れてもいいし、入れなくてもいいです。
2．タイ語に訳しなさい。
(1) คุณไปซื้อของใช่ไหม – ไม่ใช่ ไปดูหนัง
khun pai sʉ́ʉ khɔ̌ɔŋ châi mái. – mâi châi, pai duu nǎŋ.
(2) คุณฮานาโกะอยากไปดูหนังไทย khun Hanako yàak pai duu nǎŋ thai.
(3) คุณอยากเป็นครูหรือ – เปล่า ฉันอยากเป็นหมอ khun yàak pen khruu rʉ̌ʉ. – plàao, chán yàak pen mɔ̌ɔ.
(4) จะสั่งอะไรดีนะ ca sàŋ ʔarai dii ná.
(5) ข้าวเย็น จะทำอะไรดี khâao-yen, ca tham ʔarai dii.
(6) พ่อไม่ค่อยขับรถไปทำงาน phɔ̂ɔ mâi khɔ̂i khàp rót pai tham-ŋaan.
(7) ไม่มีตะเกียบหรือ ส้อมก็ได้ mâi mii takìap rʉ̌ʉ. sɔ̂m kɔ̂ dâi.

8課　この電車はチャトゥチャックに行きますか？
(会話)
ハナコ：この電車は チャトゥチャックに行きますか？

駅員　：行きません。サヤームで乗り換えないといけないです。
ハナコ：何線に乗り換えますか。
駅員　：スクムウィット線です。
ハナコ：どこの駅で降りますか。
駅員　：モーチット駅です。サヤーム駅から7つ目の駅です。
ハナコ：モーチット駅に着いたら、どうやってチャトゥチャックに行きますか。
駅員　：歩いていけます。5分ぐらいかかります。
（練習問題）
1．和訳をしなさい。
(1) この店の焼き飯はとてもおいしいです。
(2) この4台の車はその政治家の車です。
(3) 日本人はタイへ遊びに行くとき、ビザがなくてもいい。
(4) 我々はあと3年間タイ語を勉強していかなければならない。
(5) 僕の家は駅から非常に遠いですが、毎日歩いていきます。
(6) お薬を塗ったら、痒みが治る。
2．タイ語に訳しなさい。
(1) นักศึกษาคนนั้นเป็นนักศึกษามหาวิทยาลัยนี้
nâk-sɯ̀ksǎa khon nán pen nák-sɯ̀ksǎa mahǎawítthayaalai níi.
(2) ชาวต่างชาติไม่ต้องจ่ายภาษีบริโภคหรือ – เปล่า ต้องจ่าย
chaao-tàaŋ-châat mâi tɔ̂ŋ càai phaasǐi-bɔɔriphôok rɯ̌ɯ. – plàao, tɔ̂ŋ càai.
(3) ไม่ต้องทานยาก็ได้　mâi tɔ̂ŋ thaan yaa kɔ̂ dâi.
(4) คุณสมชายจะทำงานบริษัทนี้ไปอีก 3 ปี
khun Sǒmchaai ca tham-ŋaan bɔɔrisàt níi pai ʔìik sǎam pii.
(5) ต้องเดินไปอีก 10 กิโล　tɔ̂ŋ dəən pai ʔìik sìp kiloo.
(6) หิวแล้วจะกินมาก　hǐu lɛ́ɛo ca kin mâak.

9課　どこにいます（あります）か？

（会話）
ハナコ：すみませんが、チャトゥチャック市場はどこですか？
駅長　：そこです。
ハナコ：どのように歩いていけばいいですか？
駅長　：ここからまっすぐ歩いて行って...
ハナコ：はい、まっずぐ歩いて行って...
駅長　：それから左に曲がります。
ハナコ：はい。左に曲がります。
駅長　：それからさらに2、3分まっすぐ歩いていきます。
ハナコ：どうもありがとうございました。
駅長　：どういたしまして。
（練習問題）
1．和訳をしなさい。
(1) 郵便局はどこですか。
(2) ここは病院ですよね。 – 違います。病院はそこにあります。
(3) 授業が終わってから私はアルバイトに行きます。
(4) 父は定年になってからここに引っ越しした。
(5) もう少しまけてください。
(6) あと2週間したらもう夏休みになる。
2．タイ語に訳しなさい。
(1) สถานีตำรวจอยู่ที่ไหนคะ – สถานีตำรวจอยู่โน่นครับ　sathǎanii-tamrùat yùu thîi-nǎi khá. – sathǎanii-tamrùat yùu nôon khráp.
(2) ที่นี่ร้านอาหารไทยใช่ไหมครับ – ไม่ใช่ค่ะ ร้านอาหารไทยอยู่นั่นค่ะ
thîinîi ráan ʔaahǎan thai châi mái khráp. – mâi châi khâ. ráan ʔaahǎan thai yùu nân khâ.
(3) นักศึกษาไทย เรียนจบแล้วหางาน　nák-sɯ̀ksǎa thai rian còp lɛ́ɛo hǎa ŋaan.
(4) เมื่อวานนี้ฉันทานข้าวเย็นแล้วอาบน้ำ　mɯ̂a-waan-níi chán thaan khâao-yen lɛ́ɛo ʔàap náam.
(5) พูดช้า ๆ อีกหน่อยได้ไหมครับ　phûut cháa cháa ʔìik nɔ̀ɔi dâi mái khráp.
(6) อาจารย์มะลิจะสอนที่มหาวิทยาลัยนี้อีก4ปี　ʔaacaan Màʔlíʔ ca sɔ̌ɔn thîi mahǎawítthayaalai níi ʔìik sìi pii.

10課　どこに行って来ましたか？

（会話）

チャイ：どこに行って来ましたか？
ハナコ：チャトゥチャックに行って来ました。
チャイ：チャトゥチャック市場ですか？
ハナコ：はい。
チャイ：どうでしたか。お買い物は楽しかったですか。
ハナコ：楽しかったです。品物が多くて、人も多かったです。
チャイ：そうですか。
ハナコ：そうです。あなたはどこへ行きますか。
チャイ：友達に会いに行きます。

（練習問題）

1．和訳をしなさい。

(1) 先月、私は友達と一緒にタイに行ってきた。
(2) 昨日、私はビザの申請をしに行ってきた。
(3) あなたの鞄ですか。　－　いいえ、弟の鞄です。
(4) タイ人は韓国のドラマが好きです。日本のドラマも好きです。
(5) 月曜日は休みです。火曜日も休みです。

2．タイ語に訳しなさい。

(1) ไปธนาคารมาใช่ไหมครับ　–　ไม่ใช่ค่ะ ไปไปรษณีย์มาค่ะ
pai thanaakhaan maa châi mái khráp.　–　mâi châi khâ. pai praisanii maa khâ.
(2) วันเสาร์ผมไปดูมวยมา　wan-sǎo, phǒm pai duu muai maa.
(3) เพลงญี่ปุ่นหรือคะ　–　ไม่ใช่ครับ เพลงจีนครับ
phleeŋ yîipùn rʉ̌ʉ khá.　–　mâi châi khráp. phleeŋ ciin khráp.
(4) ปีใหม่ปีที่แล้ว ผมไปเล่นสกี ปีใหม่ปีนี้ก็จะไปเล่นสกี
pii-mài pii-thîi-lɛ́ɛo, phǒm pai lên sakii. pii-mài pii-níi kɔ̂ ca pai lên sakii.
(5) ฉันชอบสีเหลือง สีน้ำเงินก็ชอบ
chán chɔ̂ɔp sǐi-lʉ̌aŋ. sǐi-náam-ŋən kɔ̂ chɔ̂ɔp.

11課　どのように売りますか？

（会話）

ノーイ：このマンゴスチン、どのように売りますか？
商人　：１キロ 50 バーツ。
ノーイ：高ーい（高すぎる）。ちょっとまけてよ。
商人　：48 バーツ。
ノーイ：45 バーツでいい？
商人　：だめ。2 キロなら 90 バーツ。
ノーイ：１キロだけ欲しいんだけど。
商人　：１キロなら 48 バーツ。

（練習問題）

1．和訳をしなさい。

(1) 豚肉は１キロいくらですか。　－　１キロ300バーツです。
(2) このパイナップルは１個30バーツです。
(3) 僕は家を出たのが遅すぎたので、電車に間に合わなかった。
(4) 今朝、ご飯をちょっと食べ過ぎた。
(5) バーツがないです。円でもいいですか。
(6) タロウはビールを５本飲んだが、僕は１本だけ。

2．タイ語に訳しなさい。

(1) ฮิโรชิทานข้าววันละ 2 มื้อ　Hiroshi thaan khâao wan lá sɔ̌ɔŋ mʉ́ʉ.
(2) เมื่อวานนี้ผมสูบบุหรี่มากไป วันนี้ไอตลอด　mʉ̂a-waan-níi phǒm sùup burìi mâak pai. wan-níi ʔai talɔ̀ɔt.
(3) ชื่อเมืองหลวงของไทยยาวไป ผมจำไม่ได้　chʉ̂ʉ mʉaŋ-lǔaŋ khɔ̌ɔŋ thai yaao pai. phǒm cam mâi dâi.
(4) ไม่มีซีอิ๊ว เกลือได้ไหม　mâi mii siiʔíu. klʉa dâi mái.
(5) ไม่มีเงินสด บัตรเครดิตได้ไหม　mâi mii ŋən-sòt. bàt-khreedìt dâi mái.
(6) ปิดเทอมหน้าร้อนปีที่แล้ว ฉันไปเที่ยวเมืองไทยคนเดียว
pìt-thəəm nâa-rɔ́ɔn pii-thîi-lɛ́ɛo chán pai thîao mʉaŋ thai khon diao.

12課　何時ですか？

（会話）

ハナコ：私は２時半に、サヤームで友達と待ち合わせています。もう何時ですか？

チャイ：午後２時 20 分です。

ハナコ：ここから地下鉄の駅まで歩くと、どれぐらい時間がかかりますか。

チャイ：15 分です。歩いていけば間に合わないと思います。

ハナコ：タクシーで行けますか。

チャイ：行けますが、渋滞かもしれないです。バイク（タクシー）でも行けますよ。タクシーより早いかもしれない。

（練習問題）

１．和訳をしなさい。

(1) 首相の新しい家は何億バーツですか。　－　５億バーツです。

(2) 兄弟は何人いますか？　－　６人です。

(3) １年にいくら税金を払わなければならないですか。　－　百万円ぐらいです。

(4) 今日は土曜日です。おそらく渋滞しないだろう。

(5) 定年後、僕はタイに住むかもしれない。

(6) この家はその家より古いです。

２．タイ語に訳しなさい。

(1) คุณนอนวันละกี่ชั่วโมง　－　8 ชั่วโมง　　khun nɔɔn wan lá kìi chûa-mooŋ.　–　pɛ̀ɛt chûa-mooŋ.

(2) ค่าเช่าบ้านเดือนละเท่าไร　－　6 หมื่นเยน　　khâa châo-bâan dʉan lá thâorài.　–　hòk mʉ̀ʉn yeen.

(3) ปีนี้ไม่ค่อยหนาว ที่โอซากา หิมะคงไม่ตก　　pii níi mâi khɔ̂i nǎao. thîi Osaka hìmá? khoŋ mâi tòk.

(4) นั่งข้างหลัง อาจจะไม่เห็น　　nâŋ khâaŋ-lǎŋ ?àat ca mâi hěn.

(5) เลือดข้นกว่าน้ำ　　lʉ̂at khôn kwàa náam.

(6) ลูกชายฉันชอบข้าวมากกว่าขนมปัง　　lûuk-chaai chán chɔ̂ɔp khâao mâak kwàa khanǒm-paŋ.

13課　何曜日に生まれましたか？

（会話）

チャイ：あなたは何曜日に生まれましたか？

ハナコ：知りません。

チャイ：知らないって本当ですか？

ハナコ：本当です。知っているのは年月日だけです。

チャイ：何月何日生まれですか？

ハナコ：２月 29 日です。

チャイ：私の姉と同じ日です。

ハナコ：本当ですか？

チャイ：本当です。姉の誕生日は４年に１度です。

ハナコ：私と一緒です。私も４年に１度です。

（練習問題）

１．和訳をしなさい。

(1) 彼女はお肉しか食べない。野菜を全然食べない。

(2) ヨウコは私の妹と同じところでアルバイトをしている。

(3) タクヤはヒロシと同じように白色が好きです。

(4) ヨウコは純粋の日本人ですが、顔は西洋人に似ている。

(5) ホテルは、３人で１室に泊まらなければならない。

２．タイ語に訳しなさい。

(1) ฮิโรชิดูแต่รายการข่าว　　Hiricshi duu tɛ̀ɛ raai-kaan khàao.

(2) ร้านหนังสือร้านนี้มีแต่หนังสือภาษาญี่ปุ่น　　ráan náŋsʉ̌ʉ ráan níi mii tɛ̀ɛ náŋsʉ̌ʉ phaasǎa yîipùn.

(3) ผมอยู่อพาร์ตเม้นท์เดียวกับชัย phǒm yùu ?apháatmén diao kàp Chai.

(4) น้องชายถนัดซ้ายเหมือนน้องสาว　　nɔ́ɔŋ-chaai thanàt sáai mʉ̌an nɔ́ɔŋ-sǎao.

(5) เบียร์ต้องทาน2 คนขวด　　bia tɔ̂ŋ thaan sɔ̌ɔŋ khon khùat.

14課　どうしましたか

（会話）

ハナコ：こんにちは、先生。

マーナ：こんにちは、ハナコ。元気ですか。

ハナコ：元気です。先生は？

マーナ：僕はあまり元気ではないです。
ハナコ：どうしましたか（どこが悪いですか)。
マーナ：よく頭が痛かったり、腰が痛かったりしています。
ハナコ：医者に診てもらっていますか。
マーナ：診てもらったけど、お医者さんはどこが悪いのか分からないです。
(練習問題)

1．和訳をしなさい。

(1) 土日はとても忙しいですが、平日はそんなに忙しくない。
(2) いつ出発するの？
(3) どのように学校に行きますか？　- 歩いて行ったり、自転車に乗って行ったりします。
(4) 女性はジーパンを履いたり、スカートを履いたりする。
(5) たまには料理を作ったりしますか？
(6) タイの学生は制服を着ないといけないらしいです。

2．タイ語に訳しなさい。

(1) วันนี้รถไม่ค่อยติดเท่าไร　wan-níi rót mâi khɔ̂i tìt thâorai.
(2) นามสกุลเขาอ่านยังไงหรือ　naam-sakun kháo ʔàan yaŋŋai rʉ̌ʉ.
(3) วันอาทิตย์ไปซื้อของบ้าง อยู่บ้านดูโทรทัศน์บ้าง　wan ʔaathít pai sʉ́ʉ khɔ̌ɔŋ bâaŋ, yùu bâan duu thoorathát bâaŋ.
(4) รายการโทรทัศน์รายการนั้นสนุกบ้าง ไม่สนุกบ้าง
raai-kaan thoorathát raai-kaan nán sanùk bâaŋ, mâi sanùk bâaŋ.
(5) คุณไปทานข้าวนอกบ้านบ้างหรือเปล่า　khun pai thaan khâao nɔ̂ɔk bâan bâaŋ rʉ̌ʉ plàao.
(6) นี่หมายความว่ายังไง　nîi mǎai-khwaam wâa yaŋŋai.

15課　あなたは痩せました

(会話)
チャイ：痩せたんですか。
ハナコ：ええ。５キロ痩せました。
チャイ：どうかしたのですか？
ハナコ：いいえ。私は減量をしたのです。
チャイ：どうして減量しないといけないのですか。
ハナコ：私はタイに来てまだ２年しか経っていないのに、７キロも太ったからです。
(練習問題)

1．和訳をしなさい。

(1) 子供の数が減ってきたが、お年寄りの数は増えてきた。
(2) 何か分からないことがありますか。　－　ありません。
(3) 私は昨日から寝ていないです。
(4) 彼女はモデルではないです。彼女はテニス選手です。
(5) 電車で行くと10分しかかからない。
(6) ヒロシは一日に10時間もアルバイトをしている。

2．タイ語に訳しなさい。

(1) บ้านเก่าลงมาก bâan kào loŋ mâak.
(2) อาการเขาดีขึ้นมาก　ʔaakaan kháo dii khʉ̂n mâak.
(3) มีที่ไหนขายตั๋วเครื่องบินราคาถูกไหม – ผมไม่ทราบครับ ลองถามคุณโยโกะดูเป็นไงครับ
mii thîi-ŋǎi khǎai tǔa-khrʉ̂aŋbin raakhaa thùuk mái. - phǒm mâi sâap khráp. lɔɔŋ thǎam khun Yoko duu pen ŋai khráp.
(4) เมื่อวานนี้ไม่ได้มาโรงเรียนใช่ไหม ไปเที่ยวที่ไหนมาหรือ
mʉ̂a-waan-níi mâi dâi maa rooŋ-rian châi mái. pai thîao thîi-nǎi maa rʉ̌ʉ.
(5) เดินไปมหาวิทยาลัย ใช้เวลาแค่ 5 นาทีเท่านั้น　dəən pai mahǎawítthayaalai chái weelaa khɛ̂ɛ hâa naathii thâo-nán.
(6) เขาสูบบุหรี่วันละตั้ง 80 มวน　kháo sùup burìi wan láʔ tâŋ pɛ̀ɛt sìp muan.

16課　ちょっとその鞄を見せて下さい

(会話)
ハナコ：ちょっとそのカバンを見せて下さい。
店員　：どうぞ。
ハナコ：他の色はありますか。
店員　：黒色、茶色、それと白色です。

ハナコ：白のを見せて下さい。
店員　：こちらです。
ハナコ：白いのと黒いのでは革（の種類）が違いますね。
店員　：はい。白は蛇革で、黒は牛革です。
ハナコ：どちらがいいですか。
店員　：蛇革の方が柔らかくてきれいですが、牛革の方が丈夫です。
（練習問題）
1．和訳をしなさい。
(1) そのズボンを試着させてください。
(2) 月曜日は都合が悪いです。他の曜日はだめですか。
(3) 白いのはもうないですが、他の色にまだ残っています。
(4) その鞄とこの鞄はデザインは同じですが、色は違います。
(5) 私と姉は顔はそっくりですが、性格は似ていません。
(6) 春と秋では、どちらがお好きですか。
(7) 新幹線で行くのと飛行機で行くのと、どちらの方がやすいですか。
2．タイ語に訳しなさい。
(1) ขอไปห้องน้ำหน่อยค่ะ khɔ̌ɔ pai hɔ̂ŋ-náam nɔ̀ɔi khâ.
(2) ร้านนี้คนเต็ม แต่ร้านอื่นยังว่าง ráan níi khon tem, tɛ̀ɛ ráan ʔɯ̀un yaŋ wâaŋ.
(3) วันอังคารกับวันพุธไปมหาวิทยาลัย วันอื่นไปทำงานพิเศษ
wan ʔaŋkhaan kàp wan phút pai mahǎawítthayaalai. wan ʔɯ̀un pai tham ŋaan-phísèet.
(4) ธงชาติไทยกับธงชาติฝรั่งเศสสีคล้ายกัน แต่แบบไม่เหมือนกัน
thoŋ-châat thai kàp thoŋ-châat faràŋsèet sǐi khláai kan, tɛ̀ɛ bɛ̀ɛp mâi mɯ̌an kan.
(5) ข้าวกับขนมปัง คุณชอบอะไรมากกว่ากัน khâao kàp khanǒm-paŋ khun chɔ̂ɔp ʔarai mâak kwàa kan.
(6) เกียวโตกับโตเกียว คุณอยากไปเที่ยวที่ไหนมากกว่ากัน
Kyoto kàp Tokyo, khun yàak pai thîao thîi-nǎi mâak kwàa kan.

17課　サイズはちょうどいいです。
（会話）
ハナコ：この２着のズボンはちょっと試着してもいいですか。
店員　：はい。こちらにどうぞ。

………………………………………………………………………………

店員　：いかがですか。
ハナコ：グレーのはちょうどいいです。黒のは少し大きすぎます。
　　　　サイズは同じではないのですか？
店員　：グレーは９で、黒は 11 です。
ハナコ：黒で９はありますか？
店員　：あります。
ハナコ：じゃ、黒の９をください。
店員　：グレーもきれいですよ。よろしいのですか？
ハナコ：黒だけで十分です。
（練習問題）
1．和訳をしなさい。
(1) このスカートはちょうどいいですが、そのスカートはちょっときつすぎます。
(2) 昨日、タクシーで空港に行って来た。行きと帰りとでタクシー代が違った。
(3) この部屋とその部屋は広さが同じですが、家賃が違う。
(4) バンコクは、今とても暑くて、雨もよく降る。
(5) 僕は辛いのが好きではない。唐辛子を１本入れても十分だ。
(6) 子供が３人いて、月に１万バーツの収入では足りないですよ。
2．タイ語に訳しなさい。
(1) เขาน้ำหนัก200 กิโลพอดี khǎo nám-nàk sɔ̌ɔŋ rɔ́ɔi kiloo phɔɔdii.
(2) ค่ารถเมล์กับค่ารถไฟไม่เท่ากัน ไปรถเมล์ถูกกว่า
khâa rót-mee kàp khâa rót-fai mâi thâo kan. pai rót-mee thùuk kwàa.
(3) ห้องนี้แคบ สกปรกด้วย hɔ̂ŋ níi khɛ̂ɛp, sòkkapròk dûai.
(4) พรุ่งนี้ ผมจะไปซื้อของ ไปดูหนังด้วย phrûŋníi phǒm ca pai sɯ́ɯ khɔ̌ɔŋ, pai duu nǎŋ dûai.
(5) เรียนซ้ำชั้น ครั้งเดียวพอแล้ว rian sám chán khráŋ diao phɔɔ lɛ́ɛo.

(6) ที่ญี่ปุ่นอาบน้ำวันละครั้งเดียวพอ　thîi yîipùn ʔàap-náam wan láʔ khráŋ diao phɔɔ.

18課　タナカさんはいますか？

(会話)

社員　：もしもし、サーラー社です。

サック：こんにちは。タナカさんはいらっしゃいますか？

社員　：いません。外出中です。

サック：いつ戻ってきますか？

社員　：午後です。彼に何か伝言はありますか？

サック：はい、サックから電話があったと彼に伝えて下さい。

社員　：はい、サックさんからですね。

サック：それから午後にかけ直します。

社員　：午後にかけ直します…と。はい、わかりました。

(練習問題)

1. 和訳をしなさい。

(1) バンコクでは、どこか日本の食料品を売っているところはありますか？
　– あります。さくらスーパーで売っています。

(2) 今年の夏、誰かタイへ行く人がいますか。　–　います。タロウさんとジロウさんが行きます。

(3) また何か食べたいものがありますか。　–　いいえ、もういっぱいです。

(4) 部屋から出る前に、電気を消してください。

(5) 靴下はまだ汚れています。洗い直してもらえないですか。

2. タイ語に訳しなさい。

(1) มีอะไรอยากถามไหม – ไม่มี　mii ʔarai yàak thǎam mái. - mâi mii.

(2) มีที่ไหนเปิดวันอาทิตย์ไหม – มี หอสมุดใกล้บ้านฉัน
mii thîi-nǎi pə̀ət wan ʔaathít mái. - mii. hɔ̌ɔ-samùt klâi bâan chán.

(3) ช่วยพูดช้า ๆ หน่อยได้ไหม　chûai phûut cháa cháa nɔ̀ɔi dâi mái.

(4) รถเสียอีกแล้ว ต้องซ่อมใหม่　rót sǐa ʔìik lɛ́ɛo. tɔ̂ŋ sɔ̂ɔm mài.

(5) ยังคับอยู่ ช่วยแก้ใหม่ได้ไหมคะ　yaŋ kháp yùu. chûai kɛ̂ɛ mài dâi mái khá.

19課　後で折り返し電話をします。

(会話)

タロウ：もしもし、今日は、チャイ。

チャイ：タロウ、今話せる？

タロウ：今、運転している。後で、折り返し電話するよ。

……………………………………………………………………………………

タロウ：どうしたの？何があったの。

チャイ：明日灯籠流し祭りがある。一緒に行かない？

タロウ：いいね。行く。前からずっと見たいと思っていた。

(練習問題)

1. 和訳をしなさい。

(1) 弟は漫画を読んでいるところです。

(2) もうすぐ着きます。あと10分。

(3) お風呂から出てきたら、すぐ折り返し電話します。

(4) 図書館に勉強しに行きませんか？

(5) 明日、病院へ先生のお見舞いに一緒に行きませんか。

(6) 私はずっと前から甲子園に野球を見に行きたかった。

(7) 僕はずっと前から流れ星を見たかった。

2. タイ語に訳しなさい。

(1) ตอนนี้ญี่ปุ่นกำลังนำอยู่　tɔɔn-níi yîipùn kamlaŋ nam yùu.

(2) เขาไปซื้อขนมปังที่เซเว่น เดี๋ยวกลับมา　kháo pai sɨ́ɨ khanǒm-paŋ thîi seewên. dǐao klàp maa.

(3) เดี๋ยวเจอกันหน้าสถานี　dǐao cəə kan nâa sathǎanii.

(4) ไปเรียนรำไทยกันไหม　pai rian ram thai kan mái.

(5) พรุ่งนี้ ไปดูฟุตบอลกันไหม　phrûŋníi pai duu fútbɔɔn kan mái.

(6) นิดอยากลองใส่กิโมโนมานานแล้ว　Nít yàak lɔɔŋ sài kimoonoo maa naan lɛ́ɛo.

(7) ฉันอยากได้พจนานุกรมแบบนี้มานานแล้ว　chán yàak dâi phótcanaanúkrom bɛ̀ɛp níi maa naan lɛ́ɛo.

20課　ムエタイを見たことがありますか？

（会話）

チャイ：タロウ、ムエタイを見たことがありますか？
タロウ：ありません。
チャイ：見たいですか？
タロウ：見たいです。
チャイ：僕が君を見に連れて行くっていうのはどうですか？
タロウ：すごくいいですね。いつですか？
チャイ：今週の土曜日です。
タロウ：たまたま今週の土曜日はチェンマイに行かなければなりません。
チャイ：本当に残念ですね。
タロウ：すみません。
チャイ：かまいません。また次の機会にしてもいいです。

（練習問題）

1．和訳をしなさい。

(1) 僕はタイのビールを飲んだことがあるが、韓国のビールを飲んだことがない。
(2) 空港まで迎えに行くけれど、どうですか。
(3) 今日、振り込みに行ったら、ちょうど銀行が閉まったので、振り込みができなかった。
(4) 夏休みになったら、私は生け花を習いにいきます。
(5) 今はとても忙しいです。時間ができたら、あなたを連れて富士山へ遊びに行きます。

2．タイ語に訳しなさい。

(1) ผมเคยเป็นหัด แต่ไม่เคยเป็นหัดเยอรมัน　phǒm khəəi pen hàt tɛ̀ɛ mâi khəəi pen hàt-yəəraman.
(2) ผมจะไปส่งที่บ้าน เอาไหม　phǒm ca pai sòŋ thîi bâan, ʔao mái.
(3) เมื่อวานนี้ดูข่าวทีวี พอดีเป็นข่าวเกี่ยวกับเมืองไทย
mɨ̂a-waan-níi duu khàao thiiwii, phɔɔdii pen khàao kìao kàp mɨaŋ thai.
(4) เมื่อเช้านี้ผมจะไปดูหนังสือที่หอสมุด พอดีวันนี้ปิด
mɨ̂a-cháao-níi phǒm ca pai duu náŋsɨ̌ɨ thîi hɔ̌ɔ-samùt, phɔɔdii wan-níi pìt.
(5) ไว้ผมไปเมืองไทยคราวต่อไป ไปทะเลกันนะ
wái phǒm pai mɨaŋ thai khraao-tɔ̀ɔ-pai, pai thalee kan ná.

21課　タバコを吸わないで。

（会話）

医者　：どうしましたか？
タロウ：昨夜、僕はずっと咳をしていました。
医者　：たくさんタバコを吸っていますか。
タロウ：1日に2箱吸っています。
医者　：体がとても熱いですね。熱がありますよ。喉は痛いですか？
タロウ：痛いです。でもひどくはないです。
医者　：インフルエンザです。薬を飲まなければなりません。タバコは吸わないで、それと、たくさん休養しないといけないです。
タロウ：はい。ありがとうございます。

（練習問題）

1．和訳をしなさい。

(1) 平日、この辺は渋滞していますか。　－　いいえ。
(2) その家は古いですか。　－　はい、とても古いです。
(3) 授業中では、携帯を使わないで。
(4) 黒いドレスで、病院へタイ人のお見舞いに行かないでね。
(5) あなたは全部食べなければならないです。残らないように食べてね。
(6) 僕は聞こえないです。ちょっと声が大きくなるように話していただけないですか。

2．タイ語に訳しなさい。

(1) เขาไปโรงเรียนทุกวันหรือเปล่า　－　เปล่า　kháo pai rooŋ-rian thúk wan rɨ̌ɨ plàao.　－　plàao..
(2) ทานยาแล้ว ความดันลดลงหรือเปล่า　－　ครับ ลดลงครับ
thaan yaa lɛ́ɛo, khwaam-dan lót loŋ rɨ̌ɨ plàao.　－　khráp, lót loŋ khráp.

(3) ฉันกำลังดูหนังสือ อย่ากวน　chán kamlaŋ duu náŋsʉ̌ʉ, yàa kuan.
(4) อย่าหัวเราะเสียงดัง　yàa hǔarɔ́? sǐaŋ daŋ.
(5) เคี่ยวเนื้อให้เปื่อย　khîao nʉ́a hâi pʉ̀ai.
(6) ถนนลื่น ขับให้ช้าอีกหน่อยได้ไหม　thanǒn lʉ̂ʉn. khàp hâi cháa ?ìik nɔ̀ɔi dâi mái.

22課　作るのは難しいですか？

（会話）

ハナコ：トムヤムクンは作るのが難しいですか？
マリ　：難しくありません。
ハナコ：どんなものを入れなくてはなりませんか？
マリ　：レモングラス、マクルートの葉、ライム、ナムプラー、プリックキーヌー、それから生のエビです。
ハナコ：エビは（殻を）むきますか。
マリ　：はい。水で洗ってからむきます。でもエビの頭を取って捨てないで下さいね。
ハナコ：どうしてですか？
マリ　：エビは頭ごと入れるとおいしくなります。

（練習問題）

1．和訳をしなさい。
(1) 和服（着物）は着るのがとても難しいです。私は自分一人では着られません。
(2) このような生地は洗濯が簡単だ。
(3) 夏休み、あなたはどんなところへ遊びに行ってきましたか。
(4) 父は眼鏡をかけたまま寝た。
(5) このような魚は骨ごと食べられる。
(6) この本は難しい。私は３回読んでようやく理解できた。

2．タイ語に訳しなさい。
(1) ยานี้ทานไม่ยาก　yaa níi thaan mâi yâak.
(2) ทางแถวนี้ไม่ซับซ้อน จำง่าย　thaaŋ thɛ̌ɛo níi mâi sápsɔ́ɔn, cam ŋâai.
(3) มีใครไม่เคยทานปลาดิบบ้าง　mii khrai mâi khəəi thaan plaa-dìp bâaŋ.
(4) ข้าวเย็นมีอะไรบ้าง　khâao-yen mii ?arai bâaŋ.
(5) ฉันไม่เคยทานแอปเปิ้ลทั้งเปลือก　chán mâi khəəi thaan ?ɛ́ppên tháŋ plʉ̀ak.
(6) อย่าเข้าวัดทั้งรองเท้านะ　yàa khâo wát tháŋ rɔɔŋ-tháo ná.
(7) ใช้ภาษาไทยทุกวัน ถึงจะเก่ง　chái phaasǎa thai thúk wan thʉ̌ŋ ca kèŋ.

23課　遅くなってごめんなさい

（会話）

チャイ：ハナコ、遅くなってごめんなさい。大分待った？
ハナコ：１時間ぐらい。
チャイ：家を出てからずっと渋滞してたんだ。
ハナコ：どうして電話で知らせてくれなかったの？。
チャイ：携帯を持ってくるのを忘れたんだ。で、タロウは？
ハナコ：タロウもまだ来てない。多分渋滞なんじゃない。

（練習問題）

1．和訳をしなさい。
(1) 彼は約束を守らなかったので、がっかりです。
(2) 大阪では、今の気温は40℃近くなっています。
(3) この道路はずっと一方通行です。
(4) 来年の４月から消費税が10%に上がるのですか。
(5) すみません、どこから（お電話を）かけていますか。　－　大阪からです。
(6) あの子が泣いている。迷子になっているんじゃないかな。

2．タイ語に訳しなさい。
(1) ผมเสียใจที่ไปร่วมงานแต่งงานของคุณไม่ได้　phǒm sǐa-cai thîi pai rûam ŋaan tɛ̀ɛŋ-ŋaan khɔ̌ɔŋ khun mâi dâi.
(2) ฉันเบื่อที่ต้องทานแฮมเบอร์เกอร์ทุกวัน　chán bʉ̀a thîi tɔ̂ŋ thaan hɛɛmbəəkə̂ə thúk wan.
(3) เขามาสายเกือบทุกวัน　kháo maa sǎai kʉ̀ap thúk wan.
(4) ผมขับรถคันนี้มาตลอด20 ปี　phǒm khàp rót khan níi maa talɔ̀ɔt yîi sìp pii.
(5) ทางจากสถานีถึงบ้านเป็นทางชันตลอด　thaaŋ càak sathǎanii thʉ̌ŋ bâan pen thaaŋ-chan talɔ̀ɔt.
(6) จากบ้านไปสถานีคุณไปยังไง　－　ขี่จักรยานไป　càak bâan pai sathǎanii khun pai yaŋŋai. - khìi càkkrayaan pai.

(7) ไฟปิดอยู่ สงสัยไม่มีใครอยู่　　fai pìt yùu, sǒŋsǎi mâi mii khrai yùu.

24課　名字が同じです。

（会話）

マリ　：誰がタナカサクラさんですか？
タロウ：あそこにいるオレンジ色の服を着ている人です。
マリ　：彼女はあなたと何か関係があるんですか？
タロウ：いいえ。彼女は僕と関係はありません。
マリ　：どうしてあなたと同じ名字なのですか？
タロウ：同じ名字だけど、互いに関係のない日本人はたくさんいます。
マリ　：そうなんですか。

（練習問題）

1．和訳をしなさい。

(1) タイの最初の首都はスコータイです。
(2) 日本の国花は桜の花ではないのですか。
(3) 仏教のシンボルの花は蓮の花です。
(4) 私と彼は友達同士です。恋人ではない。
(5) 私の妹と彼の弟は同じタイ料理の店でアルバイトをしています。

2．タイ語に訳しなさい。

(1) บ้านเกิดผมไม่ใช่โอซากา　　bâan-kə̀ət phǒm mâi châi Osaka.
(2) มหาวิทยาลัยที่เก่าแก่ที่สุดในเมืองไทยคือ จุฬาลงกรณ์มหาวิทยาลัย
mahǎawítthayaalai thîi kào-kɛ̀ɛ thîisùt nai mʉaŋ thai khʉʉ Culaaloŋkɔɔn mahǎawítthayaalai.
(3) ผู้ชายที่ใส่กางเกงสีแดงกับผู้หญิงที่ใส่เสื้อสีเขียวโน่นเป็นอะไรกัน　–　เขาเป็นสามีภรรยากัน
phûu-chaai thîi sài kaaŋkeeŋ sǐi dɛɛŋ kàp phûu-yǐŋ thîi sài sʉ̂a sǐi khǐao nôon pen ʔarai kan.　–　kháo pen sǎamii-phanrayaa kan.
(4) ทาโรกับจิโรไม่ได้เป็นพี่น้องกันหรือ　　Taro kàp Jiro mâi dâi pen phîi-nɔ́ɔŋ kan rʉ̌ʉ.
(5) เราเคยทำงานบริษัทเดียวกัน　　rao khəəi tham-ŋaan bɔɔrisàt diao kan.

25課　たまに作っています。

（会話）

チャイ　：チャーンさんを紹介します。チャーンさんはチャイヨーホテルのコックです。
ハナコ　：はじめまして。ハナコです。
チャーン：はじめまして。ハナコさんはタイはもう長いのですか？
ハナコ　：１年近くです。チャーンさんはどんな料理を作っていますか。
チャーン：普段、タイ料理とイタリア料理です。
ハナコ　：日本料理はどうですか。作ったりしますか。
チャーン：たまに作っていますが、得意ではないです。
ハナコ　：どうして料理を作ることが好きですか。
チャーン：僕は食べることが好きなので、自分で作ってみたいです。

（練習問題）

1．和訳をしなさい。

(1) 大学は学生がバイクで通学することを許さない。
(2) 僕は地図を書いて見せます。
(3) 私はイチロウさんのお父さんを知っていますが、お母さんは知らないです。
(4) タイでは地震が起こったりしますか。
(5) この辺はたまに雪が降りますが、たくさん降らないです。
(6) 渋滞がひどかったので、飛行機に間に合わなかった。

2．タイ語に訳しなさい。

(1) อาจารย์สั่งไม่ให้เอามือถือเข้าห้องสอบ　　ʔaacaan sàŋ mâi hâi ʔao mʉʉ-thʉ̌ʉ khâo hɔ̂ɔŋ-sɔ̀ɔp.
(2) ฉันรู้จักเขาตั้งแต่ตอนเขาเป็นเด็ก　　chán rúucàk kháo tâŋtɛ̀ɛ tɔɔn kháo pen dèk.
(3) โอซากา น้ำเคยท่วมบ้างไหม　　Osaka náam khəəi thûam bâaŋ mái.
(4) พี่ชายผมไม่ทานข้าวเช้าบ้างเหมือนกัน แต่ผมทานทุกวัน
phîi-chaai phǒm mâi thaan khâao-cháao bâaŋ mʉ̌an kan, tɛ̀ɛ phǒm thaan thúk wan.
(5) ทาคุยานั่งแท็กซี่ไปทำงานบ้างเหมือนกัน แต่ส่วนใหญ่นั่งรถเมล์ไป
Takuya nâŋ thɛ́ksîi pai tham-ŋaan bâaŋ mʉ̌an kan, tɛ̀ɛ sùan yài nâŋ rót-mee pai.

(6) รถเสีย ผมเลยนั่งรถไฟไปทำงาน　rót sǐa, phǒm ləəi nâŋ rót-fai pai tham-ŋaan.
(7) วันนี้ยุ่งมาก เลยไม่มีเวลาทานข้าวกลางวัน　wan-níi yûŋ mâak, ləəi mâi mii weelaa thaan khâao-klaaŋwan.

26課　おめでとう。

（会話）

サクラ：マリが結婚すると聞いたんだけど、本当なの？
マリ　：本当だよ。
サクラ：おめでとう。
マリ　：うん、ありがとう。
サクラ：結婚したら、仕事を辞める？
マリ　：結婚しても辞めないよ。
サクラ：子供ができたら？仕事を続けるの？
マリ　：子供ができても仕事を続けて、辞めないよ。
サクラ：誰に子供を見てもらうの？
マリ　：母に見てもらう。

（練習問題）

1．和訳をしなさい。
(1) 首相が辞任するそうです。
(2) 来週、台風がくるそうです。
(3) どんなに暑くても、彼女は冷房を付けたことがない。
(4) このような仕事は、給料が良くても、私はしたくない。
(5) 卒業式は、誰に写真を撮ってもらいますか。
(6) 私は友達に空港まで迎えに来てもらいます。

2．タイ語に訳しなさい。
(1) ได้ข่าวว่านักศึกษาใหม่ปีนี้ ทุกคนเป็นผู้หญิงใช่ไหม
dâi khàao wâa nák-sɯ̀ksǎa mài pii níi thúk khon pen phûu-yǐŋ châi mái .
(2) ได้ข่าวว่าเดือนหน้าเขาจะย้ายไปโตเกียวใช่ไหม　dâi khàao wâa dɯan nâa kháo ca yáai pai Tokyo châi mái.
(3) ได้ข่าวว่าถึงหนาว ไอศกรีมก็ขายดี　dâi khàao wâa thɯ̌ŋ nǎao, ʔaisakriim kɔ̂ khǎai dii.
(4) วิชานี้ถึงไม่สนุกก็ต้องเรียน　wíchaa níi thɯ̌ŋ mâi sanùk kɔ̂ tɔ̂ŋ rian.
(5) เขาให้ลูกน้องขับรถไปส่งที่บ้าน　kháo hâi lûuk-nɔ́ɔŋ khàp rót pai sòŋ thîi bâan.
(6) ผมให้รุ่นพี่เลี้ยงข้าวบ่อย ๆ　phǒm hâi rûn-phîi líaŋ khâao bɔ̀i-bɔ̀ɔi.

27課　誰かいますか？

（会話）

マリ　　　：ごめん下さい。誰かいませんか？
レックの母：えー、マリちゃんじゃない。誰かと思った。
マリ　　　：こんにちは、おばさん。
レックの母：どこに行って来たの？
マリ　　　：この辺に用事で来たから寄ったんです。おばさん、お元気ですか？
レックの母：まあまあね。とりあえず上がりなさいよ。
マリ　　　：いいんです。すぐに帰らなくちゃいけないから。

（練習問題）

1．和訳をしなさい。
(1) 飛行機の乗客の中には日本人がいますか。
(2) タイへ行く航空券はたった３万円ですか。とても安いですね。
(3) 彼女ってもう結婚しているの？　独身かと思っていた。
(4) 桜の花は一年中咲くかと思っていた。
(5) 進学すればいいかどうかは、とりあえず先生に相談してみたらどうですか。

2．タイ語に訳しなさい。
(1) มีเบียร์ 3 ขวด อยู่ในตู้เย็น　mii bia sǎam khùat yùu nai tûu-yen.
(2) กระเป๋าใบนั้นของฉันเอง ไม่ใช่ของคุณฮานาโกะ　krapǎo bai nán khɔ̌ɔŋ chán ʔeeŋ, mâi châi khɔ̌ɔŋ khun Hanako.
(3) ฉันนึกว่าคนญี่ปุ่นใส่กิโมโนทุกวัน　chán nɯ́k wâa khon yîipùn sài kimoonoo thúk wan.
(4) พรุ่งนี้มีเรียนหรือ นึกว่าหยุด　phrûŋníi mii rian rɯ̌ɯ. nɯ́k wâa yùt.
(5) ก่อนซื้อ ลองต่อราคาดูก่อนซี　kɔ̀ɔn sɯ́ɯ, lɔɔŋ tɔ̀ɔ raakhaa duu kɔ̀ɔn sii.
(6) ฉีดวัคซีนป้องกันไข้หวัดใหญ่ไว้ก่อนซี　chìit wáksiin pɔ̂ŋkan khâi-wàt-yài wái kɔ̀ɔn sii.

28課　まだ寒いです。
（会話）
マリ　：今年のソングラーン、サクラは何日休みをもらっているの？
サクラ：１週間。
マリ　：どこに行くの？
サクラ：日本に帰るつもり。
マリ　：４月、日本はまだ寒い？
サクラ：まだ寒いけど、１～２月ほどではないよ。
マリ　：タイと違うね。タイは、４月が一番暑い。
（練習問題）
１．和訳をしなさい。
(1) 来年たくさんの友達がタイに留学しますが、僕は行かないです。
(2) 僕は風邪を引いて２週間になりましたが、まだ治っていないです。明日、病院へ行こうかなと思っています。
(3) 僕はお薬を飲んだが、まだ熱がある。
(4) 国立大学は授業料が私立大学ほど高くはない。
(5) 日本の女性は世界で一番寿命が長い。
２．タイ語に訳しなさい。
(1) ฉันไปช้า เลยไม่ได้นั่งที่นั่งข้างหน้า　chán pai cháa, ləəi mâi dâi nâŋ thîi-nâŋ khâaŋ-nâa.
(2) ฉันว่าจะเลิกทานขนมหวานตั้งหลายครั้งแล้ว　chán wâa ca lə̂ək thaan khanǒm wǎan tâŋ lǎai khráŋ lɛ́ɛo.
(3) พรุ่งนี้ฉันว่าจะเอารองเท้าไปซ่อม　phrûŋníi chán wâa ca ʔao rɔɔŋ-tháo pai sɔ̂ɔm.
(4) ผมทายาแล้ว แต่ยังบวมอยู่　phǒm thaa yaa lɛ́ɛo, tɛɛ yaŋ buam yùu.
(5) วันธรรมดาไม่มีลูกค้ามากเท่าวันเสาร์อาทิตย์　wan-thammadaa mâi mii lûuk-kháa mâak thâo wan sǎo-ʔaathít.
(6) หน้าร้อนปีนี้ วันนี้ร้อนที่สุด　nâa-rɔ́ɔn pii níi, wan-níi rɔ́ɔn thîisùt.

29課　僕は警察に捕まりました。
（会話）
タロウ：昨日僕が警察に捕まったことを知っていますか？
マリ　：え、本当ですか？　どうしたのですか？
タロウ：無免許運転したんです。
マリ　：タロウさんは免許証を持っていないんですか。
タロウ：持っていますが、家に忘れてしまったんです。
マリ　：それでどうなったのですか？
タロウ：罰金1,000バーツを取られました。
マリ　：1,000バーツもですか？
タロウ：はい。全く免許証を忘れるんじゃなかった。
（練習問題）
１．和訳をしなさい。
(1) サクラは日本人ですが、彼女は和服の着方が分からないということを知っていますか。
(2) この鞄は本革を使っていると売った人に騙された。
(3) 飛行機の中に携帯を忘れた。
(4) ガイは日本に10年も住んでいたので、日本語を話せるはずだ。
(5) 土地がまだ安かったときにあなたは買っておくべきだった。
(6) 僕は彼女の電話番号を教えてもらえばよかった。
(7) お腹をこわしているんですか。生牡蠣を食べなければよかったのに。
２．タイ語に訳しなさい。
(1) ผมไม่ค่อยรู้กติกาหมากรุกไทย　phǒm mâi khɔ̂i rúu katikaa màak-rúk thai.
(2) ฉันอยากรู้ว่าทำไมเขาตัดผมสั้น　chán yàak rúu wâa thammai kháo tàt phǒm sân.
(3) แมวโดนหมาไล่กวด หนีมา　mɛɛo doon mǎa lâi-kùat nǐi maa.
(4) ผมลืมกล่องดินสอไว้ที่ห้องสมุด　phǒm lɯɯm klɔ̀ŋ-dinsɔ̌ɔ wái thîi hɔ̂ŋ-samùt.
(5) ทาโรหัวดี น่าจะสอบได้　Taro hǔa dii, nâa ca sɔ̀ɔp dâi.
(6) ฉันไม่น่าเรียนภาษาไทยเลย　chán mâi nâa rian phaasǎa thai ləəi.
(7) เขาไม่น่าสูบบุหรี่มากเลย　kháɔ mâi nâa sùup burìi mâak ləəi.

30課　お元気で。
（会話）

チャイ：サクラさんは日本から帰ってきたばかりですか。
サクラ：はい。チャイさんはもうすぐ日本に留学するそうですね。本当ですか。
チャイ：はい、そうです。
サクラ：何年留学しますか。
チャイ：少なくとも３年間です。
サクラ：準備はできましたか。
チャイ：まだです。
サクラ：いつ出発しますか。
チャイ：来週の金曜日です。
サクラ：お元気で行っていらっしゃい。
チャイ：ありがとうございます。

（練習問題）

１．和訳をしなさい。

(1) 僕は起きたばかりなので、先ほど地震が起きたことを知らなかった。
(2) 試合はもうすぐ始まるが、雨がまだ強く降っている。
(3) エレベーターに閉じ込められている人が少なくても10人いる。
(4) 休暇を１年に多くても20日間取ることができる。
(5) お薬を飲んでから、熱が下がりましたか？　－　下がりました。
(6) 明日、雨が降りませんように。

２．タイ語に訳しなさい。

(1) ร้านนี้เพิ่งเปิด ไม่รู้ว่าอาหารอร่อยหรือเปล่า　ráan níi phâŋ pə̀ət. mâi rúu wâa ʔaahǎan ʔarɔ̀i rʉ̌ʉ plàao.
(2) พ่อทำงานบริษัทนี้มา40 ปีแล้ว กำลังจะเกษียณ
phɔ̂ɔ thaŋ-ŋaan bɔɔrisàt níi maa sìi sìp pii lɛ́ɛo. kamlaŋ ca kasǐan.
(3) บ้านแถวนี้ ค่าเช่าอย่างถูกเดือนละ5 แสนเยน　bâan thɛ̌ɛo níi khâa-châo yàaŋ thùuk dʉan lá? hâa sɛ̌ɛn yeen.
(4) มหาวิทยาลัยนี้ทุกปีมีนักศึกษาอย่างน้อย200 คนไปเรียนต่างประเทศ
mahǎawítthayaalai níi thûk pii mii nák-sʉ̀ksǎa yàaŋ nɔ́ɔi sɔ̌ɔŋ-rɔ́ɔi khon pai rian tàaŋ-prathêet.
(5) เข้าใจหรือยัง　－　ครับ เข้าใจดีแล้วครับ　khâo-cai rʉ̌ʉ yaŋ?　－　khráp, khâo-cai dii lɛ́ɛo khráp.
(6) ขอให้ทุกอย่างราบรื่น　khɔ̌ɔ hâi thúk yàaŋ râaprʉ̂ʉn.

文字篇　練習の解答

4

1. puu　2. kin　3. caŋ　4. ciin　5. dʉan　6. bon　7. kɔ̀ɔn　8. bàai　9. ʔʉ̀ʉn
10. kâo ʔîi　11. tɔ̂ŋ　12. tâi　13. bâaŋ　14. kée

5

1. sǐi　2. thʉ̌ʉ　3. hǔu　4. sǎao　5. sʉ̌a　6. khǐao　7. fǎn　8. thǔŋ　9. sǔuŋ
10. hěn　11. khàao　12. sùan　13. khâao　14. thâa　15. sôm　16. hâi

6

1. nɔɔn　2. wan　3. tham　4. yen　5. rooŋ-ŋaan　6. mɛ̂ɛ　7. phɔ̂ɔ　8. ŋâai
9. chʉ̂ʉ　10. thîi　11. phʉ̂an　12. wâa　13. rɔ́ɔn　14. cháo　15. nán　16. líao

7

1. nǎa　2. nîi　3. mɔ̌ɔ　4. lɔ̀ɔ　5. wǐi　6. nǎŋsʉ̌ʉ　7. nǎao　8. yǐŋ　9. lǎan
10. nʉ̀ŋ　11. mân　12. mùu

8

1. tèʔ　2. kèʔ kàʔ　3. kɛ̀ʔ　4. kòt　5. kèp　6. càp　7. dìp　8. tàt　9. tìt
10. ʔòk　11. cɔ̀ɔt　12. dɔ̀ɔk　13. pɛ̀ɛt　14. ʔɔ̀ɔk

9

1. síʔ 2. hɔ̀ʔ 3. phàt 4. phèt 5. sùk 6. nàk 7. làk 8. wàt 9. khàat
10. chîit 11. sɔ̀ɔp 12. hàat 13. yíap 14. lɔ̀ɔk

10

1. khá 2. ŋɔ́ 3. míʔ 4. yɔ́ 5. ɲíap 6. chôok 7. thɔ̂ɔt 8. phûut
9. phâak 10. yâak 11. rîip 12. ríak 13. lûuk 14. lʉ̂ak 15. lɛ́ɛk

11

1. krom 2. kruŋ 3. klûai 4. kʉa 5. sŏŋkhlăa 6. khrai 7. khrɔ̂ɔpkhrua
8. khrʉ̂ŋ 9. khrʉ̂aŋ 10. dontrii 11. prayàt 12. príao 13. plào 14. phlɛ́ɛ
15. phrûŋníi 16. phrɔ́ʔ

12

1. sanùk 2. khayà 3. khanàat 4. talɔ̀ɔt 5. faràŋ 6. sanăam
7. samə̌ə 8. ʔaŋùn 9. khabuan 10. thahăan 11. phanákŋaan
12. rooŋ-phayaabaan 13. sathăanii 14. sabùu 15. ʔathíbaai
16. karákadaakhom

13

1. thoorasàp 2. wan ʔaathít 3. wan sùk 4. sàpdaa 5. praisanii
6. ʔoŋkaan 7. wítthayaasàat 8. bɔɔrisùt 9. yâat 10. sŏmbàt
11. patibàt 12. phuum-cai 13. phét 14. săo

14

1. maŋkɔɔn 2. keesɔ̌ɔn 3. samoosɔ̌ɔn 4. nakhɔɔn 5. thɔɔramaan
6. mɔɔrasŭm 7. phansăa 8. banyaai 9. thammachâat 10. wannakam
11. thooralêek 12. bɔɔrihăan

15

1. krasuaŋ 2. sùtsoom 3. sɛ̀ɛksɛɛŋ 4. nók ʔinsii
5. wan phárʉ́hàt 6. phrʉ́tsaphaakhom 7. rít 8. săŋsakrít

16

1. kîtcakaan 2. túkkataa 3. kammakaan 4. sòkkapròk 5. phŏnlamáai
6. khôotsanaa 7. ceenracaa 8. wítthayúʔ 9. yúttitham 10. cíttrakɔɔn
11. ʔàkkhrá-râatchathûut 12. sùtcarít 13. phrʉ́ttikam

Osaka University Press